〈글쓴이〉

정규희 서울 용화여고 교사
서울시교육청 교육연수원 논술 강사, EBSi 논술 및 구술 강사로 활동했습니다. 현재 중앙대 및 성신여대 수시 논술고사 검토위원을 맡고 있습니다. 교과서에서 배우는 내용이 우리 삶과 현실에서 어떻게 살아 움직이는지 다양한 활동을 통해 학생들과 나누고 있습니다.

이만석 서울 성수고 교사
서울시, 강원도, 경북도교육청 교육연수원 논술 강사, 건국대 및 중앙대 수시 논술 자문위원 활동을 하고 있습니다. 현재 전국진학지도협의회 논술 연구위원으로서 논술, 자기소개서 등과 관련된 EBS 입시칼럼을 통해 학생들의 글쓰기를 지도 중입니다.

김광원 서울 정의여고 교사
서울시교육청 독서·토론·논술지원단과 가톨릭대 논술 검토위원, EBS 수능특강 및 수능완성 검토위원으로 활동하고 있습니다. 국어 시간에 신문을 활용하여 시사 문제로 푸는 토론·논술 수업과 다양한 매체를 활용한 글쓰기 수업을 진행하고 있습니다.

시사가 술술 생각이 쑥쑥(동아일보 사설·칼럼으로 배우는 창의적 글쓰기 전략)

인쇄일 1쇄 인쇄 | 2020년 6월 11일
발행일 | 2020년 6월 15일

발행_ 김재호

발행처_동아일보사
주소_ 서울시 종로구 동아미디어센터
전화_02-361-1317(동아일보 마케팅본부)
FAX_02-361-1340
제작_㈜동아이지에듀
ISBN 979-11-87194-87-3

• 이 책은 저작권법에 따라 보호받는 저작물이므로 무단 전재와 복제를 금합니다.
• 이 책 내용의 전부 또는 일부를 이용하려면 반드시 동아일보사의 서면 동의를 받아야 합니다.

동아일보 사설·칼럼으로 배우는 창의적 글쓰기 전략

시사가 술술 생각이 쏙쏙

동아일보사

머리말

글을 잘 쓰려면?(2)

제목이 왜 이렇지? 궁금한 분들께 지난해 5월에 나온 같은 책의 머리말 제목이 '글을 잘 쓰려면?'이었음을 알려드린다. 동아일보사는 매년 한 해분의 사설과 칼럼을 모아 책을 내는데 제목은 조금씩 바뀐다. 지난해 책 제목은 '독해가 쏙! 생각이 톡!'이었다.

과분하게도 지난해에 이어 올해도 머리말을 쓰게 됐다. 지난해 머리말은 주로 글을 이루는 골조인 문장(文章)에 관한 것이었다. 좋은 문장을 쓰는 법. 압축하면 ①단문을 쓰라 ②퇴고(推敲)는 빠른 속도로 입으로 읽으며 하라 ③말하듯이 쓰라 ④종이 신문을 읽으라 등이다.

자, 지난해 머리말처럼 문장 연습이 어느 정도 됐다고 치자. 문장을 구사하는 데 불편함이 줄었다면 글의 내용은 무엇으로 채울 건가. 눈치채셨겠지만 올해 머리말은 글의 콘텐츠에 관한 것이다. 문장이 글의 종착역까지 달려가는 차량이라면 콘텐츠는 그 차량에 실을 화물이다.

문장론도 마찬가지지만 좋은 콘텐츠에 관한 이번 머리말도 순전히 나의 읽고 쓰기 경험에서 나온 사견(私見)임을 미리 밝혀둔다. 아래 열거하는 좋은 콘텐츠의 요건을 다 갖춘 글은 드물게 뛰어난 글이다. 이 중 하나 이상만 갖춰도 좋은 글이라고 하겠다.

첫째, 메시지가 참신하다. 글이 독자에게 전달하고자 하는 메시지가 새로운 통찰을 열어 준다면 훌륭한 글이다. 시쳇말로 '공자님 말씀' 같은, 허구한 날 그 나물에 그 밥 같은 메시지는 힘이 없다. 산뜻하면서도 사람의 삶, 인간 사회에 도움이 되는 메시지를 글에 담기 위해 부단히 노력해야 한다.

둘째, 현상을 명료하게 설명한다. 손에 잡히지 않는 정치 경제 사회 문화 현상을 간단명료하게 설명함으로써 세상을 보는 독자의 눈에 깊이를 더해 준다면 좋은 글이다. 글 쓰는 이가 현상을 꿰뚫고 있어야 그런 글이 나온다. 많이 알수록 쉽게 쓸 수 있다.

셋째, 배움을 준다. 독자의 지식욕을 충족시켜 준다면 좋은 글이다. 사람마다 관심 영역이 다르겠지만 자신이 알고 싶은 분야의 지식이 담긴 글은 찾아서 읽게 된다.

넷째, 삶의 경험과 경륜이 배어 있다. 핍진한 생의 경험담은 그 자체로 힘이 있고 아름다운 글감이다. 그 경험에서 나오는 경륜까지 느껴진다면 우리의 삶이 더 넓어지고 깊어진다. 100세 철학자 김형석 교수의 글이 대표적인 예다.

다섯째, 권력을 비판한다. 기자적 관점에서 뽑은 좋은 글의 조건이라고 해도 할 말은 없겠다. 권력은 강할수록 더 심하게 부패하게 돼 있다. 권력을 비판하는 용기만으로도 기본 점수는 따고 들어가는 글이다.

하나 덧붙이자면, 화제가 되는 글도 좋은 글이다. 사회 상규(常規)에 벗어나지 않으면서도 화제가 된다는 건 그 글이 형식이나 내용 면에서 새로운 지평을 열었을 가능성이 크다.

지난해 머리말에서도 밝혔듯이, 나는 전문 작가도 국어학자도 아니다. 당대의 문장가는 더더욱 아니다. 30년 이상 기자 생활을 하며 글을 써온, 그래서 이제는 내 생각을 표현하는 데 큰 불편 없이 손과 발을 놀리게 된 기술자 정도라고나 할까. 그런 내가 감히 두 번이나 글쓰기에 대해 쓰는 만용을 부리는 건 글 쓰려고 책상 앞에만 앉으면 부담감부터 몰려오는 많은 분들께 조금이나마 도움이 되기 위해서다.

올해도 수고해 주신 정규희 이만석 김광원 선생님께 감사드린다. 그럼, 이제 나만 쓸 수 있는 글로 나만의 우주를 창조하러 떠날 시간이다.

2020년 6월
박제균 동아일보 논설주간·상무

차례

[창간 100주년] 올곧은 열정으로 이어 온 100년, 앞으로 이어 나갈 100년

[사설] 100년 전 청년의 꿈으로 다시 '젊은 100년' 열어가겠습니다
 -가장 오랜 신문 아닌 가장 새로운 신문으로- ········ 16

CHAPTER 1
들실과 날실 하나로 엮기 -외교·안보·북한

1. 가까이하기엔 너무 먼 당신
 [오늘과 내일/이철희] 북-미 '외교의 사망' ········ 26

2. '기밀'을 기밀로 보지 않으면 발생하는 일
 [사설] 韓美 정상 통화 유출, 대한민국 외교의 신뢰가 무너졌다 ········ 30

3. 새우등 터지지 않으려면…
 [김순덕 칼럼] 이것은 美中 무역전쟁이 아니다 ········ 34

4. 미워도 다시 한번
 [사설] 南北美 역사적 첫 DMZ 회동, 식어가던 대화 동력 살렸다 ········ 38

5. 꿀 먹은 벙어리
 [사설] "탄도" 말도 못 꺼내던 '홍길동軍', 지레 놀라 '솥뚜껑軍' 될 건가 ········ 42

6. 하나 하나 하나!
 [광화문에서/이정은] 숨은 영웅 기리고 미래를 준비하는 美 외교의 힘 ········ 46

7. 마이 웨이(MY WAY)
 [사설] '조국 개각', 위기의식도 쇄신의지도 안 보인다 ········ 50

8. 아리스토텔레스는 어떻게 했을까?
 [사설] 한일 정보협정 파기… 한미동맹·북핵대응 충분히 고려했나 ········ 54

9. 솥에서 얻는 지혜
 [사설] 韓美日 '지소미아 혼란' 파고든 北 도발… 김정은만 웃고 있다 ········ 58

10. 외교 상대국의 본질을 간과한다면…
 [오늘과 내일/이승헌] 靑이 지소미아 깨며 간과한 'USA'의 본질 ········ 62

11. 패착을 반복하지 않으려면 복기부터
 [이기홍 칼럼] 지소미아 진퇴양난 자초한 무지와 독선 ········ 66

12. 대화를 위한 대화
 [사설] 트럼프마저 대북 조급증, 비핵화 사라지고 김정은만 기고만장 ········ 70

13. 내가 웃는 게 웃는 게 아냐
 [사설] 南北美 정상 '거짓친분' 2년… 이제 환상서 깨어날 때다 ········ 74

14. 깨지기 쉬운 유리그릇을 다루듯이
[사설] '정면돌파' 장기전 내세워 '굶주림의 길' 강요한 김정은 ················ 78

15. 문제는 독재야, 독재가 문제라고
[오늘과 내일/신석호] "변화를 기대하지 말라"는 김정은 ················ 82

16. 트럼프 형님, 김정은 아우님!
[사설] 南 조롱하며 '트럼프 친분' 매달리는 北의 오만과 비굴 ················ 86

17. 인류사의 가장 예외적인 공화국
[사설] 트럼프 관심 밖 '북핵'… 김정은, 셈법에서 '美대선 변수' 지워라 ················ 90

CHAPTER 2
살벌한 권력의 맛-정치

1. 인사가 만사
[박제균 칼럼] 비주류 편향 인사로 '3류 천국' 만들 건가 ················ 96

2. 흑백 논리, 혼나볼래?
[이기홍 칼럼] 왜 그토록 모질고 뻔뻔할까 ················ 100

3. 모리배를 대하는 자세
[사설] 강제징용 국제분쟁화 절차 밟는 日… 한일관계 더 방치 말아야 ················ 104

4. 그날이 오면
[이기홍 칼럼] 6월 항쟁에 미적지근한 文정권 ················ 108

5. 안 보이는 안보 찾기
[김순덕 칼럼] 누가 대통령을 핫바지로 만드나 ················ 112

6. 타협의 예술
[박제균 칼럼] "잘 들었습니다, 내 맘대로 할게요" ················ 116

7. 위기는 위험한 기회?
[이기홍 칼럼] 제국주의 후예들에 설마 하다 기습당한 아마추어 정권 ················ 120

8. 후안무치한 러시아
[사설] 러시아 영공 침범 심각성 축소하려다 뒤통수 맞은 靑 ················ 124

9. 지역감정 〈 진영감정
[박제균 칼럼] 이게 정말 나라인가 ················ 128

10. 내 것인 듯 내 것 아닌 내 것 같은 권력
[박제균 칼럼] 권력 사유화의 불길한 그림자 ················ 132

11. 달을 가리키는 손가락도 중요해
[오늘과 내일/정연욱] "대통령은 조국을 너무 좋아했다" ················ 136

12. 국민연금 개혁, 고양이 목에 방울 달기
[사설] 票계산 하다 국민연금 개혁 사실상 포기한 정부 ········ 140

13. 4·15총선을 위한 제언
[사설] 대한민국 미래 걸린 총선 D-100… 民意 왜곡 없는 페어플레이를 ········ 144

14. 독재 권력의 작동 원리
[김순덕 칼럼] 독재는 어떻게 무너지는가 ········ 148

15. 일 하자는 규제? 일 하지 말라는 규제?
[사설] 적극행정 발목 잡는 '감사공포증'… 정책감사 대폭 줄여야 ········ 152

16. 노멘클라투라
[송평인 칼럼] 죄 지어도 처벌 못 하는 계급 태어난다 ········ 156

17. 방귀 뀐 놈이 성낸다더니…
[김순덕 칼럼] 우한 폐렴이 드러낸 韓中 정권의 맨얼굴 ········ 160

18. 부끄러움을 알면 나아갈 수 있다
[박제균 칼럼] 정권의 오만이 재앙을 키운다 ········ 164

19. 민심을 보여주는 선거 결과
[사설] 압승한 與, 겸손한 자세로 코로나 국난 극복 협치 나서라 ········ 168

CHAPTER 3
희소성을 넘어 함께하는 가치로-경제

1. 손뼉이 마주쳐야 대박이라도 나지
[사설] 카드결제액의 0.0003%… 호응 '제로' 제로페이 ········ 174

2. individual = industry
[사설] EU 개인정보보호법에 韓 기업들 곤경, 정부 방관만 할 건가 ········ 178

3. 청년 노인
[사설] 65세 정년연장, 노동시장 개혁과 병행해 논의해야 ········ 182

4. 개혁, 혁신, 신뢰?
[사설] 원격의료 빠진 서비스업 혁신전략, 혁신이란 말이 민망하다 ········ 186

5. 집값 잡기
[사설] 분양가상한제 민간 확대, 공급 위축 역효과 우려된다 ········ 190

6. 양보의 미덕
[사설] 최저임금 사과한 文대통령, 못 지킬 약속 집착 말아야 ········ 194

7. 공유경제? 그들만의 경제?
[사설] 택시업계 애로 살피느라 공유경제 미래는 뒷전인가 ········ 198

8. 슈퍼맨 같은 재정 지출?
[사설] 적자국채로 사상 최대 예산(513조)… 땜질처방보다 민간 활력 살려야 ········· 202

9. 불확실한 미래에 확신을
[사설] 1년 만에 원점 되돌아온 국민연금 개혁, 골든타임 지나간다 ················· 206

10. 경쟁에서 이기기 위해서
[사설] "제조인력 20~40% 감축 불가피"… 자동차 산업만의 일일까 ················· 210

11. 자연 상태
[오늘과 내일/하임숙] 신도, 악마도 디테일에 있다 ····························· 214

12. 농자천하지대본(農者天下之大本)
[사설] 개도국 지위 포기, 농업 업그레이드 계기 삼아야 ························· 218

13. 그 성장果를 따라!
[오늘과 내일/신연수] 경제성장률이 말하지 않는 것 ···························· 222

14. 허리띠를 단단히 매고
[사설] 일터에서 밀려나고 사회에서 갈 곳 없는 40대의 위기 ····················· 226

15. 기회는 준비된 자에게
[오늘과 내일/박용] "한국 경제, 이제 어떻게 해야 돼?" ························· 230

16. 정의란 이름으로
[오늘과 내일/고기정] 어설픈 공정함, 편파적 공정함 ···························· 234

17. 집으로?
[오늘과 내일/허진석] 주택거래 허가제가 시행된다면 ···························· 238

18. 공짜 점심은 없다
[오늘과 내일/김광현] '공짜가 쥐약'인 줄 국민이 알아야 ························· 242

CHAPTER 4

나누며 어울리는 한 울타리-사회·법

1. 생명과 권리, 그 공존의 조건
[사설] 66년 만의 낙태 처벌 위헌… 여성 보호와 생명권 모두 존중해야 ············ 248

2. 등록금 보존 법칙
[사설] 강사법 뒷수습, 대학에만 떠넘기면 교육 質 희생된다 ······················ 252

3. 호랑이 담배 끊는 시대
[사설] 덜 해로운 담배는 없다… 신종 전자담배 더는 방치 말아야 ················· 256

4. 구속을 구속하는 구속법
[송평인 칼럼] '미란다 원칙' 받들며 별건 수사하는 나라 ························ 260

5. 서당개 3년이면 학교 폭력을 한다?
[사설] SNS 집단따돌림 급증, 더 은밀하고 악성이 된 학교폭력 264

6. 개혁이라는 나침반
[김순덕 칼럼] '검찰개혁'이라는 이름의 복수극 268

7. 네가 어디에 있든, 무엇을 하든 꼭 찾아낼 것이다
[사설] 33년 만에 드러난 화성 용의자, 진실의 법정엔 공소시효 없다 272

8. 선거는 장기판?
[이기홍 칼럼] 조국 이후가 더 문제다 276

9. 空교육? 共교육!
[광화문에서/우경임] 공교육 정상화라는 학종의 거짓 신화 280

10. 그것을 알려 달라
[사설] 기소 이뤄진 사건도 수사공보 금지, 중대한 알 권리 침해다 284

11. 진료는 의사에게, 약은 약사에게, 그럼 판결은?
[사설] '구속=유죄·불구속=무죄' 아니다… 수사·재판 압박 시위 그만하라 288

12. 영감님
[오늘과 내일/정원수] 국민을 위한 인사가 제1의 검찰개혁 292

13. 왜 권력 분립인가?
[사설] 검경 수사권 조정이 초래할 형사사법체제 혼란 우려스럽다 296

14. 민중의 지팡이에서 든든한 버팀목으로
[사설] 경찰, 커진 권한·무거워진 책임에 걸맞게 환골탈태해야 300

15. 그물망, 의료망 그리고 사회 안전망
[사설] '외상센터 상징' 이국종마저 두 손 들게 한 부실 응급의료 시스템 304

16. 병, 균, 편견
[송평인 칼럼] 은유로서의 질병 '우한 폐렴' 308

17. 공포 팬데믹(pandemic)
[사설] 마스크·생필품조차 구하기 힘든 생활 인프라 위기 방치 말라 312

18. 두레의 유산
[사설] 대구 위한 병상 지원 쇄도, 위기에 더 빛나는 '환난상휼'(患難相恤) 316

19. 격차 줄이기
[광화문에서/김희균] 대책 없는 개학 연기… 답 없는 교육 격차 320

CHAPTER 5
우리 삶의 '단짠'-문화

1. 믿는 도끼에 찍힌 발등은 더 아프다
   [고미석 칼럼] 점점 멀어져 간다 ········· 326

2. 진실을 왜곡하지 않는 길을 가겠다
   [고미석 칼럼] 역사가 우리를 망쳐놨지만 그래도 상관없다 ········· 330

3. 도돌이표 악순환
   [고미석 칼럼] 그의 본색, 우리의 본성 ········· 334

4. 욕심이 지나치면 모자람만 못하다
   [사설] '프듀X' 투표 조작 의혹… CJ ENM, 아이들의 열정 농락했나 ········· 338

5. 말, 그 무거움에 대해
   [사설] 카카오 연예뉴스 댓글 폐지, 총체적 포털 개혁 시발점 돼야 ········· 342

6. 혁신, 소통, 공감
   [오늘과 내일/서정보] 펭수와 동백이 전하는 위로 ········· 346

7. 콩 심은 데 콩 나고, 팥 심은 데 팥 난다
   [사설] 92년 오스카 역사의 새 章… '기생' 벗어나 '자생'으로 이룬 쾌거 ········· 350

8. 불모지에서 핀 꽃
   [광화문에서/손효림] 세계적인 K컬처, 그림책… 불모지에서 꽃피운 기적 ········· 354

CHAPTER 6
미래로 향하는 작지만 큰 변화-과학·스포츠

1. 숨 쉴 권리를 되찾는 법
   [사설] 미세먼지, 범국가적으로 과학적 근거 축적과 외교전 나서야 ········· 360

2. 화려함보단 내실을
   [사설] 세계 첫 5G 상용화, 타이틀보다 중요한 건 경쟁력 ········· 364

3. 환경도 경제재(經濟財)
   [사설] 오늘 지구의 날, 환경은 생존이며 미래 성장동력 ········· 368

4. 바이오헬스산업의 고속도로에
   [사설] 바이오헬스산업의 '스티브 잡스'는 한국에서 나와야 ········· 372

5. 지피지기는 성공의 길
   [광화문에서/이헌재] 아메리칸 드림 류현진… 그에게 배우는 '성공 법칙' ········· 376

6. 별이 되어 버린 스타
   [오늘과 내일/김종석] 코비, 위대한 유산 ········· 380

시사가 술술 생각이 쏙쏙 (동아일보 사설·칼럼으로 배우는 창의적 글쓰기 전략)

사설

카드결제액의 0.0003%··· 호응 '제로' 제로페이 2019.3.7. ···**174**
미세먼지, 범국가적으로 과학적 근거 축적과 외교전 나서야 2019.3.14. ···**360**
EU 개인정보보호법에 韓 기업들 곤경, 정부 방관만 할 건가 2019.3.20. ···**178**
세계 첫 5G 상용화, 타이틀보다 중요한 건 경쟁력 2019.4.5. ···**364**
66년 만의 낙태 처벌 위헌··· 여성 보호와 생명권 모두 존중해야 2019.4.12. ···**248**
오늘 지구의 날, 환경은 생존이며 미래 성장동력 2019.4.22. ···**368**
강제징용 국제분쟁화 절차 밟는 日··· 한일관계 더 방치 말아야 2019.5.21. ···**104**
바이오헬스산업의 '스티브 잡스'는 한국에서 나와야 2019.5.23. ···**372**
韓美 정상 통화 유출, 대한민국 외교의 신뢰가 무너졌다 2019.5.24. ···**30**
65세 정년연장, 노동시장 개혁과 병행해 논의해야 2019.6.3. ···**182**
강사법 뒷수습, 대학에만 떠넘기면 교육 質 희생된다 2019.6.6. ···**252**
덜 해로운 담배는 없다··· 신종 전자담배 더는 방치 말아야 2019.6.19. ···**256**
원격의료 빠진 서비스업 혁신전략, 혁신이란 말이 민망하다 2019.6.27 ···**186**
분양가상한제 민간 확대, 공급 위축 역효과 우려된다 2019.6.28. ···**190**
南北美 역사적 첫 DMZ 회동, 식어가던 대화 동력 살렸다 2019.7.1. ···**38**
최저임금 사과한 文대통령, 못 지킬 약속 집착 말아야 2019.7.15. ···**194**
택시업계 애로 살피느라 공유경제 미래는 뒷전인가 2019.7.18. ···**198**
러시아 영공 침범 심각성 축소하려다 뒤통수 맞은 靑 2019.7.26. ···**124**
"탄도" 말도 못 꺼내던 '홍길동軍', 지레 놀아 '솥뚜껑軍' 될 건가 2019.8.2. ···**42**
'조국 개각', 위기의식도 쇄신의지도 안 보인다 2019.8.10. ···**50**
한일 정보협정 파기··· 한미동맹·북핵대응 충분히 고려했나 2019.8.23. ···**54**
韓美日 '지소미아 혼란' 파고든 北 도발··· 김정은만 웃고 있다 2019.8.26. ···**58**
SNS 집단따돌림 급증, 더 은밀하고 악성이 된 학교폭력 2019.8.28. ···**264**
적자국채로 사상 최대 예산(513조)··· 땜질처방보다 민간 활력 살려야 2019.8.30. ···**202**
1년 만에 원점 되돌아온 국민연금 개혁, 골든타임 지나간다 2019.8.31. ···**206**
33년 만에 드러난 화성 용의자, 진실의 법정엔 공소시효 없다 2019.9.20. ···**272**
'프듀X' 투표 조작 의혹··· CJ ENM, 아이들의 열정 농락했나 2019.10.3. ···**338**
"제조인력 20~40% 감축 불가피"··· 자동차 산업만의 일일까 2019.10.8. ···**210**
기소 이뤄진 사건도 수사공보 금지, 중대한 알 권리 침해다 2019.10.22. ···**284**
'구속=유죄·불구속=무죄' 아니다··· 수사·재판 압박 시위 그만하라 2019.10.25. ···**288**
개도국 지위 포기, 농업 업그레이드 계기 삼아야 2019.10.26. ···**218**
카카오 연예뉴스 댓글 폐지, 총체적 포털 개혁 시발점 돼야 2019.10.28. ···**342**
트럼프마저 대북 조급증, 비핵화 사라지고 김정은만 기고만장 2019.11.19. ···**70**
票계산 하다 국민연금 개혁 사실상 포기한 정부 2019.11.27. ···**140**
일터에서 밀려나고 사회에서 갈 곳 없는 40대의 위기 2019.12.4. ···**226**
南北美 정상 '거짓친분' 2년··· 이제 환상서 깨어날 때다 2019.12.6. ···**74**
'정면돌파' 장기전 내세워 '굶주림의 길' 강요한 김정은 2020.1.2. ···**78**
대한민국 미래 걸린 총선 D-100··· 民意 왜곡 없는 페어플레이를 2020.1.6. ···**144**
南 조롱하며 '트럼프 친분' 매달리는 北의 오만과 비굴 2020.1.13. ···**86**
검경 수사권 조정이 초래할 형사사법체제 혼란 우려스럽다 2020.1.14. ···**296**
경찰, 커진 권한·무거워진 책임에 걸맞게 환골탈태해야 2020.1.15. ···**300**
적극행정 발목 잡는 '감사공포증'··· 정책감사 대폭 줄여야 2020.1.18. ···**152**
'외상센터 상징' 이국종마저 두 손 들게 한 부실 응급의료 시스템 2020.1.21. ···**304**
트럼프 관심 밖 '북핵'··· 김정은, 셈법에서 '美대선 변수' 지우라 2020.2.6. ···**90**

92년 오스카 역사의 새 章… '기생' 벗어나 '자생'으로 이룬 쾌거 2020.2.11. … **350**
마스크·생필품조차 구하기 힘든 생활 인프라 위기 방치 말라 2020.2.26. … **312**
대구 위한 병상 지원 쇄도, 위기에 더 빛나는 '환난상휼'(患難相恤) 2020.3.3. … **316**
100년 전 청년의 꿈으로 다시 '젊은 100년' 열어가겠습니다 2020.4.1. … **16**
압승한 與, 겸손한 자세로 코로나 국난 극복 협치 나서라 2020.4.16. … **168**

칼럼

[오늘과 내일/이철희] 북-미 '외교의 사망' / 이철희 논설위원 2019.3.15. … **26**
[고미석 칼럼] 점점 멀어져 간다 / 고미석 논설위원 2019.4.3. … **326**
[박제균 칼럼] 비주류 편향 인사로 '3류 천국' 만들 건가 / 박제균 논설주간 2019.4.22. … **96**
[이기홍 칼럼] 왜 그토록 모질고 뻔뻔할까 / 이기홍 논설실장 2019.5.3. … **100**
[김순덕 칼럼] 이것은 美中 무역전쟁이 아니다 / 김순덕 대기자 2019.6.13. … **34**
[이기홍 칼럼] 6월 항쟁에 미적지근한 文정권 / 이기홍 논설실장 2019.6.14. … **108**
[김순덕 칼럼] 누가 대통령을 핫바지로 만드나 / 김순덕 대기자 2019.6.27. … **112**
[박제균 칼럼] "잘 들었습니다, 내 맘대로 할게요" / 박제균 논설주간 2019.7.1. … **116**
[송평인 칼럼] '미란다 원칙' 받들며 별건 수사하는 나라 / 송평인 논설위원 2019.7.3. … **260**
[고미석 칼럼] 역사가 우리를 망쳐놨지만 그래도 상관없다 / 고미석 논설위원 2019.7.10. … **330**
[이기홍 칼럼] 제국주의 후예들에 설마 하다 기습당한 아마추어 정권 / 이기홍 논설실장 2019.7.12. … **120**
[광화문에서/이정은] 숨은 영웅 기리고 미래를 준비하는 美 외교의 힘 / 이정은 워싱턴 특파원 2019.8.8. … **46**
[고미석 칼럼] 그의 본색, 우리의 본성 / 고미석 논설위원 2019.8.21. … **334**
[오늘과 내일/이승헌] 靑이 지소미아 깨며 간과한 'USA'의 본질 / 이승헌 정치부장 2019.8.27. … **62**
[박제균 칼럼] 이게 정말 나라인가 / 박제균 논설주간 2019.9.9. … **128**
[김순덕 칼럼] '검찰개혁'이라는 이름의 복수극 / 김순덕 대기자 2019.9.19. … **268**
[이기홍 칼럼] 조국 이후가 더 문제다 / 이기홍 논설실장 2019.9.20. … **276**
[박제균 칼럼] 권력 사유화의 불길한 그림자 / 박제균 논설주간 2019.9.23. … **132**
[광화문에서/우경임] 공교육 정상화라는 학종의 거짓 신화 / 우경임 논설위원 2019.9.24. … **280**
[오늘과 내일/하임숙] 신도, 악마도 디테일에 있다 / 하임숙 산업1부장 2019.10.21. … **214**
[오늘과 내일/정연욱] "대통령은 조국을 너무 좋아했다" / 정연욱 논설위원 2019.10.29. … **136**
[이기홍 칼럼] 지소미아 진퇴양난 자초한 무지와 독선 / 이기홍 논설실장 2019.11.15. … **66**
[오늘과 내일/신연수] 경제성장률이 말하지 않는 것 / 신연수 논설위원 2019.11.28. … **222**
[오늘과 내일/서정보] 펭수와 동백이 전하는 위로 / 서정보 문화부장 2019.12.6. … **346**
[오늘과 내일/정원수] 국민을 위한 인사가 제1의 검찰개혁 / 정원수 사회부장 2019.12.11. … **292**
[오늘과 내일/박용] "한국 경제, 이제 어떻게 해야 돼?" / 박용 뉴욕 특파원 2019.12.28. … **230**
[오늘과 내일/신석호] "변화를 기대하지 말라"는 김정은 / 신석호 디지털뉴스팀장 2020.1.3. … **82**
[오늘과 내일/고기정] 어설픈 공정함, 편파적 공정함 / 고기정 경제부장 2020.1.6. … **234**
[김순덕 칼럼] 독재는 어떻게 무너지는가 / 김순덕 대기자 2020.1.9. … **148**
[광화문에서/이헌재] 아메리칸 드림 류현진… 그에게 배우는 '성공 법칙' / 이헌재 스포츠부 차장 2020.1.16. … **376**
[오늘과 내일/허진석] 주택거래 허가제가 시행된다면 / 허진석 산업2부장 2020.1.18. … **238**
[송평인 칼럼] 죄 지어도 처벌 못 하는 계급 태어난다 / 송평인 논설위원 2020.1.29. … **156**
[오늘과 내일/김광현] '공짜가 쥐약'인 줄 국민이 알아야 / 김광현 논설위원 2020.1.30. … **242**
[오늘과 내일/김종석] 코비, 위대한 유산 / 김종석 스포츠부장 2020.2.1. … **380**
[김순덕 칼럼] 우한 폐렴이 드러낸 韓中 정권의 맨얼굴 / 김순덕 대기자 2020.2.6. … **160**
[송평인 칼럼] 은유로서의 질병 '우한 폐렴' / 송평인 논설위원 2020.2.12. … **308**
[광화문에서/손효림] 세계적인 K컬처, 그림책… 불모지에서 꽃피운 기적 / 손효림 문화부 차장 2020.2.20. … **354**
[박제균 칼럼] 정권의 오만이 재앙을 키운다 / 박제균 논설주간 2020.2.24. … **164**
[광화문에서/김희균] 대책 없는 개학 연기… 답 없는 교육 격차 / 김희균 정책사회부 차장 2020.3.6. … **320**

들어가기 전에

　'시사가 술술 생각이 쑥쑥(동아일보 사설·칼럼으로 배우는 창의적 글쓰기 전략)'은 2019년 3월~2020년 4월 동아일보에 게재됐던 사설과 칼럼을 중심으로 만들어졌습니다. 현대사회를 살아가는 지성인이라면 반드시 알아야 할 이슈가 담긴 동아일보 사설·칼럼 88편을 엄선해 △외교·안보·북한 △정치 △경제 △사회·법 △문화 △과학·스포츠 분야로 나눠 제시합니다. 우리 사회에서 벌어지는 주요 이슈와 교과지식을 결부해 학생들을 지도하는 고교 교사들이 각각의 사설·칼럼에 해설을 덧붙였습니다.

　이 책을 읽는 독자들은 이슈와 연관된 다양한 관점과 배경지식을 넓고 깊게 쌓을 수 있을 뿐만 아니라 특정 주제의 글을 쓰기 위한 자신만의 관점과 논거도 충실히 확보할 수 있을 것입니다. 수록된 사설·칼럼을 통해 독자들이 주요 이슈를 구체적으로 파악할 수 있도록 돕는 한편 독자가 스스로 자신의 생각을 정리하며 생각의 지평을 무한대로 확장할 수 있도록 구성했습니다.

　이 책은 특히 △대입 수시모집 논술고사나 구술면접을 준비하는 고교생 △각 공사·공단 및 신문·방송사의 필기시험 등 취업을 준비하는 취업준비생 △시사를 파악하고 상식을 키워 보다 좋은 글을 쓰려는 일반인들에게 매우 유용할 것입니다. 이 책을 참고서로 활용해 많은 학생과 일반인들이 시사 상식을 종합적으로 공부하고, 글쓰기 능력을 체계적으로 쌓을 수 있기를 바랍니다.

　이 책에 실린 모든 사설·칼럼은 다음과 같은 구성으로 이뤄졌습니다.

생각 열기

동아일보에 실린 사설·칼럼이 다루고 있는 시사 이슈가 떠오른 배경과 함께 해당 사설·칼럼을 읽으면서 생각해봐야 할 점을 안내하며 사설·칼럼을 원문 그대로 제시합니다.

용어 노트

사설·칼럼에 등장한 어려운 용어나 반드시 알아야 할 시사 용어들을 자세히 소개해 독자들이 배경지식을 쌓고 해당 용어들을 글쓰기에서 다채롭게 활용할 수 있도록 돕습니다.

생각 정리 퀴즈

다소 긴 글인 사설·칼럼의 요지를 정확하게 파악하기 위한 '빈칸 채우기' 퀴즈를 제시합니다. 이 퀴즈를 통해 독자들은 사설·칼럼이 말하고자 하는 바를 쉽게 이해해 생각을 체계적으로 정리할 수 있습니다.

생각 키우기

사설·칼럼에서 다룬 이슈와 연관된 쟁점, 이슈와 연관된 또 다른 시각, 해당 이슈에서 파생된 또 다른 일반 상식 등 다채로운 배경지식을 담아냈습니다. 이를 통해 독자들은 사안을 보다 입체적으로 바라보며 해당 이슈와 관련한 자신만의 생각을 키워나갈 수 있습니다.

생각 넓히기

앞선 과정을 통해 확립된 생각을 한 단계 더 확장해볼 수 있도록 '생각해 볼 문제'를 제시합니다. 대입 논술고사 등 글쓰기 시험 논제, 대입 및 기업 입사 면접 등에서 나올 법한 깊이 있는 문제들을 다채롭게 다룹니다. 단순히 문제를 제시하는 것에서 그치지 않고 독자가 해당 문제에 대한 답변을 보다 객관적이고 논리적으로 만들어볼 수 있도록 'Guide(가이드)'도 충실하게 담아냈습니다.

창간 100주년

올곧은 열정으로 이어 온 100년, 앞으로 이어 나갈 100년

생각 열기
인간의 생애주기에서 한 세대가 바뀌는 시간을 보통 30년으로 봅니다. 100년을 이어 온 동아일보는 할아버지부터 손자가 함께 읽고 나누는 신문인 셈이지요. 대한민국의 과거와 현재를 기록하며, 대한민국 민주화 역사에 함께해 온 동아일보가 4차 산업혁명 시대를 여는 '신(新)청년'으로 거듭날 수 있도록 응원을 부탁드립니다.

> **[사설] 100년 전 청년의 꿈으로 다시 '젊은 100년' 열어가겠습니다**
> -가장 오랜 신문 아닌 가장 새로운 신문으로- (2020년 4월 1일자)

동아일보는 100년 전 오늘, 나라 잃은 민족의 표현기관임을 자임하며 창간됐습니다. 망국(亡國)의 황량한 터에서 태어나 광복, 분단, 전쟁, 가난과의 싸움, 독재와의 투쟁을 겪었습니다. 길고 험한 길 성원해 주시고, 또 질책해 주신 독자와 국민 여러분이 없었다면 한 세기의 동아일보는 없었을 것입니다.

100년 전 8개 면으로 만들어진 동아일보 창간호를 손에 쥔 "서울의 시민들 가운데는 거리를 뛰어다니며 '동아일보 만세'를 외치는 이들도 있었다"(국어학자 일석 이희승)고 합니다. 1960년 3·15 정·부통령 선거 때 시민들은 이승만 정권의 부정선거 실상을 앞장서 보도하는 동아일보 기자와 취재 차량이 가는 곳마다 박수와 환호로 격려해 줬습니다. 1974년 박정희 정권을 비판하다가 정권의 탄압으로 광고 해약 사태를 겪었을 때는 텅 빈 광고 지면을 독자들이 채워 주셨습니다. 1987년 박종철 고문치사 사건 보도를 주도해 6월 민주항쟁의 물꼬를 틀 수 있었던 것도 국민의 민주화 열망 덕분입니다.

다시 새로운 100년을 열어 나갈 오늘, 100년 전 창간의 주역이었던 청년들을 생각합니다. 창립자이자 발기인 대표였던 인촌 김성수는 당시 29세였습니다. 인촌과 함께한 창간의 주역들 모두 신학문을 배운 청년들이었습니다. 국권(國權)을 빼앗긴 일제 암흑기였지만 청년들은 민족독립과 민주주의에의 꿈을 버리지 않았습니다. 그 꿈은 '민중의 표현기관' '민주주의 지지' '문화주의 제창'이라는 3대 사시(社是)로 압축됐습니다.

'조선 민중'을 대변코자 했던 청년들의 꿈은 독립과 건국에의 열망이었고, 마침내 현실이 됐습니다. 엄혹한 식민통치에도 우리의 민족혼은 이어졌고, 광복 후엔 극심한 좌우 대립과 혼돈 속에서도 대한민국을 건국했습니다. 그 숱한 역사의 고비마다 동아일보가 나침반 역할을 했다고 자부할 수 있는 것은 창간 주역들이 품었던 민족 자주(自主)라는 꿈이 있었기 때문입니다.

　민주주의라는 개념 자체가 생소하던 식민 치하에서 청년들이 품었던 민주주의에의 꿈 역시 이뤄졌습니다. 우리 국민은 장기집권과 군부독재 등 권력의 역류를 이겨내고 민주혁명을 이뤄냈습니다. 그러나 그 민주주의가 다시 새로운 도전에 직면하고 있습니다. 100년 전부터 그래왔듯, 동아일보는 진정한 민주주의 정착을 위해 독자와 국민과 함께 나아갈 것입니다.

　봉건적 남녀차별이 횡행하고 남녀유별(男女有別)이 강조되던 1923년, 동아일보는 국내 최초의 여성 스포츠 행사인 '전조선여자연식정구대회'를 열었습니다. 남들보다 수십 년을 앞서 '문화주의'라는 꿈을 꾸지 않았다면 엄두도 내지 못할 일이었습니다. 우리 영화가 아카데미상을 휩쓸고, 방탄소년단(BTS)을 비롯해 한국의 젊은이들이 세계 청소년을 매혹시키고 있습니다. 변방의 작은 나라에서 세계 문화의 주류를 뒤흔드는 문화강국으로 자라난 오늘의 성취는 100년 전 청년들의 꿈이 상상의 산물이 아니라 시대를 앞선 비전이었음을 보여줍니다.

　오늘날 변화의 속도는 갈수록 빨라지고 있지만, 사람과 사람이 모여 국가라는 공동체를 이뤄 살아가는 일의 본질은 변하지 않습니다. 100년 전 창간 주역들이, 지금 이 순간 우리가, 그리고 미래의 동아일보가 품을 꿈의 본질도 변하지 않을 것입니다. 그 꿈은 바로 '더 나은 미래', 즉 우리 아이들이 더 나은 세상에서 살 수 있도록 하자는 것입니다. 그런 세상을 앞당길 수 있도록 사회적 *공기(公器)로서 책임과 의무를 다하고, 대안도 함께 제시하겠습니다.

　지금 언론이 위기라지만 그럴수록 언론의 역할이 중요한 시대입니다. 가짜뉴스의 범람은 누구나 쉽게 뉴스의 발신자가 될 수 있는 인터넷 시대의 어두운 면입니다. 하지만 가짜뉴스나 풍문, 궤변은 결코 팩트(사실)를 이길 수 없습니다. 단단한 팩트를 찾고 알리기 위해 부지런히 뛰겠습니다. 100년간 쌓아온 한국 대표 신문으로서의 권위와 역량을 토대로 '무엇이 진짜 뉴스인지 궁금할 때면 눈을 들어 동아일보를 보라'고 말할 수 있는 *준거(準據) 신문이 될 것입니다.

동아일보 사옥은 대한민국의 중심부인 서울 광화문 사거리에 있습니다. 일제 때 조선총독부를 감시한다는 상징적 의미로 이곳에 터를 잡았고, 지금은 청와대가 보입니다. 우리는 앞으로도 이곳에서 권력을 감시하고, 광화문광장의 함성을 들으며, 광장에 미치지 못하는 작은 목소리까지 귀 기울이겠습니다. 성숙한 자유민주주의와 상식이 통하는 정치가 뿌리내리도록 *불편부당(不偏不黨) *시시비비(是是非非)의 자세를 지켜 가겠습니다.

100년의 역사는 쉽게 만들어지지 않습니다. 창간 2주 만에 첫 발매 금지를 당한 후 1940년 8월 강제 폐간되기까지 무려 63회의 발매 금지, 489회의 압수, 2400여 회의 기사 삭제, 4회의 정간을 겪었습니다. 마지막 정간은 9개월여간 이어졌는데 1936년 베를린 올림픽 마라톤 우승자 손기정 선수의 사진에서 일장기를 지웠다는 이유였습니다.

광복 이후에는 권력에 눌려 목소리를 내지 못한 시민의 대변자 역할을 했습니다. 앞으로도 그것이 정치권력이든, 권력을 등에 업고 *호가호위(狐假虎威)하는 세력이든 자신의 주장을 펴기 위해 남의 입을 막는, 어떠한 외압에도 분연히 맞서고 비판할 것입니다.

하지만 일본 군국주의의 광기가 극에 달했던 일제 말 강제폐간을 앞둔 시기, 조선총독부의 집요한 압박으로 저들의 요구가 반영된 지면이 제작된 것은 100년 동아일보의 아픔입니다. 정중히 사과드립니다.

다시 위기입니다. 무엇보다 요즘은 전 세계적인 감염병 사태로 온 국민이 고통을 겪고 있습니다. 이런 *미증유(未曾有)의 복합 위기는 국민과 정부가 하나가 돼 나아갈 때만 극복할 수 있습니다. 국민의 통합과 민의(民意)를 존중하는 정부의 구현을 위해 100년의 *둔필(鈍筆)을 다시 날카롭게 갈겠습니다. 언제나 그랬듯, 우리는 이번에도 이겨낼 것입니다.

새로운 100년의 출발점에 서서, 동아일보는 가장 오랜 신문사가 아니라 가장 젊은 신문이 되고자 합니다. 100년 전 당시로서는 첨단기업이었던 신문사를 설립한 그 도전 정신으로 다시 혁신의 새로운 100년을 시작하겠습니다. 동아일보의 100년을 가능케 한 것은 국민들의 성원이었고, 그 성원은 100년 전 창간 주역들이 품었던 꿈과 열정이 국민의 지지와 공감을 받았기에 가능했습니다. 앞으로 100년도 독자와 국민 여러분과 함께 꿈을 꾸고 열정을 나눠 가겠습니다.

용어 노트

*공기(公器) : 개인의 소유가 아닌 일반 사회 전반에 이해관계나 영향을 미치는 기관.

*준거(準據) : 행동이나 판단 기준, 근거.

*불편부당(不偏不黨) : 한쪽으로 기울어지지 않고 아주 공정함.

*시시비비(是是非非) : 옳은 것을 옳다고 하고, 그른 것을 그르다고 한다는 뜻.

*호가호위(狐假虎威) : 여우가 호랑이의 위세를 빌린다는 뜻으로 남의 권세를 빌려 허세를 부림을 비유하는 말.

*미증유(未曾有) : 일찍이 있지 않았던 일.

*둔필(鈍筆) : 서투른 글씨.

생각 정리 퀴즈

① 나라 잃은 민족의 표현기관을 자임하며 창간된 [   ]는 광복, 분단, 전쟁, 가난, 독재와의 투쟁을 거치며 국민과 함께 성장해 왔습니다.

② 동아일보가 3·15 부정선거의 실상을 폭로하고, 정권의 탄압을 무릅쓰고 박정희 정권을 비판하고, 박종철 고문치사 사건을 보도해 민주항쟁의 물꼬를 틀 수 있었던 것은 국민의 [   ] 열망 덕분이었습니다.

③ 인촌 [   ]는 민중의 표현기관, 민주주의 지지, 문화주의 제창의 꿈을 담아 동아일보 창간을 주도했고, 그 꿈은 광복과 민주혁명, 문화강국을 이룬 현재의 대한민국의 모습에서 보듯 현실이 됐습니다.

④ 갈수록 빨라지는 시대 변화 속에서도 동아일보는 더 나은 세상을 위해 사회적 [   ]로서 책임과 의무를 다하고 대안을 제시하겠습니다.

⑤ 가짜뉴스가 범람하는 언론의 위기 속에서 [   ]에 기반한 준거 신문이 되겠습니다.

⑥ 청와대가 보이고 시민의 함성이 들리는 광화문 사거리에서 권력을 감시하며 [   ]의 자세를 지켜가겠습니다.

⑦ 지난 100년의 역사처럼 어떠한 외압에도 굴하지 않고 시민의 [   ] 역할을 이어가겠습니다.

⑧ 강압에 의해 일제의 요구를 반영했던 과거를 반성하며, 새로운 100년도 독자, 국민과 함께 도전과 혁신으로 채워가겠습니다.

정답 : ① 동아일보 ② 민주화 ③ 김성수 ④ 공기(公器) ⑤ 팩트 ⑥ 불편부당 ⑦ 시시비비 ⑧ 대변자

> 생각 키우기

■ 동아일보가 걸어온 '문화주의'의 길

동아일보는 1920년 4월 1일, 일제강점기에 민족주의를 표방하며 창간되었습니다. 일제의 극심한 탄압 속에서도 꿋꿋이 민족정론의 길을 걸어왔고, 광복 이후 자본주의 경제 체제와 민주주의가 정착하는 과정에서 벌어진 여러 혼란 속에서도 시대를 이끄는 언론으로서의 사명을 다하기 위해 노력해왔습니다. 그러면서도 한편으론 창간 정신인 문화주의를 달성하기 위한 노력을 사회 문화 분야에서 다방면으로 펼쳐왔습니다.

1931년 개최된 '제1회 동아마라톤대회'를 통해 민족의 결집력을 다져 일제에 저항하는 힘을 키우고자 했던 동아일보는 마라톤 외에도 고교야구, 축구 등 다양한 스포츠 대회를 개최하고 지원했습니다.

1931년부터 1935년 사이에는 '배우자, 가르치자, 다 함께'라는 구호를 내걸고 농촌계몽 운동인 '브나로드 운동'을 주도하며 농촌 생활, 교육, 사회, 문화 개선을 통한 민족자강을 꾀했습니다. 1935년 창간 15주년 기념 장편 소설 특별 공모에서 당선된 심훈의 '상록수'는 브나로드 운동의 이념과 실천을 형상화한 작품이기도 합니다.

1956년에는 국내 최초 프로 기전(프로 바둑)인 '국수전'을 창설했습니다. 초대 국수인 조남철을 비롯해 20기 조훈현, 34기 이창호 등을 배출한 국수전은 우리나라 바둑의 저변 확대와 발전에 공헌했습니다.

1963년에는 일간신문사 최초로 '동아방송(DBS)'이라는 상업 라디오 방송을 개국해 언론의 자유와 편성의 자주성을 높이는 데 일조했습니다. 또한 '동아자유언론수호투쟁위원회'를 통해 1980년대의 민주화 운동과 자유언론운동을 이끌었습니다.

이 밖에도 한국의 연극상 중 가장 오래된 '동아연극상'과 황순원, 서정주, 김동리, 이문열, 김기호, 김병종, 김민숙 등 새로운 작가 발굴에 앞장선 '동아일보 신춘문예'는 문화주의를 꿈꾸었던 동아일보의 지향점을 보여줍니다.

이처럼 동아일보는 정통 언론으로서의 사회적 영향력을 기반으로 정치, 문화, 사회, 스포츠, 예술 등 여러 분야의 발전을 촉진시키며 지난 100년간 대한민국의 양적, 질적 성장판 역할을 충실히 해오고 있습니다.

■ 언론의 기능 및 발전 방향

우리나라 헌법 제21조는 '언론·출판·집회·결사의 자유'를 규정하면서 언론에 대한 검열을 금지하고 언론의 독립과 자유를 보장합니다. 이처럼 언론의 권리를 헌법으로 보장하는 것은 헌법상 국민 주권주의(헌법 제1조)와 자유 민주주의(헌법 제4조, 제8조)를 실현하기 위해서입니다.

보다 구체적으로 언론은 국민의 알 권리를 보장합니다. 사회의 각종 사건이나 정책 등과 관련한 정보를 제공하고 이를 통해 국민이 합리적 결정을 하도록 돕습니다. 또 권력에 대한 비판과 견제, 감시 기능을 수행하면서 국가 권력 등에 의해 국민의 기본권이 침해되는 것을 막고 사회적 공익이 확보되도록 역할을 합니다. 사회의 주요 의제를 설정, 제시함으로써 여론을 형성하기도 합니다. 이를 통해 정책 결정권자들이 국민의 의사를 정확히 이해하고 정책에 반영하도록 하지요.

이러한 언론의 기본적인 역할은 시대와 관계없이 작동되어야 합니다. 국가와 사회가 올바른 방향으로 나아갈 수 있도록 항상 올곧은 가치를 추구하며, 사회의 주요 정책과 의제에 대해서 지속적으로 연구하고 이를 독자에게 깊이 있게 전달함으로써 여론을 형성해 나가야 합니다. 특히 가짜 뉴스와 같이 왜곡되고 잘못된 정보가 쉽게 유통되는 환경에서 권력에 대한 견제와 비판, 통제의 기능은 더욱 강화되어야 합니다.

물론 언론의 변화도 필요합니다. 소셜네트워크서비스(SNS)와 디지털 매체의 등장처럼 급속히 변화하는 미디어 환경에 발맞춰 신문 또한 과거의 일방향성에서 탈피해 쌍방향 소통이 가능한 매체로 혁신해야 합니다. 적극적인 뉴스 소비자의 수요를 충족하기 위해선 독자들의 의견을 빠르고 정확하게 분석하고 정리하는 능력이 중요하므로 많은 언론도 변화를 꾀하고 있습니다. 또한 뉴스가 지속적으로 소비될 수 있도록 미디어 소비 환경의 변화에 따른 물리적 혁신도 끊임없이 시도해야 합니다.

미국의 뉴욕타임스는 스마트폰 및 애플리케이션과의 효과적 연동을 고민하고 디지털화를 추진해 뉴스의 가독성을 높였고, 기사 소비자의 패턴을 연구하고 분석해 뉴스의 구성과 전달 방식, 정보 비중의 변화를 시도하는 등의 혁신으로 디지털 시대로의 전환에 성공했다는 평가를 받습니다.

생각 넓히기

Q. 유튜브, SNS 등 디지털 플랫폼을 기반으로 1인 미디어가 급성장하고 있습니다. 이러한 변화 속 레거시 미디어(Legacy media·TV 신문 등 전통 매체)가 지닌 한계가 무엇인지 생각해 보고 레거시 미디어가 이런 변화에 잘 적응하기 위한 방안을 제시해 보세요.

Guide▶ 레거시 미디어와 1인 미디어의 가장 커다란 차이점은 소통 방식입니다. 레거시 미디어는 뉴스 공급자와 소비자가 명확히 구분되고, 뉴스 소비자의 참여가 제한적인 일방향 소통을 합니다. 반면 개인 미디어는 뉴스의 소비자이기도 한 생산자가 여러 독자와 쌍방향 소통을 하며 뉴스 소비자의 흥미나 수준, 성향 등을 고려한 맞춤 뉴스를 재생산합니다. 이처럼 독자에 대한 반응, 뉴스 주제 및 관심도 선점, 특정 수요에 대한 대응 등에서 레거시 미디어는 한계를 지닙니다.

하지만 개인 미디어의 한계도 분명합니다. 기존 레거시 미디어에서 이미 생산된 정보를 변용해 재생산하는 정도에 그치는 경우가 많고, 부족한 정보를 추측이나 왜곡으로 채워 가짜 뉴스를 생산하기도 합니다. 대표적인 사례가 최근에 제기된 김정은 신변 이상설처럼 불확실한 내용의 추측을 마치 진짜인 양 반복 생산 확대하는 것입니다.

따라서 레거시 미디어가 1인 미디어의 성장에 능동적으로 대응하기 위해서는 가장 먼저, 뉴스 본질에 더욱 충실해야 합니다. 레거시 미디어는 1인 미디어에는 부족한 심도 있는 취재 노하우, 핵심 정보에 대한 접근성, 체계적인 취재 시스템 등을 갖추고 있어 뉴스 본연의 정확한 정보 제공이 가능하다는 점이 경쟁력입니다. 1인 미디어가 접근하기 어려운 정보를 취득해 새로운 사회적 논제를 선점하는 한편, 한쪽으로 편향되기 쉬운 1인 미디어와 대조적으로 뉴스 보도의 공정성을 갖추어 한계를 극복할 수 있을 것입니다. 동시에 '디지털 퍼스트' 체제로의 전환을 위한 과감한 투자가 필요합니다. 신문과 방송 등 기존 매체뿐 아니라 개인 맞춤형 뉴스 제공을 위한 기술 개발, 새로운 플랫폼 개발에 참여해야 합니다. 더불어 뉴스 소비자들의 실시간 반응에 빠르게 대응하는 쌍방향 의사소통 시스템을 마련하고 발전시켜 나갈 필요도 있습니다.

정보통신기술의 발달로 정보가 넘쳐나고 누구나 뉴스를 생산할 수 있게 되면서 역설적으로 너무 많은 가짜 뉴스가 양산돼 사회문제가 되고 있습니다. 사람들이 필요로 하는 정보를 정확하게 제시하는 것이야말로 언론이 나아가야 할 방향일 것입니다. 사회 각계각층의 다양한 관점을 반영하고, 객관성을 토대로 한 진실된 뉴스가 곧 레거시 미디어의 경쟁력이며 가치입니다.

CHAPTER 1

들실과 날실 하나로 엮기
- 외교·안보·북한

1. 가까이하기엔 너무 먼 당신
2. '기밀'을 기밀로 보지 않으면 발생하는 일
3. 새우등 터지지 않으려면…
4. 미워도 다시 한번
5. 꿀 먹은 벙어리
6. 하나 하나 하나!
7. 마이 웨이(MY WAY)
8. 아리스토텔레스는 어떻게 했을까?
9. 솥에서 얻는 지혜
10. 외교 상대국의 본질을 간과한다면…
11. 패착을 반복하지 않으려면 복기부터
12. 대화를 위한 대화
13. 내가 웃는 게 웃는 게 아냐
14. 깨지기 쉬운 유리그릇을 다루듯이
15. 문제는 독재야, 독재가 문제라고
16. 트럼프 형님, 김정은 아우님!
17. 인류사의 가장 예외적인 공화국

가까이하기엔 너무 먼 당신

생각 열기 '윈윈 전략.' 협상에 참가한 모두에게 이익이어야 좋은 협상입니다. 북핵 문제 해결에 있어 미국은 '일괄 타결식 접근'을, 북한은 '단계적·동시적 행동 접근'을 주장하며 평행선을 달립니다. 북-미 모두 윈윈 할 방안은?

[오늘과 내일/이철희] 북-미 '외교의 사망' (2019년 3월 15일자)

"점진적 비핵화는 받아들이지 않을 것이다. 완전한 해법(total solution)이 필요하다. 모든 것이 합의될 때까진 아무것도 합의된 게 아니다. 북한은 핵·미사일은 물론이고 생화학무기를 포함한 모든 대량살상무기(WMD) 제거를 약속해야 한다."

사흘 전 스티븐 비건 미국 대북정책특별대표의 워싱턴 좌담회 발언에 대해 미 언론과 전문가들은 대북정책의 '극명한 코스 변경'이라고 평가했다. 초강경파 존 볼턴 국가안보보좌관의 발언권이 커지면서 1월 말 스탠퍼드대 강연에서 '동시적 병행 접근'을 제시했던 협상파 비건마저 그간의 유연한 자세에서 벗어나 강경 노선으로 돌변했다는 것이다.

이런 변화는 비건에 그치지 않았다. 마이크 폼페이오 국무장관도 가세했다. 그는 김정은에게서 적어도 6차례 비핵화 약속을 직접 들었다며 "말이야 쉽다. 행동만이 가치가 있다"고 압박했다. 비건 말대로 '미국 정부의 완전한 입장 통일'을 과시하려는 모양새다.

이런 강경 기조를 두고 일부 매체는 "이제 협상은 끝장났다(doomed)"고 했다. 보수 성향의 전문가들도 "최대지향주의(maximalism)는 곧 외교의 사망이다" "김정은에게 던진 완전한 항복(total surrender) 요구다"라고 했다. 이들 말대로 협상이 종말을 고했다고 진단하기는 이르지만 북-미 간 대화의 교착상태는 당분간 지속될 수밖에 없어 보인다.

사실 비건의 두 차례 공개 발언을 꼼꼼히 살펴보면 *하노이 회담 전후로 말이 크게 달라진 것은 없다. 강조점이 달랐을 뿐이다. 그가 제시한 '동시적 병행 접근'이 북한이 고집하는 '단계적 동시 행동'과 같은 말은 아니었다. 그는 제재 완화 가능성을 내비치면서도 "실패도 선택일 수 있다"고 했었다. 하지만 유연한 접근법이 자취를 감춘 것은 분명했다.

워싱턴 좌담회에서 비건은 표현의 자유마저 잃은 듯했다. 그건 마치 내키지 않는 반성문을 읽는 듯한 모습이었다. 한 좌담회 참석자는 "북한식 자아비판을 보는 느낌이었다"고 전했다. 이렇게 미국의 협상파는 하노이 결렬의 첫 희생양이 됐고, 그들의 입지는 좁아졌다. 북한의 대미 협상라인이 혹독한 총화 과정에서 살아남을 수 있을지도 의문이다.

더 큰 문제는 그만큼 '외교의 공간'이 협소해졌고 갈수록 소멸돼 가고 있다는 점이다. 미국의 강경론 대두는 자폐(自閉) 모드로 들어간 북한의 태도와 무관치 않을 것이다. 북한은 허공의 인공위성을 향해 도통 알 수 없는 무언의 메시지만 보내고 있다. 비건조차 북한의 동창리 미사일 발사장 복구 동향에 대해 "모르겠다"고 토로했다. 북한의 수상쩍은 움직임은 미국의 경계심을 높였고 강경파의 목소리는 더 커지고 있다.

돌이켜보면 지난해 3월 도널드 트럼프 대통령이 북-미 정상회담을 전격 수용하면서 시작된 북-미 대화 1년은 결코 순탄치 않았다. *1차 싱가포르 회담은 취소 사태까지 겪고서야 어렵게 성사됐고, 이후에도 양측이 한 차례씩 고위급 방문을 취소하는 등 곡절이 많았다. 그렇게 하노이까지 이어졌지만 두 정상이 낯 붉히지 않고 헤어진 것은 그나마 다행이다.

지금 북-미 간에는 대화 채널이 단절된 채 서로 엇갈리는 신호만 발신하고 있다. 아직 양측의 말은 조심스럽지만 이대로 가다간 어느 쪽이 먼저랄 것도 없이 외교의 사망을 알리는 부고장을 보내게 될지도 모른다. 특히 북한엔 숙고의 시간이 좀 더 필요할 수 있다. 하지만 외교의 문을 닫아버릴 요량이 아니라면 오해와 불신을 낳을 행동은 금물이다. 어떤 관계에서든 사이가 가까워지는 건 시간이 걸리지만 멀어지고 갈라서는 건 순식간이다.

> **용어노트**
>
> *하노이 회담 : 2019년 2월 27~28일, 북-미 정상이 베트남 하노이에서 가진 두 번째 정상회담. 북한에 대한 제재 완화를 둘러싼 합의 실패로 회담은 결렬됐다.
>
> *1차 싱가포르 회담 : 2018년 6월 12일 도널드 트럼프 미국 대통령과 김정은 북한 국무위원장이 싱가포르에서 가진 사상 첫 북-미 정상회담. 양 정상은 △완전한 비핵화 △평화체제 보장 △북-미 관계 정상화 추진 △6·25전쟁 전사자 유해 송환 등 4개 항에 합의했다.

생각 정리 퀴즈

① 비건 미국 대북정책특별대표는 [   ]을 제시했던 협상파였지만 강경 노선으로 돌변했다.

② [   ] 미국 국무장관도 이런 노선에 가세하며 북-미 대화 교착상태는 당분간 지속될 것 같다.

③ 북한의 수상쩍은 움직임에 미국 내 강경파의 목소리가 높아지면서 북-미 간 '외교의 공간'이 협소해짐을 넘어서 소멸돼 가고 있다.

④ 북한이 외교의 문을 닫아버리지 않을 것이라면 [   ]을 낳을 행동은 금물이다.

정답 : ① 동시적 행동 원칙 ② 마이크 폼페이오 ③ — ④ 오해와 오판

생각 키우기

■ **일괄 타결식 접근 vs 단계적·동시적 행동 접근**

애를 써도 해결하기 어려운 문제를 두고 '고르디우스의 매듭'이란 말을 합니다. 고대 그리스 마케도니아의 알렉산더 대왕이 복잡하게 얽힌 매듭을 단칼에 잘랐다는 전설에서 나온 말입니다. 북핵 문제는 고르디우스의 매듭을 끊듯 톱다운 방식으로 해결해야 한다는 것이 미국 입장입니다. 북한이 비핵화를 먼저 해야 보상이 따른다는 관점으로 '일괄 타결식 접근'이지요.

이는 비핵화를 단계별로 나눠 보상받는 북한의 '단계적·동시적 행동 접근' 방법과는 거리가 멉니다. 2018년 3월 북-중 정상회담을 계기로 중국이 비핵화 대화판에 뛰어드는 모양새가 되면서 북한은 '단계적·동시적 조치'를 언급했습니다. 비핵화를 단계적으로 하면서 체제 안전 보장, 대북 경제제재 해제 등 순차적 보상을 미국으로부터 끌어내겠다는 전략이지요. 결국 북-미의 입장차는 좁혀지지 않았습니다. 북한은 '새로운 길'을 내세우며 미국을 도발하고 있어 북-미는 여전히 평행선을 달립니다.

■ **대량살상무기(WMD)**

핵폭탄, 중장거리미사일, 탄저균, 독가스, 바이러스 살포 무기처럼 단시간에 많은 사람을 희생시킬 수 있는 전략 무기. 환경마저 지속적으로 파괴할 수 있어 핵확산금지조약(NPT), 생물무기금지협약(BWC) 등 국제협약에서는 WMD의 사용 및 개발을 금지합니다. 미국은 2001년 9·11테러 후 WMD 확산 방지에 적극 나섰는데, 당시 이라크의

WMD 보유를 주장하며 이라크전을 벌였지만 증거 확보에 실패해 국제사회의 비난을 받았습니다. 유엔안전보장이사회는 2004년 4월 테러단체 등이 WMD를 손에 넣지 못하도록 하는 '확산 방지 결의안'을 만장일치로 가결했습니다.

> **생각 넓히기**
>
> **Q.** 대량살상무기로 규정된 전략 무기의 개발은 과학기술 발전과 궤를 같이합니다. 최근 인공지능(AI)과 로봇 기술이 발전하며 등장한 '킬러로봇'도 같은 맥락. 킬러로봇 개발을 해야 할까요, 하지 말아야 할까요?
>
> **Guide ▶** AI와 결합된 킬러로봇은 인간이 프로그래밍한 대로 적을 공격하지요. 2020년 초에는 중국이 '바다의 킬러로봇'이라 불리는 무인 전투선 개발에 공을 들이고 있다는 뉴스도 나왔습니다.
>
> 킬러로봇 개발에는 찬반이 있습니다. 킬러로봇이 민간인을 살상할 가능성이 있고, 테러리스트 등에 의해 악용될 수 있다는 반대 의견이 있는 반면, 킬러로봇이 개발되면 인간의 잘못된 판단을 예방할 수 있고 킬러로봇끼리 전투하게 돼 인명 피해를 줄일 수 있다는 찬성 의견도 있습니다.
>
> 킬러로봇이 세계적인 논란거리라는 사실을 보여주는 해프닝이 있습니다. 2018년 호주 뉴사우스웨일스대 토비 월시 교수를 비롯한 57명의 세계 로봇 전문가들이 한국과학기술원(KAIST)의 '국방 인공지능(AI) 융합연구센터'와 연구를 하지 않겠다고 선언했습니다. 이들은 KAIST가 한화시스템과 국방 AI 융합연구센터를 연 것을 두고 '킬러로봇을 개발하기 위한 산학협력'으로 판단했지요. KAIST 총장이 "킬러로봇을 개발하려는 의도가 전혀 없다. 교육기관으로서 우리는 윤리적 기준을 중요하게 생각한다. 인간의 통제력이 결여된 자율살상무기를 포함해 인간 존엄성에 반하는 연구를 하지 않을 것"이라고 밝히자 학자들이 보이콧을 철회하면서 해프닝으로 끝났습니다.

2 '기밀'을 기밀로 보지 않으면 발생하는 일

> **생각 열기** 한 외교관에 의해 3급 기밀에 해당하는 국가 정상 간 통화 내용이 유출되는 외교 참사가 발생했습니다. 우리 외교에 대한 신뢰를 무너뜨리는 중대한 사건이었지요. 잇따르는 외교 참사의 문제점은 무엇인지 알아보고, 우리 외교에 무엇이 필요한지 살펴봅시다.

[사설] 韓美 정상 통화 유출, 대한민국 외교의 신뢰가 무너졌다 (2019년 5월 24일자)

　주미 한국대사관 *참사관이 한미 정상 간 통화 내용을 야당 국회의원에게 유출한 것으로 청와대와 외교부 감찰 결과 드러났다. 그 참사관은 7일 문재인 대통령과 도널드 트럼프 미 대통령이 한국 방문과 관련해 논의한 통화 내용을 다음 날 대사관에서 열람한 뒤 강효상 자유한국당 의원에게 전달했다고 한다. 국가 정상 간 통화 내용은 3급 기밀에 해당한다.

　그동안 외교부가 도마에 오른 것은 한두 번이 아니다. 대통령 방문국의 국명 오기(誤記)부터 회담장에 걸린 구겨진 태극기, 일부 대사의 폭언·갑질 등 온갖 실책과 사고가 잇달았다. 하지만 이번 사건은 그에 비할 바 아닌 중대한 외교 참사다. 재외공관 중 가장 핵심인 주미 대사관의 고위 외교관이 야당 정치인에게 외교 기밀을 유출한 것은 외교관 한 명의 일탈로 볼 수 없는, 우리 외교의 총체적 *난맥상을 드러낸 것이다.

　외교관에게 요구되는 고도의 직업윤리와 책임성을 훼손한 행위에 대해선 인사상 징계는 물론이고 사법적 책임도 엄중하게 가려야 한다. 그런 참사를 낳은 외교부의 기강 해이와 관리체계, 나아가 강경화 장관 체제에 문제가 없는지 면밀히 점검하고 책임 있는 조치도 뒤따라야 한다. 야당 의원이 외교기밀을 무책임하게 공개한 행위도 비판을 피하기 어렵다. 숨기기에 급급한 정부를 견제하기 위한 것이었다지만, 한건주의 폭로로 국익을 훼손한 것은 분명하다.

　가장 큰 문제는 우리 외교의 대외적 신뢰 상실이다. 외교적 협의, 특히 정상 간 대화는 합의하거나 양해한 내용만 외부에 공개한다. 이런 최소한의 신뢰를 바탕으로 민감한 현안을 놓고 의견도 교환할 수 있다. 그런데 이번 사건은 그런 외교의 기본을 무너뜨렸다.

앞으로 어느 나라가 한국을 믿고 외교 협의나 정보 공유를 하겠는가. 외교 전반에 대한 근본적 수술 없이는 추락한 신뢰를 회복하기 쉽지 않을 것이다.

> **용어 노트**
>
> *참사관 : 외무직 공무원의 대외 직명. 공사(公使)의 아래, 1등 서기관의 위에 있는 외교관으로 대사 또는 공사의 지휘·감독을 받아 외교 교섭 및 기타 임무를 보조한다.
>
> *난맥상 : 가닥이나 줄기가 어지럽게 헝클어져 질서나 체계가 서지 않은 양상.

> **생각 정리 퀴즈**
>
> ① 주미 한국대사관의 한 외교관이 [　　　]에 해당하는 국가 정상 간 통화 내용을 야당 의원에게 전달하는 일이 발생했다.
>
> ② 그동안 외교부는 온갖 실책과 사고로 도마에 올랐지만 이번 사건은 그에 비할 바 아닌 중대한 [　　　]다.
>
> ③ 해당 외교관에 대한 징계와 사법적 책임은 물론이고, 참사를 낳은 외교부의 기강 해이와 관리체계도 점검해야 한다.
>
> ④ 외교기밀을 무책임하게 공개해 국익을 훼손한 [　　　]도 비판을 피하긴 어렵다.
>
> ⑤ 외교 전반에 대한 근본적 수술 없이는 추락한 신뢰를 회복하기 쉽지 않을 것이다.
>
> 정답 : ① 3급 기밀 ② 외교 참사 ④ 야당 의원

생각 키우기

■ 잇따르는 외교 참사

국가 간 품격을 보여주는 외교에선 상대 국가에 대한 존중이 필수입니다. 작은 실책과 결례로 상대국에 상처를 주면 곧바로 국익에 영향을 미치고, 우리 외교에 대한 신뢰도가 추락하는 결과로 이어지지요. 국격에 흠집을 낼 수도 있습니다.

우리나라는 잇따르는 외교 참사로 국내외에서 빈축을 샀습니다. 2018년 11월 문재인 대통령의 체코 방문 당시 대통령의 해외 순방 소식을 알리는 외교부의 공식 영문 트위터에는 체코(Czech)의 국명을 체코슬로바키아(Czechoslovakia)로 잘못 표기한 게 시글이 올라왔습니다. 체코슬로바키아는 공산권 몰락 후인 1993년 1월 1일부터 체코와 슬로바키아 2개 공화국으로 분리됐습니다. 당시로선 25년 전에 이미 사라진 국명을 오기하는 중대한 결례를 저질렀지요. 또 2019년 4월 우리나라에서 열린 스페인과의 차관급 회담 행사장에선 구겨진 태극기가 등장했습니다. 주름이 마구 난 대형 의전용 태극기와 깨끗한 스페인 국기가 대조돼 많은 국민의 마음을 씁쓸하게 했지요.

■ 기밀 유출 vs 알 권리

한미 정상 간 통화 내용이 유출된 후 청와대와 당시 자유한국당은 통화 내용을 전한 일이 기밀 유출인지, 국민의 알 권리를 위한 공익 제보인지를 두고 대립각을 세웠습니다.

강효상 당시 자유한국당 의원은 "문재인 대통령이 트럼프 대통령과의 통화에서 '잠깐이라도 한국을 방문해 달라'고 설득했다"고 주장했는데요. 이는 당시 청와대와 백악관이 공개하지 않았던 내용이었습니다. 청와대와 외교부 감찰로 주미 대사관 외교관에 의해 통화 내용이 유출된 것으로 확인됐고, 이후 강 의원은 "헌법기관인 국회의원이 국민의 알 권리를 위해 공개한 것"이라고 밝혔지요. 사태 이후 문 대통령은 "정상 간 통화 내용을 유출하면서 정쟁의 소재로 삼고 '국민의 알 권리' '공익 제보' 식으로 두둔하는 정당의 행태에 대해 깊은 유감을 표한다"고 밝히기도 했습니다.

정상 간 통화 내용 공개가 기밀 유출인지, 국민의 알 권리를 위한 정당한 행위였는지 의견이 분분합니다. 다만 해당 행위로 대미 외교 신뢰도가 떨어지는 등 국익이 훼손된 사실은 부인할 수 없을 것입니다. 검찰은 2019년 말 강 의원을 형법상 외교기밀 탐지수집 및 누설 혐의로, 통화 내용을 전달한 외교관을 공무상 비밀 누설 혐의로 각각 기소했습니다.

생각 넓히기

Q. 1961년 오스트리아 빈회의에서 채택된 '외교관계에 관한 빈 협약'에 따르면 외교관과 그 가족은 주재하는 나라에서 범죄를 저질러도 면책특권이 있어 수사할 수 없습니다. 하지만 최근 강력범죄를 저지르고도 면책특권을 내세우는 외교관들이 많아 외교관에게 이러한 특권을 적용하는 것이 적절한가를 두고 논란이 있습니다. 외교관 면책특권 악용을 방지하기 위해 이를 폐지하는 것에 대해 어떻게 생각하나요?

Guide ▶ '외교관의 지위'는 모든 국가에서 오래전부터 인정되어 온 것으로 국제 관습법이 가장 일찍부터 적용되어 온 분야라고 할 수 있습니다. 외교관은 상대국의 여러 가지 관할권에 따르지 않아도 된다는 '치외법권'을 갖지요. 현재 체류하는 국가의 법 적용에서 면제되고, 본국 법의 적용을 받는 권리를 가집니다. 이에 따라 외교관이 타국에서 경범죄를 저질렀을 경우는 면제되고, 중범죄는 체포되거나 재판에 넘겨지지 않고 본국으로 송환됩니다.

외교관에게 이러한 권리를 부여하는 이유는 무엇일까요? 외교관은 자기 나라를 대표해 특정 국가에 파견됩니다. 이런 특권을 부여하고 신분을 보장함으로써 상대국에 대한 존중을 표시하고, 상대국의 외교 업무를 원활하게 처리할 수 있도록 하기 위함이지요.

문제는 이런 특권을 악용하는 사례가 빈번하게 발생한다는 사실입니다. 2019년 11월 비행기 안에서 우리 승무원을 성추행한 혐의로 붙잡힌 몽골의 헌법재판소장은 면책특권이 있다고 주장해 풀려나기도 했습니다. 실제로 최근 5년간 외국 외교관이 우리나라에서 법을 어기고도 면책특권을 행사한 사례는 60건이 넘습니다. 과거에는 교통법규 위반이 다수였다면 최근에는 성범죄와 폭행 등 강력범죄 비율이 높아지고 있습니다.

면책특권은 원활한 외교를 위해 필요하지만 중대 범죄는 국가 차원에서 나설 수 있도록 새로운 국제 협약이 만들어질 필요도 있지 않을까요?

새우등 터지지 않으려면…

생각열기 중국의 굴기를 막기 위해 세계의 제조업을 끌어들이려는 미국. 과거의 영광을 되살리려는 중국. G2의 패권 경쟁 사이에 끼여 '새우등 터지지 않을까' 걱정만 할 순 없습니다. 자유를 지키기 위해 우린 어떤 결정을 해야 할까요?

[김순덕 칼럼] 이것은 美中 무역전쟁이 아니다 (2019년 6월 13일자)

"이 문을 여시오! 고르바초프 선생, 이 장벽을 무너뜨리시오!" 1987년 6월 12일 로널드 레이건 미국 대통령의 연설은 공산주의 소련제국을 무너뜨린 신호탄으로 평가된다. 독일 서베를린의 브란덴부르크 문 앞에서 그는 미하일 고르바초프 소련 공산당 서기장을 향해 '자유와 평화를 증진하는 확실한 증거가 되는 행동'을 요구했다.

지금은 미국서 가장 위대한 대통령 중 한 명으로 기억되지만 당시 레이건은 미국 주류세력에 그리 존경받는 대통령이 아니었다. B급 배우 출신다운 쇼맨십과 '악의 제국' 같은 거친 레토릭 때문에 미국의 최악을 상징한다는 비난도 받았다.

그러나 베를린장벽 연설 2년 후 정말 장벽은 무너졌다. 1991년 말엔 소련이 붕괴했다. 서유럽으로 가는 가스관 건설을 막아 소련 경제에 타격을 주고, 핵무기 방어체계(SDI) 구축 등 공산체제의 능력을 넘는 군비경쟁을 벌여 악의 제국 궤멸전략을 성공시킨 것이다.

도널드 트럼프 대통령은 레이건처럼 요란하고 거친 언동으로 미국 엘리트사회의 조롱을 받는다. 미국 우선주의를 내건 보호무역주의와 *포퓰리즘이 세계경제를, 특히 우리 경제를 얼어붙게 한다는 비판도 거세다.

하지만 중국을 겨냥한 트럼프의 전방위 압박은 과거 미국발(發) 무역전쟁과 차원이 다르다는 데 주목할 필요가 있다. 레이건이 감세와 탈규제 등 *레이거노믹스로 경제를 살리면서 소련을 압박해 붕괴시켰듯, 전체주의 독재국가 중국을 주저앉히겠다는 것이 트럼프의 세계전략으로 보인다. 어쩌면 '제2의 레이건'으로 역사에 남을 수도 있다.

전임 대통령 버락 오바마는 2013년 중국 시진핑 국가주석이 주장한 '신형대국관계'를 받아들임으로써 사실상 미국의 패권을 양보한 신사였다. 트럼프는 "사회주의와 공산주의가 시행되는 곳엔 고통과 파괴가 뒤따른다"고 연설할 만큼 사회주의를 혐오한다. 미국이 1일 발표한 '인도태평양 전략보고서'는 중국을 규칙에 기반한 국제질서를 저해하는 수정세력으로 규정하고, 강제수단을 동원해 주변 국가의 자유롭고 개방적인 활동을 저해한다고 비판했다.

중국의 *굴기(崛起)를 막기 위해 미국의 과학기술이 중국에 유출되는 것을 차단하고, 세계의 제조업을 끌어들여 미국경제는 살리는 것이 *트럼포노믹스다. 미중 무역협상에서 미국 요구의 핵심은 중국 국영기업에 대한 보조금 중단이다. 국영기업은 공산당 정치경제적 이권의 결정체이므로 중국 공산체제를 해체하라는 것과 다름없다. 시진핑은 작년 12월 개혁개방 40주년 기념행사에서 "중국의 정체성을 무너뜨리는 개혁을 하지 않겠다"고 밝혀 경제성장이 민주화를 불러올 것이라는 자유세계의 믿음을 배반했다.

관세폭탄은 시작에 불과하다. *기축통화를 발행하는 미국이 환율전쟁으로 들어가면 중국은 버텨내기 어려울지 모른다. 중국 왕조의 평균수명이 70년이다. 1987년 말 미소(美蘇)가 합의한 *중거리핵전력폐기(INF)조약도 트럼프는 작년에 파기했다. 건국 70주년인 중국과 군비 경쟁을 벌이며 경제적 압박을 병행하는 레이건식 붕괴 전략을 펼칠 태세다.

지금 두 주요국가(G2)는 패권경쟁을 벌이고 있고, 누가 이기든 새우등 터질까만 우려한다면 한가하다. 중국은 부패 척결을 빌미로 누구든 잡아 가둘 수 있는 일당독재 전체주의 국가이기 때문이다. 문명 간 충돌이라고도 할 수 없다. 인권과 자유, 법치를 외면하는 나라를 유교문명으로 존중할 순 없다. 공존은 불가피해도, 인간을 억누르는 전체주의에 대한 자유민주주의의 응전에서 우리가 서야 할 곳은 자명하다.

"냉전 초기 소련의 파워가 커질 때 주변 독재국가가 증가하고 소련 궤멸 뒤에 감소했듯이 이제는 중국이 세계에 권위주의를 퍼뜨리고 있다"고 작년 10월 미국의 포린어페어스지는 지적했다. 청와대 운동권 정부가 사법부를 장악한 것도 모자라 내년 총선에서 입법부까지 장악하기 위해 선거법 개정을 몰아가는 것도 중국의 영향이 아닌지 두렵다.

싱가포르 북-미 정상회담 1주년인 12일 문재인 대통령은 노르웨이에서 '평화는 힘이 아니라 오직 이해에 의해서만 성취될 수 있다'는 아인슈타인을 인용해 대화 의지를 역설했다. 평화, 좋다. 그러나 김정은의 북핵도 이해하고 시진핑의 *중국몽도 신뢰하는 자칭 '작은 나라' 대통령이 대한민국의 자유는 지킬 수 있을 것인가.

용어 노트

*포퓰리즘 : 인기 영합 주의.

*레이거노믹스 : 미국 제40대 대통령 로널드 레이건의 경제정책. '힘에 의한 위대한 미국'의 재건을 추구. 소득세 인하, 기업에 대한 정부 규제 완화 등.

*굴기(崛起) : 우뚝 섬.

*트럼포노믹스 : 트럼프 미국 대통령의 경제정책. 보호무역주의 강화, 소득세 인하, 법인세 인하, 제조업 육성 등.

*기축통화 : 국제 금융거래의 기본이 되는 통화. 미국 달러가 대표적.

*중거리핵전력폐기(INF)조약 : 1987년 미국 워싱턴에서 열린 레이건 미국 대통령과 고르바초프 소련 공산당 서기장의 회담에서 양국의 핵탄두 장착용 중단거리 지상발사 미사일을 폐기하기로 한 핵무기 감축 조약.

*중국몽 : 과거 중국의 영광을 21세기에 되살리겠다는 시진핑 중국 국가주석의 전략.

생각 정리 퀴즈

① 과거 레이건 미국 대통령은 서유럽으로 가는 가스관을 막아 소련 경제에 타격을 주고 공산체제의 능력을 넘는 [   ]을 통해 소련을 붕괴시켰다.

② 레이건이 경제를 살리면서 소련을 압박해 붕괴시켰듯 중국을 주저앉히겠다는 것이 트럼프 대통령의 세계 전략이다.

③ 트럼프 대통령은 미국 과학기술의 중국 유출을 막고 세계 제조업을 끌어들여 미국 경제를 살리는 [   ]를 통해 중국 굴기를 막으려 한다.

④ 김정은의 북핵을 이해하고 시진핑의 [   ]도 신뢰하는 우리나라 대통령이 자유를 지킬 수 있을지 우려된다.

정답 : ① 레이거노믹스 ② 트럼포노믹스 ④ 중국몽

생각 키우기

■ **냉전의 상징 '베를린장벽'**

1945년 5월 나치 독일이 연합군에 항복하자 미국 영국 소련(현재의 러시아) 프랑스 등은 독일을 분할 점령했습니다. 이후 독일은 동독과 서독으로 분단됐지요. 이후 동독을 탈출해 서독으로 향하는 사람이 많아지자 동독 정부는 이를 막으려 1961년 동베를린과 서베를린 사이에 45.1㎞에 걸친 콘크리트 벽을 쌓았는데, 이것이 베를린장벽. 동서 냉전의 상징물이었던 베를린장벽은 소련의 붕괴 후 자유를 요구하는 동독 시민들에 의해 1989년 11월 9일 허물어졌습니다. 이듬해 독일은 분단 41년 만에 통일됐습니다.

■ **인도태평양 전략보고서**

미국 트럼프 행정부의 외교·국방 전략이 담겼습니다. 첫 조치로 태평양사령부의 명칭을 '인도태평양사령부'로 바꾸었지요. 인도태평양 전략은 미국 서해안에서 인도 서해안까지를 지리적 범위로 규정합니다. 미국 국방부는 2019년 인도태평양 전략보고서에서 미국이 직면한 4대 도전으로 △중국 △러시아 △북한 △테러·불법무기를 꼽습니다. 특히 보고서는 대만을 '국가'로 지칭하면서 중국에 초점을 맞춥니다. '하나의 중국'을 표방하는 중국의 대(對)대만 정책을 부정하는 것이지요. 중국이 현재의 지역 질서를 무너뜨리려 한다면 응징하겠다는 내용도 담겼습니다.

> **생각 넓히기**
>
> **Q. 트럼프 미국 대통령은 '미국 우선주의(America First)'를 공언합니다. 통상과 외교 국방 등에서 미국 이익을 최우선시하겠다는 것. 미국의 이 같은 노선은 세계 각국에 어떤 영향을 줄까요?**
>
> **Guide ▶** 미국을 따라 각국이 '자국 우선주의'를 추구하면 세계무역기구(WTO)를 중심으로 이어진 글로벌 무역 체제가 무너지고 국가 간 빈부격차가 심화되리라는 우려가 나옵니다. 한국무역협회는 2019년 보고서에서 "WTO의 다자무역 체제가 마비되고 양자 간 무역협정 체결이 확산된다"고 진단했습니다. 결국 약소국은 글로벌 무역 체제에서 배제되는 것이지요.
>
> 코로나19 사태에선 자국 우선주의가 더 위험합니다. 세계적인 감염병이므로 국제사회가 뜻을 모아야 하지요. 트럼프 대통령은 코로나19 확산 국면에서 세계보건기구(WHO)를 "중국 편만 든다"고 비난하며 1조 원 이상의 자금 지원을 중단하겠다고 밝혀 국제사회의 비판을 받았습니다. 미국이 인도적 지원도 거절한다면 중국의 영향력을 더 확대시키는 자충수가 될 수 있습니다.

미워도 다시 한번

생각 열기 베트남 하노이에서 열린 2차 북-미 정상회담이 의견 차로 결렬된 지 4개월 만에 남북미 정상이 분단과 대결의 상징인 판문점에서 만났습니다. 식어가던 대화 동력을 살린 역사적 회담의 결과는?

[사설] 南北美 역사적 첫 DMZ 회동, 식어가던 대화 동력 살렸다 (2019년 7월 1일자)

불과 하루 만에 만들어 낸 역사적 이벤트였다. 도널드 트럼프 미국 대통령과 김정은 북한 국무위원장, 그리고 문재인 대통령은 6·25 정전협정 체결 이래 66년간 분단과 대결의 상징이었던 *비무장지대(DMZ) 내 *판문점에서 만나 손을 맞잡았다. 슈퍼파워 미국 대통령의 예측불가 대담한 외교가 아니었다면 이런 깜짝 회동이 성사될 수 있었을까. 비록 더디지만 꾸준히 흘러온 한반도 평화의 저류(底流)가 만들어 낸 결과라는 점도 무시할 수는 없다.

트럼프 대통령과 김 위원장은 어제 오후 판문점 *군사분계선(MDL) 위에서 만났다. 트럼프 대통령은 북한 땅을 밟은 최초의 현직 미국 대통령이 됐다. MDL을 넘어 북쪽으로 20걸음 걸어가 기념 촬영을 한 뒤 다시 김정은과 나란히 남쪽으로 건너와 *자유의 집에서 한 시간 가까이 대화를 나눴다. 2·28 하노이 북-미 정상회담 결렬 이후 4개월 만이다. 북-미 정상 간 대화를 전후로 문 대통령이 합류하면서 남북미 정상의 3자 회동도 이뤄졌다.

트럼프 대통령은 "문 대통령이 역사적 순간이라고 했는데, 그 말이 맞다"며 "지금껏 우리가 발전시킨 관계는 큰 의미가 있다고 생각한다"고 말했다. 김정은은 "우리가 훌륭한 관계가 아니라면 하루 만에 이런 상봉이 전격적으로 이뤄지지 않았을 것"이라며 "이런 훌륭한 관계가 난관과 장애를 극복하는 신비로운 힘이 될 것"이라고 했다.

이번 전격 회동은 트럼프 대통령의 방한을 앞두고 진작부터 깜짝 성사 가능성이 제기됐지만 누구나 '설마…' 했던 이벤트다. 트럼프 대통령의 DMZ 방문은 재작년 11월 방한 때 기상 문제로 불발된 것이었고 북-미 정상이 최근 '흥미로운 내용'이 담긴 친서를 주고받으며 물밑에서 모종의 이벤트도 논의됐을 테지만, 그 시도는 트럼프 대통령의 즉흥적 제안이었다. 트럼프 대통령이 불쑥 트위터에 올렸고 김정은이 한달음에 달려오면서 전격 성사됐다고 한다.

회동의 성사는 북-미 양측의 이해가 맞아떨어졌기 때문이다. 내년 대통령선거를 앞두고 외교적 성과에 목말라 하는 트럼프 대통령은 북핵 문제의 진전을 보여주는 상징적 이벤트가 필요했고, 김정은도 시진핑 중국 국가주석의 방북 이후 새로운 국면 전환의 계기를 노리던 상황에서 *'톱다운'식 정상 담판의 부활을 과시하는 이벤트가 필요했다. 그 만남은 제대로 준비 안 된 즉석 회동이었지만, 굴곡 많은 비핵화 여정에선 전기가 될 수 있을 것이다.

그러나 화려한 이벤트가 곧바로 문제의 실질적 진전을 의미하지는 않는다. 화려한 쇼가 끝난 뒤엔 고단한 실무협상이 기다리고 있다. 이번 회동으로 북-미는 하노이 결렬 이래 4개월 넘게 멈춰 서 있는 대화를 복원시켰다. 하지만 꺼져 가던 대화의 동력을 살려낸 것 외에 크게 변한 것은 없어 보인다. 김정은은 여전히 미국에 '셈법 수정'을 요구했을 테지만 트럼프 대통령은 "대북제재는 유지될 것"이라며 '선(先)비핵화' 기조를 재확인했다.

트럼프 대통령은 앞으로 2~3주 안에 북한과의 실무협상이 시작될 것이라고 예고했다. 북한은 강경파 마이크 폼페이오 국무장관의 협상 배제를 주장하며 새로운 미국 측 협상 라인 구축을 기대했지만 트럼프 대통령은 폼페이오 장관과 스티븐 비건 대북정책특별대표로 이어지는 기존 협상라인을 유지한다는 방침을 고수했다. 정상 간엔 아무리 좋은 관계일지라도 실질적 협상은 다르다는 점을 분명히 한 것이다.

트럼프 대통령은 김정은의 워싱턴 방문도 요청했다. 하지만 그것은 실무협상을 통해 북한의 완전히 검증된 비핵화를 분명히 명시한 일괄타결과 신속한 이행 로드맵이 완성된 뒤 두 정상이 만나 서명하는 이벤트로 제시한 것이다. 트럼프 대통령은 "서두를 필요 없다. 속도보다는 올바른 협상을 추구하겠다"고 했다. 내년 대선 일정을 감안하면 북-미 간 포괄적 합의와 북한의 비핵화 이행을 서둘러야 하지만 나쁜 거래는 하지 않겠다고 거듭 다짐한 셈이다.

판문점 회동은 남북 대화에도 일단 청신호를 보냈다. 문 대통령은 트럼프 대통령에게 '위대한 변화를 만드는 주인공'이라고 헌사하며 이번 회동에서 북-미 두 정상에게 주역의 자리를 내주고 기꺼이 조연을 자처했다. 그러면서도 트럼프 대통령을 사이에 두고 김정은과 대화를 이어가며 돈독한 관계를 과시했다. 그간 남측을 향해 "참견하지 말라"던 북한의 태도가 어떻게 바뀔지 주목되지만 북-미 관계와 남북 관계의 병행 진전을 기대해볼 만하다.

이번 판문점 남북미 회동이 한반도 교착의 돌파구를 여는 실질적 계기가 될지, 아니면 시간을 벌고 상황을 관리하기 위한 현란한 쇼로 판명 날지는 두고 봐야 한다. 그것은 머지않아 재개될 비핵화 실무협상에 임하는 북한의 자세 변화에 달렸다. 김정은이 한미 정상, 나아가 국제사회에 새로운 기대를 줬지만 이번에도 완전한 비핵화를 행동으로 보여주지 않는다면 이번 회동은 막간의 요란했던 이벤트에 그치고 말 것이다.

용어 노트

* **비무장지대(DMZ)** : 휴전선으로부터 남북으로 2km 지대로 무장을 하지 못하는 지역.

* **판문점** : 경기도 파주시 진서면 DMZ 군사분계선상에 있는 유엔과 북한 공동경비구역(JSA).

* **군사분계선(MDL)** : 두 교전국 사이에서 협정에 의해 그어지는 군사행동의 경계선.

* **자유의 집** : 판문점에 있는 4층 규모 우리 측 건물. 남북 간 연락업무를 수행하는 곳. 북한 측 건물인 판문각에 대응된다.

* **'톱다운'식** : 위(top)에서 아래(down)로 내리는 하향식 의사 결정 방식.

생각 정리 퀴즈

① 남북미 정상이 [   ] 체결 이래 분단과 대결의 상징이었던 판문점에서 만났다.

② [   ]을 넘어 북쪽으로 걸어가 기념 촬영을 한 도널드 트럼프 미국 대통령은 북한 땅을 밟은 최초의 현직 미국 대통령이 됐다.

③ 이번 회동은 준비 안 된 즉석 회동이었지만 굴곡 많은 비핵화 여정에선 전기가 될 수 있을 것이다.

④ 이번 남북미 회동이 한반도 교착의 돌파구를 여는 실질적 계기가 될지, 이벤트에 그치고 말지는 실무협상에 임하는 북한의 자세 변화에 달렸다.

정답 : ① 6·25 ② 군사분계선

생각 키우기

■ **군사분계선(MDL)과 비무장지대(DMZ)**

6·25전쟁 중이던 1951년 7월 휴전회담이 시작되었습니다. 유엔군 제안에 따라 군사분계선을 38선이 아닌 군사적 대치선으로 하고, 남북으로 각각 2㎞ 폭을 갖는 비무장지대를 설정하기로 1951년 11월 27일 합의했습니다. 1953년 7월 27일 휴전협정이 체결되면서 당시 군사 대치선이 군사분계선으로 이어져 오지요. 비무장지대 내 판문점은 휴전협정이 조인된 곳. 이후 판문점은 유엔과 북한의 공동경비구역(JSA)이 되었는데, 회담 장소뿐 아니라 남북을 왕래하는 통과 지점으로 활용됩니다.

■ **역사적인 남북미 판문점 회동 후에는?**

판문점 회동에서 북-미는 비핵화를 위한 실무협상 재개에 합의합니다. 실무협상을 앞두고 북한은 잠수함발사탄도미사일(SLBM)로 추정되는 발사체를 발사했지요. 협상력을 끌어올리려 핵 기습 타격이 가능한 SLBM 카드를 꺼내 미국을 압박한 것이란 분석이 나왔습니다.

생각 넓히기

Q. 비무장지대(DMZ) 주위를 걸으며 생태, 문화, 역사자원을 체험할 수 있는 'DMZ 평화의 길' 조성 사업이 정부 주도로 진행됩니다. 이 사업에 찬성하는지, 반대하는지 의견을 밝혀 보세요.

Guide ▶ DMZ 평화의 길은 인천 강화군에서 강원 고성군까지 총 526㎞ 구간에 조성되는 도보여행길로 2022년까지 전 구간 개통이 목표. 2018년 9월 평양에서 열린 남북 정상회담을 통해 평양공동선언이 발표됐는데, 군사적 적대관계를 해소해 나가기로 함에 따라 비무장지대 남북의 GP(감시초소)가 철거되었습니다. 여기에 평화·생태 관광이 더해진다면 한반도 평화가 무르익는다는 판단을 정부는 내린 것이지요.

한편 북한이 태도를 또 바꿀지 모르는데 평화의 길 사업에 성급하게 국비를 쏟는 일은 시기상조라는 의견도 있습니다. 이 사업에 2020년에만 140억 원이 투입될 예정. 해당 지역에서 농사를 짓는 주민이 농로를 우회하는 불편을 겪거나, 군부대 철수로 감소하는 현지 상인들의 수입을 관광 수입이 대체하지 못한다는 지적도 나옵니다.

꿀 먹은 벙어리

생각 열기 북한의 무력 도발에 대한 우리나라의 분석이 북한의 입장과 다릅니다. 남북 관계를 앞세운 정부의 정치적 판단에 군사적 분석을 끼워 맞추다 보니 판단 능력이 흐려졌다는 비판도 일지요. 아버지를 아버지라 부르지 못한 홍길동처럼, 미사일을 미사일이라 부르지 못하는 '홍길동 군'이 될까 우려됩니다.

[사설] "탄도" 말도 못 꺼내던 '홍길동軍', 지레 놀라 '솥뚜껑軍' 될 건가
(2019년 8월 2일자)

북한 조선중앙통신은 어제 "김정은 국무위원장이 7월 31일 새로 개발한 대구경조종방사포의 시험사격을 지도했다"고 보도했다. 전날 원산에서 발사된 무기를 우리 군 당국이 *'단거리탄도미사일'이라고 규정했지만, 북한은 '신형 *방사포'였다고 공개한 것이다. 김정은은 사격 결과를 보고 "대단하다. 이 무기의 과녁에 놓이는 일을 자초하는 세력들에게는 털어버릴 수 없는 고민거리가 될 것이다"라고 대남 위협 발언도 했다.

정부와 군은 그제 북한의 도발 직후 "엿새 전 발사한 것과 유사하다"며 신속하게 '단거리탄도미사일'로 추정했다. 북한의 5월 4일과 9일 도발을 두고 '미상의 발사체' 또는 '단거리 미사일'로 오락가락하다 아직껏 유엔 대북제재 위반인 '탄도미사일'로 규정하기를 주저하는 것과는 사뭇 달랐다. 그런데 하루 만에 북한은 그건 방사포였다고 대놓고 조롱한 것이다. 이에 대해 군은 일단 "탄도미사일과 유사한 비행 특성을 가졌다"며 기존 입장을 고수했다.

방사포는 여러 발의 로켓을 발사할 수 있는 북한의 다연장포를 말한다. 북한이 보도한 대로 그 방사포가 *'대구경'인 데다 '조종'까지 가능하다면 포착된 레이더 궤적만으로 미사일과 구분하는 것은 쉽지 않을 수 있다. 하지만 북한은 어제 오후 발사 장면을 공개해 미사일과는 판이하게 다른 방사포임을 다시 강조했다. 그렇게 북한에 거듭 농락당한 셈이 되자 군 당국은 "추가 분석이 필요하다"며 입을 닫았다.

이런 무능(無能)은 정보자산 확충과 한미 공조 강화를 통해 극복할 일이지만 진짜 문제는 불능(不能)이다. 남북관계를 앞세운 정부의 정치적 판단에 군사적 분석까지 맞추다 보니 아예 판단 능력을 잃었다는 비판을 피하기 어렵다. 합참은 어제도 5월 발사체가 탄도미사일인지에 대해 "현재 분석 중"이라고 했다. 탄도미사일을 탄도미사일이라 말하지 못하는 '홍길동 군대'가 이젠 자라도 아닌 솥뚜껑만 보고도 놀라는 '솥뚜껑 군대'가 되는 건 아닌지 걱정이다.

용어노트

*단거리탄도미사일 : 사거리 1000㎞ 이하인 탄도미사일. 탄도미사일은 발사 초기에는 로켓의 추진력으로 비행하다가 최종 단계에서 자유낙하하는 미사일이다.

*방사포 : 여러 개의 로켓을 한꺼번에 발사할 수 있는 장치. '다연장 로켓' '다연장 포'라 부름.

*대구경 : 총포의 구경이 큰 것.

생각정리퀴즈

① 7월 31일 북한이 발사한 무기에 대해 우리 군은 [　　　]로 규정했지만 북한은 '신형 방사포'였다고 밝혔다.

② 논란에도 우리 군이 기존 입장을 고수하자 북한은 미사일과는 판이하게 다른 [　　　]임을 재차 강조해 우리 군은 북한에 거듭 농락당한 셈이 됐다.

③ 남북 관계를 앞세운 정부의 [　　　]에 군사적 분석까지 맞추다 보니 우리 군이 판단 능력을 잃었다는 비판을 피하기 어렵게 됐다.

정답 : ① 단거리탄도미사일 ② 방사포 ③ 정치적 판단

> 생각 키우기

■ 미국을 위협하는 북한의 대륙간탄도미사일(ICBM)

북한 군사도발의 양대 핵심 축은 핵실험과 미사일 시험 발사입니다. 2016년 11월 30일 국제연합(UN·유엔)의 안전보장이사회는 북한의 5차 핵실험에 대응해 북한의 석탄 수출액이나 규모에 상한선을 두는 내용을 골자로 하는 '대북제재 결의 2321호'를 채택했고, 2017년 8월 5일에는 북한의 대륙간탄도미사일(ICBM) 발사에 대응해 북한의 원자재 수출 봉쇄 등을 핵심으로 한 '대북제재 결의 2371호'를 채택했습니다. 2017년 11월 감행한 북한의 ICBM급 화성-15형 발사에 대응해 추가 유류 제한 조치를 취하는 '대북제재 결의 2397호'가 2017년 말 채택되기도 했습니다.

국제사회가 강도 높은 대북제재 결의안을 채택하는 이유는 이런 무기들이 국제사회의 안전에 심각한 위협이 되기 때문입니다. ICBM은 핵탄두를 장착하고 한 대륙에서 다른 대륙으로 공격이 가능한 탄도미사일. 사정거리가 보통 5500㎞ 이상으로 최대 1만㎞가 넘는 경우도 있어 북한에서 쏴 미국 본토를 공격할 수 있습니다. 핵탄두를 장착해 대기권 밖을 비행한 후 목표 지점에 도달하는 ICBM은 다른 핵무기와 달리 발사 준비에 걸리는 시간이 짧고 공중 요격이 어려워 상대국에 큰 위협이 되는 전략 무기입니다.

■ 한미 미사일 지침

우리나라는 탄도미사일 개발에 있어서는 북한에 비해 '절대 약세'라고 할 수 있습니다. 한미 미사일 지침 때문인데요. 우리나라는 1979년 박정희 정부 당시 미국으로부터 미사일 부품과 기술을 제공받는 대가로 '사거리 180㎞ 이상의 어떠한 미사일도 개발이나 획득하지 않겠다'는 내용의 '한미 미사일 양해각서'를 미국에 전달했습니다. 이에 미국은 사거리 180㎞ 이상, 탑재중량 500㎏ 이상의 어떤 로켓 시스템도 우리나라가 개발할 수 없도록 했지요. 1995년 이후 한미 양국은 미사일 협상을 거쳐 2001년 초 이 각서를 폐기하기로 했고, 2001년에는 사거리 300㎞, 탄두중량 500㎏의 미사일을 만들 수 있도록 한미 미사일 지침을 개정했습니다. 2012년에는 사거리 800㎞, 탄두중량 500㎏ 이하의 미사일을 개발 및 배치할 수 있도록 또 개정했고, 2017년 11월 탄두중량 제한을 해제하는 미사일 지침을 채택했습니다. 하지만 '사거리 800㎞ 룰'은 여전하지요.

생각 넓히기

Q. 한미 미사일 지침에 따라 우리나라의 독자적 로켓 개발이 제한되어, 첩보 위성이나 우주발사체 개발에 난항을 겪고 있습니다. 한미 미사일 지침을 폐기해야 한다고 생각하나요, 유지해야 한다고 생각하나요?

Guide ▶ 우리나라의 미사일 개발을 미국이 제한하는 이유는 두 가지입니다. 첫째는 동북아시아의 군비경쟁 문제입니다. 우리나라가 중단거리미사일이나 대륙간탄도미사일을 개발할 경우 주변의 중국, 러시아, 일본, 북한의 군비경쟁이 가속화돼 동북아시아 지역의 군사적 긴장이 높아질 수 있다는 것이지요. 우리나라의 무기 수준이 올라갈수록 미국의 영향력은 약화될 수 있다는 것도 또 다른 이유. 미국이 개발한 무기를 판매할 시장이 줄어 경제적 손해를 보게 된다는 것입니다.

우리나라의 국방력 강화와 자주 국방이라는 차원에서 한미 미사일 지침은 폐기해야 한다는 주장이 있습니다. 특히 미사일 지침에선 민간용 고체연료 로켓까지 사용을 금지해 위성 발사 등 독자적인 우주 개발에도 제약을 받지요. 하지만 지침을 폐기할 경우 미국과의 외교적, 군사적, 경제적 갈등을 피할 수 없고 북한의 미사일 개발 및 핵 개발을 자극할 수 있어 한반도 정세에 부정적일 수 있습니다. 여러 가지 득실을 따져 신중하게 결정해야 하고, 미국과의 협상을 통해 문제를 하나씩 풀어 나가야 합니다.

하나 하나 하나!

> **생각 열기**
> 역사를 '권력자에 대한 기록'이라고 하지만, 드러나지 않더라도 묵묵히 자신의 역할을 다한 인물들이 없었다면 그 역사는 없었을지 모릅니다. 역사의 현장에선 한 사람 한 사람이 영웅입니다. 숨은 영웅을 기리는 미국 국무부의 모습에서 미래를 준비하는 그들의 힘을 엿봅니다.

[광화문에서/이정은] 숨은 영웅 기리고 미래를 준비하는 美 외교의 힘
(2019년 8월 8일자)

　미국 외교관들을 한꺼번에 그렇게 많이 본 것은 처음이었다. 마이크 폼페이오 국무장관은 물론이고 존 설리번 부장관, 데이비드 스틸웰 동아시아태평양 담당 차관보, 브라이언 훅 이란특별대표 등 고위 당국자들의 얼굴도 보였다. 미 *국무부 청사 1층 대강당이 꽉 찼다. 지난달 말 국무부 창립 230주년 기념행사가 진행되는 자리였다.

　무대 중앙의 대형 스크린을 장식한 행사 슬로건은 '하나의 미래를 향해, 하나의 미션을 위한, 하나의 팀(One Team, One Mission, One Future)'. 행사는 전직 국무장관들의 축하 동영상 상영으로 시작됐다. 매들린 올브라이트와 콜린 파월 전 장관은 여전히 정정했고, 크림색 카디건 차림의 콘돌리자 라이스 전 장관은 우아해 보였다. 국무부 역할의 중요성을 강조하며 직원들을 격려하는 이들의 메시지는 따뜻했다.

　헨리 키신저 전 장관의 등장은 국무부 직원들로부터 가장 많은 박수를 받은 순서였다. 올해 96세 노장으로 거동이 불편한 그를 폼페이오 장관이 부축했다. 전 직원이 그를 기립박수로 맞이했다. 이제는 느리고 어눌해진 그의 말투 때문에 니얼 퍼거슨 하버드대 교수와의 대담을 알아듣는 건 쉬운 일이 아니었다. 그럼에도 후배 외교관들은 수시로 *박장대소하고 박수를 쳤다.

　정작 이런 외교 거물들보다도 인상을 끈 것은 폼페이오 장관의 축사였다. 그는 "우리 역사를 잠시 함께 돌아보고 싶다"며 이름도 생소한 실무급 외교관들의 활약을 소개했다.

　1814년 영국이 워싱턴을 침략했을 때 스티븐 플레즌턴이라는 서기는 국무부에 보관돼 있던 주요 국가 문서들을 교외의 안전한 장소로 옮겼다. 제2차 세계대전이 발발했을 때 룩셈부르크에서 근무하던 조지 윌러는 위협이 고조되는 시점에도 사무실을 지키며 한 명이라도 더 많은 유대인이 미국 비자를 받아 유럽을 탈출할 수 있도록 도왔다.

폼페이오 장관은 "이런 '외교의 영웅'들이 자유를 수호하며 우리 업무의 진정한 모범 사례를 만들어 미국 외교의 기반을 마련했다"고 말했다. '숨겨진 외교 영웅'의 사례로 제1차 세계대전 때 주프랑스 대사였던 남편을 도와 부상자들을 치료했던 키티 헤릭 여사 등 외교관 가족들도 언급했다. 그러면서 "이제는 우리 차례다. 뒤를 이을 후배들을 위해 우리가 길을 닦아야 할 때"라며 "우리가 그들의 빛나는 모범 사례가 되자"고 역설했다.

국무부 직원들의 표정이 숙연해졌다. 해외에 파견된 미국 외교관 1만3000명 모두가 이 축사를 접할 때만큼은 비장해졌을 것이다. 현재 미국의 외교는 세계 곳곳에서 난관에 봉착했다. 중국과의 전방위적 충돌, 중동지역의 군사적 긴장감, 미국 우선주의를 앞세운 일방적 정책과 다른 나라들의 반발로 외교무대에서 따가운 시선에 시달리고 있다.

그러나 미국의 외교적 리더십에 대한 비판과는 별개로 현장을 지키는 외교관들의 노력은 그 자체로 평가받아야 할 것이다. 긴장을 낮추고 국익을 증진하며 자국민을 보호하는 이런 '숨은 영웅'들이야말로 외교의 근본을 지킴으로써 그 가치를 빛나게 만든 힘이다. '민주적 가치와 함께 자유롭고 평화로우며 번영하는 세상을 증진시킨다'는 국무부의 비전에 새삼 눈길이 가는 하루였다.

***국무부** : 외교 교섭, 국제기구 대표권 행사 등 미국 정부의 외교정책을 주관하는 중앙 행정기관.

***박장대소** : 손뼉을 치며 크게 웃음.

① '하나의 미래를 향해, 하나의 미션을 위한, 하나의 팀'이라는 슬로건으로 미국 [   ] 창립 230주년 기념행사가 진행됐다.

② [   ] 전 장관과 같은 거물들의 등장보다 폼페이오 국무장관이 실무급 외교관들의 활약을 소개한 부분이 눈길을 끌었다.

③ 폼페이오 장관은 "[   ]들이 자유를 수호하며 우리 업무의 진정한 모범 사례를 만들어 미국 외교의 기반을 마련했다"고 말했다.

④ 미국 외교가 세계 곳곳에서 난관에 봉착했지만 이것과는 별개로 현장을 지키는 외교관들의 노력은 그 자체로 평가받아야 한다.

⑤ 긴장을 낮추고 국익을 증진하며 자국민을 보호하는 '숨은 영웅'들이야말로 외교의 근본을 지킴으로써 그 가치를 빛나게 만드는 힘이다.

정답 : ① 국무부, ② 키신저, ③ 외교관, ⑤ 숨은 영웅.

생각 키우기

■ 미국 국무부

1789년 7월 27일 조지 워싱턴 미국 초대 대통령이 상하 양원이 가결한 외무부 설립 법안에 서명함으로써 미국 외무부가 출범했습니다. 같은 해 9월 국무부로 이름이 변경되면서 조폐국 운영, 국새 관리 등 내정 업무도 담당하다 19세기 다른 부처들이 출범하면서 외교 업무만 담당하지요.

미국 국무부는 미국 정부의 외교정책 수립뿐 아니라 세계 각 지역에 관한 정보 수집, 수교 국가와의 외교·교섭, 국제 협정을 담당하지요. 재외국민을 지원·보호하기도 합니다.

수장인 국무부 장관은 외교 분야에서 대통령을 보좌하면서 대통령의 분신 같은 역할을 합니다. 현재는 제70대 장관인 마이크 폼페이오입니다.

■ 미국 외교의 초석을 다진 '헨리 키신저'

독일 출신의 미국 정치학자 헨리 키신저는 미국 외교의 초석을 다진 인물로 평가받습니다. 1923년 독일에서 태어나 나치의 유대인 박해를 피해 1938년 미국으로 이주했지요. 1954년 하버드대 정치학 박사 학위 취득 후 1962년 하버드대에서 국제관계학을 가르치다 1968년 닉슨 대통령에 의해 국가안보 보좌관에 임명되면서 미국 외교정책 수립에 큰 역할을 합니다. 아이젠하워, 존 F 케네디 등 미국 행정부를 두루 거쳤습니다. 그는 1957년 《핵무기와 외교정책》을 출간한 뒤 소련의 공격에 대해 전술적 핵무기와 재래식 무기를 함께 사용하는 '유연대응전략'을 주장했습니다. 이런 전략은 케네디 행정부에 큰 영향을 미쳤습니다.

키신저는 닉슨 행정부에서 소련과 미국 간 긴장 완화 정책, 즉 '데탕트(프랑스어로 완화라는 뜻으로 1970년대 미국과 소련을 중심으로 한 동서 진영 간의 긴장 완화 분위기를 말함)'를 추진했습니다. 1971년 극비리 중국을 방문해 이듬해 닉슨 대통령의 중국 방문을 성사시키며 미중 관계를 개선했는데, 이는 중국 공산당이 정권을 잡은 이래 중국에 대한 미국 최초의 접촉이었습니다. 그는 베트남 문제에는 강경했지만, 1973년 1월 파리에서 미군 철수와 남북베트남 정부의 평화 정착을 위한 기구 설정을 골자로 한 휴전협정도 이끌어냈습니다. 미중 정상회담과 베트남 분쟁을 해결한 공로를 인정받아 1973년 노벨 평화상을 받았습니다.

생각 넓히기

Q. 분단이란 특수 상황에서 우리나라 외교가 갖는 한계를 설명해보고, 이를 극복하려면 무엇을 해야 하는지 생각해 보세요.

Guide ▶ 외교는 독립 주권국가가 외국과의 교섭을 통해 국가 존립을 유지하고 위상을 증진하는 행위. 국가 간 갈등을 외교로 해결하지 못하면 전쟁이라는 최악의 상황도 초래될 수 있습니다. 우리나라는 한반도 평화와 전쟁 억제, 중국 일본 러시아의 확장 견제, 경제적 시장 확대 등 정치 군사 경제 다방면에서 국익 향상을 위해 노력합니다. 하지만 외교의 대상이 '4강'에 집중되는 경향이 있습니다. 남북에 막대한 영향을 끼치는 미국 중국 러시아 일본에 대한 외교를 4강 외교라 합니다. 특히 미국과 중국의 협력 없이는 북한을 통제하기 어렵기 때문에 미국과는 정치 경제 군사 협력을 중심으로, 중국과는 경제 문화 교류를 중심으로 외교를 펼치고 있지요.

4강 외교뿐 아니라 유럽 동남아 중동 등 다자간 외교를 확대해나가 국제사회에서 우리나라의 영향력을 높이는 외교 루트 다변화가 필요합니다. 이를 위해서는 진영 논리를 떠나 고급 전문가를 발탁하는 한편 휴민트(HUMINT·사람(human)과 정보(intelligence)의 합성어로 인적 네트워크로 얻는 정보)도 필요합니다.

7 마이 웨이(MY WAY)

> **생각 열기**
> 팝송 '마이 웨이'에는 "난 항상 내 방식대로 살았다는 것이네. 모든 것과 정면으로 맞서면서도 난 당당했었네"라는 가사가 있습니다. 내 방식대로 사는 것은 중요하지요. 하지만 국가 운영과 관련한 주요 결정을 해야 하는 상황에서 "누가 뭐라 해도 내 뜻대로 가겠다"는 태도는 위험하지 않을까요?

[사설] '조국 개각', 위기의식도 쇄신의지도 안 보인다 (2019년 8월 10일자)

문재인 대통령이 어제 법무부 장관 후보자에 조국 전 대통령민정수석비서관을 지명하는 등 8개 부처 장관과 장관급 인사에 대한 *개각을 단행했다. 주미 대사에는 이수혁 더불어민주당 의원을 내정했다. 아울러 민주평화통일자문회의 수석부의장에는 정세현 전 통일부 장관, 차관급인 국립외교원장에는 김준형 한동대 교수를 임명했다.

새로 지명된 장차관급 인사 11명의 면면을 보면 문재인 정부에선 어떤 위기의식도, 국정쇄신 의지도 보이지 않는다. 격화되는 미중 전략경쟁과 최악의 한일 갈등, 북한의 잇단 도발 등 대내외 악재가 겹겹이 덮친 상황에서도 문 대통령의 용인(用人) 스타일에는 전혀 변함이 없었다. 누가 뭐라 해도 내 뜻대로 가겠다는 고집이 느껴진다.

이번 인사로 현직 국회의원과 내년 총선 출마 예정자가 빠지면서 내각의 정치색은 옅어졌다. 조성욱 공정거래위원장 후보자는 기업지배구조 전문가로 공정위 첫 여성 위원장 발탁이다. 반도체 분야 전문가인 최기영 과학기술정보통신부 장관 지명은 일본의 경제보복에 맞선 소재·부품산업 육성 의지로 읽힌다. 위기 국면에서 전문가들을 등용한 것은 긍정적이지만 리더십과 행정능력이 검증된 바 없는 이들에게 위기상황의 현장사령관을 맡긴다는 점은 염려스럽기도 하다.

문 대통령은 논란의 인물을 법무부 장관에 지명함으로써 국정쇄신과 분위기 전환을 바라던 국민들의 기대에 찬물을 끼얹었다. 검찰을 지휘하며 내년 총선의 공정성 확보에 중요한 역할을 해야 할 자리에 불과 2주 전 청와대 참모를 그만둔 심복을 내리꽂았다. 조 후보자는 여느 청와대 수석들과는 비교도 안 될 만큼 대통령의 최측근 역할을 한, '문재인의 남자'로 불리던 인사다. 적폐청산과 검찰개혁 기조를 이어가겠다는 의지라지만, 과연 검찰의 정치적 중립을 기대할 수 있을지 의문이다. 청와대가 조 후보자의 '국민과의 원활한 소통능력'을 꼽은 것도 상식을 크게 벗어났다. "애국이냐 매국이냐"며 편 가르기에 앞장선 인물에게 던지는 빈정거림이라면 모를까 이해하기 힘들다.

정작 시급한 외교안보라인 교체는 없었다. 취임 이래 사과만 10여 차례, 두 번씩이나 국회 해임건의안 대상이 됐던 정경두 국방부 장관, 존재감도 없이 외교 무능의 대명사가 되어 버린 강경화 외교부 장관은 유임됐다. 청와대가 외교안보 정책을 직접 끌고 가는 데 편한 인사들이어서 바꿀 의지가 없는 것일 수도, 현안이 걸려 있기 때문일 수도 있다. 하지만 이런 식으로 유임시킨다면 번번이 *실기(失機)할 수밖에 없을 것이다.

그동안 한미동맹을 경시하는 발언으로 잦은 논란을 샀던 문정인 대통령특보의 주미대사 발탁이 무산되고 그 대신 무난하다는 평가를 받는 인물이 기용된 것은 그나마 긍정적인 평가가 나온다. 하지만 그 와중에 대북 *유화정책의 나팔수 역할을 하던 정 전 장관과 문 특보의 측근으로 알려진 김 교수를 인사에 포함시켰다. 어차피 불가피한 '조국 논란'에 슬그머니 묻어가겠다는 꼼수 아닌지 의심스럽다.

문재인 정부 출범 2년 3개월, 이제 집권 후반기로 접어드는 시점이다. 청와대는 어제 인사로 '문재인 정부 2기 내각'을 사실상 완성했다고 했지만, 이번 내각 체제로 더욱 거세게 몰려들 위기의 파고를 슬기롭게 넘을 수 있을지 걱정이다. 국회는 철저하고 객관적이며 실효적인 검증을 통해 부적격 인사들을 걸러내야 한다. 청문보고서가 채택되지 않아도 임명을 강행해 인사청문회가 통과의례가 되는 일은 더 이상 있어선 안 된다.

용어 노트

*개각 : 국가의 행정권을 담당하는 최고 합의 기관을 개편하는 것.

*실기(失機) : 기회를 잃거나 놓치는 것.

*유화정책 : 국내·국제 정치에서 상대편의 적극적이고 강경한 요구에 양보하거나 타협함으로써 직접적인 충돌을 피하고 긴장을 완화하여 해결을 도모하려는 온건한 정책.

생각 정리 퀴즈

① 문재인 대통령이 8개 부처 장관과 장관급 인사에 대한 [   ]을 단행했는데, 새로 지명된 인사의 면면을 보면 위기의식과 국정쇄신 의지가 보이지 않는다.

② 전문가들을 지명한 것은 긍정적이지만 리더십과 [   ]이 검증되지 않은 인사를 등용한 것은 염려스럽다.

③ 논란의 인물을 법무부 장관에 지명해 국정쇄신을 바라던 국민의 기대를 저버렸고, 시급한 외교안보라인 장관급 교체도 없었다. 새로운 인사도 실망스럽다.

④ 국회는 철저하고 객관적인 검증으로 [   ]를 걸러내야 한다.

정답: ① 개각 ② 행정능력 ④ 부적격 인사

생각 키우기

■ 한미동맹

한미동맹은 1953년 10월 1일, 우리나라와 미국 간 조인되고 1954년 11월 18일에 발효된 '한미 상호방위조약'을 기초로 합니다. 이 조약이 체결됨으로써 한미동맹 관계는 법적·국제적 기반이 마련됐지요. 당시 한미 간 상호방위조약은 한국이 외부로부터 무력공격의 위협을 받을 때만 미국이 원조한다는 내용이 포함됐습니다. 미국은 육해공군을 한국의 영토 내와 그 부근에 배치할 수 있는 권리를 가지며 한국은 이를 허락한다는 내용도 담겼지요. 이후 주한미군은 한미동맹의 상징으로 여겨집니다.

한미동맹은 1954년 체결된 '경제 및 군사문제에 관한 한미합의의사록', 1966년 체결된 '한미주둔군지위협정(SOFA)' 등 후속 협정과 어우러져 점점 견고해져 왔습니다. 특히 2008년 4월 워싱턴에서 개최된 한미 정상회담에서 이명박 당시 대통령과 조지 W 부시 당시 미국 대통령은 한미 관계를 기존의 '전통적 우호관계'에서 '21세기 전략동맹'으로 격상시키기로 합의했습니다. 단순 군사동맹을 넘어서 한미 양국이 기후변화, 인권, 에너지 안보 등 다양한 국제 현안에 함께 대처하겠다는 것을 의미하지요.

■ 한미 방위비 분담

한미 양국은 1966년 체결된 SOFA를 근거로 1991년 방위비분담협정을 맺었습니다. 1980년대 이후 미국의 재정적자가 누적되고 동맹국들의 경제 성장이 가속화되면서 미국이 미군 주둔 비용의 일부를 부담할 것을 동맹국에 요청했기 때문이지요. 이에 우리나라는 1991년부터 2~5년 단위로 방위비분담협정을 체결해 주한미군의 주둔 비용 일부를 미국과 분담하고 있습니다. 2019년까지 총 10차례 방위비분담금 특별협정(SMA)을 맺었는데, 2005년 제6차 협정을 제외하고 매번 2.5~25.7% 증액돼 왔습니다. 2019년 3월 제10차 협정에서는 방위비 분담금 총액이 처음으로 1조 원을 넘기게 됐고, 유효 기간도 1년으로 체결됐습니다. 도널드 트럼프 미국 대통령은 취임 이후 줄곧 동맹국들에 방위비 분담금 증액을 요구해왔는데, 특히 2020년 방위비 분담금 협상 국면에선 우리나라에 2019년 10차 협정 때 체결된 1조 원의 5배가 넘는 1년 약 50억 달러를 요구했지요. 2020년 4월 초 한미 간 방위비 분담금 협상이 잠정 타결된 것으로 알려졌지만, 얼마 후 트럼프 대통령이 "한국의 제안을 거절했다. 우리는 더 큰 지불을 요청하고 있다"고 밝히며 협상은 장기화될 것으로 보입니다.

생각 넓히기

Q. 한미 분담금 협상이 장기화되면 굳건했던 한미동맹에 균열이 갈 수도 있다는 우려의 목소리가 큽니다. 미국이 방위비 분담금 증액을 요구하는 상황에서 우리나라는 어떻게 대처해야 할까요?

Guide ▶ 한미 간 분담금 갈등은 동맹보다 경제적 이익을 우선시하는 트럼프 대통령의 동맹관 때문이라는 분석이 많습니다. 미국 의회에서도 트럼프 대통령이 동맹 관계를 위태롭게 한다는 비판이 나오지요. 하지만 한미 양국이 대북정책과 관련해 합일된 기조를 유지해야만 분담금 갈등을 해결해나갈 수 있다는 시각도 있습니다.

동맹의 가치는 위기 때 드러나는 법입니다. 군사적 동맹을 넘어 다방면에 걸쳐 긴밀한 관계를 맺고 있는 한미동맹을 더욱 공고히 하고 한미 분담금 협상에서 우리나라가 끌려 다니지 않으려면 코로나19 확산이라는 위기 상황을 영리하게 활용할 필요도 있습니다. 전 세계에서 방역의 모범으로 인정받는 우리나라가 현재 세계에서 가장 심각한 감염병 위기를 맞고 있는 미국과 긴밀히 협력하고 연대한다면 이것이 영향을 미쳐 협상도 새로운 국면을 맞이할 수 있지 않을까요?

아리스토텔레스는 어떻게 했을까?

> **생각 열기**
> 고대 그리스의 철학자 아리스토텔레스는 평소 행동으로 상대방에게 나의 호감도와 진정성을 인지시키고 신뢰를 구축한 뒤 상대방이 나의 마음을 받아들일 상태일 때 논리적인 설득이 가능하다고 했습니다. 신뢰가 사라지고 감정적 대응만 남은 한일 관계. 어디서부터 어긋난 것일까요?

[사설] 한일 정보협정 파기… 한미동맹·북핵대응 충분히 고려했나 (2019년 8월 23일자)

정부가 한일 군사정보보호협정(GSOMIA)을 연장하지 않고 종료하기로 했다. 김유근 청와대 국가안보실 1차장은 어제 국가안전보장회의(NSC) 상임위원회 후 "일본이 명확한 근거 없이 '신뢰 훼손으로 안보상 문제가 발생했다'며 우리나라를 *화이트리스트에서 제외함으로써 안보협력 환경에 중대한 변화를 초래했다"며 "안보상 민감한 군사정보 교류 협정을 지속하는 것이 국익에 부합하지 않는다고 판단했다"고 밝혔다.

정부의 군사정보보호협정 파기 결정은 연장 통보 시한을 이틀 앞두고 나온 초강수 대응이다. 그제 베이징 한일 외교장관 회담에서 일본 측의 태도 변화를 기대했지만 양측의 간극만 확인하자 강경 대응 쪽을 선택한 것으로 보인다. 하지만 그간 정부 내에서도 비록 조건부라도 연장이 불가피하다는 기류가 강했던 게 사실이다. 그래서 인사 검증 정국이라는 국내 정치적 고려도 작용한 것은 아닌지 의구심이 든다.

이번 결정으로 잠시 소강 국면에 접어들었던 한일 관계는 다시 요동칠 가능성이 높다. 일본은 당장 "극히 유감"이라며 반발했다. 당장 내일까지 양국 간 외교 행보에 극적인 변화가 없는 한 일본은 28일 화이트리스트 배제 조치를 예정대로 시행함은 물론이고 보다 교묘한 보복에 들어갈 공산이 크다.

군사정보보호협정 파기는 한미동맹에 미치는 후폭풍도 적지 않을 것이다. 군사정보보호협정은 단순히 한일 간 군사정보의 교환에 그치지 않고 한미일 3각 안보협력 체제를 상징하는 조약이다. 당장의 효용성보다는 유사시를 대비한 안전장치이기도 하다. 그간 한일이 교환해온 정보의 양이나 질과는 별도로 안보 위기 때 긴밀한 정보교류 채널의 존재 유무는 결정적인 요소가 될 수 있다. 당장 북핵·미사일 대응에 차질이 없을지 우려가 앞서는 이유다.

정부는 "이번 결정이 한미동맹과는 별개의 사안"이라고 했지만, 미국은 한미일 3국을 연결하는 안보협력의 고리가 끊기는 것에 민감할 수밖에 없다. 미국이 이번 결정을 미국 주도의 동북아 안보협력 체제에서 한국이 이탈하려는 조짐으로 해석할 가능성도 있다. 나아가 중국과 러시아, 북한에는 잘못된 신호를 보낼 수도 있다. 이 모든 것이 한국의 전략적 입지를 약화시키는 결과를 낳을 수 있다는 게 전문가들의 지적이다.

정부는 일본이 얼토당토않은 안보상의 이유를 들어 경제 보복을 가한 데 대한 맞대응이라고 설명하지만, 경제 보복에 안보 사안을 끌어들이는 것이 과연 적절했는지 의문이다. 서로를 신뢰하지 않는 관계에서 비밀을 공유하는 것은 불가능한 것도 사실이다. 그렇다고 그 신뢰의 기반을 걷어차는 것은 *교각살우(矯角殺牛)의 잘못을 범하는 것일 수 있다.

용어 노트

*화이트리스트 : 특정 권한이나 서비스, 접근, 인식 등을 허가하기 위해 만든 목록으로 '블랙리스트'와 반대되는 개념이다. 수출과 관련해 화이트리스트는 자국의 안전 보장에 위협이 될 수도 있는 첨단 기술이나 제품을 타 국가에 수출할 때 허가나 절차를 우대해 보다 손쉽게 수출하도록 정해둔 국가의 목록을 말한다. 이때의 화이트리스트는 대개 경제적, 정치적, 군사적 신뢰를 하는 우방국으로 '백색 국가'라고도 한다.

*교각살우(矯角殺牛) : 소의 뿔을 바로잡으려다 소를 죽인다는 뜻으로, 사소한 일로 인해 큰일을 그르침을 이르는 말.

생각 정리 퀴즈

① 우리 정부는 우리나라를 화이트리스트에서 제외한 일본과 군사정보 교류 협정을 지속하는 것이 국익에 부합하지 않는다고 판단해 [   ]을 종료하기로 했다.

② 이번 결정으로 일본은 화이트리스트 배제 조치를 예정대로 시행함은 물론이고 보다 교묘한 보복에 들어가는 등 한일 관계가 다시 요동칠 가능성이 높다.

③ 군사정보보호협정은 한일 관계를 넘어 [   ] 3각 안보협력 체제를 상징하는 조약이라는 측면에서 북핵·미사일 대응에 차질이 생길지도 모른다.

④ 미국은 [   ] 체제에서 한국이 이탈하려는 조짐으로 해석할 수 있고, 중국과 러시아, 북한에 잘못된 신호를 보내 한국의 전략적 입지를 약화시키는 결과를 초래할 수 있다.

⑤ 경제 보복에 안보를 끌어들여선 안 되고, 신뢰의 기반을 걷어차는 것 또한 큰 잘못일 수 있다.

정답 : ① 군사정보보호협정(GSOMIA) ③ 한미일 ④ 동북아 안보 협력

생각 키우기

■ 한일 군사정보보호협정(GSOMIA·지소미아)

한일 양국이 군사정보의 직접적인 공유를 위해 체결한 협정. 박근혜 정부 때인 2016년 11월 체결됐습니다. 사실 한일 양국은 2014년 체결한 한미일 군사정보 공유 약정을 통해 이미 북한의 핵과 미사일 정보 등 군사정보를 교환하고 있었습니다. 그러나 정보 공유 범위가 북핵과 미사일에 국한된다는 점, 정보 공유가 반드시 미국을 매개로 해 이뤄져야 한다는 점, 법적 구속력이 없다는 점 등의 한계가 있었습니다. 이에 한일 양국 간 군사정보의 직접 공유를 위해 지소미아를 체결한 것이지요.

협정은 당초 2019년 8월 24일까지 한일 양국 어느 쪽이든 종료 의사를 밝히지 않는다면 자동적으로 1년 연장될 예정이었지만, 우리나라는 2019년 8월 22일 국가안전보장회의(NSC)를 열고 지소미아를 종료하기로 결정했습니다. 하지만 한일 양국 간 물밑 협상이 오간 끝에 우리 정부는 종료를 불과 6시간 앞두고 종료 통보의 효력을 일시 중지하고, 일본의 반도체 소재 3개 품목 수출 규제와 관련해 진행 중인 세계무역기구(WTO) 제소 절차도 일시 정지하기로 했습니다. 이에 일본은 2019년 12월 20일 수출 규제 품목 3개 중 1개에 대한 규제를 완화했습니다. 정부는 지소미아 유지 여부를 우리나라에 대한 일본 수출 규제의 완전한 해제를 위한 협상 카드로 남겨두고 있습니다. 이후 현재(2020년

5월)까지 지소미아는 조건부 연장된 상황입니다.

> **생각 넓히기**
>
> **Q. 일본의 화이트리스트 배제 조치 후 우리나라도 '상호주의 원칙'에 입각해 일본을 화이트리스트에서 제외했습니다. 그런데 코로나19 확산 초기 우리나라 국민의 입국을 거부하는 나라들이 증가함에도 우리는 상호주의 원칙에 맞는 조치를 취하지 않았습니다. 이처럼 상호주의 원칙을 상황에 따라 다르게 적용하는 것에 대해 어떻게 생각하나요?**
>
> `Guide ▶` 상호주의 원칙이란 상대국의 조치 정도에 맞춰 자국의 조치를 결정하는 방식을 말합니다. 상대국이 자국을 대우해주고 인정해준다면 자국도 그에 합당한 조치를 취해야 하고, 그 반대 경우에도 마찬가지로 합당한 행동을 취하는 외교의 기본적인 원리 중 하나지요.
>
> 코로나19 확산 초기, 정부는 왜 입국금지 조치를 시행하지 않느냐는 국내 여론에 대해 '상대국이 입국금지를 하지 않아 우리도 할 수 없다'는 상호주의를 강조했습니다. 이후 우리나라에서 확진자가 늘고 한국발 입국자에 대해 입국제한 조치를 취하는 나라들이 늘었지만 우리 정부는 중국 후베이성발 입국자를 제외하고는 타국에 대해 입국금지 조치를 시행하지 않아 비판받았지요. 이에 대해 일각에선 수출 의존적인 우리 경제의 성격 때문에 적극적인 입국금지 정책을 펼치기 어렵다는 주장이 나왔습니다. 수출로 먹고사는 나라가 위기 국면에서 문을 걸어 잠그면 코로나 사태 이후 더 큰 경제 위기를 맞이할 수도 있다는 논리지요.
>
> 국가는 자국의 이익을 위해 움직이는 만큼 상황에 따라 상호주의 원칙을 적용할 수도, 적용하지 않을 수도 있습니다. 다만 우리 외교가 유독 일본에 대해서만 감정적 대응을 하고 있다는 비판은 새겨들을 필요가 있습니다. 한일 군사정보보호협정은 단순히 한일 양국 관계에만 영향을 미치는 사안이 아니라 한미일 3각 안보협력 체제에도 영향을 미칠 수 있는 중대 사안입니다. 향후 전개될 일본과의 대화와 협상에서도 일본의 조치에 맞대응하는 감정적 상호주의를 내세우기보다는 코로나19 국면에서 보여준 것처럼 '국익'을 최우선 가치로 여겨 대응해 나가야 하지 않을까요?

솥에서 얻는 지혜

생각 열기 '솥'의 다리가 두 발이면 넘어지게 되고, 네 발이면 한 쪽 발이 들려 흔들리기 쉽습니다. 하지만 세 발인 경우는 안정을 유지하지요. 한미일 관계도 이와 다르지 않습니다. 상호 균형을 이루는 관계를 위한 방안은 무엇일까요?

[사설] 韓美日 '지소미아 혼란' 파고든 北 도발… 김정은만 웃고 있다
(2019년 8월 26일자)

북한이 24일 오전 단거리 발사체 두 발을 발사했다. 올해 들어 벌써 9번째 도발이다. 북한 매체들은 어제 김정은 국무위원장의 지도 아래 '초대형 방사포' 시험 발사에 성공했다고 보도했다. 정부는 이에 '강한 우려'를 표명하면서도 북한 도발과는 무관하게 어제부터 이틀 일정으로 육해공군과 해경이 참여하는 역대 최대 규모의 *'동해영토수호훈련'을 시작했다.

북한의 도발은 한미 연합지휘소훈련이 끝난 지 나흘 만이자, 우리 정부가 일본 측에 한일 군사정보보호협정(GSOMIA·지소미아) 종료를 통보한 다음 날이다. 도널드 트럼프 미국 대통령은 진작 "연합훈련이 끝나면 도발도 멈추고 실무협상도 시작될 것"이라고 했고 청와대도 최근까지 북-미 실무협상의 조속한 재개를 점치며 희망적 관측을 했지만, 그런 기대는 허망하게 빗나갔다. 김정은은 3년 전의 *잠수함발사탄도미사일(SLBM) '수중발사 성공'까지 언급하며 더 큰 도발 가능성을 시사했다.

특히 이번 북한 도발은 지소미아 파기를 둘러싼 한일 갈등과 한미동맹 균열, 나아가 동북아 안보 구도의 혼란을 부추기려는 의도가 다분해 보인다. 한미일 3각 안보협력의 연결고리가 끊기는 상황을 북한은 핵·미사일 능력을 확충하면서 향후 북-미 협상에서 몸값도 높일 수 있는 절호의 기회라고 여겼을 것이다.

한미일은 이번 도발에 제각각 결이 다른 대응을 보여 북한의 노림수가 먹혀들었음을 드러냈다. 일본은 이전과 달리 한국보다 26분이나 먼저 발표했다. 비록 구체적인 정보는 없었지만 독자적인 정보수집 능력을 과시하려는 의도였을 것이다. 이후 한국과 일본의 발표는 발사 시간이나 사거리에서 차이를 보여 공조 부재가 낳은 허점을 노출했다. 우리 정부는 이번에도 우려를 표명하며 대화 재개 노력을 강조했고, 트럼프 대통령은 "단거리 미사일을 제한한 적은 없다"며 대수롭지 않게 넘겼다. 일본은 "명백한 유엔 결의 위반"이라고 주장했다.

청와대는 "일본이 제공한 정보는 단 한 건도 의미 있는 게 없었다"며 지소미아 파기의 정당성을 역설하는 데 급급했다. 나아가 한 관계자는 "우리가 협정을 연장한 상태에서 일본이 일방 파기할 가능성이 있었고, 그러면 우리는 '바보'가 되는 꼴"이라고 했다 한다. 일본의 기습 파기를 우려해 선제 대응했다는 것인데, 한일 간 불신이 어느 정도인지 확인시켜 준 대목이다. 어제 시작된 동해훈련도 그런 차원이라면 한일관계는 회복 불능 상태가 아닌가 싶다.

이런 한일 간 외교 실종 사태는 당장 28일 일본의 백색국가 제외 시행과 함께 향후 다양한 분야에서 대립을 심화시킬 것이다. 올해 초 발생한 *초계기 위협 비행과 레이더 조사(照射) 논란 같은 한일 군사 갈등이 충돌로 이어지지 않으리란 법도 없다. 북핵·미사일 위협이라는 당면한 동북아 최대 현안 앞에 한일 갈등과 한미 균열을 방치할 수는 없다. 지금이라도 위기의 한일, 한미 관계 복원 외교에 적극 나서야 한다. 김정은만 웃게 만들 셈인가.

용어 노트

*동해영토수호훈련 : 우리 영토인 독도에 불법 상륙하는 여러 시도를 가상해 매년 2차례 실시되는 훈련. 1986년 시작됐으며 동방훈련→전단기동훈련→독도방어훈련으로 명칭이 변경돼왔다. 2019년엔 '동해영토수호훈련'이란 명칭으로 실시됐다.

*잠수함발사탄도미사일(SLBM) : 잠수함에서 발사되는 탄도미사일. 대륙간탄도미사일(ICBM)을 전략 핵잠수함에서 발사하도록 개량한 미사일.

*초계기 : 주로 해상 공역을 비행하면서 미확인 선박 및 잠수함에 대한 경계와 정찰 임무를 수행하고 적을 발견하면 공격도 수행하는 항공기.

생각 정리 퀴즈

① 정부가 일본 측에 [　　　] 종료를 통보한 다음 날 북한은 단거리 발사체 두 발을 발사했다.

② 북한의 도발은 지소미아 파기를 둘러싼 한일 갈등과 한미동맹 균열, [　　　] 구도의 혼란을 부추기려는 의도다.

③ 북한 도발에 대한 한미일의 각기 다른 대응은 공조 부재가 낳은 허점을 노출했다.

④ 한일 간 불신의 골이 깊다. 한일 간 외교 실종 사태는 향후 다양한 분야에서 대립을 심화시킬 것이다.

⑤ [　　　]이라는 동북아 최대 현안 앞에 한일 갈등과 한미 균열을 방치할 수는 없으므로 복원 외교에 나서야 한다.

정답 : ① 지소미아 ② 동북아 안보 ⑤ 북핵·미사일 해결

생각 키우기

■ **한미 연합지휘소훈련**

한미 양국은 긴밀한 군사동맹 관계를 유지하며 다양한 연합군사훈련을 펼쳐왔습니다. 그러다 2019년부터 독수리훈련과 키리졸브 연습을 종료하고 새로운 방식의 훈련을 진행하기로 결정했는데요. 특히 키리졸브를 대체하는 '한미 연합지휘소훈련'이 2019년 8월 11일부터 실시됐습니다. 한미 연합지휘소훈련은 병력과 장비를 실제로 기동하는 야외 훈련이 아닌 컴퓨터 시뮬레이션으로 운용하는 지휘소훈련. 북한은 이 훈련에 거세게 반발했는데, 훈련 시작을 앞두고 보름여 동안 다섯 차례 단거리미사일을 발사한 데 이어 훈련 시작 하루를 앞두고는 외무성 담화를 내놓기도 했지요.

한미 연합지휘소훈련은 전시작전통제권(전작권) 전환에 대비해 한국군의 주도 능력을 검증하는 훈련입니다. 전작권은 한반도 유사시 군의 작전을 통제할 수 있는 권리. 평시작전통제권은 한국군 합참의장이, 전작권은 한미연합사령관이 갖고 있습니다. 전작권은 한국군이 북한의 핵무기 및 장거리미사일 위협에 즉각 대응할 수 있는 능력을 구비하고 한반도 안보 환경이 안정적인 상황에 접어들었을 때 전환 시기를 결정하기로 돼 있습니다. 문재인 정부는 전작권 전환을 임기 내 이룬다는 목표로 추진 중입니다.

■ **일본 초계기 위협 비행**

 2019년 1월 23일 일본 해상자위대 소속 초계기(P-3C)가 이어도 서남쪽 해상에서 작전 중이던 우리 군 구축함(대조영함)에 접근해 저고도 근접 위협 비행을 했습니다. 2018년 12월 20일 북한 어선을 구조하던 우리 함정을 위협 비행한 데 이어 2019년 1월 18일, 1월 22일에도 작전 중이던 율곡이이함 등에 저공 위협 비행한 이후 또다시 도발을 한 것이라 큰 파장이 일었지요. 서욱 합동참모본부 작전본부장은 긴급 기자회견을 열고 "또다시 행위가 반복될 경우 강력히 대응할 것"이라고 밝혔고, 일본은 "국제법규, 국내법을 지키면서 비행했다"고 반박했습니다.

> **생각 넓히기**
>
> **Q.** 전작권 전환은 한반도 유사시 한미동맹이 연합으로 방어 전략을 취하는 데 있어 핵심 구조를 바꾸는 아주 중요한 사안입니다. 이에 전작권 전환을 둘러싼 찬반도 첨예하게 대립하지요. 전작권을 하루빨리 우리 군으로 가져와야 하는지, 아니면 시기상조라고 생각하는지 자신의 의견을 말해 보세요.
>
> **Guide ▶** 한미 양국이 합의한 전작권 전환을 위한 3가지 조건은 △한반도 및 역내 안보 환경 △전작권 전환 이후 한미 연합방위를 주도할 수 있는 한국군의 핵심 군사 능력 확보 △북한 핵·미사일에 대한 한국군의 필수 대응 능력입니다. 이 조건이 갖춰져야 우리가 전작권을 환수할 수 있지요. 전작권 전환과 관련해서는 찬반 입장이 팽팽합니다. 자주국방을 위해 하루빨리 전환해야 한다는 입장이 있는 반면 시기상조라는 의견이 대립합니다.
>
> 전작권 조기 전환을 찬성하는 측에선 한국의 군사력이 독자적으로 북의 위협에 대응할 수 있는 수준이라고 평가합니다. 이런 능력을 갖추었음에도 전작권이 미군에 있어 우리 군의 임무와 역할이 제한되므로, 전작권을 하루 빨리 전환해야 자주국방을 실현한다고 주장합니다.
>
> 반면 전작권 전환이 시기상조라는 입장은 북핵에 대한 억지력을 근거로 듭니다. 아무리 군사력이 강화됐다고 해도 북은 핵이 있고 우리는 없으므로 아직까지는 핵 제어 능력을 갖춘 미군의 도움이 필요하다는 것. 조기 전환을 하면 국방비가 더 많이 들어 국민의 조세 부담이 증가한다고도 주장합니다.

10 외교 상대국의 본질을 간과한다면…

생각 열기 한일 군사정보보호협정 파기 후 미국 워싱턴에서 나온 반응에 정부가 꽤 놀란 모양새입니다. 외교 상대국과는 어떤 방식의 소통이 필요할지 생각해봅시다.

[오늘과 내일/이승헌] 靑이 지소미아 깨며 간과한 'USA'의 본질 (2019년 8월 27일자)

한일 군사정보보호협정(GSOMIA·지소미아) 파기 결정 후 미국의 다양한 불만을 직간접적으로 접할 수 있었다. "미국도 파기 결정을 이해했다"는 청와대의 설명에 "거짓말"이라는 미 국무부 관계자의 반응은 아무것도 아니다. 이름만 대면 청와대도 금방 아는 워싱턴의 한 전직 관료는 "지소미아 파기는 1905년 (일본과) *을사조약 체결 이후 한국 정부의 가장 큰 전략적 오산(the greatest strategic miscalculation Korea has made since Korean officials signed the Eulsa Treaty in 1905)"이라고 흥분했다. 한일 위안부 갈등 국면에서 우리 편에 섰던 래리 닉시 박사(한미연구소 연구위원)는 "이번 결정으로 한국은 다른 사안을 놓고 대미 협상력이 약화될 것"이라고 공언했다.

예상을 뛰어넘는 워싱턴의 반응에 집권세력은 꽤 놀란 듯하다. 김현종 안보실 2차장이 파기 결정 다음 날 브리핑을 자처하며 미국과의 소통을 강조한 게 그렇다.

어떻게 이런 인식 차가, 그것도 동맹 간에 드러난 것일까. 필자는 청와대가 지소미아 파기 결정 전 미국과 관련해 핵심적인 사실 두 가지를 간과하지 않았을까 생각한다.

첫째, 지소미아는 초당적 이슈라는 점이다. 지소미아는 트럼프 작품이 아니다. 지소미아는 문재인 대통령 이상으로 진보좌파였던 버락 오바마 대통령 시절 몇 차례 한일 정부를 설득한 끝에 2016년 11월 체결됐다. 오바마는 트럼프 못지않게 중국의 굴기를 막으려 했고 그 1차 저지선이 바로 한미일 3각 안보 축. 더 정확히는 주한미군의 *병참 역할을 하는 주일미군이 제대로 작동하려면 일본이 지소미아를 통해 한국의 대북 정보를 잘 받아야 했다. 이 안보 구상은 중국과 경제전쟁을 치르는 트럼프 시대에 더하면 더했지 달라질 게 없다. 지소미아를 놓고 *보혁으로 찢어진 우리 정치권과 달리 미국에서 여야 생각이 크게 다르지 않다. 문재인 대통령과 청와대는 그걸 건드린 것이다.

둘째, 무엇보다 미국은 평소에는 지극히 개인주의적이다가도 안보 이슈에는 이상할 정도로 뭉친다는 점을 간과한 듯하다. 누구나 제 나라 이익을 우선시한다고 하겠지만, 인디언을 몰아내고 영국과 혈전을 치른 '전쟁 국가' 미국은 그 차원이 다르다.

미 언론은 요즘도 북한이 대륙간탄도미사일(ICBM)이라도 쏘면 '미국 땅에 닿을 수 있다'면서 영토(territory)라는 국제법 개념보단 흙(soil)이라는 표현을 자주 쓴다. 어렵게 일군 내 나라 흙 한 줌도 내줄 수 없다는 뉘앙스다. 애국자(Patriot)라는 표현이 정권을 막론하고 요즘도 거부감 없이 사용되는 게 미국이다. 미사일 요격체계(패트리엇 미사일), 미식축구팀(뉴잉글랜드 패트리어츠)은 물론 테러방지법 이름도 애국법(Patriot Act)이다. 태극기가 특정 정치세력의 아이콘이 되고 일각에선 이를 비하하는 한국에서, 애국자라는 표현을 이리 사용했다면 '국뽕' 논란으로 난리가 났을 것이다.

문재인 정부 출범 후 끊이지 않는 질문 중 하나는 과연 정부에 미국을 제대로 아는 사람이 있냐는 것이었다. 외교부 내 '워싱턴 스쿨'의 씨가 마르고 '코드 인사'를 집중 배치하면서다. 지금은 어떤가. 미국에서 교육받고 미국식 영어를 잘하는 사람은 여럿 있다. 하지만 외교 상대로서 미국의 본질을 파악하는 건 별개의 문제다. 지소미아 파기로 한미동맹이 밑동부터 흔들리고 있다. 이번 결정을 주도한 외교안보라인, 특히 청와대 국가안보실 사람들은 영어 좀 한다고 자만하지 말고 더 늦기 전에 겸허하게 워싱턴과 소통에 나서야 한다. 안 그러면 70년 한미동맹의 역사에 죄를 짓게 될 것이다.

용어 노트

*을사조약 : 1905년 일본이 한국의 외교권을 박탈하기 위해 강제로 체결한 조약.

*병참 : 군사 작전에 필요한 인원과 물자를 관리, 보급, 지원하는 일.

*보혁 : 보수와 개혁을 아울러 이르는 말.

생각 정리 퀴즈

① [　　　　] 파기 결정 후 미국의 다양한 불만이 나온다.

② 지소미아 파기 결정 전 청와대는 미국이 한미일 3각 안보 축을 매우 중요하게 여긴다는 사실을 간과했다.

③ 우리 정부는 미국이 '애국'을 강조하며 안보 이슈에는 상상 이상으로 뭉친다는 점도 간과했다.

④ 우리 정부에 미국의 본질을 파악하고 미국을 제대로 아는 사람이 있는지 의문이다. 겸허하게 워싱턴과 소통에 나서지 않으면 70년 [　　　　] 역사에 금이 갈 것이다.

정답 : ① 한일군사정보보호협정(GSOMIA) ④ 한미동맹

생각 키우기

■ **애국법(Patriot Act)**

2001년 미국에서 발생한 9·11테러 직후 테러 및 범죄 수사에 관한 수사 편의를 위해 제정된 미국 법률. 정식 명칭은 '테러 대책법'으로 2001년 10월 26일 당시 미국 조지 W 부시 대통령이 서명함으로써 효력을 발휘하기 시작했지만 2015년 6월 폐지됐지요. 애국법에는 국가 정보기관과 사법기관이 영장을 발부받지 않더라도 이메일과 계좌 이체 기록 조회, 도청 등을 할 수 있는 내용이 포함됐었습니다. 이에 시민의 자유권을 제약한다는 미국 내 거센 반발로 결국 폐지됐습니다.

우리나라의 경우 2016년 3월 '국민 보호와 공공안전을 위한 테러방지법' 개정안이 국회를 통과했습니다. 당시 야당은 이 법이 통과되면 국가정보원의 무분별한 감청 및 정보 수집이 가능해져 민간인 사찰을 포함한 부작용을 불러일으킬 수 있다며 반대했습니다. 법안 통과를 저지하기 위해 야당 의원들이 2월 23일부터 3월 2일까지 192시간이 넘도록 필리버스터(의회에서 다수파의 독주를 막기 위해 합법적 수단으로 의사 진행을 지연시키는 무제한 토론)를 진행했으나 결국 법안 통과를 막지 못했습니다.

■ **Do you know '국뽕'?**

'국뽕'은 국가와 필로폰(히로뽕)의 합성어로 국수주의와 민족주의가 심해 자국만이 최고라고 여기는 행위나 이런 행위를 하는 사람을 일컫는 신조어입니다. 과도한 애국심을 가리키는 조어로 최근 젊은 세대가 무조건적으로 우리나라를 찬양하는 행태를 비꼴

때 온라인 공간에서 흔히 사용하지요. '국뽕'이라는 단어가 흔히 사용되는 분야는 대중문화와 스포츠 분야. 우리나라를 대표하는 영화배우 및 감독이나 가수, 스포츠 선수들에 대해 맹목적인 지지를 표하거나 우리나라 사람이 외국인을 만나 "Do you know 강남스타일?" "Do you know 손흥민?"이라는 질문을 할 경우 '지나친 국뽕이다'라는 비아냥거림이 나오지요. 전문가들은 국뽕 현상에 대해 "우리나라에 대한 자긍심의 표출이 아니라 열등감과 불안감을 숨기기 위한 과장된 표현"이라는 해석을 하기도 합니다.

생각 넓히기

Q. '국뽕'을 비꼬는 문화가 온라인에서 확산하면서 애국적 요소를 무조건적으로 비난하고 깎아내리는 현상도 나타납니다. 가령 우리 역사를 제대로 알리는 역사 전문가들에게 '국뽕의 전도사'라는 비난이 쏟아지지요. '애국'을 국뽕으로 치부하는 분위기에 대해 어떻게 생각하나요?

Guide ▶ '국뽕'의 반대로 '국까'라는 말이 있습니다. '국가'와 '까다'의 합성어로 애국적 요소를 무조건적으로 비난하고 깎아내리는 현상을 일컫는 말이지요. 역사를 소재로 한 영화를 '국뽕 영화'라며 무조건적으로 폄훼하거나, 우리나라 스포츠 선수가 세계에서 유의미한 성과를 거뒀음에도 불구하고 평가 절하하는 행태가 그 예.

'국뽕'이 지나치면 자문화 중심주의에 빠질 수 있어 위험합니다. 내 국가, 내가 속한 집단의 문화만 우월하다는 생각이 확장되면 국제사회에서 새로운 갈등을 유발할 수 있고, 다문화사회로 가는 우리 사회 내부에서도 각종 차별과 편견이 부각될 수 있어 경계해야 합니다.

반면 '국까'가 지나칠 경우 사대주의에 빠질 위험이 있습니다. 강대국에 둘러싸여 위태로운 처지에서도 숭고한 역사를 만들어 온 우리나라가 자주성을 잃어버린다면 급변하는 동북아 정세 속에서 큰 위기를 겪을 수도 있습니다. '국뽕'과 '국까'의 경계에서 한쪽으로 치우치지 않고 중심을 잡는 것이야말로 가장 필요한 태도 아닐까요.

11 패착을 반복하지 않으려면 복기부터

생각 열기 바둑에서 패배의 결정적 요인이 된 악수를 '패착'이라고 합니다. 다음 대국에서 패착을 거듭하지 않으려면 차근차근 복기하며 패배의 원인을 진단해야 합니다. 지소미아로 한미 관계 진퇴양난에 처한 정부. 의사 결정 과정을 돌이켜보는 복기가 필요하지 않을까요.

[이기홍 칼럼] 지소미아 진퇴양난 자초한 무지와 독선 (2019년 11월 15일자)

"지소미아는 한일(韓日)이 풀어야 할 문제로 한미동맹과 전혀 관계없다"는 정의용 청와대 국가안보실장의 발언은 외교안보팀의 수준을 그대로 보여준다. 왜 문재인 정부가 *진퇴양난의 수렁에 빠졌는지를 짐작하게 해주는 한마디다.

정 실장의 발언은 좌파진영 논리와 맥을 같이한다. 그 논리는 대체로 두 개로 구성된다. 즉, ①지소미아는 한일 간 문제이고 주로 일본이 혜택을 본다. ②지소미아가 체결된 2016년 이전에도 안보에 별문제가 없었으므로 꼭 필요한 게 아니다.

결론부터 말하면 무지에서 비롯된 피상적 논리다.

①번부터 보자. 물론 문법적으로만 따지면 한일 지소미아는 한일 간 약속이다. 하지만 미국이 나서서 동북아 지소미아 체제가 완성된 뒤 한미일 안보 협력의 상징이 됐고 미국의 인도태평양 전략의 핵심 연결고리다. 한국이 일본과 다투다가 지소미아를 꺼내든 순간 한미 간 문제가 되어버린 것이다.

한국이 지소미아 폐기를 꺼낸 것은 미국을 자극해서 우리 측 역성을 들게 하겠다는 의도도 있었을 텐데, 동맹외교를 모르는 아마추어들의 오판이었다. 워싱턴 소식통은 어제 통화에서 "미국에서는 한국의 태도에 대해 '미국의 이익을 위협하는 도발을 통해 미국이 반응하게 만드는 북한의 *브링크맨십(벼랑끝 전술)을 떠올리게 한다'는 반응이 있다"고 전했다.

체결 전에도 별문제가 없었으므로 지소미아는 없어도 된다는 ②번 논리도 말장난이다. 지소미아는 한국이 1989년 일본에 처음 제안한 이래 별 진전이 없다가 북핵 실험 등의 여파로 2012년 국무회의 의결, 2016년 11월 정식 체결에 이르렀다. 북핵·미사일 실험이 본격화되고, 동해상 발사가 다반사로 벌어지면서 정보 교류 필요성은 과거와 비교할 수 없이 커졌다.

물론 한일 간에 오가는 군사 정보가 안보에 결정적 영향을 주는 그런 수준은 아니다. 지소미아가 없다고 해서 당장 큰 장애가 생기지는 않는다. 그런데 이는 일본 입장에서도 마찬가지다. 우리는 일본에 카운터펀치로 지소미아 폐기를 꺼냈으나 상대에게 주는 타격은 별게 없고, 괜히 한미동맹을 때려버린 셈이다.

워싱턴 소식통은 "지소미아가 이대로 폐기되면 한국에 대한 신뢰와 커미트먼트(commitment·약속, 헌신)가 약해질 것"이라고 우려했다. 방위비, 무역협상 등 여러 전선에 영향을 미칠 수 있다.

더구나 지금 북핵 문제는 트럼프 혼자 주무르고 있고, 북한은 한국을 상대도 안 한다. 미국과의 신뢰마저 깨지면 우리 이익을 설득할 통로마저 사라진다. 아무리 좌파진영이 지지 기반인 정권이라 해도 한미동맹을 악화시킨 채 나라를 끌고 가기는 어렵다는 생각을 할 것이다.

하지만 이제 와서 폐기 결정을 번복하기도 어렵게 되어버렸다. 일본이 아무 성의 표시도 안 하는 상태여서 아베에게 완승을 안겨주는 모양새가 된다. 이러기도 저러기도 힘든, 문 대통령으로선 어떤 선택을 하든 후폭풍이 불가피한 처지인 것이다.

탈출구가 없는 건 아니다. 예를 들어 일정 기간을 정해 한국은 지소미아를 임시 연장하고, 일본은 수출 통제를 임시 중단하되, 일정 기간 내에 타협을 이루지 못하면 지소미아 폐기와 수출 통제로 원상복귀(스냅백)한다는 조건을 붙이는 것이다. 하지만 남은 시간과 일본의 태도로 보아 실현 가능성은 크지 않아 보인다.

8월 22일 지소미아 폐기 결정 당시 이런 진퇴양난을 예상한 이가 있었을까. 정의용 실장, 김현종 국가안보실 2차장은 통상 전문가 출신이고 강경화 외교부 장관 역시 주특기가 안보외교는 아니다. 안보 문제 문외한들로 구성된 안보팀, 동맹의 개념조차 모르는 386 참모, 대일 강경책이 지지율에 미칠 효과만 계산하는 여당 지도부 등의 합작품으로 지소미아 폐기가 결정됐다.

그들은 이처럼 거센 미국의 반발은 상상도 못 했을 것이다. 무역협정은 맺었다가 폐기하고 또 만들고, 언제든 밀고 당길 수 있지만 안보는 다르다는 것을 몰랐을 것이다. 특히 목숨을 걸고 함께 싸워주겠다는 약속인 동맹은 깊은 신뢰와 가치 공유 없이는 지탱할 수 없다는 걸 간과한 것이다.

　문 대통령은 조국 사태에 이어 또다시 *외통수 상황에 처했다. 통치자가 어떤 선택을 해도 실점을 할 수밖에 없는 곤궁한 상황에 처하는 것은 아주 드문 일인데, 불과 수개월 사이에 패착을 연거푸 뒀다는 것은 의사결정 과정의 문제를 시사한다. 논의 참여자들 전체가 동일한 가치관으로 일렬종대 한 채, 합리성과 전문성이 아니라 미리 정해놓은 이념적 잣대를 유일한 기준으로 삼다 보니 그런 외통수 패착이 거듭되는 것은 아닌지 돌아봐야 한다.

> **용어노트**
>
> *진퇴양난 : 이러지도 못하고 저러지도 못하는 곤란한 상태.
>
> *브링크맨십(벼랑끝 전술) : 당장이라도 판을 엎어버릴 기세로 협상을 막다른 상황으로 몰고 가 위기에서 탈출하려는 협상 전술.
>
> *외통수 : 장기나 체스 등에서 패배를 피할 수 없는 형태.

> **생각정리퀴즈**
>
> ① 지소미아는 한일 간 약속이지만 한미일 안보 협력의 상징이었고, 한국이 지소미아를 꺼내든 순간 한일 문제는 [　　　]가 되어버렸다.
>
> ② [　　　]이 본격화되고 동해상 발사가 다반사로 벌어지면서 정보 교류 필요성은 과거와 비교할 수 없이 커졌다.
>
> ③ 지소미아가 이대로 폐기되면 한국에 대한 미국의 신뢰가 약화되고 [　　　], 무역 협상 등에 부정적인 영향을 미칠 수 있다.
>
> ④ 깊은 신뢰와 가치 공유 없이 동맹은 지탱할 수 없다는 것을 간과한 정부는 계속되는 외통수 패착이 거듭되는 이유를 면밀히 살펴야 한다.
>
> 정답 : ① 한미 간 문제 ② 북핵·미사일 ③ 방위비

생각 키우기

■ 지소미아 조건부 연장 이후

　2019년 11월 23일 0시 예정이었던 지소미아 종료. 우리 정부는 종료를 6시간 앞두고 종료 통보의 효력을 일시 정지했고, 이후 12월 20일 일본은 수출 규제 품목 3개 중 1개에 대한 규제를 완화하며 최소한의 성의를 보였습니다. 정부는 "일부 진전됐지만 아직

미흡하다"는 평가를 내놓으며 "일본이 우리나라에 대해 백색국가를 복원하기 전까지 지소미아 연장은 없다"는 조건부 연장 원칙을 내놨지요. 한일 양국 정상은 2019년 12월 24일 중국 청두에서 정상회담을 갖고 양국 관계 개선을 위해 노력하자고 의견을 모았지만 상황은 변하지 않았습니다. 문재인 대통령은 2020년 3·1절 기념식에서 "일본은 언제나 가까운 이웃이다. 과거를 잊지 않되 우리는 과거에 머물지 않을 것이다"라고 밝히며 관계 개선 의지를 밝혔습니다. 하지만 이후 일본은 코로나19 확산 국면에서 우리 측에 사전 통보 없이 한국 입국자에 대한 2주간의 격리 조치를 취하고, '한일 무비자협정'을 한시적으로 중단하겠다고 발표하면서 관계는 다시 얼어붙었습니다.

> **생각 넓히기**
>
> **Q.** 지소미아는 1년 단위로 갱신되는 협정. 종료를 원하는 쪽은 만료 90일 전에 상대방에 통보해야 합니다. 유효기간이 짧다 보니 양국의 정치적 상황에 따라 파기가 쉬워 기간을 1년 이상으로 하는 장기 협정으로 바꾸자는 의견도 나옵니다. 어떻게 생각하나요?
>
> **Guide ▶** 스가 요시히데 일본 관방장관은 우리 정부가 지소미아 파기 종료 통보의 효력을 일시 정지한 이후 기자회견에서 "지소미아는 안정적으로 운용되는 것이 중요하므로 한국과 의사소통을 도모해 나가고 싶다"고 밝혔습니다.
>
> 안보의 지속성과 안정성 확보 측면에선 장기 협정에 찬성할 수 있습니다. 동북아 정세는 시시각각 변한다는 특성을 감안하면 한미일 안보 협력을 보다 공고히 하기 위해 한일 간 군사정보 교류가 안정적이고 지속적으로 유지될 필요가 있지요. 따라서 중장기적 협력이 더 효율적일 수 있습니다. 반면 2019년 초 발생한 일본 자위대 초계기 위협 비행에서 보듯 우리의 해상에서 국지적으로 돌발 행동을 하고, 여전히 독도 문제와 얽혀 역사적으로 도발을 감행하는 상황을 볼 때 1년 단위로 유지하자는 주장도 있습니다.
>
> 지소미아 문제를 비롯해 수출 규제, 위안부 및 강제 징용 피해자 배상 판결 등 한일 간에는 방대한 문제가 얽혀 있습니다. 각각의 사안을 따로 분리해 무엇이 우리 국익에 유리한지 냉정하게 판단해야 합니다.

12
대화를 위한 대화

> **생각 열기**
>
> 정상 간의 공식적인 대화에는 목적과 내용이 있어야 합니다. 국내 정치 상황의 위기를 타개하겠다는 목적으로 알맹이는 쏙 빠져버린 '대화를 위한 대화'는 정치 쇼에 불과합니다. 북-미 대화의 목적에는 '북핵 해결'이라는 목적이 있음을 미국 대통령은 잊지 말아야 합니다.

[사설] 트럼프마저 대북 조급증, 비핵화 사라지고 김정은만 기고만장
(2019년 11월 19일자)

도널드 트럼프 미국 대통령이 17일 트위터 글에서 김정은 북한 국무위원장을 향해 "나는 당신이 있어야 할 곳에 데려다줄 유일한 사람이다. 빨리 행동해 합의를 이뤄야 한다"고 했다. 또 "곧 보자!"고 덧붙여 3차 북-미 정상회담도 내비쳤다. 이에 북한은 어제 김계관 외무성 고문을 내세워 "새로운 수뇌회담을 시사하는 의미로 해석했다"고 밝혔다.

이 같은 북-미 간 동향을 보면 지난달 초 *스톡홀름 노딜 이후 멈춰 있는 비핵화 협상은 머지않아 재개될 가능성이 높아 보인다. 북-미는 최근 주거니 받거니 메시지를 교환했다. 북한이 연합훈련을 비난하자 미국은 '조정 가능' 신호를 보냈고, 북한이 긍정 평가하자 미국은 훈련 연기를 공식 발표했다. 급기야 트럼프 대통령이 직접 나서 대화를 재촉한 것이다.

마치 미국은 성난 북한을 달래고 북한은 마지못해 화를 삭이는 듯한 모양새다. 실제로 의회의 탄핵 청문회와 잇단 지방선거 패배로 코너에 몰려있는 트럼프 대통령인 만큼 대북 외교 이벤트로 관심을 돌리려는 것 아니냐는 의심을 사기에 충분한 상황이다. 반면 북한은 더욱 *기고만장하다. 김정은은 잇달아 군 시찰을 하며 '전쟁 대비'를 주문하는가 하면 영변 핵시설에는 특수궤도차량을 등장시켜 도발 징후를 연출하고 있다.

그러면서 대미 요구 수준을 더 높이고 있다. 김계관 담화에선 "대화의 끈을 놓고 싶지 않다면 적대시정책부터 철회할 결단을 해야 한다"고 주장했다. 비핵화 논의에 앞서 체제 안전 보장과 대북제재 해제를 하라는 것이다. 거기엔 북한 인권을 문제 삼지 말라는 협박도 들어있다.

미국으로선 일단 위기를 막고 북한을 협상 테이블에 앉혀 놓자는 의도겠지만 이렇게 대화에 매달리는 식이라면 제대로 된 비핵화 협상은 기대하기 어렵다. 대화를 통한 북핵 해결은 가장 바람직한 해법이다. 하지만 북핵 해결은 사라지고 대화 자체가 목적이 되는 *주객전도(主客顚倒)의 '정치 쇼'로 흐른다면 그건 위기를 뒤로 미뤄 더욱 키우는 것일 뿐이다.

용어 노트

***스톡홀름 노딜** : 2019년 10월 5일 북-미가 스웨덴 스톡홀름에서 벌인 비핵화 실무협상을 이르는 말. 2019년 2월 하노이 회담 결렬 후 우여곡절 끝에 북-미 양측은 스톡홀름에서 비핵화 실무협상을 벌였지만 구체적 성과를 내지 못한 채 결렬됐다.

***기고만장** : 기운이 만 길 높이만큼 뻗었다는 뜻. 우쭐하여 뽐내는 기세가 대단함을 이르는 말.

***주객전도(主客顚倒)** : 주인과 손님의 처지가 뒤바뀐다는 뜻으로 사물의 경중, 선후, 완급 따위가 서로 뒤바뀐 경우를 이르는 말.

생각 정리 퀴즈

① 스웨덴 스톡홀름에서 서로의 입장 차만 확인한 후 최근 북-미는 [ ]을 재개할 제스처와 메시지를 서로에게 보냈다.

② 미국이 성난 북한을 달래고 북한은 마지못해 화를 삭이는 듯한 모양새가 되면서 북한은 더욱 기고만장해지며 [ ]를 연출하고 있다.

③ 북한은 비핵화 논의에 앞서 체제 안전 보장, [ ] 해제와 함께 북한 인권을 문제 삼지 말 것을 미국에 요구하고 있다.

④ 대화를 통한 북핵 해결은 바람직하지만 북핵 해결이 아닌 대화 자체가 목적이 되는 주객전도는 경계해야 한다.

정답 : ① 비핵화 협상 ② 그랜드 쇼 ③ 대북제재

생각 키우기

■ **북한의 체제 안전 보장, 선결 조건은?**

　북한은 비핵화의 조건으로 미국에 '체제 안전 보장'을 요구합니다. 일반적으로 적대 관계에 있는 쌍방이 안전을 보장한다는 것은 네 가지 조건이 필요합니다. 첫째는 불가침 약속으로 국제법적 구속력이 확보되어야 합니다. 한반도 평화협정 등을 통해 군사적 침략을 하지 않을 것을 약속하고 영토의 보전을 규정하는 것이 이에 해당합니다. 둘째는 군축 조치로 군사적 태세를 낮추고 병력과 무기와 장비를 줄여야 합니다. 셋째는 외교적 해법입니다. 주권 존중과 내정 불간섭의 취지를 담아 국교를 수립할 수 있어야 합니다. 북-미 수교 등이 이에 해당하겠지요. 넷째는 경제 제재를 해제해 발전권을 보장해 주어야 합니다.

　미국은 '완전하고 검증 가능하며 되돌릴 수 없는 비핵화(Complete, Verifiable, Irreversible Dismantlement·CVID)'를 북핵 해결의 원칙으로 세우고 있습니다. 조지 W 부시 행정부 1기 때 처음 수립된 CVID는 북한이 핵 개발 프로그램을 복구 불가능한 상태로 만들어야 한다는 것. 미국은 북한이 CVID를 이루기 전까지 대북제재를 유지하겠다는 입장을 갖고 있고 북한은 미국이 대북제재를 유지하는 상황에서 CVID는 할 수 없다며 반발하지요.

　미국은 북한의 CVID가 이뤄지면 '완전하고 검증 가능하며 돌이킬 수 없는 안전보장(Complete, Verifiable, Irreversible Guarantee·CVIG)'을 해주겠다고 말합니다. 마이크 폼페이오 미 국무장관은 2018년 5월 열린 상원 외교위원회 청문회에서 CVIG 제공 방안을 북한과 논의했다고 밝혔는데, 이때부터 이 용어가 사용되기 시작했지요.

　한편 북-미 관계에서 CVID 용어의 사용 빈도가 늘어난 이후 CVIG처럼 'CVI…'를 붙이는 표현이 늘고 있습니다. '북한과의 완전한 관계 정상화'를 의미하는 CVIN(Complete, Verifiable, Irreversible Normalization), '북한과의 완전한 평화'를 의미하는 CVIP(Complete, Verifiable, Irreversible Peace) 등이 있습니다.

생각 넓히기

Q. 북한은 우리나라 및 미국과의 협상에서 인권 문제가 언급되는 것에 대해 매우 민감한 반응을 보입니다. 핵 협상의 진전과 합의를 이끌기 위해 협상 과정에서 북한 인권 문제를 언급해야 할까요, 하지 말아야 할까요?

Guide ▶ 국제연합(UN·유엔)은 1948년 12월 유엔 총회에서 '세계 인권 선언'을 채택했습니다. 인권을 인류가 추구할 보편적 권리로 선언한 것. 특히 세계가 자유와 평등을 추구하고 정의를 유지하기 위해서는 인간의 존엄성이 보장되어야 한다며 인간으로서 누릴 여러 권리를 나열합니다. 인간은 이러한 권리를 당연히 보장받아야 하고, 특히 유엔 가입국이라면 이것을 지키고 보장할 의무가 있습니다. 우리나라와 북한은 1991년 유엔에 동시 가입했습니다. 따라서 우리나라뿐 아니라 북한도 인권을 보장하고 존중할 의무가 있으며, 북한 주민은 이를 누릴 권리가 있습니다.

그러나 북한은 공개 처형이나 정치범 수용 등 인권 유린과 침해를 서슴지 않습니다. 따라서 북핵 문제와 상관없이 북한 주민 인권에 대한 문제 제기를 하고, 북한에 세계 인권 선언을 지킬 것을 촉구할 수 있습니다. 특히 2016년 1월부터 17개월간 북한에 억류되었다 풀려난 후 사망한 미국인 대학생 오토 웜비어 사건을 통해 북한의 인권 유린 및 침해가 세계에 직접적으로 알려졌습니다. 웜비어는 북한 여행 중 정치 선전물을 훔치려 했다는 이유로 억류돼 노동교화 15년형을 선고받은 후 혼수상태에 빠진 것으로 알려졌지만, 북한은 웜비어가 식중독 증세를 보이다 수면제를 복용한 후 혼수상태에 빠졌다고 주장했지요.

북한은 국제사회의 인권 문제 제기를 '체제 전복'을 위한 시도, 내정 간섭으로 바라보면서 협상 과정에서 인권 이야기가 나오는 것을 극도로 꺼립니다. 2019년 11월 유엔에서 채택된 북한인권결의안에 대해서도 '대북 적대시 정책'이라며 평가 절하했지요. 북한의 인권 침해를 규탄하고 즉각적인 개선을 요구하는 국제사회의 목소리에 최소한의 성의도 보이지 않는 북한과의 협상에선 실익을 위해 포기해야 할 것이 있고, 절대 양보하면 안 될 문제가 있습니다. '인류가 추구해야 할 보편적 권리'인 인권. 국가적 이익과 외교적 실효로 측정할 수 있는 것일까요?

내가 웃는 게 웃는 게 아냐

> **생각열기**
> 뮤지컬 '오페라의 유령'의 여주인공 크리스틴은 가면을 쓴 팬텀을 사랑하게 됩니다. 그녀가 사랑하는 것은 가면 쓴 팬텀일까요, 가면 안의 팬텀일까요? 외교에 있어서 보이는 겉과 실제 속은 다릅니다. 우리가 봐야 하는 것은 무엇일까요? 특히 북-미 관계에서는 어디를 봐야 할지 혼란스러울 때가 많습니다.

[사설] 南北美 정상 '거짓친분' 2년… 이제 환상서 깨어날 때다 (2019년 12월 6일자)

북한은 4일 밤 인민군 총참모장 명의의 담화를 통해 "만약 미국이 우리를 상대로 그 어떤 무력을 사용한다면 우리 역시 임의의 수준에서 신속한 상응행동을 가할 것"이라고 위협했다. 도널드 트럼프 미국 대통령이 "필요하다면 북한에 무력을 사용할 것"이라고 발언한 데 대해 군 수뇌부를 내세워 기다렸다는 듯 반격에 나선 것이다. 담화는 특히 "우리 무력의 최고사령관(김정은 국무위원장)도 이 소식을 매우 불쾌하게 접했다"고 했다.

북-미 정상 간 개인적 관계는 그간 비핵화 협상의 판을 깨지 않으면서 대화 국면을 이어주던 유일한 명분이었다. 트럼프 대통령은 지난해 싱가포르 회담 이래 늘 김정은과의 친분을 자랑했고, 이번에 북한에 대한 무력 사용 가능성을 언급할 때조차 "김정은과 나는 관계가 매우 좋다. 신뢰도 갖고 있다"고 했다. 북한도 대미 담화에서 "(두 수뇌 간) 친분관계가 굳건하고 신뢰심이 여전하다"며 정상 간 직거래를 요구하곤 했다.

하지만 이런 *언필칭 신뢰 관계도 균열이 가고 있다. 북한이 밝힌 김정은의 불쾌감은 그 시작일 것이다. 자신의 계획표대로 '연말 시한'에 맞춘 대미 공세에 나서면서 그간 극한대치를 막아주던 그 친분마저도 거추장스럽게 된 것이다. 북한은 이미 문재인 대통령에겐 '오지랖 넓은 중재자' '보기 드물게 뻔뻔스러운 사람' 같은 비난을 서슴지 않는다. 지난해 문 대통령에게 보여준 최상의 대접은 김정은의 변심과 함께 온데간데없이 사라졌다.

북-미 간 '기괴한 *브로맨스'도 머지않아 끝나갈 조짐이다. 애초부터 있었는지도 의문인 김정은의 비핵화 의지가 그런 관계의 기반이었지만, 김정은은 이제 그것마저 부인할 태세이기 때문이다. 지난 2년간 북-미 정상회담 이벤트가 진행되면서 북한은 핵 무기고를 늘릴 충분한 시간을 벌었다. 핵실험만 멈췄을 뿐 핵연료 공장을 계속 가동하면서 핵탄두 숫자를 늘렸고, 대륙간탄도미사일(ICBM) 기술을 더욱 고도화했다.

북핵 위협은 이제 더욱 커지고 정교해졌다. 그런 만큼 '새로운 길'을 내세운 북한의 도발 수위는 2년 전보다 훨씬 높을 것이다. 거기에 정상 간 이벤트용 친분관계도 끝나면 걷잡을 수 없는 위기로 치달을 수 있다. 그런 김정은에 한미 정상이 마냥 미련을 두고 매달리는 것만큼 어리석은 일도 없다. 위기 땐 그에 맞는 새로운 대처가 필요하다. 언제까지나 어르고 달래며 끌려갈 수는 없다. 도발하면 응징한다는 결기부터 가다듬어야 한다.

용어 노트

*언필칭 : '말을 할 때마다 이르기를'이라는 뜻의 부사.

*브로맨스 : 남자 형제를 뜻하는 브러더(brother)와 로맨스(romance)를 합친 말. 남자들끼리 갖는 두텁고 친밀한 관계.

생각 정리 퀴즈

① 트럼프 대통령이 북한에 대한 무력 사용 가능성을 언급하자, 북한 또한 그에 상응하는 행동을 가할 것이라는 담화를 발표했다.

② 그간 비핵화 협상의 판이 깨지지 않은 것은 북-미 정상회담을 통해 표면적으로나마 생긴 두 정상 간 [   ] 때문이었다.

③ 김정은이 [   ] 의지마저 부인할 태세를 보이면서 그간 이어져 온 분위기도 깨질 가능성이 높다.

④ 정상 간 이벤트용 친분관계가 끝나면 북한의 도발 수위가 훨씬 높아질 수 있으므로 그에 맞는 단호한 대처가 필요하다.

정답 : ② 브로맨스 ③ 비핵화

> 생각 키우기

■ **북한 비핵화의 단계와 비핵화 협상**

 핵무기 폐기를 의미하는 비핵화는 크게 4단계로 나뉩니다. 첫 단계는 '폐쇄(shutdown)'. 북한이 핵시설의 가동을 중단하고, 실제 가동 중단을 확인하기 위해 국제원자력기구(IAEA) 감시단에 의한 봉인과 사찰, 검증 조치 등을 수용하는 것을 의미합니다.

 다음은 '불능화(disablement)' 단계. 핵시설을 완전하고 검증 가능하며 되돌릴 수 없는 사용 불능의 상태로 만드는 것입니다. 불능화가 우선적으로 이뤄진 다음에는 점차 핵 관련 시설을 모두 파괴, 제거하고 핵 프로그램을 되돌릴 수 없게 만드는 '폐기(dismantlement)' 단계가 진행됩니다.

 만약 핵시설 폐기 후 검증까지 이뤄지면 비핵화의 완성 단계인 '해체(decommissioning)' 단계로 접어들 수 있습니다. 해체는 모든 시설을 폐기하고 방사성 오염물질을 완전히 제거한 뒤 해당 지역을 다른 용도로 전환하는 것까지 포괄합니다. 이 단계가 되면 평화협정이 체결되고 북-미 간 수교도 이뤄질 수 있습니다.

■ **최종적이고 완전하게 검증된 비핵화(FFVD)**

 '최종적이고 완전하게 검증된 비핵화(Final, Fully Verified Dismantlement·FFVD)'는 북한 비핵화에 대한 미국의 입장을 보다 구체화한 것입니다. CVID라고 불리는 '완전하고 검증 가능하며 불가역적인 비핵화(Complete, Verifiable, Irreversible Dismantlement)'보다 비핵화 개념이 더욱 명료해진 것.

 2018년 싱가포르 북-미 정상회담에서 북-미 양측이 완전한 비핵화 개념에 우선 합의한 이후 북-미 간 협상이 진행되는 과정에서 미국 정부는 완전한 비핵화의 개념을 보다 명료하게 구체화한 FFVD 개념을 들고 나와 협상에 임합니다. 이러한 용어 전환의 배경에 대해 '불가역적인'이라는 표현에 대한 북한의 반발을 고려한 북-미 양측의 입장이 절충된 결과라는 해석과 북-미 정상회담 공동성명에 CVID를 명시하지 못했다는 미국 내 비판적 반응을 의식한 트럼프 행정부가 비핵화 검증에 더욱 방점을 찍어 개념을 구체화한 것이란 해석이 나옵니다.

생각 넓히기

Q. 2018년 4월 27일 역사적인 남북 판문점 정상회담을 계기로 남북 관계는 화해의 급물살을 타는 듯했습니다. 그러나 2년이 지난 현재 남북 관계는 다시 경색되어 있습니다. 지금의 국면을 타개하기 위해 우리나라가 할 수 있는 역할은 무엇인지 생각해 보세요.

Guide ▶ 북한이 통미봉남 정책을 고수하고, 우리나라 또한 유엔의 대북제재를 우회하는 독자적 대북 정책을 펼칠 수 없는 상황에서 남북 관계는 북-미 관계의 영향을 많이 받을 수밖에 없습니다. 지금의 경색된 남북 관계 또한 북-미 간 비핵화 협상이 더 나아가지 못하고 교착 상태에 빠진 탓이 큽니다.

북-미 간 협상이 중단된 것은 2019년 2월 하노이에서 열린 북-미 정상회담이 결렬된 이른바 '하노이 노딜'이 결정적입니다. 당시 북한이 영변 핵시설 전체의 불능화를 제안으로 내놓았지만, 미국이 영변 핵시설 외에 추가 발견한 대규모 우라늄 농축 핵시설 문제 등을 거론하면서 협상이 틀어지기 시작했습니다. 이후 문재인 대통령이 "플루토늄 재처리 및 우라늄 농축 시설을 포함한 영변 핵시설 전부가 검증하에 전면적으로 완전히 폐기된다면 북한 비핵화는 되돌릴 수 없는 단계로 접어든다고 평가할 수 있다"고 밝히는 등 비핵화에 대한 미국과 북한의 입장 차를 중재하기 위해 나섰습니다만, 결국 '영변+α(알파)'를 요구하는 미국과 단계적 비핵화와 제재 완화를 주장하는 북한 사이의 간극이 좁혀지지 않으면서 북-미 간 협상은 중단된 상태입니다.

남북관계의 꼬인 실타래를 풀기 위해서는 북-미 관계가 어느 정도 개선되어야 합니다. 하지만 북한이 최근 공공연히 '새로운 길'을 내세우며 강경한 입장을 보이고 있어 아무런 계기 없이 북-미 간 협상이 당장 재개되기는 어려워 보입니다.

이에 문재인 대통령은 2020년 4월 4·27 판문점 선언 2주년을 맞아 "현실적이고 실천적인 남북 협력의 길을 찾겠다"는 메시지와 함께 동해북부선 철도 연결과 남북 간 코로나19 방역 협력을 제안합니다. 이는 그간 북-미 협상에서 중재자 역할을 해 온 문 대통령이 북한을 다시 협상의 틀 안으로 끌어오기 위해 '당근'을 내놓은 것으로 볼 수 있습니다. 비핵화 협상이 지지부진한 상황에서 독자적인 남북 협력을 통해서라도 북-미 협상의 동력을 살리려는 것. 여기에는 미국의 트럼프 대통령이 재선을 앞두고 있어 북-미 관계에 집중하기 어려운 점도 고려되었을 것입니다.

14 깨지기 쉬운 유리그릇을 다루듯이

생각 열기 북한은 핵을 고수하면서 고난의 행군을 자처하고 있습니다. 근데 그 고난은 누가 겪는 것인가요? 북핵을 무기로 한미를 위협하는 김정은 위원장에게도 지금 시기가 고난일까요? 외교 무대에서 고립을 자처하는 정권으로 인해 북한 주민들이 고통받는 것은 아닐까요?

[사설] '정면돌파' 장기전 내세워 '굶주림의 길' 강요한 김정은 (2020년 1월 2일자)

북한은 어제 김정은 국무위원장의 신년사를 발표하는 대신 전날까지 나흘간 진행된 노동당 중앙위원회 전원회의 연설 내용을 공개했다. 김정은은 연설에서 이른바 '정면돌파전' 노선을 내세워 핵·미사일 등 전략무기의 지속적인 개발을 천명하고, 핵실험과 대륙간탄도미사일(ICBM) 중단 약속의 파기도 위협했다. 다만 "억제력 강화의 폭과 심도는 미국의 금후 대조선 입장에 따라 상향 조정될 것"이라고 말해 북-미 대화의 여지를 남겼다.

김정은의 연설에서는 북한이 지금 처해 있는 곤혹스러운 상황이 곳곳에서 읽힌다. 김정은은 시종 '날강도 미국의 이중적 행태'를 비난하며 "세상은 머지않아 새로운 전략무기를 보게 될 것" "충격적 실제행동으로 넘어갈 것"이라고 협박했다. 하지만 한편으로 김정은은 "우리에게 경제건설에 유리한 대외적 환경이 절실히 필요한 것은 사실"이라며 이러지도 저러지도 못하는 처지임을 시인했다.

그래서인지 김정은은 대외 강경 도발을 천명하면서도 북-미 관계를 파국으로 이끌 *레드라인은 넘지 않았다. 북한은 지난해 스스로 연말 시한을 내걸고도 '크리스마스 선물' 도발을 하지 않았고, 1년 전부터 예고한 '새로운 길'도 공개 천명하지 않았다. 특히 핵·ICBM 시험 중단 약속에 대해 "우리가 더 이상 일방적으로 매여 있을 근거가 없어졌다"고 했지만, 약속을 파기하겠다거나 북-미 협상을 중단하겠다고 하지는 않았다.

북한의 '정면돌파' 노선은 긴장 국면을 당분간 이어가겠다는 사실상 연장전 선언이나 다름없다. 김정은은 "조-미 간 교착상태는 불가피하게 장기성을 띠게 돼 있다"며 오히려 '시간은 내 편'이라고 주장했다. 대북제재 해제를 거부하는 미국에 맞서 핵·미사일 개발을 중단 없이 해나간다면, 결국 시간이 갈수록 자신들의 핵능력은 높아지고 *불가역적인 것이 되고 만다는 논리다.

하지만 그럴수록 국제사회의 대북제재는 강화될 수밖에 없다. 김정은은 그 고통을 고스란히 주민 몫으로 돌렸다. 자력갱생과 자급자족, 즉 '장기 궁핍'을 예고하며 "허리띠를 졸라매도 기어이 자력부강하자"고 했다. 대책이란 것도 고작 절약정신 체질화, 무조건 기일 내 완성 같은 몰아치기다. 김정은은 "화려한 변신을 바라며 존엄을 팔 수는 없다"고 했지만, 자신의 존엄을 위해 주민을 굶겨 죽이는 지도자의 미래는 없다.

> **용어노트**
>
> *레드라인 : 한계선. 협상에서 당사자가 양보하지 않으려는 쟁점이나 요구 사항이라는 의미. 대북 정책에서는 '포용 정책이 실패할 경우 봉쇄 정책으로 전환하는 기준선'이란 뜻으로 사용.
>
> *불가역적 : 본래 상태로 돌아갈 수 없는 성격을 띤 것.

> **생각정리퀴즈**
>
> ① 김정은 국무위원장이 대외적으로 핵무기 등의 개발을 지속하겠다며 [　　　] 노선을 천명했다.
>
> ② 김정은은 미국에 대한 강도 높은 비난을 하면서도 경제 건설에 유리한 대외적 환경의 필요성을 함께 언급했다.
>
> ③ 대외 강경 도발을 천명하면서도 지금까지 이어 온 북-미 관계를 깨뜨릴 [　　　]은 넘지 않았다.
>
> ④ 북한의 정면돌파 노선은 긴장 국면을 이어가겠다는 선언으로, 시간은 자신들의 편이라는 시각이 깔려 있다.
>
> ⑤ 북한이 고립주의를 택할수록 [　　　]는 강화될 것이고 북한 주민들은 고통받게 될 것이다.
>
> 정답 : ① 정면돌파전 ③ 레드라인 ⑤ 대북제재

> 생각
> 키우기

■ 북한 경제가 변하고 있다? '전환경제(transition economy)'

경제협력개발기구(OECD)는 2020년 4월 북한 경제 전반의 흐름을 살핀 실무보고서를 발표했습니다. 보고서는 북한의 경제 체제를 계획경제와 시장경제가 뒤섞인 '전환경제'로 진단했습니다. 당과 국가의 통제 속에서도 장마당(일종의 시장)이 성행한다는 사실에 주목해 북한 경제가 점차 시장경제로 옮아가고 있다고 본 것입니다. 이미 북한 내부 경제에서 장마당의 역할과 비중이 확대된 데다 스마트폰 보급과 과학 교육 등 시야를 넓히는 다양한 변화가 동반되면서 이러한 경제 체제의 전환은 더욱 탄력을 받고 있습니다. 그러나 대부분의 북한 주민은 여전히 만성적 식량난과 영양 부족을 겪고 있고, 국내총생산(GDP) 저성장의 문제도 해결되지 않아 이러한 전환이 성공할지, 다시 공산주의 경제 체제로 복귀할지는 장담할 수 없는 상황입니다.

현재 북한은 중국과의 국경 무역에 절대적으로 의존하고 있습니다. 그러나 최근에는 코로나19로 이마저도 쉽지 않을 것으로 보입니다. 결국 북한 주민들은 유엔 경제 제재에 더해 심각한 식량난, 에너지난을 겪고 있을 것으로 추측됩니다.

■ 유엔의 대북제재

2006년 이후 국제연합(UN·유엔) 안전보장이사회는 10차례에 걸쳐 대북제재결의안을 채택했습니다. 2016년 이전에 채택된 결의안은 대체로 대량살상무기와 무기 거래를 금지하는 내용에 국한되었지만, 2016년 이후 채택된 6건의 결의안에는 석탄, 철광석 등 주요 광물의 수출 금지, 석유 및 정유제품 수입 금지, 대북 투자, 해외 노동자 송출 금지 등 북한 경제 체제를 광범위하게 막는 내용들이 대거 포함되었습니다.

대표적으로 가장 최근 채택된 대북제재결의안인 2397호는 북한이 추가 핵실험을 하거나 대륙 간 사거리를 갖춘 탄도미사일(ICBM급)을 발사할 경우 유류 제한 조치를 추가하는 것이 핵심. 북한에 대한 정유제품의 공급 한도를 연간 200만 배럴에서 50만 배럴로, 원유 공급량은 연간 400만 배럴로 제한하고 유엔 회원국의 대북 원유 공급량 보고를 의무화했습니다. 또한 해외 파견된 북한 노동자를 24개월 이내 송환토록 해 북한의 외화벌이를 차단했습니다.

생각 넓히기

Q. 기업의 최고경영자(CEO)인 당신은 부품 업체로부터 약속된 부품을 정해진 날짜에 납품받지 못했습니다. 문제를 제기하자 상대 업체는 재계약을 하면 더 값싸게 현재 부품뿐만 아니라 추가 부품까지 납품하면서 기일도 지키겠다는 제안을 해 왔습니다. 번번이 약속을 어겨 왔지만 그 업체 외에는 다른 곳에서 부품을 받기 어려운 상황입니다. 이 협상을 받아들이겠습니까?

Guide ▶ 북한이 우리나라와 미국을 지속적으로 위협하고 압박의 수위를 높이는 것은 현재의 핵협상이 일괄 타결되었을 때 효과가 엄청나다는 것을 알기 때문입니다. 즉, 미래의 정치적 보상 및 이익을 놓고 우리나라와 미국을 상대로 계산을 하는 겁니다. 위의 CEO의 상황도 비슷합니다. 부품 업체는 부품을 놓고 자신이 우위라 생각하고 약속을 번번이 어기고 협상력을 높이려 하고 있습니다.

선택은 두 가지로 볼 수 있습니다. 우선 계약을 포기하는 것입니다. 당장은 어렵고 시간이 걸리겠지만 독자적으로 기술을 개발하거나 많은 비용이 들더라도 다른 곳에서 대체 부품을 사오는 것입니다. 다른 하나는 재계약을 하는 것입니다. 적절한 이윤을 포기하지만 안정적인 부품 공급을 기대할 수 있고, 대체품을 찾거나 개발하는 비용이 더 크다면 이것이 더 이득일 수 있습니다.

북한의 비핵화도 마찬가지입니다. 북한의 태도에 따라 한국과 미국이 협상을 포기하는 방법이 있습니다. 이 경우 북한에 대한 자주적 외교 및 주도성을 되찾을 수 있습니다. 다만, 그로 인한 군비 확장 등의 리스크가 협상 포기 대가보다 작아야 합니다. 반면 협상을 어떻게든 유지하는 방법이 있습니다. 이를 통해 한반도의 안정성을 확보하고 정치적 부담을 줄일 수 있습니다. 다만 협상의 주도권을 빼앗길 수 있다는 단점이 있습니다.

한국과 미국이 지금까지 북한에 대해 일정 부분 인내하는 것은 북한의 충동적 반응에 의해 발생하는 비용보다 현재의 정치적, 경제적 이익이 더 크기 때문입니다. 하지만 비용이 이익보다 커지는 순간 협상을 깨는 것은 북한이 아닌 한국이나 미국일 수도 있다는 점을 북한이 알아야 합니다.

문제는 독재야, 독재가 문제라고

생각 열기 플라톤은 현명하고 능력이 뛰어난 철인에 의한 통치를 통해 민주정에 의한 혼란과 참주에 의한 독재를 모두 방지할 수 있다고 주장했습니다. 그렇다면 한 명의 절대 권력자에 의해 통치되는 북한은 어떨까요?

[오늘과 내일/신석호] "변화를 기대하지 말라"는 김정은 (2020년 1월 3일자)

1일 조선중앙TV를 통해 보도된 북한 노동당 전원회의 참석자 단체사진 앞줄 정중앙. '혁명 선배'들의 것보다 20%는 커 보이는 붉은색 의자에 비딱하게 앉아 인상을 쓰고 있는 서른여섯 살 김정은 국무위원장은 "나에게 변화를 기대하지 말라"고 말하는 듯하다. 1990년대 아버지 김정일 국방위원장이 중국식 개혁과 개방을 거부하며 남긴 것으로 알려지고 있는 이 말의 뉘앙스는 이번 전원회의 보도문에도 고스란히 배어 있다.

우선 김정은은 경제난의 책임을 고스란히 내각(한국의 행정부에 해당)에 돌렸다. 각 공업부문에 "산적되어 있는 폐단과 부진 상태"를 지적하며 "경제사령부로서의 내각이 자기 책임을 다하지 못하고 있는 심각한 실태"를 질타했다. 지난해 8월 건설공사가 늦어지고 있는 수산사업소를 방문해 "이런 문제까지 내가 나와서 대책을 세워야 하느냐"며 불호령을 내린 것과 같은 맥락이다. 김정일 시대에 이어 김정은 시대에도 그 내각을 책임졌던 박봉주는 휠체어를 타고 나타나 김정은의 왼쪽 옆자리에 얼어붙은 듯 앉아 있다.

북한의 경제난은 어제오늘의 일이 아니다. 김일성 주석 시절부터 이어져 온 세습 독재의 파행적 경제 운용과 대미 강경 정책이 핵심 원인이라는 진단도 새로운 것이 아니다. 이를 모를 리 없는 김정은은 그러나 할아버지와 아버지의 잘못된 행태를 *답습하고 있다. 실제로 생전의 김정일도 내각의 경제적 책임을 누구보다 강조했다. 하지만 뒤로는 노동당과 군 등 권력집단에 특권을 주고 *상납을 받는 기형적인 '수령경제'를 확장시켜 내각을 속 빈 허수아비로 만들었다.

최고지도자가 말단 경제현장을 찾아가 이런저런 지시를 하고 이를 관영매체로 홍보하는 독특한 통치 수단인 '현지지도의 정치' 역시 할아버지 김일성 주석이 시원이다. 회고록 등에는 그가 농수산 사업소 등 현장을 방문해 촘촘히 수치를 읊어대며 현장 반장이 해야 할 만한 구체적인 지시를 늘어놓는 장면이 홍보된다. 북한 말로 '위에서 내려 먹인다'고 하는 통치 관행은 최고지도자 이하 간부들의 자율성을 앗아가고 국가 자원을 비효율적으로 배분시키는 정치적 자충수로 기능했을 뿐이다.

지난해 12월 28일부터 무려 4일 동안 이어진 전원회의 결과 김정은은 핵능력을 강화하면서 국제사회의 대북제재에 맞서는 할아버지와 아버지의 '낡은 길'을 택했다. 경제 분야에 대해서도 선대와 마찬가지로 계획과 시장 사이에 어정쩡한 태도를 드러냈다. '자립과 자강' '국가의 집행력과 통제력'을 강조하며 인민과 엘리트에 대한 *내핍의 강요, 중앙집권적 계획경제의 회복을 암시하면서도 한편으로는 자신의 경제개혁 브랜드인 '사회주의기업책임관리제'의 지속적인 실시를 주장하고 있다. 양문수 북한대학원대 부총장은 "경제정책 기조의 연구와 실행을 담당해야 할 실무자들의 고민이 이만저만이 아닐 것"이라고 전망했다.

2011년 12월 17일 김정일의 사망과 함께 그가 북한의 최고지도자로 등장했을 때, 많은 전문가들이 그가 '스위스 유학파'라는 점을 들어 변화의 가능성을 제기했다. 그럴까? 시리아의 바샤르 알 아사드 대통령도 민주주의의 고향인 영국에서 유학했지만 귀국 후 변화보다는 아버지가 물려준 독재 권력의 유지에 몰두했다.

문제는 독재라는 구조다. 그 구조 안에서는 개인의 다양성과 자유의지가 실질적으로 제약된다. 그런 의미에서 최고지도자 개인의 생각을 바꿔서 북한을 바꾸겠다는 진보 정권들의 대북정책은 '희망적 사고'였다는 지적을 피하기 어렵다. 북한을 변화시키려는 어떠한 노력도 3대 세습 독재정치 균열에 초점이 맞춰져야 한다는 것이 역사의 교훈이다. 냉전으로 크렘린 궁전의 금고를 바닥나게 해 소련을 무너뜨린 미국이 대북 경제제재 완화를 거부하는 진짜 이유가 아닐까.

용어노트

*답습 : 전부터 내려오던 방식을 비판적으로 검토하지 않고 그대로 받아들임.

*상납 : 윗사람이나 상급 기관에 뇌물 성격의 돈이나 물품을 바침.

*내핍 : 물자가 넉넉하지 못하여 어려운 것을 참고 견딤.

생각
정리
퀴즈

① 북한의 경제난은 독재 권력의 파행적 경제 운용과 대미 강경책으로 인한 것이 자명한데도 김정은은 경제난의 책임을 [   ]에 돌리는 등 윗세대의 잘못을 답습하고 있다.

② [   ]로 대표되는 최고지도자의 일방적 통치는 간부들의 자율성을 앗아가고 국가 자원을 비효율적으로 배분시키는 정치적 자충수다.

③ 김정은은 외교적으로는 할아버지와 아버지가 갔던 낡은 방식을, 경제적으로는 이도저도 아닌 어정쩡한 계획경제의 스탠스를 보인다.

④ 스위스 유학파라는 점 때문에 한때 변화의 가능성이 기대됐으나 김정은은 독재 권력 유지에 몰두했다.

⑤ 독재 구조가 유지되는 한 최고지도자의 생각을 바꿔 북한을 바꾸겠다는 진보 정권의 대북 정책 접근은 결실을 보기 어렵다.

정답 : ① 대미 ② 현지지도 정치

생각 키우기

■ **북한의 현지지도**

주민들의 의견이나 애로사항을 직접 청취하고 이에 맞는 정책을 제시하는 것을 목표로 김일성 주석 때부터 지속되어 온 북한의 군중 사업. 과거 사회주의 국가에선 최고지도자가 군중과 어울려 정책을 토론하는 경우가 흔했는데, 현지지도도 이런 맥락에서 시작되었습니다. 이후 김정일 시대에는 '실무사찰' 또는 '실무지도'라는 표현을 썼다가 1988년 이후 '현지지도'로 표현을 바꿨습니다. 과거 북한은 선군 정치의 영향으로 현지지도가 군에서 가장 많이 이뤄졌지만, 강성 대국으로 나아간다는 목표에 맞춰 점차 경제 부문 현지지도의 비중이 커지게 되었습니다.

■ **사회주의기업책임관리제**

사회주의기업책임관리제는 김정은이 집권 이후 내건 경제 개혁 브랜드입니다. 공장, 기업소, 협동단체 등이 생산 수단에 대한 사회주의적 소유에 기초하여 실제적인 경영권을 갖고 자율적으로 기업활동을 하라는 것으로, 노동자들이 생산과 관리에서 주인으로서의 책임과 역할을 다하도록 하기 위한 시스템입니다. 김정은 국무위원장은 2014년

5·30 담화를 통해 사회주의기업책임관리제를 발표했는데, 계획경제 체제인 북한이 시장경제 시스템의 일부를 받아들였다는 점에 의의가 있습니다.

사회주의기업책임관리제는 기업체 등에 생산량, 가격 결정권, 계약 체결권 등의 일정 권한을 주고 초과 생산품의 시장 판매를 허용하는 대신 그 수익의 일부를 노동자들에게 일한 만큼 공정히 나눠 주도록 한 것입니다. 이러한 제도가 겨냥하는 것은 결국 노동자의 생산 의욕을 고취시켜 생산량을 획기적으로 높이는 것입니다. 사회주의기업책임관리제하에서는 경영권을 사실상 기업이나 농장에 주어 개별적 경영 전략을 책정하는 것이 가능합니다. 하지만 생산과 분배에 관한 주요 권한은 여전히 국가가 가집니다.

생각 넓히기

Q. 현재 북한의 독재 정권을 유지시키는 것이 한반도 통일에 유리한지 불리한지 본인의 생각을 말해 보세요.

Guide ▶ 북한은 김정은 개인에게 모든 권력이 집중되고 권력이 세습된다는 점에서 다른 국가의 독재와는 성격이 다릅니다. 따라서 개인이 무너지면 곧 체제 자체가 붕괴될 가능성이 있습니다. 세습을 통한 권력 자체는 굉장히 공고해 보이지만 동시에 매우 취약한 구조이지요.

독재는 사회가 매우 안정적이라는 특징을 지닙니다. 극단적 통제로 인해 아이러니하게도 정치, 경제, 치안, 사회가 모두 안정적입니다. 리비아는 '아랍의 봄'으로 독재자가 축출되자마자 사회 질서가 무너져 무법천지가 되었지만, 독재 권력이 공고한 북한은 심각한 경제난에도 불구하고 정치, 사회 체제 등이 크게 흔들리지 않습니다. 이런 관점으로 보면 북한의 독재 유지는 차선책이 없는 선택으로도 보입니다.

하지만 역사적으로 보면 독재 권력은 결국 무너졌습니다. 독재가 지속되면 북한 주민 사이에 민주주의에 대한 열망이나 정권에 대한 불만, 변화에 대한 욕구가 솟구칠 수 있고, 이로 인해 아래로부터의 혁명이 일어나 체제가 무너질 수도 있습니다. 이것은 통일을 위한 일정한 환경을 조성할 수 있습니다.

16 트럼프 형님, 김정은 아우님!

> **생각 열기**
> 한국은 무시하고 미국과 협상한다는 북한의 통미봉남 정책. 북한이 전략적으로 우리나라를 건너뛰고 미국과의 대화에 성공해 한반도 평화의 기반이 마련된다면 그것도 나쁘진 않습니다. 하지만 지금까지 북-미 간 대화를 위해 우리나라가 큰 역할을 해온 것이 사실입니다. 그렇다면 북한은 봉남 정책을 버려야 하지 않을까요?

[사설] 南 조롱하며 '트럼프 친분' 매달리는 北의 오만과 비굴 (2020년 1월 13일자)

북한은 11일 김계관 외무성 고문 명의로 낸 담화에서 남측을 향해 "중뿔나게 끼어들지 말라"며 원색적인 비난을 퍼부었다. 문재인 대통령의 '남북 협력' 신년사에 통미봉남(通美封南·미국과 소통하되 남한은 배제)으로 답한 것이다. 아울러 담화는 북-미 정상 간 친분관계를 거듭 강조하면서도 "조미(북-미) 대화가 다시 성립하려면 미국이 우리가 제시한 요구사항들을 전적으로 수긍하는 조건에서만 가능하다"고 주장했다.

이 담화는 북한이 새해 들어 처음으로 낸 대외 메시지다. 전날 정의용 청와대 국가안보실장이 도널드 트럼프 대통령의 김정은 북한 국무위원장 생일 축하 메시지를 북측에 전달했다고 밝힌 것이 계기였다. 담화는 남측에 '설레발' '호들갑'이라며 "바보 신세가 되지 않으려면 자중하라"고 한껏 조롱했다. 북-미 사이의 메신저 역할을 과시하려던 우리 정부의 들뜬 기대감이 이런 능욕을 자초한 셈이다.

물론 정작 북한이 말하고 싶은 대상은 미국이었다. 북한은 남측 통지문과는 별도로 트럼프 대통령의 친서를 직접 받았다며 북-미 정상 간 친분관계를 과시했다. 두 정상 간에는 '특별한 연락통로'가 따로 있다고 했고, 둘 사이의 친분관계는 "세상이 다 인정하는 바"라고도 했다. 대형 도발을 늦추가며 장기전을 내세운 형국에서 김정은이 믿을 유일한 끈은 트럼프 대통령과의 관계라고 사실상 시인한 셈이다.

그러면서도 담화는 그간 북-미 대화에서 계속 속임을 당했다며 김정은이 '사적인 감정을 바탕으로 국사(國事)를 논하지는 않을 것'이라고 했다. 북-미 협상 재개를 위한 조건도 한층 높였다. 실무협상도, 남측이 낀 3자 협상도 필요 없으니 다시 정상 간 담판으로 직행하자는 얘기인 것이다.

　북한은 이번에도 대남 비난을 대미 구애의 징검다리로 삼았다. 북한이 대미 소통의 첫 발판으로 이용한 것도 남북관계였다. 앞으로 북-미 관계가 진전되고 정부가 어떤 태도로 북한을 상대하느냐에 따라 중재자, 촉진자로서의 위상을 회복할 수도 있을 것이다. 하지만 정부의 대북 인식이 재작년 9월 평양에 멈춰 있는 한 북한의 놀림감에서 벗어날 수 없을 것이다.

> **생각 정리 퀴즈**
> ① 북한이 북-미 간 친분관계를 강조하면서 우리에겐 끼어들지 말라며 [　　　] 담화를 냈다.
> ② 트럼프 대통령의 축하 메시지를 우리가 북한에 전달한 것이라며 북-미 사이의 [　　　] 역할을 과시하려던 청와대가 망신을 당한 셈이다.
> ③ 북한은 정상 간 친분관계를 재차 강조하는 등 줄곧 [　　　]만을 대상으로 한 메시지를 내고 있다.
> ④ 북한이 협상 재개를 위해 내건 조건은 두 정상 간의 담판으로 직행하자는 것이다.
> ⑤ 북한이 우리나라를 대미 소통을 위한 징검다리로 이용만 하고 있는 만큼 우리도 태도 변화가 필요하다.
>
> 정답 : ① 김계관 ② 메신저 ③ 미국

생각 키우기

■ 북한의 대남 전략 '통미봉남'

　통미봉남은 미국과의 실리적 통상외교를 지향하면서 대미 관계에서 남한 정부의 참여를 봉쇄하는 북한의 대남 전략을 지칭합니다. 이 표현은 1993년 핵확산금지조약(NPT) 탈퇴 선언을 한 북한이 핵 개발을 무기로 미국과 막후 협상을 벌여 1994년 미국으로부터 중유 및 경수로를 제공받기로 한 제네바합의를 체결하면서부터 등장했습니다. 당시 우리 정부는 협상 과정에서 별다른 영향력을 행사하지 못했음에도 북한과 미국 사이의 협상 결과에 따라 북한의 경수로 건설 비용을 부담하게 되었습니다. 이후 북한은 핵 문제와 관련한 협상에서도 통미봉남을 고수하고 있습니다.

　비슷한 맥락에서 남한을 통하지 않고는 북한과 대화하지 않겠다는 미국의 전략을 뜻하는 '통남봉북'도 있습니다. 통남봉북은 2012년 당시 오바마 미 정부가 북한이 장거리 미사일 시험을 중단하고 우라늄 농축 시설을 포함해 영변 핵시설을 폐기할 경우 식량 지원을 하기로 한 2·29 합의 실패를 계기로 미국의 대(對)한반도 전략을 한국 중심으로 전환한 것을 말합니다. 한국을 배제한 채 북한과의 대화를 전개하다 보면 북핵 위협을 비롯한 각종 문제를 해결할 수 없다는 판단이 깔려 있습니다.

■ 대통령의 공식 업무 수행과 트럼프 대통령의 트윗

행정부의 수장이자 국가원수인 대통령은 하는 말과 행동 모두가 큰 주목을 받습니다. 각각의 행위에 특별한 의미가 부여되기도 하지요. 그러므로 대통령의 말과 행동이 국정 운영에 혼란을 주어선 안 되겠지요. 그래서 우리나라의 경우 대통령의 신중한 업무 수행을 위해 다음의 두 가지를 통해 한 것만을 대통령으로서의 공식 행위로 인정합니다.

우선 대통령의 행위는 '문서'로만 이루어집니다. 말이나 제스처 등은 법적 효력이 없습니다. 반드시 문서의 형식으로 진행되어야 대통령의 공식 행위로 인정됩니다. 둘째, 그 문서에 반드시 '부서(副署)'를 해야 효과가 있습니다. 대통령이 어떠한 정책이나 명령 등을 내릴 때 관련 국무위원(대개는 장관 혹은 국무총리)이 그 내용을 확인하고 서명하게 되어 있습니다. 여기에는 대통령의 행위에 문제가 있을 경우 서명을 거부해 견제를 하라는 의미, 또한 내용을 확인했으므로 연대 책임을 지겠다는 의미가 있습니다.

대부분의 국가들도 마찬가지입니다. 미국도 대통령이 문서에 서명한 후 부서를 해야 법적 효력을 갖고 대통령의 행위로 인정됩니다. 다만 현재 트럼프 대통령은 일상적인 말과 트윗으로까지 정치 영역을 확장하고 있습니다. 특히 트럼프 대통령의 트윗은 종잡을 수 없는 그의 생각을 엿볼 수 있기에 법적 효력이 없더라도 중요하게 다뤄집니다. 실제로 책임지기 힘든 말을 종종 트위터에 쓰기도 하는데, 그것을 읽는 입장에서는 그 자체가 굉장한 무게로 다가옵니다.

> **생각 넓히기**
>
> **Q.** 코로나19 사태 후 미국은 북한에 방역 협력을 해주겠다는 친서를 보냈습니다. 우리나라도 민간 차원이나 비정부기구(NGO) 중심으로 북한 지원을 계획하고 있습니다. 현재 남북미 관계를 고려하면 북한은 어떤 결정을 내릴 것이라고 생각하나요?

Guide ▶ 북한은 미국과의 관계 개선을 통해 경제 제재 완화나 해제를 이끌어내려 합니다. 동시에 김정은의 독재 체제를 국제적으로 인정받아 체제 안정을 꾀하려 하지요. 이를 위해 미사일 실험이나 핵실험 등을 강행하면서 대외 협상력을 높이고, 한국과 일본의 안보 우려를 자극해 한일이 미국으로 하여금 북한과 대화하거나 그 의견을 수용하게 촉구하도록 하는 전략을 구사합니다. 결국 북한도 미국과의 대화를 통해 당면한 문제를 해결할 필요가 있습니다.

이런 가운데 등장한 코로나19 방역 협력 제안은 기본적으로는 인도적 차원입니다. 하지만 남북, 북-미 간 대화가 잘 진행되지 않는 상황에서 대화의 물꼬를 트기 위한 전략이기도 합니다. 북한이 판을 키워 주도권을 쥐겠다는 전략을 쓴다면 대화에 응하지 않을 것입니다. 반면 경색된 분위기를 완화할 필요가 있다고 판단한다면 인도적 차원에서 도움을 받겠다는 결정을 할 것입니다.

결국 북한은 정치적, 국제적 관계 속에서 자신의 이익을 고려해 선택할 것입니다. 만약 협력을 거부한다면 자신들이 원하는 결론이 나지 않는 이상 강경 노선을 유지하겠다는 시그널을 세계에 알릴 수 있습니다. 또한 스스로 주장하는 주체적인 국가의 모습을 대외적으로 드러낼 수 있겠지요. 하지만 인도적 제안마저 거절한다면 그나마 이어지는 대화 채널에 위기가 올 수 있고, 정말 위급한 상황에서 출구전략을 찾지 못할 수 있습니다.

반대로 북한이 협력에 응한다면 방역과 같은 기초적인 국가 기능에 대한 통제력이 부족하다는 점을 노출하는 모양새가 됩니다. 이는 북한 정권에 부담이 될 수도 있습니다. 그러나 대화 재개나 유지, 이를 통한 의료 및 식량 지원을 기대해 볼 수 있습니다.

17
인류사의 가장 예외적인 공화국

> **생각 열기**
> 그간 세계 무대에서 '세계 경찰'의 역할을 자처해 온 모습과 달리, 요즘 미국 정부는 예외적으로 자국의 이익만을 추구하는 이미지가 되어가고 있습니다. 또 북한은 전 세계에서 예외적으로 아직까지 세습 독재를 하는 국가입니다. 이런 뜻밖의 예외들이 만나 의외의 좋은 결과를 낼 수 있을까요?

[사설] 트럼프 관심 밖 '북핵'… 김정은, 셈법에서 '美대선 변수' 지워라
(2020년 2월 6일자)

도널드 트럼프 미국 대통령의 어제 연두 국정연설은 연말 대통령선거를 앞둔 *출사표나 다름없었다. 트럼프 대통령은 "3년 전 시작한 '위대한 미국의 귀환'이라는 믿을 수 없는 결과를 공유하려 한다"며 경제 무역 외교 안보 분야에 걸친 자신의 치적을 열거했다. 공화당 쪽에선 "4년 더!"라는 환호가 쏟아져 나왔다. 하지만 트럼프 대통령이 그간 기회 있을 때마다 외교적 성과로 자랑하던 북핵 외교에 대해선 언급하지 않았다.

트럼프 대통령 취임 이후 세 차례의 연두 국정연설에서 북한을 언급하지 않은 것은 이번이 처음이다. 재작년 첫 국정연설에서 북한의 탈북자 문제를 꺼내며 '최대 압박'을 예고했고, 작년엔 2차 북-미 정상회담의 일정과 개최지를 전격 공개하기도 했다. 북-미 관계가 멈춰 선 상황에서 북핵 문제는 이제 트럼프 대통령의 자랑이 아닌 부담이 되면서 일단 그의 관심 밖으로 사실상 밀려난 것이다.

트럼프 대통령은 대선 첫 일정인 아이오와 코커스에서 97% 넘는 지지를 받아 싱겁게 승리했다. 오늘 상원에선 탄핵 찬반 표결이 진행되지만 이미 부결은 확정적이다. 탄핵은 오히려 공화당을 '트럼프의 당'으로 단결시켰을 뿐이다. 미국 대선의 유동성을 틈타 트럼프 대통령과 밀고 당기기를 하려던 김정은 정권의 셈법은 어긋나고 있다. 물론 관심이 덜해질수록 더욱 무모한 도발로 반응을 유발하려는 북한의 속성이 쉽게 변하지는 않겠지만, 그것은 자멸을 부를 뿐임을 김정은도 알 것이다.

트럼프 대통령은 어제 연설대로 '인류사의 가장 예외적인 공화국' 미국의 국익을 최우선으로 하는 대외정책을 가속화할 것이다. '세계의 경찰' 역할에는 관심이 없고, 동맹과 우방을 쥐어짜내는 데 치중할 것임을 거듭 확인했다. 미국에 직접적 위협이 아니라면 동맹의 희생에도 눈길조차 주지 않을지 모른다. 북핵을 이고 사는 한국으로선 답답한 노릇이지만, 더욱 냉담해질 향후 동맹관계에 사려 깊이 대비해야 한다.

용어 노트

*출사표 : 큰 시합이나 경쟁, 선거 따위에 용감히 나서겠다는 의사를 밝힘. 중국 삼국시대, 촉나라의 재상 제갈량이 선주 유비의 사후에 출병하면서 후주인 유선에게 적어 올린 글에서 유래됨.

생각 정리 퀴즈

① 트럼프 대통령이 지난 3년간 자신의 치적을 강조한 국정연설에서 그간 줄곧 외교적 성과로 자랑해 오던 [   ] 외교를 언급하지 않았다.

② 북핵 문제가 더 이상 트럼프의 자랑거리가 아니게 되면서 그의 관심 밖으로 밀려난 것이다.

③ 미국 [   ]을 지렛대로 트럼프와 협상을 하려던 김정은의 계획에도 차질이 생겼다.

④ 미국의 [   ]을 최우선으로 하는 트럼프의 대외 정책을 고려해 우리도 동맹 관계 변화에 대비해야 한다.

정답 : ① 북핵 ② 대선 ③ 국익

생각 키우기

■ Make America Great Again! 위대한 미국의 귀환

'메이크 아메리카 그레이트 어게인'은 미국 트럼프 대통령의 대표적인 대선 구호입니다. 미국 대통령으로서 '아메리카 퍼스트', 즉 미국의 이익을 최우선으로 하겠다는 미국 우선주의를 뜻합니다. 트럼프의 이 구호는 미국 내 일자리를 놓고 이민자와 경쟁해야 하는 미국 중하층 백인들에게 잘나가던 미국 경제의 향수를 떠올리게 했고, 이들의 보수적 표심을 자극해 트럼프를 미국의 대통령으로 이끌었습니다.

공화당 후보로 대선에 나선 트럼프는 대선 유세 기간 내내 백인 보수층의 권익

을 적극 옹호하는 입장을 견지했습니다. 이민자에 대한 배척 정책을 고수하는 한편 미국 우선주의를 명분으로 환태평양경제동반자협정(TPP)의 폐기, 자유무역협정(FTA) 재협상을 주장하며 경제적 국수주의 노선을 걷습니다. 또한 미국이 세계적 패권을 유지하기 위해 고수해 온 '세계 경찰'로서의 역할을 전혀 강조하지 않고 오히려 주한미군 철수와 같은 폐쇄적 고립 정책을 주장했습니다. 트럼프의 이러한 공약·정책은 미국 주류 정치계에서는 수준 이하로 평가받았지만 아이러니하게도 '샤이 트럼프'로도 불리는 백인 보수층의 열렬한 지지를 받게 됩니다.

결국 이들의 지지를 기반으로 대통령이 된 트럼프는 당선 후 이러한 정책을 실행하면서 다자주의와 자유무역, 개방을 중시하는 세계적 흐름과 상반되게 지속적으로 일방주의, 고립주의, 보호무역주의의 길을 걷습니다.

이를 지켜보는 세계의 시선은 불안합니다. 미국의 고립주의로 인해 세계 각국이 분열되는 양상이 지금으로부터 약 100년 전, 제1차 세계대전이 벌어진 상황과 다를 바 없다는 것이지요. 미국을 시작으로 각국에서 배타적인 국가주의가 득세하고, 이러한 국가주의가 국가 간 충돌로 이어질 가능성도 다분하다는 것입니다.

■ 트럼프 재선 성공하나… 2020년 미국 대선은?

2020년은 미국 대선이 치러지는 해입니다. 미국 대선은 세계 무대에서 미국이 갖는 위상 때문에 단순히 미국이라는 한 국가의 대통령이 결정된다는 의미를 넘어 세계 정치, 경제, 안보 지형에 커다란 변화를 가져올 수 있는 변곡점으로 평가됩니다. 기존 질서를 과감하게 무너뜨리면서 파격적이고 예측 불가능한 정책으로 세계를 놀라게 한 트럼프 시대가 연장될 것인지, 트럼프의 4년에 대한 평가를 끝내고 민주당이 정권을 탈환할 것인지 세계의 관심이 높습니다.

미국 대선 날짜는 11월 3일로 예정되어 있으며, 공화당에서는 현직 대통령인 트럼프가 재선에 도전하고 민주당에서는 조 바이든 전 부통령이 대선 후보로 나섭니다. 미국의 차기 대통령이 누가 되느냐에 따라 미국의 대북 정책 기조가 크게 바뀔 수 있어 우리도 미국 대선 결과를 관심 있게 지켜봐야 합니다. 트럼프 대통령이 재선에 성공할 경우 현재까지 보여 온 톱다운(top-down) 방식의 대북 정책을 이어갈 가능성이 큽니다. 민주당이 정권을 되찾을 경우라도 민주당의 외교 정책 방향이 동맹과의 관계 복원 등을 통한 국제사회 내 미국의 리더십 회복인 만큼 외교적 해법을 통한 대북 접근은 계속 시도될 것으로 보이지만, 대북 정책의 구체적 방식은 실무협상을 통해 먼저 성과를 도출하는 보텀업(bottom-up) 방식으로 전환될 가능성이 있습니다.

> **생각 넓히기**
>
> **Q. 우리나라는 세계 10위권 수준의 경제 규모를 가졌으면서도 북한과 일본, 러시아, 중국 등으로 둘러싸인 지정학적 위치와 불안한 동북아 정세로 인해 그 가치를 제대로 인정받지 못했습니다. 우리나라의 국제적 위상을 높이기 위한 외교 정책의 방향을 생각해 보세요.**
>
> **Guide ▶** 외교의 방향을 잡을 때 가장 중요한 것은 북한과의 관계를 재정립하는 일입니다. 북한의 도발은 우리 내부의 안보 문제인 동시에 대외적 위험 요소입니다. 북한의 도발이 있을 때마다 우리 주식시장이 출렁이는 모습에서 읽을 수 있듯 '코리아 리스크'는 그 자체로 우리 경제, 사회에 많은 영향을 미칩니다. 결국 우리가 아시아를 넘어 세계의 정치·경제·사회적 허브 국가로 발돋움하기 위해서는 북한의 완전한 비핵화를 시작으로 남북한 화해 및 경제 협력을 이뤄내야 합니다.
>
> 이를 위해선 우리와 처지가 비슷한 국가들과 연대해 국제 사회에서의 위상과 발언권을 높여야 합니다. 강대국의 일방적인 정책에 휘둘리거나 굴복하지 않으려면 비슷한 이익을 공유하는 국가들과 함께 공동으로 목소리를 내야 한다는 의미입니다.
>
> 또한 우리만의 명확한 외교적 방향성도 갖고 있어야 합니다. 안보는 미국에, 경제는 중국에 의존하는 '이중 딜레마'를 안고 있는 한국의 외교 모습을 위험한 줄타기로 보는 시각도 있습니다. 주한미군의 사드 배치를 놓고 중국과 갈등을 빚었던 사례는 이러한 이중 딜레마의 위험성을 잘 보여줍니다.

CHAPTER 2

살벌한 권력의 맛
- 정치

1. 인사가 만사
2. 흑백 논리, 혼나볼래?
3. 모리배를 대하는 자세
4. 그날이 오면
5. 안 보이는 안보 찾기
6. 타협의 예술
7. 위기는 위험한 기회?
8. 후안무치한 러시아
9. 지역감정 〈 진영감정
10. 내 것인 듯 내 것 아닌 내 것 같은 권력
11. 달을 가리키는 손가락도 중요해
12. 국민연금 개혁, 고양이 목에 방울 달기
13. 4·15총선을 위한 제언
14. 독재 권력의 작동 원리
15. 일 하자는 규제? 일 하지 말라는 규제?
16. 노멘클라투라
17. 방귀 뀐 놈이 성낸다더니…
18. 부끄러움을 알면 나아갈 수 있다
19. 민심을 보여주는 선거 결과

1
인사가 만사

> **생각 열기**
> 인사청문회는 공직후보자가 그 직(職)을 가장 잘 수행할 수 있는 사람인지를 검증하기 위해 실시합니다. 능력과 도덕성을 모두 갖춘 고위공직자를 선발하고 검증하는 시스템이 잘 작동하고 있을까요?

[박제균 칼럼] 비주류 편향 인사로 '3류 천국' 만들 건가 (2019년 4월 22일자)

바늘방석이 따로 없을 것이다. 이미선 *헌법재판관 말이다. 이 재판관은 한 달여 전인 지난달 20일, 문재인 대통령이 재판관 후보로 지명했을 때 꿈에라도 생각했을까. 자신이 여야 극한 대치로 인한 정국 경색의 핵(核)이 될 줄은. 그래서 묻고 싶다. 이 재판관은 스스로 헌법재판관이나 대법관이 될 거라고 생각해 봤는지를.

이 재판관은 그런 꿈을 꿀 만한 스토리가 있다. 40대 여성에 지방대, 문재인 정권에서 선호하는 국제인권법연구회 출신이다. 그럼에도 판사로서는 누가 봐도 입이 딱 벌어질 만큼 주식을 과다 보유·거래했다. 남편이 다 했다지만 말이 안 된다. 부인의 부동산 투기 때문에 애초에 청문회 자리에 앉기를 포기하는 고위공직자도 많다. 그런 하자를 안고도 헌법재판관이 될 생각을 했다면 판단력, 요즘 많이 쓰는 말로 공감 능력이 부족한 것이다.

국민이 고위공직자에게 요구하는 도덕성의 허들은 그 직(職)에 따라 높이가 다르다. 지방의원보다 국회의원이 높고, 국회의원보다 장관이 높다. 아마 헌법재판관과 대법관이 가장 높은 축일 것이다. 이 재판관이 그 자리를 염두에 두었다면 자기관리를 했어야 했다. 법조계에서도 그가 헌법재판관까지 꿈꾸지는 않았을 거란 분석이 많다. 소위 에이스 판사가 아니었다는 것. 그간 잘나가고, 못 나가고를 떠나 실력이 못 미친다는 뜻이다. 이 재판관의 실력은 청문회 답변 과정에서 여실히 드러났다.

이 재판관뿐이 아니다. 문재인 정부 들어 치러진 숱한 청문회를 보면서 본인이 과연 그 자리에 오를 거라고 생각이나 해봤을까 하는 인사들이 적지 않다. 큰 꿈을 꾸는 사람들은 대체로 자기관리를 한다. 과다 보유한 부동산을 처분해 은행 예금으로 바꾸는 사람들도 봤다. 그런데 이 정부 들어 자기관리는커녕 고위 공직이 마치 '길 가다 얻어 걸린'

것처럼 청문회 자리에 떡하니 앉아 있는 사람들을 유난히 많이 본다. 더 심각한 문제는 이런 사람들이 결국 대통령의 인사 강행으로 자리를 꿰찬다는 사실이다.

이는 '주류세력 교체'를 지상목표로 밀어붙이는 이 정권이 인재의 풀을 비주류 편향으로 좁게 쓰는 탓이 크다. 물론 이 사회의 주류라는 사람들이 앞에서 끌고 뒤에서 밀며 끼리끼리 해먹어온 측면도 없지 않다. 그렇게 주류 세상에서 소외됐던 비주류 가운데 실력 있는 인물을 중용한다면 토를 달 사람은 별로 없다. 이미선 파동으로 함께 인사청문보고서 채택이 거부된 문형배 헌법재판관은 성향의 좌우를 떠나 실력에 대해선 이론(異論)이 거의 없다. 하지만 비주류 중에는 실력이 모자라 주류에 끼고 싶어도 못 낀 사람들이 훨씬 많다.

누가 실력이 있고 없는지 동종업계 사람들이 가장 잘 안다. 나도 언론계에서는 보수 진보 성향을 떠나 누가 실력이 있는지 안다고 말할 수 있다. 동업자들로부터 3류가 득세한 대표적인 분야로 지목되는 곳이 외교다. 한국이 동맹인 미국으로부터 멀어지고, 공들인 중국에는 무시당하며, 일본과는 원수 되기 일보 직전이고, 심지어 짝사랑하는 북한으로부터도 뺨을 맞는 지경에 이른 것은 3류 외교당국자의 실력이 그 이상도 이하도 아니기 때문이다. 어처구니없는 외교 의전 실수들은 거기서 흩뿌려진 부스러기일 뿐이다.

이제 성향을 떠나 실력에는 의구심이 없던 조명균 전 장관마저 떠났으니 통일부도 휘청거릴 것은 불을 보듯 뻔하다. 김연철 현 장관에게 걱정스러운 것은 성향보다는 실력이다. 외교안보와 남북관계에선 인사권자에게 시쳇말로 무조건 '시시까까(시키면 시키는 대로, 까라면 까고)'해선 안 된다. 외교안보뿐일까. 경제와 교육 복지 분야는 물론이고 검경 등 사정기관에서 실력 없는 3류들이 중용된다. 도무지 깜이 안 되는 인물들이 '닥치고 코드' '닥치고 비주류' 인사로 나라의 정책과 예산을 주무르고 있다.

그렇다고 지금까지 잘나갔던 주류만 쓰라는 뜻은 물론 아니다. 비주류도 중용하되 실력과 도덕성도 함께 갖춘 인사를 발굴해야 한다. 그런 '흙 속의 진주'를 캐내는 것이 인사의 예술이다. 그래도 사람 구하기가 정 어렵다면 인재의 풀을 더 넓게 써야 한다. 비주류 중에 코드도 맞는 인물을 찾다 보니 '사람이 없다'는 소리가 나오고, 드물게 그런 사람을 찾으면 실력이나 도덕성 검증은 뒷전이기 십상이다. 자고로 정권을 망치는 자들은 외부의 비판세력이 아니라 내부에서 코드에 맞춰 충성하는 3류들임을 잊지 말아야 한다.

| 용어 노트 | *헌법재판관 : 법령의 합헌성을 심판하기 위해 설치된 헌법재판소의 재판관. 총 9명. 모두 대통령이 임명하되 3명은 국회, 3명은 대법원장이 지명하는 사람을 임명한다. 임기는 6년이며 연임 가능. |

| 생각 정리 퀴즈 | ① 국민이 [　　　]에게 요구하는 도덕성 기준은 그 직(職)에 따라 높이가 다르다.
② 인사청문회를 둘러싼 논란은 정권이 인재의 풀을 [　　　] 편향으로 좁게 쓰는 탓이 크다.
③ 실력과 도덕성을 함께 갖춘 인사를 발굴하기 어렵다면 [　　　]을 더 넓게 써야 한다. |

정답: ① 고위공직자 ② 비슷한 ③ 인재의 풀

생각 키우기

■ 인사청문회, 왜 할까?

국민 대표 기관인 국회가 고위공직후보자의 자질과 능력을 검증하기 위한 제도. 국회는 표결을 통한 거부권도 행사할 수 있습니다. 특히 △대법원장 △대법관 △헌법재판소장 △국무총리 △감사원장은 국회의 임명 동의가 반드시 필요합니다. 헌법상 독립 기관의 장으로서 역할을 해야 하거나 대통령과 함께 국정을 운영하는 인물을 국회가 검증해 삼권 분립의 견제와 균형 원리를 실현하는 것이지요.

하지만 △헌법재판소 재판관 △중앙선거관리위원회 위원 △국무위원 △방송통신위원회 위원장 △국가정보원장 △공정거래위원회 위원장 △금융위원회 위원장 △국가인권위원회 위원장 △국세청장 △검찰총장 △경찰청장 △합동참모의장 △한국은행 총재 △특별감찰관 또는 한국방송공사 사장의 경우 인사청문회는 거치되 국회 동의를 얻지 못해도 대통령이 임명할 수 있습니다.

■ 선출직 공무원 vs 임명직 공무원

우리가 일상에서 접하는 공무원은 특정 선발 기준에 따라 뽑히지만, 이 외에 선출직과 임명직 공무원이 있습니다. 선출직 공무원은 선거로 국민이 임명하는 공무원. 임기와 범위, 권한이 명확하지요. 대통령, 국회의원, 시도지사, 구청장, 시장, 교육감 등입니다. 대개 행정부에서 일하지만 국회의원의 경우는 입법부에서 일합니다. 임명직 공무원은 정무직 공무원으로도 불리며 대통령 판단에 따라 임명됩니다. 대통령비서실장이나 행정부처의 장차관, 일부 국가기관의 장 등입니다. 공직자 임면권은 대통령의 고유 권한으로 대통령이 정책적 방향에 부합하는 사람을 임명해 행정부를 원활하게 운영할 수 있도록 해줍니다. 그러나 대통령의 정치적 이념이나 성향과 부합하는 사람만 골라 앉히는 '코드 인사'의 위험이나 선거 당시 기여도에 따른 보상 성격의 '보은(報恩) 인사' 논란이 생길 수 있습니다. 그래서 고위직에 대해서는 국회가 인사청문회를 실시해 견제하도록 하지요.

> **생각 넓히기**
>
> **Q.** 고위직에 대한 임명 권한은 대통령의 고유 권한이지만, 자의적 기준에 따라 이뤄진다면 비판을 받습니다. 국가 발전을 위해선 대통령이 어떤 원칙과 방법으로 인재를 등용해야 할까요?

Guide▶ 인사에는 여러 원칙과 방법이 있습니다. 우선 전문성, 즉 지식과 경험을 포괄하는 능력이 꼭 필요합니다. 포용성과 빠른 판단력, 창조력, 능동적 대처 능력도 필요합니다. 더 나아가 다른 사람에게 본이 되는 사람이어야 그 조직이 투명하고 공정하게 운영됩니다. 이를 위해 다양한 분야의 전문가에게 복수 추천을 받는 것도 한 방법입니다. 정파에 관계없이 능력 있는 인재를 모으려 했던 조선시대 영조의 탕평책처럼 다양한 이해집단에서 공통적으로 호평을 받는 인물을 우선 고려하는 것입니다.

> **[메모] 영조의 탕평책**
> 당쟁의 폐단을 뼈저리게 겪은 조선시대 영조는 1724년 즉위와 동시에 탕평정책의 의지를 밝힙니다. 당파를 초월해 인재를 등용하면서 이런 시책에 반대하는 관리들을 과감하게 파면했지요. 영조를 이은 정조는 서얼이라도 능력 있는 자는 적극 등용하며 탕평책을 계승했습니다.

2 흑백 논리, 혼나볼래?

생각 열기 세상은 다양성을 인정하는 방향으로 발전하고 있는데 정치는 구태를 벗어나지 못하고 이분법적 사고에 빠져 있습니다. 경쟁하되 서로를 존중하는 정치를 언제쯤 볼 수 있을까요?

[이기홍 칼럼] 왜 그토록 모질고 뻔뻔할까 (2019년 5월 3일자)

4월 25일 밤 국회 대치 상황 녹취.

△나경원 자유한국당 원내대표="이해찬 당 대표, 심상정 의원님 이렇게 국회 해도 되겠습니까. 마음대로 국회 운영하고, 불법적으로 사·보임하고 이게 국회입니까."

△이해찬 더불어민주당 대표="너 한번 나한테 혼나볼래."

제1야당 원내대표에게 반말로 혼나볼래라고 하는 이해찬 대표의 육성을 들으면서 1997년 5월 저녁이 기억났다. 당시 사회부 소속이던 필자는 사내 야근 중이었다. 옆에서 막내급 사건기자가 누군가와 통화하고 있었는데 수화기 너머에서 쌍욕이 마구 터져 나왔다. 순한 성품의 막내기자는 과공이라 여겨질 만큼 공손한 말투와 존칭을 끝까지 잃지 않았다.

얼굴이 벌게져서 전화를 끊은 막내기자에게 자초지종을 물었다. 서울 마포구 아현동 로터리에서 국회의원이 불법 유턴을 하다 의경과 시비가 붙어 의경을 경찰서로 끌고 갔다는 제보를 받고 초벌 가(假)기사를 써놓고 해당 의원의 설명을 듣기 위해 통화를 한 것이라고 했다. 어렵게 연결된 전화에서 의원이 그렇게 욕설을 한 데 대해 막내기자도 어리둥절해 했다. 그 의원이 바로 이해찬 대표다.

당시 사건 진상에 대해선 말이 조금씩 엇갈린다. 이 의원 차의 기사가 "의원 차"라고 하니까, 의경이 봐주거나 싼 걸로 끊어줄 수 있다는 식으로 건방을 떨었고, 이 의원이 원칙대로 끊으라고 했는데도 의경이 시간을 끌자, 차에 태워 경찰서장에게 넘겼다는 게 이 의원 측이 훗날 설명한 내용이다. 의경 사건 외에도 포털 검색란에 이 대표 이름과 뺨, 무릎 등의 검색어를 치면 여러 사건이 뜨는데 대체로 이 대표가 원칙을 꼬장꼬장 지키는 과정에서 빚어진 게 많다.

이 대표는 이번 국회 충돌에서도 "도둑놈들한테 국회를 맡길 수 있겠냐" "반드시 청산할 사람 청산하고 정치를 마무리하겠다" 등 강한 말을 쏟아냈다. 그의 공언대로 대규모 소송 사태가 벌어지고 있다. 1일 기준 여야 의원 100여 명(중복 빼면 약 70명)이 고발당했다. 검찰발 대규모 의원 물갈이가 가능할 것이란 농담까지 나온다.

그런 강한 언행은 지지자들에겐 시원하겠지만 한편으로는 강퍅하고 호전적이라는 느낌도 준다. 그런데 그런 이미지가 이 대표에 국한되지 않고 점점 더 문재인 정권을 상징하는 특질처럼 느껴져 간다. 문 대통령의 선한 인상과는 달리 정권의 권력 행사가 참으로 모질기 때문이다.

항소심에서 뇌물죄 무죄판결을 받은 박찬주 전 육군대장 사건의 경우 그렇게 탈탈 털어 형사처벌하려다 무죄판결이라는 망신을 당하지 말고, 공관병 문제만 엄정히 책임을 물었다 한들, 군대 내 갑질문화와 군 지휘관들의 구태 개혁에 어떤 지장이 있었을까. 적폐청산 수사에서 전 국군기무사령관, 국정원 변호사, 서울고검 검사가 자살하고, 조양호 전 회장에 11개 권력기관이 달려들었는데 이 정권의 어떤 속성이 그렇게 기네스북 기록감이 될 정도로 사람 잡는 데 모두들 매달리게 만들었을까. 심리학 정치학 전문가들에게 물어봤다.

공통된 대답은 집권세력이 선악 이분법으로 세상을 보니까 이런 행태가 연출된다는 것이다. 현대사를 부패·친일집단이 승승장구해온 굴절된 역사로 보다 보니, 개혁을 도덕전쟁 선악전쟁으로 여기게 되고, 그러니 죄가 아니라 사람 자체를 반드시 응징해야 하고, 그래서 어떤 죄목으로라도 감옥에 넣어야 직성이 풀린다는 설명이다. 정치적 선동전략 차원이라는 분석도 나온다. 국민들에게 나쁠 수도 좋을 수도 있는 존재로 비칠 경쟁세력을 확실하게 악으로 낙인찍어야 장기집권의 명분과 기반을 강화할 수 있다는 거다.

집권세력의 이런 마인드는 모진 권력 행사와 더불어 뻔뻔한 이중잣대로도 표출된다. 검찰 경찰에 이어 서울시장도 1일 이 경쟁에 뛰어들었다. 한국당의 광화문광장 천막 설치가 법 위반이면 실무부서에서 불허하고 철거하면 될 텐데, 서울시장이 직접 격정적인 입장문을 내놓았다. 그 내용은 천막 설치가 어떻게 실정법에 어긋나는지 설명하는 게 아니라, "세월호 진실규명 요구를 억압하고, 국정농단을 야기한 정당"에 절대 촛불광장을 내줄 수 없다는 정치 격문이다.

아무렇지 않게 이중잣대를 들이대는 뻔뻔함도 우리와 상대는 등가(等價)의 다른 진영이 아니라, 선과 악이므로 다른 잣대를 적용해도 무방하다는 자기합리화의 결과다. 진보든 보수든 시대와 더불어 진화해야 하는데, 박근혜 정권은 *유신·5공 마인드를 못 버리다 자멸했고, 현 집권세력은 5공 치하 시대의 선악관에 매몰돼 자신을 모질고 뻔뻔한 형상으로 일그러뜨리고 있다.

> **용어노트**
>
> *유신 : 낡은 제도를 고쳐 새롭게 한다는 뜻. 박정희 전 대통령은 1972년 10월 대통령특별선언을 통해 대통령 권한을 강화하고, 국민 기본권을 제한하는 초헌법적 비상조치를 발표했다. 이에 따른 권위주의 통치체제를 유신체제, 이때의 헌법을 유신헌법이라 한다.
>
> *5공 : 제5공화국(1981~1988년)을 줄여 부르는 말. 공화국은 정치 체계에 따라 바뀐다. △1공화국(1948년 정부 수립~1960년 4·19혁명)-대통령제 △2공화국(1공화국 붕괴~1961년 5·16군사정변)-의원내각제 △3공화국(2공화국 이후~1972년 10월 유신)-대통령제 △4공화국(3공화국 이후~1979년 10·26사태)-유신체제 대통령제 △5공화국(1981~1988년)-7년 단임 대통령제 △6공화국(5공화국 이후~현재)-5년 단임 대통령제.

> **생각정리퀴즈**
>
> ① 집권 세력이 경쟁 세력을 몰아세우는 것은 [　　　]으로 세상을 보기 때문이다.
>
> ② 상대를 악으로 낙인찍는 것은 지지 기반을 강화하려는 [　　　] 전략이기도 하다.
>
> ③ 선악 이분법적 사고에 매몰되면 자신을 합리화하는 [　　　]를 쉽게 용인하게 된다.
>
> 정답 : ① 이분법 ② 정치적 공세 ③ 이중잣대

생각 키우기

■ **정당정치**

대의민주주의의 근간을 이루는 제도로 정당 주도의 정치 체계를 말합니다. 민주주의 국가에서는 복수정당제를 전제로 합니다. 여러 정당이 국민의 선택을 받기 위해 경쟁하면서 건전한 정책 경쟁이 일어나고, 정부 정책의 잘잘못을 따지면서 입법부가 행정부를 견제합니다. 하지만 당리당략에 따른 무조건적인 충성이나 비난이 만연한 정치는 정당정치의 폐해입니다.

제21대 국회의원 선거에서 등장한 '비례 위성정당'은 정당정치의 근간을 뒤흔든다는 비판을 받았습니다. 개정 선거법은 국민의 지지와 가장 가깝게 (비례)의석수를 배분하고 군소 정당의 정치 참여를 늘리기 위해 '준연동형 비례대표제'를 도입했습니다. 그러나 법 개정 취지가 무색하게 거대 양당이 비례대표 몫으로 할당된 의석을 더 많이 확보하고자 비례 위성정당을 창당했지요. 대의민주정치의 한 주체로서 정당이 갖는 역할과 가치를 훼손했다는 비판을 받습니다.

■ 국회의원의 특권

특권을 인정하지 않는 우리 헌법(제11조)의 규정에도 불구하고 국회의원에게는 두 가지 특권이 있습니다. '불체포 특권'과 '면책 특권'. 불체포 특권은 회기 중 현행범이 아닌 이상 국회의원을 체포 또는 구금할 수 없는 것이며, 면책 특권은 국회의원이 국회에서 직무상 행한 발언과 표결에 관해서 책임을 지지 않는 것입니다.

이런 특권은 국민의 대표인 국회의원이 부당한 압력에 굴하지 않고 국민을 위해 소신껏 정치를 하도록 보장하기 위해서입니다. 그러나 특권은 '국회에서 직무상 한 말'과 '표결'에 한해서만 적용되며, 모든 행동이나 발언이 면책되는 것은 아닙니다.

생각 넓히기

Q. 코로나19로 어려움을 겪는 국민을 위한 대책으로 여러 정당이 재난기본소득 지급과 관련된 정책을 제시했습니다. 서로 비슷한 정책을 내놓은 정당 사이에도 상대 정책이 예산 낭비라며 비난을 쏟아냈습니다. 이에 대한 생각을 말해 보세요.

Guide ▶ 정당의 목적은 '정권 획득'이며, 이를 위해선 지지자를 모아야 합니다. 좋은 정책이나 공약을 내세워 부동층이나 무당층을 지지층으로 끌어모으는 방법이 있지만, 상대 정당에 대한 무조건적인 비판으로 충성 지지층을 결집시키는 방법도 적잖게 사용됩니다. 21대 국회의원 선거를 앞두고 터진 코로나19 사태에서도 이런 접근이 많았습니다. 포퓰리즘이나 무조건적 비방은 국민의 정치 혐오증을 낳지요. 정책의 선명성을 부각시키려는 노력과 함께 상호 존중, 건전한 비판이 필요합니다.

모리배를 대하는 자세

생각 열기 2018년 10월 30일, 대한민국 대법원에서 일제강점기 강제징용에 대한 배상 판결이 내려진 후에도 일본 정부는 국제법을 거론하며 책임을 피하려고만 합니다. 그 결과, 한일 관계는 정치적, 경제적, 감정적으로 크게 경색되었습니다. 이 문제를 어떻게 해결해야 할까요?

[사설] 강제징용 국제분쟁화 절차 밟는 日… 한일관계 더 방치 말아야
(2019년 5월 21일자)

일제강점기 강제징용 배상판결과 관련해 어제 일본 정부는 제3국 위원을 포함하는 중재위원회에 회부하자고 한국에 요청했다. 일본은 지난해 10월 말 한국 대법원 판결이 내려진 이래 1965년 체결된 한일 청구권협정 분쟁해결 절차에 따라 양자 간 협의→제3국 중재위원회의 수순을 밟아왔다. 한국이 응하지 않으면 *국제사법재판소(ICJ) 제소를 염두에 두고 있는 것으로 보인다. 각 단계는 한국의 참여 없이는 성립되지 않지만 일본 측은 마치 자신들이 '법대로' 움직이는 것처럼 강조하려는 '국제 선전전'도 노린 듯하다.

강제징용 배상 문제에 관한 일본 정부 기류는 심상치 않다. 아소 다로 부총리 등 정부 실세들은 일본 기업 자산 압류가 이뤄지면 보복이 있을 것임을 잇달아 밝혔다. 이런 가운데 피해자들은 강제 배상 판결을 받은 기업들을 상대로 자산 현금화 조치에 나서고 있다. 한일관계의 악순환 행보가 계속되는데 그 누구도 뾰족한 해결 방안을 제시하지 못하는 상태다.

그나마 다행스러운 것은 최근 들어 한일관계를 회복시켜야 한다는 목소리들이 양국 모두에서 조금씩 나오고 있다는 점이다. 이와야 다케시 일본 방위상은 18일 "한국과의 관계를 원래대로 되돌리고 싶다"며 한일 군사협력 관계 개선 의사를 드러냈다. 발언의 근저에는 북핵과 중국의 팽창주의를 코앞에 둔 동아시아에서 '한미일, 한일 협력'은 매우 중요하다는 일본 주류의 안보 인식이 깔려 있는 것으로 보인다. 다음 달 초 싱가포르에서 열리는 아시아 안전보장회의에서 한일 국방장관회담이 열릴 것이라는 관측도 나오고 있다. 또한 지난해 일본 내 K팝 매출액이 3000억 원대에 육박하며 역대 최고치를 경신했다는 소식이 들리는 등 관광과 문화 등 민간 관계는 여전히 활발히 이어지고 있다.

한국 정부는 강제징용 배상 판결에 대해 "민간끼리의 사법 분쟁은 정부가 관여할 수 없다"며 정부 간 협의에 응하지 않아 왔다. 그 결과 관계 악화를 사실상 방치하는 것 이외에는 별 노력을 기울인 게 없다. 아베 신조 정권은 한국에 대한 비판 분위기를 이용해 지지율을 높이려 한다는 비판을 받고 있다. 6월 말 오사카에서 열리는 주요 20개국(G20) 정상회의를 계기로 한일 정상 간 대화가 복원돼야 한다. 정상 간에 대화가 시작되면 강제징용 배상 판결에 대해서도 정부와 민간 모두에서 해결을 위한 논의의 물꼬가 조금씩 트일 것이다.

용어 노트

*국제사법재판소(ICJ) : 국제연합(UN·유엔)의 사법기관으로, 국가 간 분쟁에 대해 국제법을 적용하여 해결하는 국제기관이다. 개인 또는 기업이 아닌 오직 국가만이 대상이 된다. 유엔총회 및 안전보장이사회에서 선출된 15인의 재판관으로 구성되며, 재판관들의 국적은 서로 달라야 한다. 재판관은 9년 임기로 연임이 가능하다. 쌍방 국가의 동의에 의해 진행된 판결에 대해선 구속력을 지니지만, 한쪽 당사자의 청구만으로는 재판의 의무가 생기지 않는다. 재판소 판결에 따른 의무를 특정 국가가 이행하지 않을 경우 상대국은 안전보장이사회에 제소할 수 있고, 이사회는 필요하다고 인정할 때 권고를 하거나 판결 집행에 필요한 조치를 결정할 수 있다. 하지만 이런 이사회의 조치는 국제 평화와 안전을 해친다고 인정되는 경우에 한하기 때문에 판결 집행의 제도적 보장이 미흡하다는 지적이 있다.

생각 정리 퀴즈

① 일본 정부는 한국 대법원의 일제강점기 강제징용 배상 판결에 반발해 해당 안건을 한일 청구권협정 분쟁 해결 절차에 따라 제3국 위원을 포함하는 [   ]에 회부하자고 한국에 요청했다.

② 강제징용 배상을 위해 일본 기업 자산에 대한 압류가 이뤄질 경우 일본은 보복을 예고하는 등 한일 관계가 매우 경색됐다.

③ 한국 정부는 [   ]이 민간끼리의 사법 분쟁이란 이유로 정부 간 협의에 응하지 않아 왔는데, 이는 정부가 한일 관계 악화를 사실상 방치한 것이나 다름없다.

④ 강제징용 배상 판결 문제의 해결을 위해서는 정부와 민간 차원의 논의가 모두 필요하며 한일 [   ]가 그 시작점이 되어야 한다.

정답 : ① 중재위원회 ② 강제징용 배상 판결 ③ 정상 간 대화

생각 키우기

■ **일제강점기 강제징용**

　일제강점기, 일제는 조선인을 강제로 동원하여 노동을 하도록 했습니다. 특히 중일전쟁(1937년) 후부터는 국가총동원법을 공포하고 국민 징용령을 실시하며 강제동원에 본격적으로 나섰지요. 조선인은 주로 탄광·금속광산·토건공사·군수공장 등에 종사하며 가혹한 노동조건 속에서 혹사당했습니다. 또한 '근로동원'이란 명목으로 국민학생(현재 초등학생)까지 군사시설 공사에 동원했으며, 1944년에는 '여자정신대근무령'을 발표하고 12세에서 40세까지의 여성 수십만 명을 강제징집해 군수공장에서 일하게 하거나 군대 위안부로 보내는 만행을 저질렀습니다. 1939년부터 1945년까지 강제동원된 사람 수가 113만 혹은 146만 명에 달하는 것으로 조사되기도 했습니다.

　강제징용된 사람들은 공사 후 기밀 유지를 이유로 집단 학살당한 경우도 있었는데, 평양 미림비행장 노동자 800여 명, 지시마 열도(현재 쿠릴 열도) 노동자 5000여 명이 집단 학살된 것이 대표적입니다. 일본 정부는 1990년 6월 강제징용 한국인 총수를 66만7648명으로 공식 발표했을 뿐, 이들에 대한 어떤 보상 방안도 제시하지 않았습니다.

■ **일제강점기 강제징용 배상 판결**

　일제강점기 당시 강제징용 피해자들이 일본 기업 신일철주금(현재 일본제철)을 상대로 낸 손해배상 청구 소송에 대해 우리나라 대법원은 일본 기업이 피해자에게 1인당 1억 원씩 배상하라고 2018년 10월 30일 최종 확정 판결하였습니다. 일본은 그동안 1965년 체결된 한일 청구권협정으로 강제징용 피해와 관련해 개인에게 배상할 의무가 없다고 주장해 왔으나, 우리나라 대법원은 이 협정은 정치적인 해석이며 개인의 청구권에 적용될 수 없다고 최종 판단한 것이지요.

　강제징용 배상 판결을 둘러싼 한일 간 갈등은 '강제징용'을 바라보는 양국의 관점이 다르기 때문입니다. 우선 일본은 한반도 식민지배가 불법적으로 이루어졌다는 사실을 계속 부인하고 있습니다. 따라서 강제동원이라는 불법 행위도 하지 않았다고 주장합니다. 반면, 피해자들은 많은 객관적인 증거들을 바탕으로 일제의 강제 행위가 명백히 있었다고 주장하고 있습니다. 이에 피해자들은 미지급 임금이나 보상금이 아닌 '강제동원'이라는 불법적인 행위와 노동 착취라는 정신적 고통에 대한 '위자료'를 손해배상 청구 형태로 요구한 것입니다.

> **생각 넓히기**
>
> **Q. 한일 간 역사적 관계에 대해 잘 모르는 외국인에게 이 사안을 알린다고 가정하고, 일본의 일제강점기 강제징용이 어떤 점에서 문제가 되는지를 설명해 보세요.**

Guide ▶ 논란의 핵심은 강제징용의 불법성 여부입니다. 따라서 당시 조선인의 노동이 일제의 강제에 의한 것인지, 자발적인 것인지에 대한 설명이 필요합니다. 징용 자체가 국가의 힘, 즉 강압성에 의해 이뤄진 것임을 설명하기 위해 당시 조치가 조선인과 일본인에게 똑같은 범위와 효력을 가졌는지를 근거로 들어 설명하는 것도 필요합니다. 같은 노동을 했던 조선인과 일본인 간의 급여, 대우, 생활조건, 위생, 복지 등에서의 차별을 설명하는 것이지요.

물론 이보다 더 근본적인 것은 일본의 조선 지배, 즉 식민지화가 불법적으로 이루어졌다는 점을 분명히 하는 것입니다. 일본은 경술국치(일제가 주권을 빼앗은 사건) 당시 대한제국 황제를 감금하고 위협했습니다. 앞서 대한제국은 '대한국국제'(1899년 8월 17일 대한제국이 공포한 한국 최초의 근대적 헌법)에서 자주 독립국(제1조)임을 선언했지만, 일제는 대한제국의 외교권부터 불법적으로 박탈하였으며 이후 자주 독립국으로서의 주권까지 모두 침탈하였습니다.

> **[메모] 대한국국제(1899년 8월 17일)**
>
> 제1조 대한국은 세계의 모든 나라가 인정해 온 바와 같이 자주 독립을 누리는 제국이다.
>
> 제30조 신민 그 누구도 법률이 예외 조항을 둔 것에 제외하면 법 위반이라는 이름으로 박해되지 않는다.
>
> 제31조 신민 누구도 합법적 절차에 의하지 아니하고는 구금되거나 조사되지 아니한다.

그날이 오면

생각 열기 1987년 6월 항쟁은 전두환 군사정권의 장기 집권 의지를 꺾고 민주화를 일궈내기 위한 시민들의 비폭력 혁명. 결국 대통령 직선제 개헌으로 이어졌지요. 이 항쟁의 가치를 어떻게 유지해 나갈 수 있을까요?

[이기홍 칼럼] 6월 항쟁에 미적지근한 文정권 (2019년 6월 14일자)

아스팔트 위를 달리는 시위대, 뿌연 최루가스…. 홍콩 시위 장면을 TV로 보다 보니 32년 전 이맘때 6월 민주항쟁의 장면들이 떠오른다. 사실 당시 한국의 시위는 홍콩과는 비교도 할 수 없을 만큼 치열했다. 5공화국 내내 경찰의 시위 진압은 요즘 세대는 상상도 할 수 없을 만큼 폭력적이었다.

6월 항쟁 당시 과잉진압으로 부상자가 속출했지만 시위대는 비폭력을 지켰다. 요즘 진보진영은 촛불집회가 세계적으로 유례없는 비폭력 시위였다고 예찬한다. 하지만 경찰이 집회를 보장해주고 누구든 불이익에 대한 조금의 걱정도 없이 참가할 수 있는 상황에서 비폭력으로 진행한 촛불집회와, 경찰이 집회 자체를 봉쇄하고 사람이 모이기만 하면 최루탄과 곤봉을 휘두르며 마구 연행해 가는 상황에서 최소한의 자기방어권마저 포기한 채 비폭력을 외친 6월 항쟁의 비폭력은 질적으로 차원이 다르다.

6월 항쟁은 그렇게 위대한 명예혁명이었다. 4·19, 5·18로 이어져온 민주화 투쟁의 완성을 이룬 혁명이었다. 여러 젊은이의 안타까운 희생이 있었지만 수천, 수만 명이 희생되기 일쑤인 제3세계식의 유혈 사태 없이 군부정권의 영구집권 야욕을 꺾은, 세계사에 남을 비폭력 혁명이었다.

그런데 항쟁 기념일인 6월 10일은 올해도 조용히 지나갔다. 문재인 대통령은 지난해에 이어 올해 32주년 기념식도 행정안전부 장관을 보내 기념사를 대독하게 했다. 물론 올해는 북유럽 순방 때문이라고 이해하지만 실망스러운 것은 기념사 내용이다.

문 대통령은 기념사에서 뜬금없이 "서로를 이해하기 위해 좋은 말을 골라 사용하는 것도 민주주의의 미덕"이라고 했다. 자유한국당의 막말 논란을 겨냥한 것이다. 그런 정치성 발언을 기념사에 굳이 넣었어야 할까. 아무리 그 시점에 꼭 표명하고픈 정치 현안 의견이 있었다 해도 정말 중차대한 기념사라 여겼다면 끼워 넣지 않았을 것이다.

그리고 보면 촛불집회를 촛불시민혁명이라고 입만 열면 강조하는 이 정부와 여당에서 6월 항쟁을 혁명으로 부르자는 목소리는 나오지 않는다. 사회 발전에 미친 영향과 역사적 의미, 그것이 이뤄지기까지의 희생과 노력으로 볼 때 6월 항쟁의 의미는 촛불집회와 비교할 바가 아니다. 하지만 집권세력은 지난해 영화 '1987' 열풍 때를 제외하곤 6월 항쟁에 별다른 열정을 보이지 않는다.

6월 항쟁은 학생 중산층 야당 재야 종교계 등이 총결집해 이뤄낸 것이고, 촛불집회는 초기 조직화부터 진행까지 한국진보연대 등 좌파단체들이 중심이 됐다. 6월 항쟁은 보수 진보 구분이 무의미한 민주화 투쟁이어서 좌파가 온전히 자기들의 것이라고 주장할 수 없다. 이 정권에 지분을 주장하는 핵심 그룹들은 그래서 6월 항쟁을 상대적으로 덜 강조하는 것으로 보인다.

집권세력이 6월정신에 부끄럽지 않은 행태를 보이는지도 의문이다. 6월정신은 유신과 5·18쿠데타로 빼앗긴 대통령 선출권 회복, 고문 강제연행 *노동3권 탄압을 일삼는 군부독재의 종식, 인권과 언론의 자유가 보장되는 사회 실현이었다. 직격탄과 강제연행을 무릅쓰고 거리를 메운 학생들, 시위대를 향해 티슈 뭉치를 던져주고 물병을 갖다 준 직장인들, 경적을 울려대던 택시 기사들 모두가 염원한 것은 자유민주주의였다.

그 민주주의의 핵심은 대의제와 시스템에 의한 통치다. 그런데 이 정권은 대중을 상대로 한 직접민주주의, 선동정치의 담을 수시로 넘는다. 정당 해산 청원에 호응해 국민 심판을 당부한 청와대 정무수석의 행태도 그 한 예다. 자기 마음에 들지 않는 정당을 없애 달라는 요구는 아무리 세 과시용이라 해도 민주주의의 근본을 부정하는 발상인데 청와대가 그에 편승해 정치행위를 하는 것 자체가 시스템을 다중의 선동적 에너지로 압박하려는 포퓰리즘적 행태다.

민주주의는 다양성과 가치의 상대성을 핵심으로 한다. 그런 점에서 역사 해석마저 자신들의 코드에 맞추려 하고, 코드와 배치되는 것들에 권력을 동원해 불이익을 주는 행태는 민주주의를 위협하는 독선이다. 검경 수사권 조정을 그렇게 외치면서도 막상 검찰 경찰 인사의 중립성 확보는 외면하는 것도 제왕적 권력의 분산이라는 민주주의 정신에 배치된다.

자유한국당 대표가 6월 항쟁 기념식에 참석하지 않은 것도 한심스러운 일이다. 6월 항쟁은 좌파만의 투쟁이 아니라 학생과 중산층이 주축이 된 자유민주주의 세력이 주역이었다. 나라의 진로를 놓고 이념 갈등이 극에 달하고 있는 이럴 때일수록 6월 항쟁 정신으로 되돌아가야 한다.

> **용어 노트**
>
> *노동3권 : 근로자의 인간다운 생활을 위해 헌법상 보장되는 권리로 단결권, 단체교섭권, 단체행동권을 말한다. 근로자는 경제적 지위 향상을 위해 단체를 결성할 권리가 있고, 노동조합이 사용자와 근로조건에 관해 교섭할 수 있으며, 근로자들은 주장을 관철하기 위해 업무의 정상적인 운영을 저해할 수 있음을 규정한다.

> **생각 정리 퀴즈**
>
> ① 홍콩 시위를 보면 32년 전 독재에 항거했던 우리나라의 [　　]이 떠오른다.
>
> ② 6월 항쟁은 학생 중산층 야당 재야 종교계 등이 총결집해 이뤄낸, 보수 진보 구분이 무의미한 [　　]이다.
>
> ③ 나라의 진로를 놓고 이념 갈등이 극에 달하고 있는 이럴 때일수록 6월 항쟁 정신으로 되돌아가야 한다.
>
> 정답 : ① 6월항쟁 ② 민주항쟁

생각 키우기

■ **6월 민주항쟁**

1987년 4·13 호헌 조치(기존의 헌법을 고수하겠다는 조치)와 서울대생 박종철 고문치사 사건, 시위 도중 최루탄에 맞아 연세대생 이한열이 사망한 사건 등이 도화선이 되어 민주항쟁이 전국적으로 확대되었습니다. 특히 6월 26일 국민평화대행진은 전국 33개 도시와 4개 군 지역에서 100여만 명이 참가하여 6월 항쟁 중 최대 규모를 기록했습니다.

결국 6월 29일 당시 민정당 노태우는 6·29 선언을 통해 대통령 직선제로의 개헌을 발표합니다. 이후 정권 교체를 이루진 못했지만 6월 민주항쟁은 시민 저항을 통해 전두환 정권의 장기 집권 의도를 저지하고 대통령 직선제, 개헌 찬반에 대한 국민투표를 이루어냈다는 데 의미가 있습니다.

■ **홍콩 시위의 도화선, 우산 혁명과 송환법**

　영국의 식민통치가 끝남에 따라 1997년 중국으로 반환된 홍콩은 중국으로부터 향후 50년간 현 민주주의 체제 유지를 약속 받습니다. 그런데 2014년 중국이 차기 2017년 선거에 나설 홍콩의 행정장관(홍콩 행정 수반) 후보를 친중국 인사로 제한했고, 이에 홍콩 시민들이 행정장관 직선제를 요구하며 2014년 9월 민주화 시위에 나섭니다. 최루탄과 물대포를 동원한 경찰에 홍콩 시민들은 오로지 우산만으로 맞서 '우산 혁명'으로 불립니다.

　이후 2019년 4월 홍콩 정부가 '범죄인 인도 법안', 일명 송환법을 통과시키는 과정에서 민주화 시위가 다시 일어납니다. 송환법은 범죄인 인도 조약을 체결하지 않은 국가에 범죄인을 인도할 수 있다는 내용으로 홍콩 시민들은 이 법이 홍콩의 반중국 인사를 중국으로 넘기는 것에 악용된다며 반발했습니다. 이후 캐리 람 홍콩 행정장관이 송환법을 철회했으나 일부 시위대는 근본적 문제 해결을 위해 행정장관 직선제 실시 등을 요구하면서 시위를 이어갔습니다.

> **생각 넓히기**
>
> **Q. 6월 민주항쟁으로 대통령 직선제와 헌법 개정 찬반 국민투표권을 보장받게 되었습니다. 국민의 뜻을 정치에 반영하는 데에는 여전히 한계가 있습니다. 이런 한계를 극복하기 위해서는 어떤 제도적 장치를 생각할 수 있을까요?**
>
> **Guide ▶** 6월 항쟁의 핵심은 국민의 정치 참여입니다. 하지만 여전히 정치에 참여할 방법이나 수단은 제한적이며, 부정한 정권이나 국민의 뜻을 왜곡하는 국회에 대한 국민의 견제도 쉽지 않지요. 직접 민주정치의 대표적 형태는 △국민투표 △국민발안 △국민소환. 우리나라 헌법은 대통령이 회부한 안건과 헌법 개정에 대한 국민투표만 인정합니다. 국민발안은 국민의 일정수가 법을 만들어 국민투표로 통과되면 법을 정식 발의하는 것. 국회의원이 독점하는 입법권을 국민에게도 부여해 국민의 입법권 참여를 폭넓게 보장함으로써 국회를 견제한다는 취지이지요. 일정 수 국민이 선출직 공무원을 파면시키는 국민소환 제도도 있습니다.

안 보이는 안보 찾기

생각 열기 북한 어민 4명이 목선을 타고 삼척항으로 들어온 '북한 목선 삼척항 입항 사건'은 우리 군의 해상 경계의 민낯을 보여주면서 안보에 대한 염려를 하게 했습니다. 외부의 위협이나 침략으로부터 국민의 안전을 지키려면 투명한 정보 공개를 통해 국민이 패닉에 빠지지 않도록 하는 일도 중요합니다.

[김순덕 칼럼] 누가 대통령을 핫바지로 만드나 (2019년 6월 27일자)

6월 호국보훈의 달, 삼척항에 들어온 북한 목선은 문재인 정부의 안보 실태를 드러냈다는 점에서 상징적이다. 2012년 '*노크 귀순'처럼 군의 대북(對北) 경계 실패와 고질적 은폐 기질을 노출시킨 '해상 노크 귀순' 정도가 아니다. 청와대가 관여한 사건이다. 문 대통령이 어디까지 알고 있었느냐에 따라 차원이 달라질 수도 있다.

노크 귀순 당시 이명박 대통령은 사건 발생 일주일 이상 우리 군이 폐쇄회로(CC)TV로 북한군을 발견한 것으로 알고 있었다. 해당 부대에서 10월 2일 최초 보고 때 잘못 보고했다가 다음 날 '문 두드림 발견'으로 다시 보고했음에도 합참은 물론 국방장관까지 뭉개버린 탓이다.

그나마 그 사건은 현 집권당인 야당의 김광진 의원이 국정감사에서 "동부전선이 뚫렸다"고 폭로해 세상에 알려질 수 있었다. 조사 결과 최초의 허위보고, 태만 등이 부대 대대장과 합참 통제실 실무 선에서 벌어졌다는 사실이 대통령에게 보고됐고 장관 사과와 장성 등의 엄중 문책으로 마무리됐다.

이번 사건은 청와대 대변인이 초기부터 청와대 국가안보실에서 상황을 공유하고 협의했다고 폭로해 충격적이다. 해양경찰청은 15일 청와대 국정상황실을 비롯한 관계 기관에 '삼척항 방파제에 미상의 어선이 들어와 있는데 신고자가 선원에게 물어보니 북한에서 왔다고 말했다고 신고 접수'라고 정확히 보고했다. 그런데도 국방부는 17일 안보실 행정관이 지켜보는 가운데 "우리 군은 북한 소형 목선이 삼척항 인근에서 발견된 경위를 조사 중"이라고 멍텅구리 배 같은 브리핑을 한 것이다.

정부 발표와 달리 북한 어선은 삼척항 민간 항구에 유유히 정박했고, 우리 어민들은 해상 경계가 뚫렸다며 불안해한다는 KBS 보도가 다음 날 나왔다. 문 대통령이 이 뉴스를 봤는지는 알 수 없다. 다만 이날 대통령이 정경두 국방부 장관을 질책했고, 국가안보실의 소홀함이 있었다고 청와대 대변인 고민정이 22일 뒤늦게 페이스북에 천기누설했을 뿐이다.

중요한 건 정의용 국가안보실장이나 윤건영 국정상황실장이 문 대통령에게는 정확하게 보고를 했는지 여부다. 북유럽 순방 후 16일 귀국해 17일 연차휴가를 쓴 대통령은 그 사이 무슨 일이 있었는지 모를 수 있다.

만일 문 대통령이 해경 보고는 물론 청와대-국방부 협의 사실까지 알면서도 국방부의 거짓 브리핑을 묵인했다면 보통 문제가 아니다. 대통령이 국민을 속인 것과 다름없다. 문 대통령은 신뢰성 있어 보이는 외양 덕분에 운동권 86그룹에 택군(擇君)됐다는 말이 있다. 그렇다면 문 대통령에 대한 신뢰도 이걸로 끝이다.

대통령이 어제 통신사 합동 인터뷰에서 "북한 김정은 위원장이 한미동맹이나 주한미군 철수 등을 비핵화와 연계시켜 말한 적 없다"는 말도 믿기 어렵다. 설령 김정은은 말하지 않았다고 해도 작년 9·19 남북 군사합의 이후 주요 한미 군사훈련을 중단한 것이 한미동맹 와해, 주한미군 철수로 가는 길이다.

만일 문 대통령이 북한 어선에 대해 제대로 파악 못한 채 보좌진 말만 믿다가 국방부 브리핑이 거짓임을 알게 됐대도 문제는 심각하다. 흔히 '청와대'로 지칭되는 대통령 보좌진이 주군을 핫바지로 만들고 있다는 의미 아닌가.

군 일각에선 군 수뇌부와 청와대가 북한을 자극하지 않도록 조용히 처리하는 게 대통령을 돕고, 정부의 대북 기조에 맞추는 것이라고 판단했다는 추측이 나온다. 청와대가 국민보다 남북관계와 북한 김정은을 더 중시한다는 뜻이다. 현재 진행 중인 국방부 합동조사는 청와대를 건드리지 못하고 피라미 사냥으로 끝날 공산이 크다.

청와대가 대통령에게 제대로 보고하지 않았다면 이번 목선 사건만 속인 것인지도 의심스럽다. 가뜩이나 청와대비서실이 내각 꼭대기에 올라앉았다는 '청와대 정부'다. 남북이 일체의 적대행위를 전면 중지하기로 한 9·19 합의 직후 "사실상 불가침 합의를 한 것으로 평가한다"고 나선 것도 국방장관 아닌 국가안보실장이었다.

9·19 이후 우리 군의 경계태세가 무너졌다는 우려가 끊이지 않는다. 정부가 밀어붙이

는 축소 지향의 '국방개혁 2.0'으로 강원지역과 동해안을 지키는 2개 군단과 3개 사단 해체설이 돌고 있다. 이번 목선 사건으로 청와대를 다시 보고, 무너진 안보를 다시 세울 수 있다면 천운이겠다.

용어노트

*노크 귀순 : 2012년 10월 2일 북한 병사가 군사분계선을 넘어 대한민국 측 일반전초(GOP) 소초의 문을 두드려 귀순 의사를 밝힌 사건. 경계작전 실패의 대표적 사례로 꼽힌다.

생각정리퀴즈

① 북한 목선의 삼척항 입항 사건 당시 청와대 대변인은 청와대 국가안보실과 국방부 간의 상황 공유 및 협의가 있었다고 밝혔다.

② 그럼에도 [   ]는 북한 목선이 삼척항에 입항할 때까지 식별하지 못한 점을 최초 브리핑에서 밝히지 않았다.

③ 일각의 추측대로 군 수뇌부와 청와대 비서실이 정부의 대북 기조에 맞춰 사건을 일부러 축소·은폐했다면 이는 청와대 비서실이 국민보다 남북 관계를 더 중시한 꼴이다.

④ [   ] 이후 우리 군의 경계태세가 무너졌다는 우려가 큰 만큼 이번 사건을 무너진 안보를 다시 세우는 계기로 삼아야 한다.

정답 : ② 국방부 ④ 9·19 남북 군사합의서

생각 키우기

■ **9·19 남북 군사합의서**

2018년 9월 19일 문재인 대통령과 김정은 북한 국무위원장이 평양 정상회담을 통해 채택한 '9월 평양공동선언'의 부속 합의 내용이 담긴 합의서를 말합니다. 정식 명칭은 '역사적인 판문점선언 이행을 위한 군사 분야 합의서'. 당시 송영무 국방부 장관과 노광철 북한 인민무력상은 9월 19일 백화원 영빈관에서 '판문점선언 이행을 위한 군사 분야 합의서'에 각각 서명하고 합의서를 교환했지요.

2018년 9월 19일 문재인 대통령과 김정은 국무위원장은 '9월 평양공동선언'의 '한반도 전쟁 위험 제거' 항목에서 비무장지대를 비롯한 대치지역에서의 군사적 적대관계 종식을 한반도 전 지역에서의 실질적인 전쟁 위험 제거와 근본적인 적대관계 해소로 이어

나가기로 하였습니다. 이에 평양 정상회담을 계기로 체결한 '9·19 군사 분야 합의서'를 평양공동선언의 부속합의서로 채택하고 이를 철저히 준수하고 성실히 이행하며, 한반도를 항구적인 평화지대로 만들기 위한 실천적 조치들을 적극 취해 나가기로 하였지요.

이 군사 분야 합의서에는 '판문점선언'에 담긴 비무장지대(DMZ)의 비무장화, 서해 평화수역 조성, 군사당국자 회담 정례화 등을 구체적으로 이행하기 위한 후속 조치가 명시됐습니다.

> **생각 넓히기**
>
> **Q.** 9·19 남북 군사합의 이후에도 북한은 지속적으로 미사일 실험 및 방사포 발사를 이어오고 있습니다. 여러분이 대통령이라면 남북 합의서를 유지할 것인지, 폐기할 것인지 생각해 보세요.

Guide ▶ 국가 간 합의(단, 우리나라 헌법은 북한을 국가로 인정하지 않음)에서 가장 중요한 것은 신뢰입니다. 그런데 북한은 번번이 합의를 깨고 자신의 이익을 위한 군사 위협을 지속하고 있습니다. 북한이 9·19 남북 군사합의에도 불구하고 미사일 실험, 방사포 발사 등 적대적 군사 위협을 지속하는 것은 유엔의 경제 제재에 대한 항의, 북한 내부의 결속, 군사력 과시 등 여러 목적이 있으리라 추측됩니다.

북한의 이러한 안보 위협에 대응해 우리가 합의를 폐기하고 강경 대응으로 나가면 남북 관계는 다시 경색되고 군사적 대결과 경쟁 구도로 회귀할 가능성이 큽니다. 강력한 대응을 할 수 있지만, 그만큼 우리 또한 다른 분야의 예산을 삭감해 국방비 지출을 늘려야 합니다. 전쟁 위협으로 이른바 '코리아 리스크'가 커지면 우리나라에 대한 외국의 투자도 줄어들게 되지요.

반면, 합의를 유지할 경우 남북 평화관계를 이어갈 여지는 남지만 북한의 안보 위협에 제대로 대처하지 못하고 북한에 끌려 다니는 모양새가 될 수 있습니다. 남북 관계의 주도권을 빼앗길 수도 있지요. 북한 군사력에 대한 억제력을 더욱 높이기 위해 외교 역량을 넓혀야 하는 숙제도 남습니다.

타협의 예술

생각 열기 독단적인 정치는 갈등을 만듭니다. 경청의 태도를 통해 불통을 뛰어넘어 소통하는 정치가 필요합니다. 정치를 '타협의 예술'이라고 부르는 이유입니다. 국내 정치뿐 아니라 국외 문제를 다루는 외교 역시 타협의 예술이 중요하겠지요?

[박제균 칼럼] "잘 들었습니다, 내 맘대로 할게요" (2019년 7월 1일자)

얘기를 듣는 사람의 표정은 진지하다. 1시간 넘게 말해도 싫은 내색조차 없이 고개를 끄덕이며 추임새를 넣어준다. 응시하는 눈은 '당신 말을 다 이해한다'는 진정성이 넘치는 듯하다. 그런데 얘기를 다 들어준 사람이 마지막에 이런 말을 하면 어떨까.

"잘 들었습니다. 그런데 내 맘대로 할게요."

'숨이 턱 막힌다'는 이런 때 쓰는 표현일 것이다. 문재인 집권 2년의 고개를 넘으며 전임 박근혜와는 또 다른 불통(不通)이 국정(國政)의 동맥경화를 부르고 있다. '박근혜식(式) 불통'이 소통 채널 자체를 봉쇄한 것이었다면 '문재인식 불통'은 소통 채널은 열어뒀지만, 소통 효과가 안 나온다는 것. 쉽게 말해 백날 얘기를 들어도 변하지 않는다는 뜻이다. 윤석열 검찰총장 지명에 김상조 대통령정책실장 임명, 이어 조국 법무장관 카드까지 나오자 많은 국민은 '이제 체념해야 할 때'라고 느꼈을 것이다.

더 위험한 건 문 대통령의 특유의 장점이던 경청(傾聽)마저 실종될 조짐이 보인다는 점. 기자들에게 외교 문제만 질문 받겠다고 빗장을 치거나, 사회 원로들을 불러놓고 '*적폐청산에는 타협 없다'고 입을 막아버리는 식 말이다. 심지어 '혼밥' 논란까지 나온다. 권위적으로 변한 역대 대통령을 실패로 몰고 간 그 길이다.

늘 문 대통령과 비교되는 노무현 전 대통령은 이견(異見) 있는 사람에게 자기 생각을 관철시키려 치열하게 토론했다. 자기 생각이 너무 강한 게 문제였지만, 남 얘기를 듣고 생각을 바꿀 줄도 알았다. 그런데 문 대통령에게는 그런 피드백이 좀처럼 나타나질 않는다.

'문재인의 그림자' 프레임도 그를 잘못 봤기에 나온 듯하다. 정치를 원치 않는 문재인을 친노(親盧)가 '대표상품'으로 내세워 대통령까지 만들었기에 과연 뒤에서 대통령을 움직이는 사람은 누굴까, 하는 뒷말이 많았다. 그런데 이제 와서 보니, 문 대통령을 움직이는 사람은 남이 무슨 말을 하든 꿈쩍하지 않는 문재인 자신이다.

박근혜식이든, 문재인식이든 최고 권력자의 불통이 낳는 결정적 폐해는 내 편과 네 편 사이에 넘기 힘든 장벽을 쌓고, 건널 수 없는 계곡을 파는 것이다. 이는 현 정부의 적폐청산이 그렇듯, 정권이 교체되면 또 다른 '복수혈전'을 예고한다.

한데, 복수라는 게 그렇다. 2대 맞으면 3대는 때려야 직성이 풀리는 게 보통 인간의 심사(心思)다. 정권이 교체될 때마다 복수의 강도가 증폭되는 이유다. 단적으로, 문재인 정부 들어 지상파 방송에서 벌어진 복수전이 그랬다. 이러니 정권을 뺏기면 닥쳐올 복수에 대한 공포도 커질 수밖에 없다. 결국 정권을 놓지 않기 위해 무리수를 두고, 그 무리수가 또 다른 복수심을 낳는다. 대한민국이 점점 황폐해져 갈 수밖에 없다.

권력자의 불통이 부르는 독단(獨斷)이 나라 안에만 영향을 미친다면 그나마 다행이다. 외교에까지 끼치면 국민의 안전을 위협한다. 어제 판문점에서 역사적인 이벤트가 있었지만, 그만큼 한국은 안전해졌을까. 말끝마다 자신이 대통령이 되기 전과 후를 비교하는 도널드 트럼프 미국 대통령. 그의 관심은 온통 재선이다. 그런 트럼프를 구슬려 핵보유국 지위와 안전보장을 얻어내려는 김정은. 나이답지 않게 노회하다.

이 둘의 흥정 대상인 핵문제가 가장 안보와 직결된 나라는 미국도 중국도 일본도 아닌 한국이다. 한국 대통령이라면 트럼프-김정은 협상 과정에서 우리의 안보가 길을 잃지 않도록 경계하는 것이 최우선 책무다. 그런데도 군통수권자인 대통령부터 '평화를 지키는 건 대화'라는 위험한 믿음을 고수하고 있다. 이러니 무더기 대북 지원을 하면서도 '제발 좀 받아가라'고 도리어 애걸하는 전도(顚倒) 현상이 벌어지는 게 당연하다. 국민적 자존심까지 상처 주는 '굴북(屈北)외교'가 아닐 수 없다.

이 모든 게 한번 길을 정하면 벗어나지 못하는 '문재인식 불통'과 무관하지 않다고 본다. 생전의 노 전 대통령은 문 대통령에 대해 "정치가 전혀 안 맞는 사람"이란 인물평을 했다고 한다. 과거에는 '정치가 안 맞는 순수한 사람'이라는 뜻으로 새겼다. 그런데 요즘 와서는 다른 생각이 든다. '타협의 예술'인 정치와는 거리가 먼 문재인 스타일을 너무 잘 알았기에 그랬던 건 아니었을까.

용어 노트

*적폐청산 : 적폐란 오랫동안 쌓인 폐단 또는 악습. 적폐청산은 2016년 박근혜 전 대통령의 탄핵 국면에서 박 전 대통령 퇴진 운동의 주된 구호 중 하나로 사용되었고, 문재인 정부의 대표 공약 중 하나다.

생각 정리 퀴즈

① 문재인 대통령은 소통 채널은 열어두지만 소통 효과가 잘 안 나타난다.
② 노무현 전 대통령은 이견 있는 사람에게 자기 생각을 관철시키려 토론했고 남 이야기를 듣고 생각을 바꿀 줄도 알았다.
③ 최고 권력자의 [   ]은 내 편과 네 편 사이 갈등을 극대화시킨다.
④ 갈등의 골이 깊어질수록 정권을 차지하기 위한 무리수를 두게 되고 이는 정치를 황폐화시킨다.
⑤ 권력자의 불통이 부른 [   ]이 외교에까지 이르면 국민의 안전을 위협할 수 있다.
⑥ 정치는 [   ]임을 알아야 한다.

정답 : ③ 불통 ⑤ 늑혼 ⑥ 타협의 예술

생각 키우기

■ **타협의 예술이 담긴 정치 '대연정'**

정치에서 타협의 예술을 이야기할 때 자주 등장하는 것이 '대연정'입니다. 대연정은 의원내각제 국가에서 다수당이 되기 위해 이념이 다른 둘 이상의 정당이 연합하여 정부를 구성하는 것을 말합니다. '연정'은 연립정부의 줄임말이지요. 대연정과 달리 소연정은 이념이 비슷한 정당이 연합하는 것을 말합니다.

대통령제와 함께 현대 입헌민주국가의 양대 정부 형태를 이루는 의원내각제에선 의회가 먼저 구성되고 의회의 주요 정당이 내각을 구성합니다. 이에 따라 다수당이 과반 의석을 차지하지 못하면 내각 구성이 어려워지지요. 이때 다른 정당과 연합하여 연립 내각을 구성하기도 합니다. 의원내각제를 채택하는 독일에선 2017년 9월 총선 이후 내각 구성에 난항을 겪었습니다. 이에 앙겔라 메르켈 총리의 기독민주당(CDU)·기독사회당(CSU) 연합이 최대 야당인 사회민주당(SPD)과의 대연정에 합의한 바 있습니다.

우리나라 정치에선 2005년 6월 당시 노무현 대통령이 제안한 열린우리당과 한나라당의 연합정부 구성안이 대연정 사례로 꼽힙니다. 노 전 대통령은 지역주의 타파를 위해 소선거구제(한 선거구에서 1명만 뽑는 선거제)에서 중·대선거구제(한 선거구에서 당선자가 2명 이상 뽑히는 선거제)로의 선거제도 변경을 당시 야당인 한나라당에 제의하고, 이에 동의한다면 국무총리를 포함한 장관 임명권을 한나라당에 넘기겠다는 제안을 했습니다. 그러나 당시 여당인 열린우리당의 반발이 거셌고, 한나라당도 이를 거절하면서 무산된 바 있습니다.

> **생각 넓히기**
>
> **Q.** 타협의 예술은 정치인들에게만 필요한 것이 아닙니다. 코로나19 확산 국면에서 지방자치단체들은 감염병 확산 방지를 위해 교회에 예배 중단을 권고했지만, 일부 교회는 종교의 자유를 침해하는 조치라고 반발하며 예배를 강행해 충돌을 빚었습니다. 이러한 충돌이 발생한 원인은 무엇이고, 어떻게 해결해야 할까요?
>
> **Guide ▶** 종교단체와 지방자치단체가 중요하게 여기는 가치는 각기 다릅니다. 일부 교회의 경우 종교의 자유라는 헌법상의 기본권을 주장합니다. 반면, 지방자치단체는 공공의 이익을 내세우지요. 전염병의 특성상 한 명이 여러 사람에게 전파시키고, 이를 통해 발생하는 사회·경제적 손실이 공공의 이익과 복지를 침해한다고 보는 관점이지요.
>
> 종교의 자유와 공익 모두 중요한 가치입니다. 다만 일부 교회나 지방자치단체 모두 상대에게 일방적으로 통보할 뿐 서로 대화를 하며 합의점을 찾으려 하지 않는 것이 문제입니다. 소셜네트워크서비스(SNS)를 활용한 예배를 유도하고, 지방자치단체는 이를 적극 지원하는 방식으로 상호 협력이 가능할 것입니다. 상생을 위해선 대화와 타협이 필요하다는 점을 기억해야 합니다.

위기는 위험한 기회?

생각 열기 | 일본의 경제 보복 조치는 매뉴얼에 의한 기계적 조치인 듯 보이지만 상당한 감정이 느껴집니다. 이면에 숨겨진 의도를 어떻게 극복하느냐가 정치력입니다.

[이기홍 칼럼] 제국주의 후예들에 설마 하다 기습당한 아마추어 정권
(2019년 7월 12일자)

"경제 교류는 정치와 다르게 봐야 한다. 경제 교류가 활발해지기를 바란다."

문재인 대통령이 한일 관계를 우려하는 일본 기업인의 질문에 이렇게 답한 게 3월 28일이었다. 외교 관계가 나빠져도 경제는 무탈하게 굴러갈 거라는 판단에 많은 이들이 놀랍다는 반응을 보였었다. 그로부터 불과 3개월여 만인 7월 1일 *일본의 경제 보복 조치가 나왔다. 그런데 더 놀라운 건 일본 발표 직후 우리 정부의 태도였다. 설마 대비를 안 했을까 싶었는데 정말로 '설마' 하며 별다른 대비를 안 한 것으로 드러났다.

올봄 자위대 초계기 사건 당시 경제계 지인으로부터 "일본이 세정액(에칭가스) 하나만 통제해도 우리 반도체 공장이 다 멈춰 선다"는 말을 듣고 놀랐다. 해외 전자제품 매장에 가면 삼성·LG 제품이 최고급 대접을 받고 일본 제품들은 진열대 뒤편에 처박혀 있는 걸 보며 느꼈던 뿌듯한 마음과, 부품·소재 산업에서 우리가 그렇게 뒤져 있다는 진단 사이의 괴리 때문에 혼란스러웠다.

돌이켜 보면 그동안 언론이 한일 관계를 방치하면 경제에 피해가 올 거라고 우려하는 글을 숱하게 실었는데도 집권세력은 마이동풍이었다. 강제징용 판결 이후 8개월 넘게 뒷짐 지고, 문 대통령이 뜬금없이 친일 청산을 어젠다로 제기하며 '친일 대(對) 반일' 프레임을 설정할 때, 집권세력 내에 일본의 이런 보복을 예상한 의견이 있었을까. 한국 경제가 1960년대부터 일본과 불가분의 관계 속에서 성장해 왔으며, 기판 절삭기 하나만 공급 안 돼도 휴대전화 생산 자체가 안 될 정도로 정밀기술 장비 의존이 심하다는 걸 아는 이들이 있었을까.

일본이 이중 용도 전용 우려를 이유로 통제할 수 있는 품목 리스트가 1200개에 달하며, 일본만 가지고 있는 원천기술이어서 대체 불가능한 게 상당수라는 걸 아는 이들이 있었을까. 비확산체제 수출통제 시스템은 물품만이 아니라 기술 물질 장비 등을 포괄하는 것임을 경계한 이들이 있었을까. 이 정권의 친일 프레임이 이번 사태를 불러온 건 아니지만 여권 내에서 한일 관계 진언을 움츠리게 만든 건 사실이다. 올봄 한 여권 인사는 "대통령이 싫어하니 일본 얘기는 하기 꺼려지는 분위기"라고 전했다.

물론 이번 사태의 주된 책임은 경제를 무기화해 자유무역시대 국제 분업의 암묵적 약속을 깬 아베 신조 총리에게 있다. 칼자루 쥔 측의 재량권이 큰 심사라는 방식을 택해 지속적으로 위협을 가하고, 근거 없는 전략물질 유출 의혹까지 제기하는 아베 정권의 행태는 극악하고 저열하면서도 치밀했던 제국주의 시대 일본 정치권력의 속성을 데자뷔처럼 떠올리게 한다.

아베 정권의 치밀한 보복 근저에는 징용 판결 대응 차원을 넘어서서 '잃어버린 20년' 동안 한국 기업에 밀린 데 대한 자괴감에서 어떻게든 한국에 타격을 줘 끌어내리겠다는 의도가 깔려 있다. 일본 주간지 슈칸분슌(週刊文春)은 2013년 11월 '한국의 급소를 찌른다'는 기사에서 "일본 기업이 강제징용 배상금을 징수당하면 금융 제재로 응수해야 한다. 그러면 삼성도 하루 만에 괴멸할 것"이라는 금융계의 주장을 전한 바 있다. 기사엔 "아베 신조 총리는 노골적으로 한국을 비하하고, 측근들은 '새로운 정한(征韓·한국 정벌)'을 제기하고 있다"는 내용도 담겼다.

그런 아베 정권에 맞선 문재인 정부의 당장의 대책은 기업들을 앞세우는 것이다. 사실 필자는 우리 기업들이 어떻게든 타개책을 찾아낼 것이라 생각한다. 삼성 등 우리 기업들의 생존력과 위기 대응력은 세계 최고다. 어떤 바터(물물교환)를 하든 당장의 위기를 넘길 방도를 찾을 것이고, 그 덕분에 정권 자체가 흔들릴 정도의 경제위기로 번지지 않을 수 있다. 하지만 절벽 끝에서 밀지며 한 흥정들은 장기적으로 우리 기업의 경쟁력을 심각하게 갉아먹을 것이다.

이 정부가 또 하나 기대는 곳이 미국인데, 김현종 국가안보실 2차장을 급파했지만 현재로선 미국이 중재력을 발휘할 여지는 크지 않다. 사실 북한의 대량살상무기 확산을 막는 게 최우선 관심사였던 2000년대 중후반엔 워싱턴에는 일본보다 한국을 우선시하는 분위기가 짙었다. 하지만 지금 미국의 최우선 관심사는 중국 견제인데 일본은 이에 적극 협력하는 최고의 파트너지만 한국은 애매한 태도를 보여 왔다. 무턱대고 미국에 나서 달라고 하면 "우리도 말발에 한계가 있다"며 난감해할 것이다. 지난번 우리 정부가 일본에 비공식 제안한 타협안보다 더 진전된 안을 들고 가야 미국도 움직일 공간이 생긴다.

용어 노트

*일본의 경제 보복 조치 : 일본 정부가 2019년 7월 4일부터 반도체·디스플레이 생산의 핵심 소재인 △플루오린 폴리이미드 △포토레지스트 △에칭가스(고순도 불화수소) 등 3개 품목을 두고 한국에 대한 수출 규제를 강화한 조치. 같은 해 8월 2일 일본은 한국을 백색국가 명단(화이트리스트)에서 제외했다. 백색국가는 안보상 문제가 없다고 판단한 '안보 우방 국가'로, 자국의 첨단 기술과 부품을 수출할 때 절차나 허가에서 우대해준다.

생각 정리 퀴즈

① 한국 기업들이 일본 기업을 앞지르고 있지만, 부품·소재 산업에서는 [　　　] 의존도가 매우 높은 것이 현실이다.

② 한일 관계가 악화하면 우리가 입게 될 경제적 피해에 대한 지적은 꾸준히 제기돼왔음에도 집권세력의 [　　　]이 적절한 대응을 어렵게 만들었다.

③ 아베 정권의 [　　　]가 궁극적으로 의도하는 바는 일본을 앞질러 성장해 온 한국을 이참에 끌어내리겠다는 것이다.

④ 일본을 대중국 전략의 핵심 파트너로 여기는 미국의 중재만 기대하지 말고 적절한 타협안을 제시해야 한다.

정답 : ① 일본 ② 감정 표출의 ③ 경제 보복 조치

생각 키우기

■ 화이트리스트

우리나라와 일본은 경제적 상호 의존도가 높고 한일 군사정보보호협정(GSOMIA·지소미아)을 맺을 정도로 군사적으로도 협조해왔습니다. 일본은 미국 영국 프랑스 외에 아시아에서는 유일하게 한국을 백색국가(화이트리스트)로 지정해왔습니다. 그러나 우리나라 대법원이 강제징용 배상 판결을 확정하자 일본은 화이트리스트에서 우리나라를 제외했습니다. 이로 인해 한국에 반도체 원료·소재를 수출해온 일본 기업은 이전과 달리 일일이 일본 정부의 허가를 받아야만 물건을 수출할 수 있게 되었습니다.

■ **일본은 왜 반도체를 겨냥했나?**

우리나라 수출의 20%를 차지할 만큼 주력인 반도체는 우리의 강점인 동시에 급소. 반도체 원료에 대한 대일 무역 의존도가 높아 수출이 늘어날수록 대일 무역수지 적자가 커지는 구조였지요. 부품·소재 산업이 탄탄한 일본이 한국 반도체를 겨냥한 이유입니다.

그러나 일본의 조치는 의도와 다른 결말을 낳았습니다. 한국이 전화위복의 계기로 삼아 반도체 후방산업 육성에 나서면서 일본 기업들은 우량 판매처를 상실한 반면, 우리는 반도체 원료 및 소재의 자립도가 높아졌습니다. 이에 따라 1965년 한일 국교정상화 후 만성적인 대일 무역수지 적자도 줄었습니다.

생각 넓히기

Q. 일본의 경제 보복 조치에 반발해 국내에서는 일본 제품 불매 움직임인 'No Japan' 운동이 전개되었습니다. 국민의 자발적 참여란 점에서 의미가 컸습니다. 일본의 조치에 반발해 나온 불매 운동이 갖는 의미를 생각해 보세요.

Guide ▶ 일본 정부는 경제 보복 조치를 두고 "강제징용 배상 판결과 무관하며 수출 규제가 한국에 국한된 것도 아니다"라고 주장합니다. 이런 상황에서 우리 정부 차원의 불매 운동이 전개됐다면 역으로 일본에 빌미를 주어 세계무역기구(WTO) 제소로 이어졌을 수 있습니다. 실제로 일본 정부는 수출 요구를 허가해주지 않는 형태로 기업을 압박하는 전략을 쓸 뿐 "수출하지 말라"는 지침을 내리진 않았지요.

일본 제품 불매 운동은 일본 기업의 수출이 줄어 피해가 발생하면, 일본 내에서도 정부 조치에 대한 불만이 나올 수밖에 없다는 점에 초점을 맞춘 것이었지요. 소비자의 자발적 선택이므로 일본 정부나 WTO가 문제를 제기할 수 없다는 점도 고려되었습니다.

하지만 국제무역의 기본질서를 깨뜨린 일본에 대해 자유무역에 역행하는 불매 운동으로 대응하는 것이 적절한가에 대한 고민은 일부 필요합니다. 불안한 동북아 정세 속에서 한국과 일본이 경제적, 안보적 동반자 관계를 유지할 필요가 있으니까요.

후안무치한 러시아

> **생각 열기**
> 러시아의 군용기가 독도 영공을 두 번이나 침범했습니다. 그럼에도 불구하고 러시아는 해명이나 사과 없이 영공을 침범한 적 없다며 발뺌만 하고 있습니다. 주변 강대국 사이에 있는 우리는 어떻게 힘의 균형을 찾아 나가야 할까요?

[사설] 러시아 영공 침범 심각성 축소하려다 뒤통수 맞은 靑 (2019년 7월 26일자)

 윤도한 대통령국민소통수석이 24일 오전 브리핑을 통해 러시아 정부로부터 독도 *영공 침범 사실 인정과 깊은 유감 표명이 있었다고 밝혔으나, 주한 러시아대사관의 차석 무관이 한 해명을 러시아 정부의 입장으로 여기고 성급한 발표를 한 것으로 드러났다. 러시아 정부는 윤 수석 브리핑 후 4시간여 지나 "러시아 군용기가 한국 영공을 침범하지 않았고 오히려 한국 전투기가 비행 항로를 방해하는 위협적인 기동을 했다"는 내용의 전문을 한국 국방부 앞으로 보냈다.

 어제는 주한 러시아대사관마저 트위터에 올린 글을 통해 "본 대사관 소속 차석 무관은 영공 침범 사실을 인정하지도, 유감을 표명하지도 않았다"고 밝혔다. 그 무관이 실제 무슨 말을 했는지는 녹음된 기록을 밝히면 금방 알 수 있을 것이다. 하지도 않은 말을 윤 수석이 지어냈다고는 여기지 않는다. 다만 23일 이미 러시아 국방장관이 언론 보도문을 통해 "영공을 침범하지 않았다"는 입장을 밝혔는데도 대사관 차석 무관이 한 상이한 발언을 확인도 없이 러시아 정부의 공식 입장으로 단정한 경솔함과 안이함에 대해 윤 수석만이 아니라 청와대 외교 안보 라인에 엄중한 책임을 물어야 한다.

 청와대의 성급한 판단은 사안을 가능한 한 축소하려다 빚어진 것으로 볼 수도 있다. 청와대는 23일 1953년 정전협정 이후 처음 우리 영공이 침범당한 사건이 일어난 날에도 *국가안전보장회의(NSC)조차 소집하지 않았다. 국방부는 일본에 대해서는 독도 상공을 자국 영공인 양 언급한 데 대해 강력히 항의했지만 러시아의 영공 침범에 대해서는 의례적인 반발에 그치고 있다. 기기 오작동으로 인한 실수라는 러시아 무관의 해명을 믿는다는 듯이 전달한 것도 그렇다. 군용기가 실수로 영공을 1km 정도는 침범할 수 있지만 9km까지 들어온 것은 의도적이라는 게 국방 전문가들의 설명이다.

영공 침범은 격추해도 상대국이 할 말이 없는 심각한 사안이다. 러시아의 뻔뻔한 거짓말을 내버려두면 우리나라는 국제사회에서 바보 취급을 받을 수 있다. 객관적 비행 자료를 제시하고 가능한 모든 방법을 동원해 러시아로부터 사실 인정과 사과를 받아내야 한다. 그것이 차후 격추와 같은 불행한 충돌 사태로 이어지는 걸 확실히 막는 방법이다.

용어 노트

*영공 : 국제법상 개별 국가의 영토와 영해의 상공으로 구성되는 영역. 관할 국가의 배타적 주권이 인정되는 영역이다. 따라서 타국 영공을 비행할 때는 반드시 허가가 필요하며 허가 없이 타국 영공에 진입하는 영공 침범은 국제법상 불법행위에 해당돼 격추를 포함한 실력 행사가 가능하다.

*국가안전보장회의(NSC) : 우리나라 국가 안보·통일·외교와 관련된 최고 의결기구로 대통령 직속 자문기관. 국가 안전보장과 관련된 대외 정책과 군사 정책, 국내 정책의 수립에 관해 국무회의의 심의에 앞서 대통령의 자문에 응하기 위해 설립된 기구이다. NSC 의장은 대통령이며 NSC 위원은 국무총리와 외교부, 통일부, 국방부, 행정안전부 장관, 국가정보원장, 대통령비서실장, 국가안보실장, 국가안보실 1차장, 국가안보실 2차장이다. NSC는 군사적, 물리적 위협뿐 아니라 경제적, 외교적 위협에 대한 대응 방안을 다루기도 한다. 최근에는 북한 미사일 문제뿐 아니라 일본 정부의 코로나19로 인한 입국 제한 강화 조치 등에 대한 대응책을 논의하기 위해 NSC가 소집되기도 했다.

생각 정리 퀴즈

① 러시아의 [   ]과 관련해 청와대는 러시아 정부가 사실을 인정하고 깊은 유감을 표명했다고 밝혔으나, 러시아는 이후 영공 침범 사실을 공식 부인했다.

② 직전 보도된 러시아 국방장관의 입장과 상이한 주한 러시아대사관 차석 무관의 발언을 확인 없이 러시아 정부의 [   ]으로 단정한 것은 섣부른 처사였다.

③ 영공 침범에도 불구하고 [   ]를 소집하지 않고 러시아에 대해 강력 항의하지 않는 점은 청와대가 이번 사안을 최대한 축소하려 한다는 의심을 부른다.

④ 영공 침범은 [   ]로도 이어질 수 있는 심각한 주권 침해 행위로, 차후 충돌을 막으려면 러시아로부터 사실 인정과 사과를 받아내야 한다.

정답 : ① 독도 영공 침범 ② 공식 입장 ③ NSC ④ 격추

생각 키우기

■ **한국방공식별구역(KADIZ)**

영공 외에 군용 항공기의 비행을 제한하는 구역이 또 있습니다. 바로 방공식별구역(ADIZ)입니다. 방공식별구역은 군용 항공기의 진입을 식별하고 감시하기 위해 각국이 영공 외곽의 일정 지역 상공에 설정하는 자의적 공간으로, 국제법상 인정된 영공은 아니지만 이곳에 진입하는 군용 항공기는 해당 국가에 미리 비행 계획을 제출하고 진입 시 위치 등을 통보해야 합니다. 통보 없이 외국 항공기가 침범할 경우 전투기가 출격해 대응합니다. 나라별 방공식별구역은 각국의 영문 이니셜을 앞에 붙여 표기하는데 우리나라의 경우 KADIZ, 중국의 경우 CADIZ, 일본의 경우 JADIZ라고 표기하지요.

한국방공식별구역(Korea air defense identification zone·KADIZ)은 1951년 미 태평양공군사령부에서 극동 방위 목적으로 처음 설정되었는데, 북쪽 방어를 중시하다 보니 남쪽의 이어도가 제외돼 논란이 있었습니다. 그러다 2013년 11월 중국이 우리나라의 이어도 등을 포함한 중국방공식별구역(CADIZ)을 선포하자 우리 정부는 이에 대응해 이어도, 마라도, 홍도를 포함한 새 방공식별구역을 2013년 12월 8일 선포했고 2013년 12월 15일부터 효력이 발생됐습니다.

국방부는 KADIZ 내로 진입하는 적성 항공기 및 주변국의 미식별 항공기에 대한 식별과 침투 저지를 위한 공중감시 및 조기경보 체제를 24시간 유지하고 있습니다. 외국 항공기가 진입하려면 24시간 이전에 군 합참의 허가를 받아야 하며, 인가된 비행 계획에 따라 비행할 경우에도 항공 지도상의 규정된 지점에서 의무적으로 위치 보고를 해야 합니다.

그런데 최근 러시아와 중국의 군용기가 사전 허가 없이 KADIZ를 수시로 침범해 문제가 되고 있습니다. 특히 러시아는 독도 상공을 수송기로 통과하는 영공 침범을 저질렀는데, 이는 의도와 관계없이 심각한 주권 침해 행위입니다. 하지만 러시아는 해당 사실을 부인했지요. 현재 러시아는 우리나라뿐 아니라 노르웨이 등 북유럽 국가의 영공까지 침범하며 군사적 위협을 이어가고 있습니다.

> **생각 넓히기**

Q. 2020년 1월, 이란이 우크라이나 민항기를 미군 폭격기로 오인해 미사일로 격추하는 사고가 있었습니다. 그런데 만약 해당 비행기가 실제 미군 폭격기였다면 이란의 미사일 발사는 정당한 행위일까요?

Guide ▶ 국가는 △국민 △주권 △영토로 구성됩니다. 이 가운데 영토는 땅, 하늘, 바다가 모두 포함되는 기준. 요즘은 인공위성 등의 발달로 우주까지 확장해 나가고 있습니다. 국가는 자국을 지키기 위해 모든 것을 할 수 있는 '주권'을 가지고 있습니다.

만약 미군 폭격기가 이란 정부의 허가 없이 영공을 넘었거나 위협 행위가 있었을 경우 자위권(스스로 보호) 발동에 의한 격추는 정당성을 갖습니다. 그러나 격추 대상이 군용기일 경우 이는 곧 상대국에 대한 선전포고의 의미를 지닐 수 있기 때문에 신중한 판단이 필요합니다. 그래서 대부분의 국가는 이러한 위험 부담을 줄이고자 경고 방송, 경고 및 위협사격, 전투기 출격 등의 조치를 우선적으로 취합니다.

특히 우크라이나 민항기 오인 격추 사건이 발생하기 직전, 이란 군부 실세인 가셈 솔레이마니 쿠드스군 사령관이 미군 공습에 의해 숨지면서 미국과 이란은 군사 충돌 가능성이 매우 높은 상황이었습니다. 하지만 상호 선전포고가 이뤄진 상태는 아니었지요. 오인 격추였다고는 하지만 이란이 정말 미 군용기라 생각하고 격추시켰다면 자칫 전쟁으로도 확대될 수 있는 위험한 순간이었습니다.

지역감정 < 진영감정

생각 열기 한때는 지역감정이 정치권의 만능열쇠였습니다. 세대가 바뀌면서 지역감정도 많이 희석됐지요. 코로나19 국면에선 영남의 대구와 호남의 광주가 '달빛 동맹'을 보여주기도 했습니다. 문제는 지역감정의 자리를 진영감정이 대신한다는 겁니다.

[박제균 칼럼] 이게 정말 나라인가 (2019년 9월 9일자)

조국 사태는 좌우의 문제가 아니다. 높이, 즉 수준의 문제다. 사람이면 마땅히 갖춰야 할 격(格)의 수준 말이다. 인격이나 인품, 인간성이라고 부르는 그것이다. 한데 이걸 자꾸 좌우의 문제로 끌고 가려는 사람들이 있다. 인간 수준의 문제를 좌파·우파의 진영논리로 호도하려는 사특한 기도다. 그런데 그게 먹힌다. 대한민국의 기막힌 현실이다.

좌우 진영논리는 어느새 이 나라에서 만능열쇠가 돼버렸다. 자신이 쏟아놓은 말·글과 살아온 행적이 들어맞는 구석이라곤 찾아보기 어려운 인물. 그래서 연극성 인격장애가 아닌가 의심스러운 사람도 진영의 틀에 넣어 돌리면 면죄부를 받는다. 심지어 실정법을 어겨도 진영의 틀 안에서 정신적 무죄를 받는다. 그래서 누구보다 떳떳하다. 정상적인 나라의 모습이 아니다.

한때는 지역감정이 우리 사회의 망국병(亡國病)으로 불렸다. 지역감정이란 게 어느 시대나 상존했고, 지금도 맹위를 떨치는 게 사실이다. 하지만 호남 출신 김대중의 대통령 당선을 꼭짓점으로 지역색에 덜 민감한 유권자 세대가 속속 유입되면서 정치적 영향력은 조금씩 줄어드는 추세다. 그런데 노무현 대통령 이후 지역감정보다 더 위험한 감정이 고개를 쳐들기 시작했다. 좌·우파가 내 편, 네 편을 나누고 상대를 향해 분노와 적개심을 표출하는 *진영감정이다.

과거 지역감정을 보수우파 정권이 키운 측면이 있다면 진영감정은 진보좌파 정권이 조장한 면이 크다. 그 결과 문재인 정권 들어서는 대한민국이 두 동강으로 갈라진 느낌마저 준다. 대통령 자신부터 국민통합보다는 주류세력을 내 편으로 교체하는 데 앞장서 온 탓이다.

진영감정이 지역감정보다 치명적인 이유는 영호남이라는 특정 지역에 편중되지 않고 온 나라가 휩쓸리기 때문이다. 무엇보다 사람이나 사건을 진영의 틀로 재단하는 순간 도덕적인, 심지어 법적인 판단마저 마비된다. 조국 정국이 이를 극명하게 보여준다.

지금 이 나라에는 부끄러움을 모르는 수많은 조국들이 넘쳐난다. 진실을 덮으려 사실상 회유·협박 전화를 해놓고 얼토당토않은 이유를 갖다 대도, '살아 있는 권력에 엄정하라'고 해놓고는 정작 산 권력에 검찰이 손을 대자 불과 한 달여 만에 '미쳐 날뛰는 늑대'라고 말을 뒤집어도 수치를 모르는 사람들. 언론의 본령인 비판, 특히 산 권력 비판은커녕 결사옹위에 나서는, 언론이라는 이름이 부끄러운 *의사(擬似) 언론들. 소셜네트워크서비스(SNS) 뒤에 숨어서 실검을 조작하고, 조국에게 따끔한 말을 했다고 문자 폭탄을 배설하는 익명의 무리들…. 모두가 진영논리라는 철갑 속에서 안전하고 떳떳하다.

세계 어느 나라보다 단기간에 산업화와 민주화를 이룩한 자랑스러운 대한민국이 어쩌다 이 지경이 됐을까. 독재정권의 폭압 속에서도 4·19혁명과 6월항쟁을 일구며 자유로운 나라를 꿈꿨던 국민들은 익명의 갑옷 뒤에 숨은 군중의 독재를 두려워하는 처지가 됐다. 이게 바로 문 대통령이 말한 '한 번도 경험하지 못한 나라'인가.

문 대통령은 나라가 갈기갈기 찢기고 도덕적 법적 기준마저 좌우 진영논리에 함몰된 작금의 혼돈에 책임을 져야 한다. 본인이 갈등의 직접 원인제공자는 아닐지언정 국가를 대표하는 국가원수로서 국민통합 의무를 방기하고 분열을 방조, 또는 조장한 책임이다. 책임지는 첫걸음은 당연히 조국 법무장관 후보자의 지명 철회다.

청와대와 여당, 정권 지지 세력들은 조 후보를 지명 철회하면 마치 정권이 결딴날 것처럼 호들갑을 떤다. 하지만 어떤 나라도, 정권도, 대통령도 사람 하나 자른다고 무너지지 않는다. 조국은 대체 가능한 인물의 하나일 뿐이다.

대통령이 임명을 강행한다면 기어코 민심을 이겨보겠다는 것이다. 북한과 중국에는 설설 기고, 미국과 일본에는 외교전에서 번번이 깨지면서 내부의 비판여론만 눌러버리겠다면 승복할 사람이 없다. 문 대통령은 자신을 지지하지 않는 국민도 이 나라 국민임을 인정해야 한다. '그래 떠들어라, 난 내 갈 길 간다' 식이어선 국정이 제대로 굴러갈 수 없음을 지난 2년 4개월이 증명한다.

그해 겨울 촛불을 든 많은 사람들의 *비원(悲願)은 '나라다운 나라'를 만드는 것이었다. 이렇게 '나라답지 않은 나라'를 만들어놓고 '이게 나라다'라고 한다면 마음속 깊은 곳에서 이런 의문이 치밀어 오르는 것이다. 이게 정말 나라인가.

용어 노트

*진영감정 : 자신이 속한 조직의 이념은 무조건 옳고, 다른 조직은 배척하는 '진영논리'에 따른 감정.

*의사(擬似) : 실제와 비슷함.

*비원(悲願) : 꼭 이루고자 하는 비장한 염원이나 소원.

생각 정리 퀴즈

① 모든 문제를 좌우의 문제로 재단하는 [   ]가 조국 사태를 호도하고 있다.

② 실정법 위반도 진영의 틀 안에선 면죄부를 받듯 진영논리는 우리 사회의 만능열쇠가 됐다.

③ 한때 우리 사회의 망국병으로 불린 [   ]은 세대교체로 그 정치적 영향력이 줄었지만, 그 자리를 더 위험한 진영감정이 채우고 있다.

④ [   ]은 특정 지역에 편중되지 않고 법적·도덕적 판단마저 마비시킨다는 점에서 지역감정보다 더 위험하다.

정답 : ① 진영감정 ② 지역감정 ③ 진영감정

생각 키우기

■ 오만과 편견

인종, 종교, 성별 등 편견이 향하는 대상은 다양합니다. 미국이나 호주에선 흑인에 관한 편견이 여전하고, 유럽은 비기독교인, 특히 무슬림에 대한 편견으로 사회갈등이 증폭됩니다. 편견은 대부분 상대를 알지 못하는 무지에서 비롯되지요.

철저한 계산 끝에 만들어지는 편견도 있습니다. 우리나라의 지역감정은 뿌리 깊지 않았습니다. 그러다 제3공화국 때 정치적 입지를 확고히 해 선거에서 승리하려는 전략의 일환으로 경상도와 전라도를 가르는 지역감정이 등장했습니다. 이후 이를 전략적으로 이용하려는 정치세력 탓에 지역감정은 지금도 우리 사회 곳곳에 자리하지요.

■ 좌 vs 우 : 보수 vs 진보

좌파와 우파는 프랑스혁명 후 국민의회에서 의장석을 기준으로 혁신 또는 급진주의 성향의 인사들이 왼쪽에, 보수적인 성향의 인사들이 오른쪽에 앉으면서 생겨났습니다.

이후 '좌파'는 진보주의, 사회민주주의, 사회주의, 공산주의, 무정부주의를, '우파'는 보수주의, 반동주의, 왕정주의, 국가주의, 파시즘을 의미하게 되었습니다. 일반적으로 극좌는 공산주의, 극우는 편협한 민족주의로 규정합니다.

더 나아가 좌는 노동자 계급, 우는 상류 계급을 옹호하는 경제적·신분적 의미로도 확장되었습니다. 현대사회에선 정부의 시장 개입 허용 정도에 따라 경제적 좌우를 구분하기도 합니다. 다만 개념적으로 보수는 전통 사상이나 제도를 중시하는 성향, 진보는 사회적 정치적 변화를 추구하는 성향으로 통용됩니다.

이처럼 좌와 우는 성향을 의미할 뿐 이분법적으로 명확히 구분하기 어렵고 시대에 따라 변하기도 합니다. 미국에선 노예제 폐지를 부르짖었던 진보 정당이 지금은 보수의 아이콘인 공화당. 노예제를 수호하려 했던 전통 보수 정당인 민주당이 지금은 노동자와 인권을 부르짖는 진보주의로 분류되지요.

헤겔의 주장대로 세상은 정반합(正反合)을 하며 발전하나 봅니다. 더 높게 비상하기 위해 오른쪽 날개와 왼쪽 날개의 조화가 이루어져야 합니다.

생각 넓히기

Q. 정치인들이 특정 사안에 비판적 의견을 낼 경우 항의성 '문자 폭탄'에 시달린다고 호소합니다. 반대 진영에서 항의성으로 보내오는 문자 양이 엄청나다고 하는데요. 이런 문자 폭탄을 법으로 제한해야 할까요?

Guide ▶ 특정 인물에게 문자메시지를 다수가 한꺼번에 보내는 문자 폭탄은 정치인의 말과 행동을 견제하고 시민들이 능동적 감시자로 존재함을 알리는 수단일 수 있습니다. 정치에 직접적으로 참여할 방법이 제한된 상황에서 활용하는 의사 표현 방법이기도 하지요.

문제는 특정 정치인으로 향하는 많은 양의 문자메시지가 반대 진영의 논리와 집단의 세(勢)를 과시하고자 하는 목적으로 행해지는 경우가 많다는 점. 집단주의적이고 편향된 의견이 다수의 의견처럼 여겨지면 민주주의의 가치가 훼손되고 정치인 개인의 자유와 사생활이 침해될 수 있습니다.

내 것인 듯 내 것 아닌 내 것 같은 권력

생각 열기 고려 말기 학자 이곡은 수필 '차마설'에서 빌린 것으로 누리는 것이 얼마나 허무한지에 대해 역설합니다. '내 것인 듯 내 것 아닌 내 것 같은 것'들을 이야기하지요. 권력자가 국민으로부터 위임받은 권력은 나만의 것일 수 없습니다.

[박제균 칼럼] 권력 사유화의 불길한 그림자 (2019년 9월 23일자)

자고나면 쏟아지는 조국 의혹은 그리 놀랍지 않았다. 조국 법무부 장관은 언(言)과 행(行)이 유난히 따로 노는 특이한 성격인 데다 거짓은 거짓을 낳는 법이니까. 문재인 대통령의 장관 임명 강행도 내 예상대로였다. 장관 지명부터 임명까지 한 달 동안이나 나라가 어지러울 정도로 숱한 의혹과 비판 여론이 쏟아졌지만, 한번 정한 길로 가고야 마는 대통령의 불통 스타일을 아니까.

예상은 했지만 막상 임명 소식을 들으니 허탈하고 맥이 빠졌다. 한데 나만 그런 게 아니었다. 조국의 장관 지명에 분노했던 많은 국민은 그런 사람을 기어코 임명한 대통령의 결정에 가슴 답답한 절망감을 느꼈다. 조국이 장관 후보자일 때는 아무리 의혹이 주렁주렁 달렸어도 개인적 일탈로 치부할 수 있다. 하지만 그런 사람이 장관 자리에 앉는 나라에 살고, 앞으로도 살아가야 한다는 건 다른 문제다. 그가 장관이 되는 순간, 조국 문제는 정치의 영역을 벗어나 상식과 도덕의 영역으로 번진 것이다.

이 지경까지 오지 않을 수도 있었다. 대통령은 윤석열 검찰이 조국 수사에 착수했을 때 지명을 철회했어야 했다. 검찰 수사가 '살아있는 권력'에 정면으로 칼을 들이댄 것은 아니었기 때문이다. 오히려 문 대통령에게 지명 철회의 명분을 줘서 정치적 퇴로를 열어주기 위한 것으로 보였다. 그쯤 되면 지명을 철회하는 것이 상식이다. 그런데 대통령은 상식대로 반응하지 않았다.

그 대신 문 대통령은 특유의 유체이탈 화법으로 민심 이탈을 불렀다. 조 장관 딸의 입시 부정 의혹에 남 얘기하듯 '대입제도 개선'을 말하는 대통령 때문에 숨이 턱 막힌다는 사람들이 많았다. 가령 술 먹을 때마다 사고 치는 *주폭(酒暴) 때문에 분노하는 이웃들에게 '다른 나라에 비해 술을 너무 쉽게 살 수 있는 우리나라 제도가 잘못됐다'고 말한다면 듣는 사람 기분이 어떨까. 문 대통령이 추석 메시지에서 "공정한 사회가 서로에게 믿음을 주며… 국민 모두에게 공평한 나라를 소망한다"고 한 것도 역효과를 낸 건 마찬가지다.

작금의 민심 이탈은 차고 넘치기 직전이다. '문 정권이 싫다'를 넘어서 한국이 싫다, 인간이 싫다는 얘기까지 나온다. 이런 나라에 세금 내기는 더더욱 싫다는 소리도 들린다. 국민이 국가와 일체감을 느끼지 못하는 일종의 *해리(解離) 현상이다. 대통령이 현 상황을 위중하게 보지 않고 넘기려 한다면 더 큰 *노도(怒濤)에 직면할 수 있다.

무엇보다 문 대통령은 아주 위험한 함정에 발을 들여놓고 있다. 임기 중반 한국 대통령들이 곧잘 빠졌던 함정, 바로 권력 사유화다. 임기 초 권력을 조심스럽게 다뤘던 대통령도 임기 중반에는 국민이 선거를 통해 위임한 권력을 내 물건인 양 착각하곤 한다. 전임 대통령이 그 함정에 빠졌다. 권력을 내 물건처럼 사인(私人)에게 나눠줬다가 국민의 신임을 배신한 것이다.

문 대통령이 민심의 도도한 물결을 거스르며 조국 임명을 강행한 데서 그 불길한 그림자가 비친다. 대통령의 인사권이란 것도 아무렇게나 행사해도 되는, 견제받지 않는 권력이 아니다. 인사권 행사도 헌법정신에 부합하고 민의(民意)를 존중해야 한다. 우리 헌법 전문은 자유민주적 기본 질서와 기회의 균등, 자유와 권리에 따르는 책임과 의무 완수를 규정하고 있다. 자유민주주의를 부정하며, 남의 기회 빼앗기를 일삼고, 책임은 지지 않고 특권을 누린 사람을 법치의 보루인 장관 자리에 앉히는 것은 헌법정신에도 맞지 않는다.

더 위험한 전조(前兆)는 외교안보 정책에서 이미 드러나고 있다. 한 나라의 외교 정책은 5년짜리 대통령이 멋대로 쥐고 흔들 수 있는 물건이 아니다. 그럼에도 무면허 운전자들을 중용해 역주행과 갈지자 운전을 한 결과는 참혹하다. 70년 안보의 둑인 한미동맹은 금이 쩍쩍 벌어져 위태롭기 짝이 없다. 원원 경제였던 한일관계도 무너졌다. 중국과는 과거의 조공(朝貢)관계로 회귀하는 느낌마저 준다. 북한에는 굴욕외교로 일관해 국민적 자존심에 상처를 주더니, 어느새 국민들은 북의 인질이 되지 않을까 두려워하는 처지가 됐다.

전임 정권에서 권력 사유화의 징후가 노골적으로 드러난 것은 이른바 정윤회 문건 사건 때였다. 박근혜 전 대통령이 취임 3년 차로 접어들던 시기였다. 그때 박 전 대통령이 자신의 권력은 국민에게 위임받은 것임을 깨닫고 겸허하게 처신했다면 오늘날 그렇게 비극적 운명을 맞았을까. 문 대통령은 조국 사태가 뿜어내는 권력 사유화의 불길한 기운을 감지하고 경계하며 부디 자중하길 바란다.

> **용어 노트**
>
> *주폭(酒暴) : 술에 취한 상태에서 폭력을 가하는 사회적 위해범.
>
> *해리(解離) 현상 : 기억과 정체감에 영향을 주는 갑작스러운 의식 변화가 일어나는 장애.
>
> *노도(怒濤) : 무섭게 밀려오는 큰 파도.

> **생각 정리 퀴즈**
>
> ① 조국 후보자 문제는 장관 임명을 계기로 [　　　]를 넘어 우리 사회의 상식과 도덕적 합의를 뒤흔드는 문제로까지 비화했다.
>
> ② 문제의식을 비켜간 대통령의 발언으로 국민은 국가와의 일체감을 느끼지 못하는 [　　　]을 겪는다.
>
> ③ 헌법정신과 부합하지도, 민의를 존중하지도 않는 대통령의 인사권 행사는 [　　　]의 함정에 빠져 국민의 신임을 잃었던 전임 대통령을 연상케 한다.
>
> 정답 : ① 정치 ② 해리 현상 ③ 권력 사유화

생각 키우기

■ **학생부종합전형**

2019년 고위공직자 자녀의 입시 비리 의혹이 불거지자 교육부는 대입제도 개선안을 발표합니다. 이때 집중 대상이 된 학생부종합전형은 성적만으로 학생을 뽑는 수능 중심 전형의 단점을 극복하려 도입됐습니다. 성적 외 학업 역량과 전공 적합성, 발전 가능성, 인성 같은 잠재력을 종합 평가하는데, 전신인 입학사정관제와 달리 학교 내 활동만을 근거로 삼지요.

학생부종합전형을 찬성하는 쪽에서는 개인의 재능과 특기가 다양하게 드러나므로 시험으로만 평가하는 방식의 한계를 보완한다고 봅니다. 대학 서열화 완화나 실질적 평등을 지향한다는 점도 긍정적 요소로 꼽힙니다.

반면 평가 근거를 객관화하기 어려워 입시 비리가 발생하기 쉬운 구조라는 반대 의견도 있습니다. 평가권자인 교사의 직권 남용, 주관적 평가에 대한 불신도 문제로 꼽힙니다. 다양한 활동을 요구하는 탓에 특정 계층에 유리한 '금수저 전형'이라는 비판도 큽니다.

■ 차마설(借馬說)

고려 말 학자 이곡이 말(馬)을 빌려 탄 개인적 체험을 통해 삶에 대한 자세를 깨우치는 한문 수필. 수필 성격을 지닌 한문 양식으로는 설(說), 기(記), 잠(箴) 등이 있습니다. 본래 설(說)은 대개 비유를 통해 독자를 설득하는 내용이 많습니다. 차마설에서도 '말을 빌려 타는 일(借馬)'이라는 일상사를 통해 삶의 이치를 제시합니다. 좋지 않은 말과 좋은 말을 빌려 탄 각각의 경우 감회가 다름을 인식하면서, 자기 물건이라도 같은 느낌일 것이라고 말합니다. 사람의 소유물은 모두 남에게서 빌린 것임에도 마치 자기 소유인 양 행동하며 반성하지 않음을 비판합니다. 이런 개인적 소유를 공적 영역으로 확장해 권력의 무상함을 깨닫게 합니다.

> **생각 넓히기**
>
> **Q.** 과거 일부 사립대에서 채용 비리, 교비 횡령 등 문제가 적발되면서 사학 권력의 사유화를 지적하는 목소리가 높아집니다. 사학들은 불법에는 단호한 제재가 필요하지만 지나친 간섭과 규제는 자율성을 침해한다고 반발하지요. 어떻게 봐야 할까요?
>
> **Guide ▶** 사학의 설립은 개인이나 법인이지만 운영비용 일부는 국가가 부담하는 경우가 대부분. 국가가 사학에 법적 책임과 의무를 강제하는 것도 이런 이유에서입니다. 그러나 국가적 지원과는 별개로 소유권이 우선한다고 보는 관점은 사학 설립과 운영의 자유가 헌법상 기본권에 속한다는 사실을 강조합니다. 헌법재판소도 '사립학교는 설립자의 재산으로 독자적 교육 목적을 구현하려 설립되므로 운영의 독자성이 보장되어야 한다'는 취지의 판결을 했습니다.
>
> 사학이 자율성을 인정받으려면 재정 및 운영 자립을 이루는 것이 이상적입니다. 미국은 기업이나 졸업생 기부와 협찬, 지역사회와의 연대를 통해 재정 자립을 이룬 사학이 많습니다.

11
달을 가리키는 손가락도 중요해

> **생각 열기** 보기 좋은 음식이 맛도 좋다고 했습니다. 공직은 국민이 부여한 권력을 대신 사용하는 것입니다. 지배자가 아닌 대리인으로서의 권리와 의무가 존재합니다. 좋은 대리인이란 신뢰감이 쌓인 자일 것입니다. 국민의 신뢰와 믿음을 받기 위한 조건은 무엇일까요?

[오늘과 내일/정연욱] "대통령은 조국을 너무 좋아했다" (2019년 10월 29일자)

두 달 넘게 대한민국을 갈라놓은 조국 사태는 보수-진보 대결 구도가 아니었다. 조국 일가를 둘러싼 의혹이 속속 드러나면서 범진보 진영의 내부 갈등으로 번졌다. 조국 사태가 상식의 문제냐를 놓고 갈등의 골은 갈수록 깊어졌다. 조국 사퇴는 시기만 문제였을 뿐 '답'은 이미 나와 있었다. 친문 지지자들의 거리 시위를 계기로 진영 대결로 몰아간 당청 지도부가 사태를 더 악화시켰다.

여권은 결국 조국 퇴진을 검찰 개혁의 프레임과 맞교환했다. 개혁 과제는 조국 일가를 수사하는 검찰 권력의 힘을 빼야 한다는 목소리에 집중됐고, 검찰의 정치적 중립성 확보라는 또 다른 개혁 과제는 빛이 바랬다. 한 친문 소설가가 "*문프(문재인 대통령)가 적임자라 하니까 조국 지지"라고 충성 서약을 했듯이 친문 지지자들은 여권의 프레임 전환에 든든한 우군으로 나섰다. 조국 퇴진 국면에서 밀려서는 안 된다는 *배수의 진을 친 느낌이다.

흔히 달을 보라는데 왜 달을 보지 않고, 달을 가리키는 손가락을 보느냐고 항변한다. 하지만 정치적 소통 과정에선 달과 손가락을 같이 봐야 한다. 의제와 이슈 발신은 결국 사람이 하는 것이며 '어떤 사람이 하느냐'도 중요하기 때문이다. 그 사람의 인생 역정과 진정성이 국민들의 공감대를 얻어야 정책 추진에 탄력이 붙는 것이다. 조국은 국회에서 자신의 언행불일치를 지적받자 "성찰하겠다"며 적당히 넘어갔지만 정작 국민들은 그 지점에서 몰염치를 느끼며 불편해했다. 메신저의 이력에 흠집이 생길수록 그 메시지의 위력은 훼손되고 반감될 수밖에 없다. 보수-진보, 여야의 공수가 바뀐다고 해도 이 법칙은 여전히 유효할 것이다. 우리 사회, 특히 정치권에서 수신제가(修身齊家)의 도덕성과 주변 관리를 아무리 강조해도 지나치지 않은 이유다.

"대통령은 조국을 너무 좋아했다."

조국 사태를 지켜본 친문 진영의 한 원로는 여권의 패착에 깔린 배경을 이런 한 문장으로 정리했다. 문 대통령은 지난달 9일 "본인이 책임져야 할 명백한 위법 행위가 확인되지 않았다"며 조국 장관 임명을 강행했지만 이전 정부까지 갈 필요 없이 지금 정부에서 낙마한 인사청문 후보자들 중에서 과연 위법행위가 드러나서 사퇴한 경우가 있었나. 모두 국민 눈높이를 벗어난 의혹만으로도 물러났는데 왜 유독 조국에게만 그렇게 관대하고 너그러워야 하는지 국민들은 이해할 수 없었다. 뒤늦게 여당의 몇몇 초선들이 "그동안 괴로웠고 지옥 같았다"고 토로했듯이 국민들이 정권의 위선에 분노한 것은 이 같은 공정 가치의 왜곡 때문이었다. 이러니 법치(法治)가 아니라 인치(人治)라는 비판이 나올 만했다.

여권 지도부는 자신들의 정치적 선택이 국민들에게 거부당했는데도 "언제 무슨 일이 있었냐"라는 식으로 넘어가려 하고 있다. 반성도, 성찰도 없이 시간이 지나가면 다 잊혀질 것이라는 생각뿐인 듯하다. 아마 탄핵의 덫에 여전히 갇혀 있는 자유한국당은 크게 신경 쓸 필요 없으니 '포스트 조국' 정국은 무난히 넘어갈 수 있다는 계산이 깔려있는 것 같다. 이런 오만과 오기에 국민들의 상심(傷心)은 더 깊어갈 것이다.

국민들은 여권 지도부의 진솔한 반성과 새 출발을 기대했지만 아무도 책임지는 사람이 없다. 프레임을 바꾼다고 해서 조국 사태의 상흔은 말끔히 사라지지 않는다. 위기 국면에선 지지층이 결집할 것이다. 하지만 반성과 쇄신이 없으면 지지층 총량이 작아진다는 점을 잊어버리면 안 된다. 다음 달 9일이면 문재인 정권은 임기 반환점을 맞는다.

> **용어노트**
>
> *문프 : '문재인 프레지던트(president·대통령).' 문재인 대통령을 뜻하는 인터넷 조어.
>
> *배수의 진 : 어떤 일을 성취하기 위하여 더 이상 물러설 수 없음을 비유적으로 이르는 말.

① 조국 사태는 보수-진보의 대결로 볼 것이 아니라 [　　　]의 문제이다.

② 여권은 조국 퇴진을 [　　　] 프레임과 맞교환함으로써 지지층을 결집시켰다.

③ 정치는 결국 사람이 하는 것이므로, 메시지만큼이나 [　　　]도 중요하다.

④ 유독 조국에게만 관대한 기준은 [　　　]의 가치를 강조했던 정권의 위선적 면모를 부각시켰다.

⑤ 프레임을 전환해 지금의 사태를 벗어나더라도 반성과 쇄신이 없다면, 결국 지지층은 이탈한다.

정답: ① 상식 ② 검찰 개혁 ③ 메시지 ④ 공정

생각 키우기

■ 수신제가치국평천하(修身齊家治國平天下)

유교 경전 사서(四書) 중 하나인 '대학(大學)'에 나오는 말. 대학은 사람이 스스로 수양하여 덕을 갖추어 남에게 좋은 영향을 미치고 세상을 다스리는 수기치인(修己治人)의 학문을 가르치는데, 수신제가치국평천하는 대학에서 말하는 8조목 중 일부로 등장합니다. 자신의 몸을 바르게 가다듬은 후 가정을 돌보고, 그 후 나라를 다스리며, 그런 다음 천하를 경영해야 한다는 의미이지요.

대학의 8조목은 △격물(格物) △치지(致知) △성의(誠意) △정심(正心) △수신(修身) △제가(齊家) △치국(治國) △평천하(平天下)입니다. 앞의 격물·치지·성의·정심이 개인이 내면을 잘 다스려 올바른 심성을 갖출 수 있도록 수양하는 단계를 말한다면, 수신·제가·치국·평천하는 거기서 더 나아가 좋은 영향력을 남에게, 가정에, 세상에까지 미칠 수 있도록 하는 단계를 말합니다.

■ 매니페스토(Manifesto)

문재인 대통령은 지난 대통령 선거에서 '고위공직자 인사검증법' 제정을 통한 인사 투명화·시스템화를 공약으로 내세웠습니다. 조국 전 법무부 장관의 임명을 둘러싸고 큰 논란이 일자, 일부 시민단체가 대선 공약을 이행하라고 촉구하기도 했습니다.

정치인의 공약이 선거에서 국민의 선택을 받기 위한 '공수표'가 되어선 안 될 겁니다.

이에 최근에는 매니페스토 정책 선거를 더욱 강조하고 있습니다. 매니페스토란 선거에 임하는 정당이나 후보자의 구체적인 목표, 추진 우선순위, 이행 방법, 이행 기간, 재원 조달 방안을 명시한 공약을 말합니다. 또 유권자가 정당·후보자의 공약을 비교하여 실현 가능성이 높은 공약을 많이 제시한 정당이나 후보자에게 투표하는 것을 '매니페스토 정책 선거'라고도 하지요. 매니페스토 운동은 선거 때뿐 아니라 당선자가 선거 때 제시한 자신의 공약을 실천하려는 노력을 기울이고, 유권자 또한 당선자가 제시한 공약의 이행 상황을 평가하여 다음 선거에서의 지지 여부를 결정하는 것까지를 포괄합니다.

최근에는 매니페스토의 평가 기준을 △공약의 구체성(Specific) △검증 가능성(Measurable) △달성 가능성(Achievable) △타당성(Relevant) △기한 명시(Time)로 구체화하고, 각 기준의 앞 글자를 따서 'SMART 지수'로 선거 공약을 분석·평가하기도 합니다.

생각 넓히기

Q. 선거에서 매니페스토의 5가지 평가 요소를 근거로 투표하고자 합니다. △공약의 구체성 △검증 가능성 △달성 가능성 △타당성 △기한 명시 중 어떤 것에 우선순위를 두고 투표하겠습니까?

Guide ▶ 공약의 구체성은 추상적이고 선언적인 내용보다 좀 더 명확하고 확실한 것을 뜻합니다. 예를 들어 '안전한 학교를 만들겠다'가 아니라 '지역 내 모든 초등학교 앞 횡단보도에 신호등을 설치하겠다'고 구체화하는 것이지요. 검증 가능성은 정부의 정책이나 계획 등을 통해 공약의 실천 가능성을 역추적하는 것입니다. 달성 가능성은 얼마나 현실적인가, 예산이나 행정 작용이 가능한가를 보는 것입니다. 타당성은 경제성이나 효과성이 얼마나 높은가를, 기한 명시성은 언제까지 그 공약을 끝낼 수 있는가, 임기 안에 가능한가 등을 따져보는 것입니다.

평가 요소 가운데 개인에 따라 더 중시되는 것이 있을 겁니다. 하지만 5가지 요소의 균형도 중요합니다. 5가지 요소 외에도 후보자의 도덕성, 정당과의 관계성, 지역적 특성 등을 고려할 수도 있습니다.

12 국민연금 개혁, 고양이 목에 방울 달기

생각 열기 현재의 국민연금 보험료율을 유지하면 국민연금기금은 약 30년 후면 고갈됩니다. 그 전에 국민연금 개혁을 통해 다음 세대에게 부담을 주지 않으면서 은퇴 이후에도 삶의 수준을 유지할 수 있는 방안을 고민해야 합니다.

[사설] 票계산 하다 국민연금 개혁 사실상 포기한 정부 (2019년 11월 27일자)

박능후 보건복지부 장관은 어제 *국민연금 개혁과 관련해 "지금은 정부가 단일 개혁안을 제안해도 실효성이 없고, 현실적으로 21대 국회가 들어서야 논의가 될 것"이라고 말했다. 그러면서 박 장관은 "(내년 총선을 앞둔) 11월이 되니 (국회의원 마음이) 95%가 지역구에 있다. 정책적인 이야기가 귀에 들어오지 않는 것 같다"고 했다. 2년 동안 국민연금 개혁안을 정부와 국회가 서로 미루다가 20대 국회에서 처리가 난망해진 상황임을 자인한 것이다. 내년 4월 총선이 치러지고 21대 국회가 구성되면 곧 대선 분위기로 접어든다. 표심을 거스르는 국민연금 개혁을 추진할 동력이 떨어질 수밖에 없다.

연금 재원으로 쌓아둔 국민연금기금 697조 원의 고갈 시기를 정부는 2057년, 국회예산정책처는 2054년으로 예상하고 있다. 연금기금을 모두 소진하고 나면 현행 소득의 9%인 보험료율이 30%까지 오를 것이란 분석도 있다. 지금 세대가 자산은 모두 써버리고 다음 세대에 빚만 남기는 셈이다. 개혁이 늦어질수록 다음 세대의 부담이 불어난다.

2017년 12월 출범한 국민연금 제도발전위원회는 8개월 논의 끝에 연금기금 고갈 시기를 늦추기 위해 '더 내고 더 받는' 안을 발표했다. 그런데 문재인 대통령이 "보험료 인상(폭)이 국민 눈높이에 맞지 않다"며 '더 내고 더 받는' 안에 제동을 걸었다. '덜 내고 더 받는' 안을 만들 수 없던 정부는 그해 12월 현행 유지에 방점을 찍은 4개 안을 국회에 제출했다. 국회는 다시 경제사회노동위원회에 사회적 합의를 핑계로 미뤘고, 올해 8월 경사노위는 노사가 팽팽히 대립하다 3개 안을 국회에 던졌다. 이제 국회는 정부에 단일안을 내라고 하고, 정부는 국회서 논의가 실종됐다고 책임을 미룬다.

정부가 국민연금 개혁 시늉만 내는 것은 의지가 없어서다. 정부는 국회 탓을 하지만 역대 연금개혁의 성공 사례를 봐도 표(票)로 움직이는 국회가 추동한 적은 없었다. 2007년 *소득대체율을 40%로 깎은 국민연금 개혁, 2015년 소득월액의 9%로 기여율을 올린 공무원연금개혁은 정부가 개혁안을 내고 대통령이 직접 고통분담을 호소하며 국회를 압박한 결과였다. 지난해 11월 문 대통령이 보험료율 인상을 저지했을 때 이미 실패가 예정된 것이나 마찬가지다. 어렵고 인기 없는 개혁은 국회에 넘기고, 선심성 정책만 정부가 할 수는 없지 않은가. 청와대와 복지부가 국회보다 더 표 계산을 해서는 개혁은 불가능하다.

용어노트

*국민연금 : 정부가 직접 운영하는 공적 연금 제도. 국민 개개인이 소득 활동을 할 때 납부한 보험료를 기반으로 나이가 들거나 갑작스러운 사고나 질병으로 사망 또는 장애를 입어 소득활동이 중단된 경우 본인이나 유족에게 연금을 지급함으로써 기본 생활을 유지하도록 하는 연금 제도.

*소득대체율 : 연금액이 개인의 생애 평균 소득의 몇 %가 되는지를 보여주는 비율. 연금 가입 기간 중 평균 소득을 현재 가치로 환산한 금액 대비 연금 지급액의 비율.

생각정리퀴즈

① 정부와 국회가 서로 [　　　]을 미루는 사이 선거가 다가오면서 개혁 추진 동력을 잃게 됐다.

② 국민연금기금의 고갈이 30여 년밖에 남지 않은 상황에서 개혁을 늦추면 다음 세대의 부담이 커진다.

③ 연금기금 고갈 시기를 고려한 개혁안이 나왔지만, 정부는 [　　　]이 높다는 이유로 반려했다.

④ 현행 유지 수준의 개혁안조차 정부와 국회가 서로 책임을 미루는 통에 통과되지 않고 있다.

⑤ 역대 연금 개혁의 성공 사례를 볼 때, 표에 따라 움직이는 [　　　]보단 정부의 노력이 더욱 필요하다.

정답 : ① 국민연금 개혁 ② 기여율 ③ 보험료율 ⑤ 국회

생각 키우기

■ **국민연금 개혁 법안이란?**

　국가는 여러 사회적 위험으로부터 모든 국민을 보호하여 빈곤을 해소하고 국민 생활의 질을 향상시키기 위해 다양한 사회보장 제도를 운영합니다. 국민연금 또한 그러한 사회보장 제도의 하나로, 국민이 노령, 질병 또는 사고, 사망 등의 이유로 소득원을 잃었을 때도 본인이나 유족에게 연금을 지급해 일정한 소득을 보장해주는 제도입니다. 우리나라에선 1986년 국민연금법 제정과 함께 1988년 1월부터 본격 시행됐습니다.

　국민적 합의가 부족한 상황에서 도입된 탓에 국민연금 시행 초기에는 많은 국민이 연금 제도에 의구심을 가졌습니다. 하지만 국민연금 도입 당시 40~50대였던 이들이 약 10여 년을 납부한 뒤 본인이 낸 돈보다 더 많은 돈의 연금을 받기 시작하자, 국민연금에 대한 인식도 바뀝니다. 법적 가입 의무가 없는 전업주부, 학생 등 임의가입자도 △2017년 32만7723명 △2018년 33만422명 △2019년(11월 말 기준) 33만1215명 등 매년 꾸준히 증가하고 있지요.

　우리 사회가 고령화되면서 국민연금의 전망은 어둡습니다. 특히 1980년대 이후에 출생한 사람들의 부담이 더욱 커지고 있습니다. 기금 고갈이 머지않아 이들 세대의 경우 연금의 혜택을 보는 것이 아니라 오히려 낸 만큼 돌려받기도 어려울 것이라는 우려가 나옵니다. 더욱이 국민연금은 특수목적 연금과 달리 기금이 고갈되더라도 법적으로 국가의 지급보증 의무가 없습니다.

　이 때문에 기금 고갈 문제에 대한 대안으로 더 많이 거두어들이고 덜 주는 방향으로 국민연금 제도를 개혁해야 한다는 의견이 계속해서 나옵니다. 하지만 국민적 합의에 이르는 것이 쉽지 않지요. 연금 개혁의 충격을 줄이기 위해 점진적으로 변화를 추구해야 하지만 과연 어느 정부가 나서서 어느 정도의 개혁을 해낼 것이냐가 문제입니다.

생각 넓히기

Q. 갈수록 무거워지는 미래 세대의 부담을 덜고, 기금 고갈 시점을 최대한 늦추기 위해서는 국민연금의 개혁이 반드시 필요하지만 관련 논의는 지지부진합니다. 보험료율을 높이거나 소득대체율을 낮추는 방향의 국민연금 개혁이 어려운 이유와 함께 국민의 지지를 얻는 국민연금 개혁을 하려면 정부가 어떤 노력을 해야 할지 생각해 보세요.

Guide ▶ 국민연금은 준조세적 성격이 강합니다. 법적 가입 의무가 있는 사람이라면 본인 의사와 관계없이 반드시 납부해야 하며, 직장가입자의 경우 월급에서 원천징수됩니다. 결국 국민연금의 보험료율이 올라가면 그만큼 월급이 줄어드는 셈이 됩니다.

그렇다보니 정부나 사회 모두 국민연금 개혁을 논의하기가 참 어렵습니다. 기금 고갈을 막기 위해서는 일단 보험료율을 높여야 하는데 당장의 월급이 줄어드는 개혁을 국민들이 반길 리 없습니다. 소득대체율을 낮추는 것 역시 미래(노후)를 위한 저축에 손을 대는 것이나 다름없어 국민 반대에 부딪힐 가능성이 큽니다. 정부나 국회가 개혁에 적극적으로 나서지 않는 것은 어느 방향이든 '인기 없는' 연금 개편이 될 것이 뻔하기 때문입니다.

하지만 출생인구 감소와 노인인구 급증으로 국민연금 개혁이 절실한 상황입니다. 따라서 정부는 연금 개혁의 당위성을 국민에게 충분히 설명하고, 개혁에 앞서 투명한 연금 정책 및 운영을 약속해야 합니다. 미래에 대한 확신을 위해 적절한 범위 내에서의 정부의 지급보증도 한 방안으로 고려해볼 수 있습니다.

4·15총선을 위한 제언

> **생각 열기** 4·15총선은 여야 모두에 매우 중요한 선거였습니다. 2017년 5월에 들어선 문재인 정부가 임기 반환점을 돈 시점에 치러져 중간평가 성격을 갖는 데다 대통령 임기 중 치러지는 마지막 전국 단위 선거이기도 했습니다. 특히 선거 결과는 차기 대권 구도 결정에 많은 영향을 미치기 때문에 유권자인 국민에게도 신중한 판단이 요구되는 선거였습니다.

[사설] 대한민국 미래 걸린 총선 D-100… 民意 왜곡 없는 페어플레이를
(2020년 1월 6일자)

　21대 국회의원 총선거가 100일 앞으로 다가왔다. 더불어민주당은 의원 겸직 장관 4명의 불출마 선언을 계기로 본격적인 공천 물갈이 시동을 걸었다. 자유한국당 황교안 대표는 당 안팎의 비상대책위원회 구성 요구에 맞서 '수도권 험지 출마'를 선언했다. 어제 창당한 새로운 보수당 출범으로 중도·보수 세력의 통합 논의가 본격화될 것이다. 총선 구도는 아직도 예측하기 힘들 정도로 혼미한 상태다.

　*4·15총선은 집권 4년차를 맞은 *문재인 정부에 대한 중간평가인 동시에 야당의 리더십에 대한 평가가 이뤄지는 무대다. 동시에 세대교체, 정치혁신 등에 대해서도 국민들은 점수를 매길 것이다. 또한 *박근혜 전 대통령 탄핵 이후 3년가량 이어진 분열과 갈등의 늪에서 헤어나 '탄핵의 강'을 건넌다는 시대적 의미도 있다. 총선 표심은 대한민국이 다시 전열을 정비해 재도약에 나설 것을 주문하는 준엄한 메시지가 될 것이다.

　여야 모두 총선에서 반드시 이겨야 한다는 당위가 절박한 만큼 표심을 왜곡하려는 시도가 특히나 우려된다. 청와대와 정부는 선거에 영향을 미칠 가능성이 있는 정책 집행이나 행동을 자제해야 한다. 선거용으로 의심받을 수 있는 시혜성·선심성 정책은 불공정 시비의 불씨를 제공할 것이고, 그 후유증은 국론 통합에 악영향을 미칠 것이다. 가뜩이나 울산시장선거 관권 개입 의혹에 대한 검찰수사로 공정한 선거 관리에 대한 국민들의 요구는 커진 상태다.

　야당도 합리적 대안과 비전을 제시하는 포지티브 전략으로 임해야 한다. 눈앞의 이익과 기득권을 놓지 못해 사분오열된 상태로 유권자의 표심을 갈라놓는다면 역사의 지탄과 책임을 면치 못할 것이다. 정부 여당의 실정(失政)에만 기대는 낡은 관성에 안주할 경우 총선 구도는 '집권세력 심판'이 아니라 언제든지 '야당 심판론'으로 바뀔 수 있다.

선거의 승패는 정치공학 차원을 뛰어넘어 시대정신을 어떻게 구현하느냐에 달려 있다. 도도한 민심의 저류를 읽어낸 정치 세력이 주도권을 쥐었다. 기득권에 안주하면 어김없이 민심의 회초리가 날아왔다. 공천 혁신과 변화에 승부를 걸어야 하는 이유다. 국민들도 어떤 정당이 대한민국의 앞날을 책임지고 이끌어갈 수 있을지 냉정하고 신중하게 판단해야 한다.

용어 노트

*4·15총선 : 국회의원 의석 300석(지역구 253석, 비례대표 47석)의 주인을 가리는 제21대 국회의원 선거. 당선된 국회의원의 임기는 2020년 5월 30일부터 2024년 5월 29일까지 4년이다. 선거일 기준 만 25세 이상의 국민이면 피선거권을, 만 18세 이상의 국민이면 선거권을 가진다.

*문재인 정부 : 2017년 5월 9일 제19대 대통령 선거에서 당선된 문재인 대통령의 정권. 제6공화국의 일곱 번째 정부로, 임기는 2017년 5월 10일부터 2022년 5월 9일까지다.

*박근혜 전 대통령 탄핵 : 헌법재판소는 2017년 3월 10일 오전 11시 대심판정에서 박근혜 대통령 탄핵심판사건 선고기일을 열고 재판관 8명 전원일치 의견으로 박 대통령에 대한 파면을 결정했다. 앞서 2016년 12월 9일 국회가 대통령 탄핵소추안을 의결하고 헌재에 접수시킨 지 91일 만의 결정으로, 대한민국 헌정사 최초의 현직 대통령 파면이다.

생각 정리 퀴즈

① [　　　]은 집권 4년차를 맞은 문재인 정부에 대한 중간평가인 동시에 야당의 리더십에 대한 평가가 이뤄지는 무대다.

② 청와대와 정부는 선거를 앞두고 [　　　]을 왜곡할 수 있는 정책 집행이나 행동을 자제해야 한다.

③ 야당도 정부 여당의 실정에만 기대는 관성에 안주하지 말고 합리적 대안과 비전을 제시하는 [　　　] 전략으로 임해야 한다.

④ 선거의 승패는 [　　　]을 짚어내는 공천 혁신과 변화에 달려 있다.

정답 : ① 4·15총선 ② 표심 ③ 정치대안 ④ 시대정신

> 생각 키우기

■ 공직선거법 개정으로 달라진 선거

2018년 12월 27일 공직선거법 개정안이 국회 본회의를 통과하면서 4·15총선부터 선거제도 일부가 달라졌습니다. 우선 선거권 연령이 만 19세에서 만 18세로 조정됨에 따라 2002년 4월 16일 이전에 출생한 학생 일부가 투표권을 얻었습니다. 지난 4·15총선에서 만 18세인 청소년 유권자는 54만여 명으로 전체 유권자의 1.2%를 차지했습니다.

이와 함께 준연동형 비례대표제가 새롭게 도입되었습니다. 국회의원 의석수를 '지역구 253석, 비례대표 47석'의 현행 그대로 유지하되, 비례대표 47석 중 30석에만 '연동형 캡(Cap)'을 적용해 연동률 50%를 적용하는 제도. 전체 의석에 적용하지 않고 일부 의석에 대해서만 연동률을 적용하기 때문에 '준연동형'이라는 이름이 붙었습니다.

이전까지는 지역구 선거와 비례대표 선거를 분리해, 지역구 당선 여부와 상관없이 비례 의석은 비례대표 선거에서 얻은 정당 득표율에 따라 배분했습니다. 이를 병립형 방식이라고 합니다. 하지만 개정 선거법에서는 비례대표 의석 47석 중 17석은 기존과 동일하게 정당 득표율에 비례해 나누는 방식으로 운영하되, 30석은 지역구 의석수와 연동해 정당 득표율만큼 배분합니다.

정당 득표율만큼 의석을 주긴 하는데 그 할당량에 지역구 의석이 포함되기 때문에 지역구 당선자가 많으면 비례 의석이 줄어드는 구조가 됩니다. 이러한 제도가 도입된 이유는 정당 득표율에 따른 비례성을 강화하기 위해서이기도 하지만 승자 독식을 통한 거대 양당 구조를 깨 소수 정당의 정치 참여를 보장하기 위함이기도 합니다. 하지만 거대 양당이 비례 의석을 더 차지하기 위해 각각 위성정당을 만들어 선거에 뛰어들면서 이러한 도입 취지는 무색해졌고, 실제 선거 결과도 거대 양당이 의석을 나눠 갖는 형태로 나타났습니다.

> **생각 넓히기**

Q. 지난 선거에선 각 정당들의 공천 파동이 시끄러웠습니다. 공천 순서 변경, 셀프 공천, 공천 잡음 등 여러 문제가 또다시 드러난 것이지요. 정당에서 이런 파동이 일어나는 이유는 무엇이며, 이를 개혁하기 위한 방안은 무엇이 있을까요?

Guide ▶ 공천 파동이 계속 일어나는 가장 근본적인 이유는 정당이 인물 중심으로 운영되기 때문입니다. 우리나라의 정당은 정책이나 방향성을 선명하게 제시하기보다 특정 정치인을 중심으로 만들어지고 확장되기 때문에 핵심 인사의 의중이나 말한마디에 당이 좌지우지되는 경향을 보입니다. 당내 주요 인사를 중심으로 한 하향식 의사 결정이 많으며, 이는 비민주적 의사 결정이 이루어진다는 뜻입니다.

민주주의 발전을 위해 만들어진 정당이 수평적 의사소통이나 자유로운 토론 없이 비민주적으로 운영된다면 그 당이 내놓는 정책이나 추천된 후보가 과연 민주적일 수 있는지 의문이 듭니다.

공천 파동을 없애려면, 각 정당의 공천 위원회는 후보 모집에서 선발까지 모든 과정을 투명하게 공개해야 합니다. 공천 신청자 또한 위원회의 결정이 합리적이면 수용하는 모습을 보여주어야 합니다. 더 나아가 정당이나 정파의 이익에 의한 공천, 계파 간 나눠 먹기식 공천이 아니라 국민들이 원하는 분야의 전문가 중심, 직업군 중심으로 후보군을 만들어 공천하는 것도 하나의 대안이 될 수 있습니다.

14 독재 권력의 작동 원리

생각 열기 국가권력은 국민으로부터 나옵니다. 권력의 정당성은 국민의 지지와 동의를 기반으로 생깁니다. 정당성을 갖춘 권력으로 출발했더라도 국민의 지지를 잃으면 정당성 또한 잃기 마련입니다.

[김순덕 칼럼] 독재는 어떻게 무너지는가 (2020년 1월 9일자)

　문재인 대통령의 인상이 달라졌다. 7일 신년사 영상과 1년 전 영상을 비교해 보면 확연히 알 수 있다. 얼굴 아랫부분에 살집이 조금 생겼는데 너그러워 보이는 게 아니라 그 반대다. 강퍅하면서 권위적으로 변한 느낌이다.

　탁월한 연출자 탁현민이 없어서인가 싶었다. '1·8 대학살' 같은 검찰 인사를 보니 알겠다. 울산시장 선거 개입 의혹 등을 놓고 대통령 턱밑까지 파고든 '윤석열 검찰'의 수족을 찍어내지 않고는 편할 수가 없던 것이다.

　고위공직자범죄수사처가 사건을 넘겨받아 암장하려면 7월까지 기다려야 한다. 대통령의 30년 절친을 당선시키려 청와대부터 집권당까지 동원됐다는 정황이 계속 나오는데 대권 꿈을 꾼다는 추미애 법무부 장관이 자기 정치나 하고 있다. 문 대통령은 불안하면서도 노기(怒氣)가 뻗치는 듯했다.

　1974년 미국의 리처드 닉슨 대통령이 워터게이트 사건으로 탄핵 위기에 몰린 건 도청 때문이 아니라 수사담당 특별검사를 해임한 *사법방해 때문이었다. 이를 모를 리 없는 문 대통령이 살아있는 권력을 수사 중인 윤석열 사단을 모조리 좌천시킨 것은 '민주적 통제'가 아니라 명백한 사법방해다. 더구나 총선을 앞두고 국민이 시퍼렇게 보는 상황에, '윤석열 패싱'이 가능한 서울중앙지검장에 대통령의 대학 후배를 꽂아 넣은 건 국민을 개돼지로 여기는 것과 다름없다.

　설마 그렇게까지 하겠어, 싶었던 조치들이 각본을 따르듯 착착 진행되는 현실은 섬뜩하다. 돌연 연기됐던 대선 댓글 조작 사건 김경수 경남지사의 2심 선고도 1심 유죄 판결이 뒤집힐지 모른다. 국민의 대표인 국회가 대통령을 견제 못 하고, 사법부마저 독립성을 잃으면서 '전체주의적 민주주의'라는 소리가 나온다. 남산에 끌려가 물고문당하지도 않으면서 무슨 전체주의 타령이냐는 문파에게 최근 포린어페어스지가 소개한 독재의 정의를 알려주고 싶다.

280개 독재정권을 분석한 '독재는 어떻게 작동되는가' 연구에 따르면 승자를 결정하기 힘든 선거를 하거나, 선출된 지도자가 경쟁의 룰을 바꾸는 것이 독재정권이다. 문재인 정부는 현직 의원도 산식(算式)을 알 수 없는 *준연동형 비례대표제로 제1야당과 합의 없이 바꿔버렸으니 당당히 속할 만하다.

독재정권은 측근에게 공직이나 이권을 나눠 주고 반대자를 냉혹하게 처벌함으로써 장기집권을 유지한다. 이란 국민은 2019년 성장률 −9%로 고꾸라진 '저항 경제' 속에 고통받는데도 이슬람 정권이 유지되는 것도 이 때문이다. 혁명수비대가 기업을 운영하며 정부 사업을 도맡아선 막대한 이득을 챙길 수 있어 체제가 수호되는 것이다.

청와대가 측근들을 공기업에 낙하산 투하한 것도 모자라 총선까지 보낸다는 건 국가를 꿀단지로 본다는 얘기다. 문재인 정부 들어 공기업 정규직원을 6만 명이나 늘리고 온갖 보조금을 푸는 것도 결국 장기집권을 위한 매표 행위로 봐야 한다.

독재의 기술로는 대법원장 임명 등 최고지도자가 법과 관련된 모든 것을 장악하는 것이 필수다. 이란에선 대통령도 의원도 최고지도자가 관할하는 헌법수호위원회의 검증을 거쳐야 출마한다. 이념은 세속의 종교다. 문 대통령이 이념에 맞는 인사로 사법부와 검찰을 장악한 데 이어 공수처를 통해 목줄까지 죈다는 건 탁월한 통치술이라 할 수 있다.

절대 무너질 것 같지 않은 절대권력도 영원할 순 없다. '독재는⋯' 연구에선 3분의 1이 쿠데타로, 4분의 1은 선거에 의해 몰락했다. 하지만 1979년 이란혁명 때처럼 언제 혁명이 일어나 독재정권을 무너뜨릴지는 예측하기 어렵다는 게 아산정책연구원 장지향 중동센터장의 연구 결과다. 언론자유를 없애 독재정권은 국민이 어떤 상태인지 모르고, 정치 엘리트는 거짓 충성경쟁에 골몰하기 때문이다.

어떤 우발적 계기로 독재정권이 국가 장악력과 여론 통제를 놓치는 순간, 혁명은 봇물처럼 터지게 돼 있다. 군과 관료 등 지배 엘리트는 주변의 움직임을 보며 어느 편에 설까 결정하는데, 당황한 독재자가 사과하거나 유화책을 내놓으면 정권은 걷잡을 수 없이 붕괴한다.

우리 대통령의 흔들리지 않는 단호함이 이런 연구 끝에 나온 것이 아니길 바란다. 듣기 좋은 보고만 하는 참모, 마사지 통계나 여론조사에 의지하다간 정말 개혁할 기회를 놓칠 수 있다. 혁명 뒤에 등장하는 정권이 이전 정권보다 꼭 나은 건 아니라는 역사의 교훈이 두려워 하는 소리다.

> **용어 노트**
>
> *사법방해 : 거짓 진술이나 허위자료 제출 등으로 수사나 재판 절차를 방해하는 행위. 미국 중국 프랑스 등에선 형법으로 사법방해죄를 규정한다. 특히 미국은 증거를 숨기거나 인멸하는 행위, 허위자료를 제출하거나 증인 또는 배심원의 출석을 방해하는 것까지 모두 사법방해죄로 본다.
>
> *준연동형 비례대표제 : 국회 전체 의석을 300석으로 고정하되 전국 정당 득표율을 기준으로 비례대표 47석 중 30석에만 연동률 50%를 적용하는 비례대표제.

> **생각 정리 퀴즈**
>
> ① 워터게이트 사건의 닉슨 대통령은 도청이 아니라 [   ]로 탄핵 위기에 몰렸다.
>
> ② 울산시장 선거 개입 의혹 수사에 영향을 줄 수 있는 대통령의 최근 검찰 인사는 사법방해에 가깝다는 판단이다.
>
> ③ 형식적으로 민주주의여도 [   ]가 독립성을 잃으면 전체주의나 다름없다.
>
> ④ 제1야당과 합의 없이 선거의 룰을 바꾼 것은 한 연구에서 말하는 독재 행위에 해당된다.
>
> ⑤ 낙하산 인사와 측근의 총선 출마, 공기업 정규직 전환, 보조금 남발 등 현 정부의 모습에서 독재 정권이 공직·이권을 미끼로 [   ]을 이어가는 공식이 읽힌다.
>
> 정답 : ① 사법방해 ③ 사법부 ⑤ 장기집권

생각 키우기

■ 영원한 권력은 없다

기원전 230년에 진나라 군대가 한(韓)나라를 멸망시키고 기원전 221년에 제나라를 멸망시켜 천하를 통일할 때까지 약 10년 동안 한, 조, 위, 초, 연, 제 등 6개 나라가 잇따라 진나라에 무너졌습니다. 평균 2년도 안 되어 나라가 하나씩 무너진 셈입니다. 이전 수백 년간 이들 나라가 할거(땅을 나누어 차지하고 굳게 지킴)해 왔음을 생각하면 믿기 힘든 일이었습니다.

진나라의 정벌이 성공한 이유로는 우선 진나라가 서쪽 외곽에 떨어져 험준한 지형에 의존해 외부 침략을 잘 받지 않으며 오랫동안 실력을 키운 점이 꼽힙니다. 또 진효공 시절 과감하고 실용주의적인 개혁으로 부국강병을 실현한 것도 이유. 진시황이라는 지도자의 리더십도 무시할 수 없습니다.

하지만 기록에 따르면, 진시황은 천하를 통일해 놓고도 50세 나이로 객사합니다. 이후 제국은 무너지고 천하는 다시 전란에 휩싸입니다. 천하를 통일한 절대 권력도 영원할 순 없었습니다.

생각 넓히기

Q. 2010년 12월 튀니지에서 시작된 반독재·민주화 운동인 '아랍의 봄' 결과 이집트, 리비아, 시리아 등 다수의 중동·아프리카 국가에서 독재자들이 축출되었습니다. 그런데 많은 국가가 아랍의 봄 이후 사회 혼란을 겪었습니다. 내전에 휩싸이기도 했지요. 왜 이런 결과가 나타났을까요?

Guide ▶ 결과만 보면, 독재 정권이 무너진 다음 사회 혼란이 오히려 더욱 커졌다고 생각할 수도 있습니다. 하지만 거꾸로 생각하면, 독재를 유지하기 위해 사회를 통제하고 억압했기 때문에 그간 사회적 문제나 갈등이 드러나지 않았을 뿐이지요. 독재자가 사라지면 기존 질서가 급격히 소멸되고 새로운 사상과 분위기가 통제하기 힘들 만큼 밀려듭니다. 이때 혼란의 정도는 사회의 교육 수준이나 민주의식, 빈부 격차의 정도와도 연관됩니다. 중동 국가의 경우 오랜 독재 정치로 공고화된 빈부 격차와 교육 격차가 통제력 상실로 수면 위로 떠오르면서 사회 혼란이 커진 것으로도 볼 수 있습니다.

[메모] 아랍의 봄(Arab Spring)

2010년 튀니지에서 시작해 이집트, 리비아, 시리아 등 아랍국가로 번진 민주화 운동. 독재자들이 대거 축출되면서 민주주의 국가로의 도약이 기대되었습니다. 그러나 실제론 많은 국가가 군부 정치로 회귀하거나 내전에 시달렸습니다. 또 갈등과 충돌로 인해 대규모 난민이 발생하는 등 사회 혼란이 극심해져 새로운 체제 수립에 여전히 어려움을 겪기도 합니다.

15 일 하자는 규제? 일 하지 말라는 규제?

생각 열기 경제 활성화를 위해 규제 개혁을 해야 한다고 하지만, 그 업무를 담당하는 공무원부터 규제에서 벗어나지 못하고 있다면 개혁이 잘 이루어지기 어렵겠지요. 어떤 규제를 가장 먼저 개혁해야 할지를 생각하며 글을 읽어봅시다.

[사설] 적극행정 발목 잡는 '감사공포증'… 정책감사 대폭 줄여야 (2020년 1월 18일자)

경제 활성화를 위해 규제 개혁이 절실하다는 당위성엔 대다수 국민이 공감하고 있다. 그러나 규제 개선에 나서야 할 공직사회는 몸을 사리고 있다. 감사원 감사 공포증이 *적극행정의 발목을 잡고 있기 때문이다. 동아일보의 '공직사회 뿌리부터 바꾸자' 시리즈에 따르면 강영철 전 국무조정실 규제조정실장이 규제조정회의에 참석한 공무원들에게서 가장 자주 들었던 말도 "감사가 나와서 제가 다치면 책임지겠습니까"였다고 한다.

고위공무원 A 씨는 사무관 시절 연구개발(R&D) 사업평가의 효율성을 높이기 위해 단계별 업무를 동시에 처리했다가 감사원 감사에서 업무 처리 순서를 지키지 않았다는 질책을 받았다고 한다. 비슷한 감사원 징계 위험을 겪은 공무원들은 '정해진 일만 하라'는 경험칙을 지키게 된다. 이런 분위기가 공직사회의 *복지부동을 만연케 한 원인이 되었을 것이다.

옳고 그름을 가리기 힘든 정책적인 판단에 평가 잣대를 들이대는 감사 관행도 문제다. 문재인 정부 출범 후 이명박 박근혜 정부 시절 주요 정책은 대부분 '적폐' 대상이 됐다. 특히 감사원 감사가 정책감사에 치우쳐 공무원들을 더 움츠리게 한다. 감사 방식도 '성과감사'보다는 법령 해석이나 절차 준수 여부 등을 따지는 '특정감사'에 치중하다 보니 서류 작성에만 집착하는 부작용을 낳고 있다. 이런 현실을 방치한 채 공무원에게만 규제 개혁을 촉구하면 성과를 기대할 수 없을 것이다.

현 정부 출범 후 잦아진 직권남용 수사도 공직사회를 위축시키고 있다. 직권남용죄가 지나치게 자의적이고 광범위하게 적용되면서 일선 공무원들은 나중에 문제가 될 것을 우려해 틀을 깨는 적극행정은 엄두도 못 내고 있다고 한다. 사법 당국도 이런 여론을 감안해 직권남용에 대한 법리 적용에 엄격해야 할 것이다.

감사원 감사는 예산의 적절한 집행을 감시하고 공직 기강을 다잡는 중요한 기능이다. 하지만 감사와 공직사회가 선순환하기 위해선 감사원이 정책 자체에 대한 감사를 줄이고 대신 회계감사나 직무 감찰 등에 집중하는 방안을 검토할 필요가 있다. 규제 개혁이 절실한 혁신 정책 및 국가 R&D 사업 분야 중심으로 공무원의 적극행정에 대한 면책범위 확대 방안도 고민할 때다.

> **용어 노트**
>
> *적극행정 : 공무원이 불합리한 규제를 개선하는 등 공공의 이익을 위해 창의성과 전문성을 바탕으로 적극적으로 업무를 처리하는 행위. 우리나라는 공직사회의 무사안일주의를 타파하고 공무원 등이 직무를 더욱 창의적이고 적극적으로 할 수 있게 한다는 취지에서 2008년부터 각 행정 부처에서 '적극행정면책제도'를 시행하고 있다. 이 제도는 공무원 등이 적극적으로 업무를 처리하는 과정에서 발생한 손실에 대해 공익성, 투명성, 타당성이 인정되는 경우 그 책임을 감경해주는 제도다. 하지만 이 제도가 시행된 이후 공무원의 도덕적 해이를 부추기거나 비리 공무원을 감싸는 데 악용되고 있다는 지적도 있다.
>
> *복지부동 : '땅에 엎드려 움직이지 않는다'는 뜻으로 마땅히 해야 할 일을 하지 않고 몸을 사리는 것을 비유함.

> **생각 정리 퀴즈**
>
> ① 경제 활성화를 위해 [　　　]이 절실하지만 공직사회는 몸을 사리고 있다.
>
> ② 공직사회에 복지부동이 만연한 것은 정해진 일만 하라는 [　　　]을 상기시키는 감사원의 감사가 원인이다.
>
> ③ 평가 잣대가 모호한 정책감사, 법령 해석이나 절차 준수 여부를 따지는 [　　　]에 치중하는 감사 관행이 이어지는 한 규제 개혁은 어렵다.
>
> ④ 자의적이고 광범위한 직권남용죄 적용 또한 공직사회를 위축시킨다.
>
> ⑤ 감사원의 정책감사를 줄이는 한편 규제 개혁이 필요한 분야를 중심으로 공무원의 [　　　]에 대한 면책 범위 확대를 고려해야 한다.
>
> 정답 : ① 규제 개혁 ② 전례답습 ③ 절차감사 ⑤ 적극행정

> 생각
> 키우기

■ 규제 개혁을 위해 만들어진 '규제 샌드박스'

　새로운 제품이나 서비스가 출시될 때 일정 기간 동안 기존 규제를 면제, 유예시켜주는 제도를 말합니다. 구체적으로 사업자가 새로운 제품, 서비스에 대해 규제 샌드박스 적용을 신청하면 법령을 개정하지 않고도 심사를 거쳐 시범사업, 임시허가 등으로 규제를 면제 또는 유예해 주는 것. 시대가 매우 빠르게 변화하는 데 반해 기존 법령이 이를 모두 포괄할 수 없기 때문에 신제품, 신산업 등에 대한 규제를 '포지티브(원칙적 금지, 예외 허용)' 방식에서 '네거티브(원칙적 허용, 예외 규제)' 방식으로 바꿔 각종 규제 때문에 출시할 수 없었던 상품과 서비스를 빠르게 시장에 내놓을 수 있도록 한 것이지요.

　우리나라의 규제 샌드박스 제도는 2019년 1월 17일 정보통신융합법과 산업융합촉진법이 발효되면서부터 본격 시행됐습니다. 기업들은 신기술·신산업과 관련해 규제의 존재 여부와 내용을 정부에 문의하면 30일 이내에 회신을 받을 수 있으며, 만약 정부가 30일 안에 답을 주지 않으면 규제가 없는 것으로 간주됩니다. 만약 규제가 있더라도 신기술 및 신서비스의 경우 실증특례(실증 테스트)와 임시허가를 거치면 출시가 가능하며, 문제가 있는 상품이나 서비스에 대해서는 사후 규제 방식을 적용합니다.

　샌드박스는 미국의 가정집 뒤뜰에 어린이가 다치는 것을 방지하기 위해 만들어 둔 모래통(Sandbox)에서 유래했습니다. 어린이들이 자유롭게 뛰노는 모래 놀이터처럼 규제가 없는 환경을 주고 그 속에서 다양한 아이디어를 마음껏 펼칠 수 있도록 한다는 의미에서 '샌드박스'라고 부릅니다.

> **생각 넓히기**
>
> **Q.** 코로나19 발생 초기, 빠르고 정확한 진단검사로 확진자를 조기에 파악해 집중 관리한 우리나라의 방역 전략은 전 세계에 방역 모범 사례로 소개되었습니다. 이후 많은 나라들이 우리의 방역 전략을 벤치마킹하려 했으나, 신종 감염병을 진단할 수 있는 진단키트조차 제대로 조달하지 못해 많은 어려움을 겪었습니다. 우리나라가 사태 발생 초기에 진단키트를 대량으로 확보할 수 있었던 배경을 통해 규제 개혁의 필요성에 대해 말해 보세요.

Guide ▶ 식품의약품안전처는 2016년 메르스(MERS·중동호흡기증후군) 사태를 계기로 감염병 대유행과 같은 비상상황 등에 적절히 대처하기 위하여 긴급하게 사용이 필요한 의료기기의 허가를 면제하여 한시적으로 신속하게 제조·판매·사용할 수 있도록 하는 제도인 '긴급사용승인제도'를 도입하였습니다. 신종 감염병의 경우 감염병 자체가 새로 나타난 것이어서 이미 승인을 얻은 기존의 의료기기만으로 대처가 어려울 수 있기 때문입니다.

우리나라 최초의 코로나19 진단키트는 이 긴급사용승인제도를 통해 신청서가 접수되고 7일 만에 긴급사용 승인을 받습니다. 이후에도 추가로 4개 제품이 긴급사용 승인을 받습니다. 이처럼 진단키트가 빠르게 생산, 확보되면서 우리나라는 코로나19 사태 발생 초기부터 하루 최대 수만 건의 진단검사를 할 수 있게 되었습니다. 특히 3월 말에는 하루 최대 15만 명을 검사할 수 있는 분량의 진단키트 생산이 가능해지면서 국내 수급에 필요한 물량을 충분히 확보함은 물론 해외 수출까지 가능하게 되었습니다.

만약 기존의 까다로운 승인 절차를 모두 따라야 했다면 진단키트 승인에만 1년 넘게 걸렸을 겁니다. 하지만 코로나19 사태의 긴급성을 정확하게 판단한 공무원들과 상황에 맞춰 불요불급한 규제를 대거 걷어낸 적절한 제도로 우리나라는 코로나19 사태에 적절하게 대응할 수 있었습니다.

16 노멘클라투라

> **생각 열기**
> 조선시대 명문가의 자손이었던 '서달'은 명문가라는 배경과 정치권력을 이용해 횡포를 일삼았습니다. 집안의 힘으로 벌을 피할 뻔했으나 세종대왕은 혹독하게 처벌했지요. '하늘의 그물은 넓어서 성기지만 새지 않는다'는 노자의 말을 기억하며 다음 글을 읽어봅시다.

[송평인 칼럼] 죄 지어도 처벌 못 하는 계급 태어난다 (2020년 1월 29일자)

 윤석열 검찰총장의 지시로 이뤄진 최강욱 대통령공직기강비서관 기소에 대해 추미애 법무부 장관이 감찰 운운하면서 정권이 최강욱 기소를 막는 데 총력을 기울인 모양새가 됐다. 조국 아들에게 허위 인턴활동확인서나 써준 '천하의 잡범'(진중권 표현) 최강욱이 대단한 인물이라서 그런 건 아닐 것이다. 새로 짜인 추 장관-이성윤 서울중앙지검장 라인이 윤 총장을 중간에 두고 어떻게 작동하는지 보려고 실전처럼 막아본 것이라고 할 수 있다.

 정권이 진짜 걱정하고 있는 것은 유재수 비리 의혹과 울산시장 선거공작 의혹에 대한 검찰 수사가 백원우 전 민정비서관을 거쳐 임종석 전 비서실장과 문재인 대통령에 이르는 상황이다. 윤건영 전 국정기획상황실장, 김경수 경남지사, 송철호 울산시장도 걸려 있다. 시험 가동의 결과는 100% 만족스러운 게 아니어서 감찰 운운하는 협박이 나왔겠지만 윤 총장 쪽도 이 지검장이 최강욱 기소안 결재를 깔아뭉개는 *사보타주를 하는 바람에 가까스로 최강욱을 기소했을 정도니 앞으로 수사가 첩첩산중이다.

 백원우의 이름이 검찰 수사에서 자주 거론되자 임종석은 나이에 걸맞지 않은 정계 은퇴를 선언하고 잽싸게 사라졌다. 그러다 군사정권 시절에도 보지 못한 파렴치한 검찰 물갈이 인사가 끝날 때쯤 다시 더불어민주당에 얼굴을 드러냈다. 손발이 잘린 윤 총장이 수사를 더 지휘해 봐야 자신에게까지는 칼날이 미치지 않을 것으로 확신한 듯하다. 임종석의 웃음에서 바야흐로 범죄를 저질러도 처벌하지 못하는 계급이 태어나고 있다는 느낌이 들었다.

 최강욱은 기소된 직후 의미심장한 발언을 남겼다. 향후 *고위공직자범죄수사처(공수처)가 출범하면 자신을 기소한 윤 총장을 공수처가 수사해야 한다는 것이다. 민주당에 불리한 사이비 연동형 비례대표제까지 해주면서 군소정당을 끌어들여 공수처법을 통과시킨 이 정권의 사람들이 공수처를 어떻게 활용하고 싶어 하는지 그 내심을 보여주는 말이다.

  공수처는 고위공직자에 대해 누구를 수사하고, 누구를 수사하지 말지를 결정할 뿐 아니라 고위공직자 중 검사와 판사에 대해서는 수사할 권한을 넘어 기소할 권한까지 갖고 있다. 공수처가 그 존재를 각인시키는 길은 우선적으로 검·판사를 수사해 기소까지 하는 것이다. 정권의 뜻을 거스른 수사를 한 검사들이 공수처의 제1호 수사 대상이 될 수 있다. 최강욱의 말은 검찰 물갈이로도 모자라 검사들을 향해 조심하라는 협박장을 보낸 것이나 다름없다.

  공수처의 제2호 수사 대상은 판사들이 될 수 있다. 김경수 항소심 재판부가 납득하기 어려운 이유로 2차례나 선고를 연기했다. 서울중앙지법 영장전담판사는 조국 전 법무부장관의 유재수 감찰 무마 혐의가 죄질이 나쁨에도 부인 정경심 씨가 구속돼 있다는 이유로 구속영장을 기각했는데 정경심 재판부는 정 씨의 보석 석방을 고려하고 있다. 판사들도 굳이 정권에 밉보이면서까지 정의를 관철하려 하지 않는다. 김경수 재판이야 허익범 특검이 상대하고 있지만 조국 정경심 최강욱 재판에서 물갈이된 검찰이 공소 유지나 제대로 할지 의문이다.

  조국과 그 가족의 비리가 터져 나올 때 그들을 신성(神性) 가족처럼 취급하는 지지자들의 해괴한 정신 상태를 경험한 바 있다. 그런 정신 상태로부터 귀태 같은 공수처가 태어났다. 고위공직자 수사를 독점하게 된 공수처는 정권의 반대자들은 가혹하게 다루면서 다른 한편으로 당성(黨性)만 좋으면 범죄를 저질러도 처벌받지 않는 *노멘클라투라를 만드는 통로가 될 수 있다.

  검경수사권 조정은 경찰권의 충분한 분산이 이뤄지면 대체로 법치의 모범국가들을 따라가는 개혁이다. 김학의 불기소 같은 일은 이번 조정으로 방지할 수 있고 오히려 경찰판 김학의를 걱정해야 할 판이다. 반면 공수처는 유례를 찾기 힘든 것이다. 남들이 다 하는 제도에서나 잘할 생각을 해야 한다. 형사사법제도같이 국가의 근간을 이루는 제도에서는 더욱 그렇다. 모자란 것들이 꼭 검증되지 않은 새것으로 하면 잘할 수 있다는 착각에 빠진다.

공수처는 보수 정권이 장악해도 진보 정권이 장악해도 악이다. 그것이 악인 것은 처음 장악하는 쪽이 20년, 혹은 그 이상 집권하는 도구가 될 수 있기 때문이다. 공수처를 막지 못하면 올해는 후대에 2020년 체제라고 불릴 사악한 체제가 출범한 해로 기록될 것이다.

용어 노트

*사보타주 : 고의적인 사유재산 파괴나 태업 등을 통한 노동자의 쟁의행위. 프랑스어의 '사보(sabot·나막신)'에서 나온 말로 중세 유럽 농민들이 영주의 부당한 처사에 항의해 수확물을 사보로 짓밟은 데서 유래.

*고위공직자범죄수사처(공수처) : 고위공직자 및 그 가족의 비리를 중점적으로 수사·기소하는 독립기관. 검찰이 독점하고 있는 고위공직자에 대한 수사권, 기소권, 공소유지권을 이양해 검찰의 정치 권력화를 막고 독립성을 높이자는 취지로 추진됐다. 2019년 12월 30일 '고위공직자범죄수사처 설치 및 운영에 관한 법률안'이 국회 본회의를 통과하면서 2020년 7월 설립될 예정.

*노멘클라투라 : 소련 스탈린 시기 혁명가 집단을 대신하여 체제를 유지한 특권적 지배계층. 특권적 관료체제를 일컬을 때도 사용된다.

생각 정리 퀴즈

① 추미애 법무부 장관이 최강욱 대통령공직기강비서관 기소에 대해 감찰을 언급하면서 정권이 해당 기소를 막은 듯한 모습이 됐다.

② 정권이 검찰 인사를 무기로 정권에 위협이 될 검찰 수사에 제동을 걸 것으로 보인다.

③ 이런 상황에서 공수처는 정권 뜻에 반하는 기소나 판결을 한 이들을 겨냥하는 무기인 동시에 범죄를 저질러도 처벌받지 않는 [   ]를 만드는 통로가 될 수 있다.

④ 검경 수사권 조정이 법치 모범국가를 따라가는 개혁이라면, [   ]의 근간을 흔드는 공수처는 세계에서 유례를 찾기 힘들다.

정답 : ③ 노멘클라투라 ④ 법치시스템

생각 키우기

■ **노멘클라투라(Nomenklatura)**

라틴어에서 파생한 러시아어로, 원래 의미는 특권을 갖는 간부직의 리스트. 이 말이 확대되어 그런 특권을 가진 사람들을 가리키게 되었습니다. 노멘클라투라는 혁명이 아닌 현상 유지, 즉 권력의 유지와 입신출세를 지향하는 직업적 관리층이며 체제파 엘리트들.

레닌의 직업 혁명가 조직이 소련의 권력을 장악하고 이후 스탈린이 집권하면서 혁명가들은 특권적 지배계층으로 새롭게 부상합니다. 이들을 가리켜 노멘클라투라라고 하지요. 이들은 스탈린이 집권하기 전 직업적 혁명가라는 명분으로 특권을 누리던 것을 집권 후에도 유지하면서 소련의 새로운 지배계급이 됩니다. 마치 생산적 기반 없이 지대(地代)만을 추구한 봉건시대의 '귀족' 같은 세력으로 자리 잡았지요.

노멘클라투라는 공산국가에서 점차 기생계급으로 변하였고, 사회에 불필요한 존재들로 인식되었습니다. 수십 년 특권을 누려온 공산당 내부의 노멘클라투라는 페레스트로이카(개혁)와 글라스노스트(개방)라는 쌍두마차를 도입한 미하일 고르바초프 전 소련 대통령의 개혁 대상이 되었습니다.

생각 넓히기

Q. 우리나라에 공수처가 꼭 필요한가요? 자신의 생각을 말해 보세요.

Guide ▶ 공수처 설치에 찬성하는 측은 기존의 특별감찰관 제도가 권력형 비리를 막지 못해 국정농단 같은 사건이 발생했다고 봅니다. 이와 더불어 검찰 비리를 검사가 수사하는 현 구조에서는 검찰 스스로 사건을 축소시키는 문제가 크다고 보고, 정치적 중립이 확보된 독립적 수사기구를 통해 이러한 일을 막자고 주장합니다. 과거 검찰이 원래 기능을 잘 수행해왔다면, 공수처 설치 논란은 발생하지 않았겠지요.

공수처 설치에 반대하는 측에선 수사권·영장청구권·기소권 등 권한이 검찰과 동일한데도 공수처는 독립기관이어서 위계적 차별이 존재한다는 점을 문제로 꼽습니다. 또한 대통령 직속기구로서 정치적 사찰에 이용될 수 있다는 점, 입법부와 사법부를 상시적으로 수사할 수 있어 삼권 분립이 깨질 수 있다는 점도 문제로 봅니다.

17
방귀 뀐 놈이 성낸다더니…

생각열기 중국 우한에서 처음 발견된 코로나19가 확산하면서 우리 정부가 중국 후베이성 체류자에 대한 입국 금지 조치를 취하자 중국은 불만을 나타냈습니다. 그러나 비슷한 조치를 한 일본에 대해서는 다른 반응이었지요. 이런 차이는 어디서 비롯될까요? 강대국과 대등한 외교를 하는 외교 강국의 길을 찾아봅시다.

[김순덕 칼럼] 우한 폐렴이 드러낸 韓中 정권의 맨얼굴 (2020년 2월 6일자)

　중국 외교부에 이렇게 보드라운 면모가 있는지 몰랐다. 중국 *신종 코로나바이러스(中國新型冠狀病毒)에 대한 4일 화춘잉 대변인의 브리핑을 보고 나서다. "어떤 나라는 극단적이고 차별적인 언사를 발설했지만 일본 후생노동성 관리들은 '바이러스가 나쁘지, 사람이 나쁘냐'고 말해줬다"면서 깊은 감동을 받았다고 했다.

　험한 언사를 쓴 나라가 요즘 중국이 각을 세우는 미국인지 아닌지는 말하지 않았다. 하지만 일본도 1일부터 중국 후베이성 체류자에 대해 입국 금지 조치를 시행한 나라다. 한국은 4일 시작했다. 화춘잉이 일본에 감사를 표한 날, 아직 신임장도 제정하지 않은 주한 중국대사 싱하이밍은 우리 정부의 조치에 대해 "많이 평가하지 않겠다"고 불쾌감을 표했다.

　바이러스가 죄(罪)이지 환자가 무슨 죄냐는 말은 백번 옳다. 한국 정부는 중국에 무슨 죄를 지었기에 이런 대접을 받는지 모르겠다. 4일 문재인 대통령이 국무회의에서 밝혔듯 "국민의 안전을 지키는 것이 국가의 존재 이유이며 정부의 기본 책무"다. 중국 외교부도 자국민의 안전을 위해 주재국에서 열심히 홍보활동을 하도록 지시했을 것이다.

　구글을 검색하면 최근 일주일 사이 아이슬란드, 인도, 사우디아라비아 등 중국대사들의 인터뷰가 약속이나 한 듯 줄줄이 뜬다. 싱하이밍 같은 오만한 발언은 눈 씻고 봐도 없다. 아무리 우리 대통령이 시진핑 국가주석에게 "양국은 운명공동체"라며 중국 패권 쪽에 섰다고 해도, 외교부 부국장 출신의 대사가 "중한(中韓)은 명실상부한 운명공동체가 됐다"며 전염병까지 더불어 가자고 강요할 순 없다. 내정간섭을 넘어 주재국을 속국으로 보는 언사다.

그런 중국을 청와대는 "한중이 긴밀히 협력하자는 취지"라며 싸고도니 국민적 자존심이 무너진다. 그 한없는 너그러움을 왜 문 대통령을 지지하지 않는 절반의 국민이나 야당에는 보여주지 않는지 안타깝다. 더불어민주당에선 "질병보다 가짜뉴스를 차단해야 한다"는 말까지 나왔다. 그렇다면 "중국 정부는 공개적이고 투명하고 책임감 있는 태도로 국제협력을 하고 있다"는 싱하이밍의 말부터 차단해야 할 것이다.

작년 12월 30일 "화난 수산물시장에 갔던 일곱 명이 *사스(중증급성호흡기증후군)에 걸렸으니 공중보건 이슈로 다뤄야 한다"고 의사들 채팅방에 처음 알린 우한 중심병원 의사 리원량 등 8명을 유언비어 유포자라며 경을 친 나라가 중국이다. 우한시장 저우셴왕은 "지방정부로서 우리는 관련 정보와 권한을 얻은 다음에야 정보를 공개할 수 있었다"고 했다. 중앙정부, 즉 당 중앙 시진핑이 정보 통제를 하고 있다는 의미다. 지금도 정확한 환자 수가 공개되는지 알 수 없다.

사람 목숨이 걸린 문제까지 비밀로 유지하며 정보를 통제하고, 국민에 대한 책임은 지지 않는 것이 권위주의 정권이다. 시진핑이 음력 설날 공산당 정치국 상무위원회에서 우한 폐렴 관련 소조를 구성하고 리커창 총리를 조장으로 명한 건 좋다. 3일 회의에선 "방제작업에서 형식주의와 관료주의를 단호히 배격해야 한다"고 내로남불 지시를 내렸다. "책임을 떠넘길 경우 책임자는 물론 당정 지도자도 문책하겠다"는 선언을 보면, 두 달 후 일본 국빈방문 때까지 우한 폐렴을 해결하지 못하면 자기는 쏙 빠지고 우한시장은 물론 리커창도 희생양으로 삼겠다는 소리 같다.

바로 다음 날 문 대통령도 "총리가 전면에 나서 비상하게 대응하고 있다"고 책임의 한계선을 명확히 그었다. 중국 방문이 없었다는 이유로 감염 검사도 못 받고 딸까지 감염시킨 16번 환자를 생각하면 내가 다 억울해진다. 서울의 한 보건소장은 "검사 키트가 부족해 감염 의심자에 대한 검사는 중앙 통제하에 해야 한다"며 발을 동동 구르는데 대통령은 '시범 보건소'를 찾아선 의료진의 과로를 걱정했다. 집권 1000일 동안 그저 일 일 일, 참 기막힌 일을 주로 하는 모습이다.

"이번 감염증은 중국의 *거버넌스 체계와 능력에 대한 종합적 테스트"라고 시진핑은 강조한다. 선거로 지도자의 책임을 묻는 민주주의는 혼란과 포퓰리즘을 부를 뿐이고, 공산당 일당독재야말로 실력으로 하는 통치라고 믿는 시진핑이 과연 테스트를 통과할지는 알 수 없다.

중국이 흔들리면 세계 경제보다 우리 경제가 먼저 쓰러질 우려가 있다. 중국이 흔들리지 않으면 한국이 진짜 운명공동체, 아니 조공국이 될까 더 우려스럽다.

> **용어 노트**
>
> *신종 코로나바이러스 : 중국 우한에서 처음 발견된 탓에 처음엔 '우한 폐렴'으로 불렸으나, 질병 이름에 지역명을 넣지 않는다는 원칙에 따라 세계보건기구(WHO)는 공식 명칭을 COVID-19(Coronavirus disease 2019)로 정했다. 'CO'는 코로나(corona), 'VI'는 바이러스(virus), 'D'는 질환(disease), '19'는 발병이 처음 보고된 2019년을 의미한다.
>
> *사스(SARS·중증급성호흡기증후군) : 코로나바이러스의 변종인 '사스 코로나바이러스'가 호흡기를 침범해 발생하는 질병. 2002년 중국 남부 광둥 지방에서 처음 생겨나 같은 해 11월에서 2003년 7월까지 유행. 32개국에서 환자 8000여 명이 발생했고 774명이 사망했다.
>
> *거버넌스 : '국가경영' '공공경영'으로 번역된다. 정치·경제·행정적 권한을 행사하는 국정 관리 체계.

> **생각 정리 퀴즈**
>
> ① 중국 외교부 대변인이 일본에 감사를 표한 날, 주한 중국대사는 [　　　]과 동일하게 중국 후베이성 체류자의 입국을 금지한 우리 정부의 조치에 대해 불쾌감을 표했다.
>
> ② 국가의 방역 조치는 감염병 확산을 막기 위한 정부의 기본적 [　　　]이다.
>
> ③ 우리나라의 조치를 두고 중국이 왈가왈부하는 것은 [　　　]을 넘어서는 오만한 언사다.
>
> ④ 이번 사태에 대한 중국 지도부의 대응은 국민 안전에 관한 정보를 통제하면서도 국민에 대한 책임은 지지 않는 [　　　]정권의 전형을 보여준다.
>
> ⑤ 중국의 상황에 따라 흔들리지 않도록 우리의 자세를 명확히 할 필요가 있다.
>
> 정답 : ① 일본 ② 책무 ③ 내정간섭 ④ 권위주의

생각 키우기

■ **코로나19에 대한 일본과 스웨덴의 대처**

코로나19 확산 사태 초기, 올림픽 개최를 앞두었던 일본은 의심증상자에 대한 검사를 소극적으로 실시하면서 정부 차원에서 확진자 수를 관리한다는 비판을 받았습니다. 올림픽 연기가 결정된 후에야 검사를 확대하면서 확진자가 폭증하는 모습이었지요.

유럽에서는 스웨덴이 다른 행보를 보였습니다. 시민들의 이동을 제한하거나 상점 영업을 금지하는 적극적인 확산 방지책 대신 '집단면역' 전략을 택했습니다. 백신 개발까지 시간이 걸릴 것으로 예상되는 상황에서 국가 경제에 충격을 주는 조치 대신 집단면역 전략을 택한 것이지요. 집단면역이란 한 집단에서 일정 비율 이상이 면역력을 갖게 되면 집단 전체가 질병에 대한 저항성을 갖게 된다는 이론입니다. 하지만 첫 감염자 발생 후 한 달 만에 확진자가 100배 이상 늘어나면서 스웨덴 또한 정책 방향의 전환을 검토하게 됐습니다.

생각 넓히기

Q. 중국과 인접하면서 물적·인적 교류가 활발한 우리나라는 세계에서 코로나19가 가장 빠르게 확산한 나라 중 하나였습니다. 사태 초기 정부가 중국 후베이성 체류자에 대해서만 입국을 금지하고 '중국인 전면 입국 금지' 조치를 취하지 않은 것을 두고는 현재도 평가가 엇갈립니다. 당시 중국인 입국을 금지시켜야 했을까요?

Guide ▶ 사태 초기엔 정부 조치를 두고 비판이 많았습니다. 코로나19가 팬데믹(대유행) 국면으로 접어들면서 미국, 이탈리아 등 많은 국가가 중국을 입국 금지 국가에 포함시켜 코로나19 확산을 방지하고자 했습니다. 하지만 이미 높은 수준의 세계화가 이뤄진 지구촌에선 입국을 막는 것만으론 단지 확산의 속도를 약간 늦출 뿐이었지요. 심지어 그렇게 확보한 시간마저 흘려보내면서 미국 등 많은 국가가 패닉을 맞았습니다.

결국 입국 금지 같은 물리적 차단 못지않게 상황에 대처하는 시스템이 중요하다는 사실을 보여줍니다. 전문적인 의료체계, 안정적인 감염병 관리 시스템과 매뉴얼, 침착하게 대응하는 시민의식이 중요하지요.

18 부끄러움을 알면 나아갈 수 있다

> **생각열기** 부끄러움을 모르는 사람은 없습니다. 다만 부끄러움을 알고도 감추느냐, 스스로 드러내느냐가 다를 뿐입니다. 부끄러움은 반성을 부르고, 반성은 개선의 기회를 제공합니다. 오만을 버리고 부끄러움을 인정하는 용기가 필요합니다.

[박제균 칼럼] 정권의 오만이 재앙을 키운다 (2020년 2월 24일자)

일본이었다면 어땠을까. 코로나19의 발원지이자 확산국이. 그래도 감염자가 폭증한 날, 문재인 대통령이 아베 신조 일본 총리에게 전화를 걸어 "일본의 어려움이 우리의 어려움"이라고 했을까. 세계 각국이 일본에 문을 걸어 잠가도 기필코 일본인 입국을 막지 않았을까.

가정이 부질없다는 건 잘 안다. 그래도 문 대통령과 이 정부가 중국을 대하는 각별한(?) 태도가 코로나 재앙을 키웠다는 생각을 지울 수 없다. 그러니 시진핑 주석이 "중국은 계속 공개적이고 투명한 태도로 한국과 소통할 것"이라는 말도 안 되는 언사를 하는 것 아닌가. 중국이 코로나 대처에 공개적이고 투명하지 않았다는 건 세계가 다 안다.

코로나 사태가 중국인 혐오로 번지는 건 결단코 반대한다. 그러나 대한민국 정부의 자국민 보호는 다른 문제다. 한중(韓中) 정상 통화 후 중국은 발표하지도 않은 '시진핑 상반기 방한(訪韓)'을 기어코 못 박은 청와대의 중국 짝사랑이 향후 코로나 대응까지 영향을 미칠까 심히 걱정된다.

중국과 북한 정권에는 비굴할 정도로 수그리는 문재인 청와대는 시선을 국내로 돌리는 순간 고개를 뻣뻣이 쳐든다. 대북(對北)·대중(對中) 굴종외교를 비판받아도 대꾸조차 없다. 노무현 청와대는 비판 언론과 치열하게 논쟁하기라도 했다. 훨씬 오만하다. 자칫 탄핵 사유가 될 수 있는 울산시장 선거 개입 의혹에 대해서도 대통령은 한마디 말이 없다. 이러니 '민주화 이후 가장 오만한 정권'이란 소리가 나오는 것 아닌가.

최근 미래통합당에 합류한 한 젊은이의 촌철(寸鐵)에 무릎을 치는 이가 많았다. 진보 진영 출신인 이 젊은이는 "보수 쪽에선 범죄가 드러났을 때 '우리가 철저하지 못해 들켰

네'라는 느낌이라면, 진보는 '왜? 어때서? 우리가 좀 해먹으면 안 되냐?'는 태도다. 전자는 나쁜 놈이라고 욕할 수 있는데, 후자는 황당해서 말도 안 나오는 지경"이라고 했다.

아직도 조국이 뭘 잘못했냐며 '조국백서'를 내겠다는 사람들이 있질 않나, 그 사람을 공천하지 않으면 민주당을 가만두지 않겠다고 협박하는 무리들이 있질 않나, 소위 집권당이라는 정당이 그 협박에 굴복해 전략공천 하겠다고 하질 않나…. '어이구 들켰네' 하는 일말의 *수오지심(羞惡之心)마저 없는 사람들을 어떻게 봐야 할까. 이러니 도덕과 양심, 상식의 기준이 무너질까 봐 무섭고, 아이들이 보고 배울까 봐 두렵다. 아니, 벌써 보고 배우고 있는지도 모른다.

언제부터 한국의 진보라는 사람들이 이렇게 두껍고 뻔뻔해졌을까. 우리는 조영래 김근태 등으로 대표되는 수많은 양심적인 진보 지식인들을 기억한다. 진보 정권인 김대중 노무현 대통령 때도 이렇지 않았다. 더구나 노무현은 회고록에서 "참여정부는 절반의 성공도 못 했다. 지금 나를 지배하고 있는 것은 실패와 좌절의 기억"이라고 토로할 정도로 부끄러움을 알았고, 그것이 비극적 선택으로 이어졌다고 본다.

이들이 부끄러움을 모르고 오만이 하늘을 찌르는 이유는 자명하다. 진정한 진보가 아니기 때문이다. 목적이 수단을 합리화하는 공산당 논리와 김일성 혈통을 신성(神聖)가족으로 여기는 주체사상, 홍위병을 앞세우고 학살을 자행한 마오쩌둥을 미화한 리영희류의 반미친중(反美親中) 세례를 흠뻑 받은 80년대 NL(민족해방) 운동권 좌파이기 때문이다. '우리는 무조건 옳다'는 무오류의 철갑을 두르고, 문재인-조국을 성역화하며, '문파 홍위병'이 날뛰는 행태의 *연원(淵源)이 바로 거기에 있다.

문제는 이렇게 오만하고, 그래서 무능한 집권세력이 코로나 사태라는 초유의 시련을 잘 헤쳐 나갈 수 있느냐다. 시중에는 벌써 이 사태를 특정 종교집단의 등장까지 엮어 박근혜 정권의 세월호 참사와 연결짓는 얘기가 돌지만, 동의하지 않는다. 세월호든 메르스든 코로나든 재난의 발발 원인을 정권의 책임으로 돌리는 건 합리적이지도 과학적이지도 않다.

다만 세월호 참사 당일 박 전 대통령의 기민하지 못한 대응이 두고두고 논란을 부른 건 사실이다. 중국인 입국 여부를 둘러싼 문재인 정부의 초기 대응도 논란을 부를 조짐이나 그보다 중요한 건 향후 대처다. 문 정권은 세월호 참사와 메르스 사태를 박근혜 정부 책임으로 몰아붙이던 때를 돌아보며 더 겸허해져야 한다. 오만의 장막을 열어젖히고

아집(我執)의 색안경을 벗어던져야 보다 유연하고 효과적인 대책으로 가는 길이 보일 것이다. 그런 길로 간다면 국민도 힘을 모아줄 것이다.

용어 노트

*수오지심(羞惡之心) : 자기의 옳지 못함을 부끄러워하고, 남의 옳지 못함을 미워하는 마음.

*연원(淵源) : 사물의 근원.

생각 정리 퀴즈

① 만약 코로나19 발원지가 중국이 아닌 [　　　]이었다면 현 정부의 대응은 완전히 달랐을지 모른다.

② 현 정권의 [　　　] 성향이 코로나19 방역 대응에까지 영향을 미칠까 우려된다.

③ 중국, 북한을 대하는 모습과 달리 국내 정치를 대하는 청와대의 모습은 오만해 보인다.

④ 양심적인 진보 지식인들과 이전의 진보 정권이 보여준 모습과 달리 최근의 진보가 무조건 자신들이 옳다는 오만함에 빠져 있는 것은 [　　　] 운동권 좌파가 주류이기 때문이다.

⑤ 재난의 발발 원인을 [　　　]의 책임으로 돌릴 순 없지만, 재난에 대처하는 정부의 초기 대응은 논란의 대상이 될 수 있다.

⑥ 문재인 정권이 오만과 아집을 버려야 보다 유연하고 효과적인 대책이 가능하다.

정답 : ① 미국 ② 친중 ③ 운동권 ④ 친북 ⑤ 정부

생각 키우기

■ 수오지심(羞惡之心)

《맹자》의 '공손추편(公孫丑篇)'에선 "불쌍히 여기는 마음이 없는 것은 사람이 아니고, 부끄러움을 아는 마음이 없으면 사람이 아니며, 사양하는 마음이 없으면 사람이 아니며, 옳고 그름을 아는 마음이 없으면 사람이 아니다"란 대목이 등장합니다. 이어 "불쌍히 여기는 마음은 어짊의 극치이고, 부끄러움을 아는 마음은 옳음의 극치이고, 사양하는 마음은 예절의 극치이고, 옳고 그름을 아는 마음은 지혜의 극치"라고 말합니다. 이 중 '부끄러움을 아는 마음'이 바로 수오지심(羞惡之心)입니다.

수오지심은 맹자가 독창적으로 주창한 인성론인 '사단설(四端說)'의 하나입니다. 사단(四端)이란 △측은(惻隱) △수오(羞惡) △사양(辭讓) △시비(是非)의 마음을 말하는

데 각각의 마음은 인(仁), 의(義), 예(禮), 지(智)의 근원을 이루지요.

맹자는 사람의 본성이 사단(四端)의 천성을 따른다고 보았으며, 사람의 본성이 짐승의 본성과 다른 점도 바로 이 사단에 의한 인간의 선함이라고 주장했습니다. 이처럼 사단설은 사람의 본성을 '선(善)'으로 보기에 흔히 '성선설(性善說)'이라고도 합니다.

> **생각 넓히기**
>
> Q. 코로나19 사태를 둘러싸고 정부의 대응을 비판하는 목소리도 일부 있습니다. 정당한 비판은 수용해야 하지만 문제는 가짜 뉴스나 왜곡된 뉴스, 미확인 정보를 토대로 한 근거 없는 비판입니다. 악의적 편집이나 표현으로 교묘하게 진실을 왜곡하는 가짜 뉴스를 소셜네트워크서비스(SNS) 등을 통해 퍼뜨리는 유포자의 처벌 강화에 대해 어떻게 생각하나요?
>
> Guide▶ 뉴스는 국민들의 알 권리를 충족시키는 동시에 권력 견제, 사회문제 해결이라는 공공선을 추구합니다. 그렇기 때문에 민주주의 국가에서는 대부분 언론의 자유를 폭넓게 보장하지요. 그런데 최근 이러한 뉴스의 형식을 빌려 등장한 가짜 뉴스가 큰 문제가 되고 있습니다. 가짜 뉴스는 사실을 왜곡하거나 축소·확대함으로써 잘못된 정보를 제공하고, 자신의 의도대로 여론을 형성하기 위해 만들어집니다. 특히 자의적인 해석이나 왜곡된 정보를 덧붙여 만들어내는 가짜 뉴스는 여론을 호도하는 범죄입니다. 정식 언론이 아닌 개인 방송이라 하더라도 잘못된 여론 형성에 영향을 미쳤다면 그 책임에서 자유로울 수 없지요. 실제로 가짜 뉴스 생산자, 유포자는 사안에 따라 현행 형법이나 정보통신망법 위반으로 처벌 대상이 됩니다.
>
> 그러나 가짜 뉴스에 대한 강력한 처벌에는 어려움이 따릅니다. 우선 어느 범위까지를 '가짜'로 볼 것인지, 그 판단은 누가 할 것인지가 불분명합니다. 또한 가짜 뉴스에 대한 처벌이 악용되면 언론의 역할이 축소될 수 있습니다. 이는 나아가 권력에 대한 언론의 견제를 느슨하게 만들 수 있지요.
>
> 가짜 뉴스가 무분별하게 만들어지는 것은 그것에 흔들리는 시민이 많다는 말이기도 합니다. 온라인상에서 많은 정보를 받아들이는 개인들은 비판적인 자세로 뉴스나 정보를 선별해 수용하는 태도가 필요합니다.

19 민심을 보여주는 선거 결과

생각 열기 코로나19 확산 국면에 치러진 제21대 국회의원 선거는 우려와 달리 1992년 총선 이후 28년 만에 최고 투표율을 기록했습니다. 유권자가 보여준 민심은 무엇이었을까요? 정부 여당과 보수 야당이 결과로 드러난 민심을 꼼꼼히 들여다보고 협치에 나설 때입니다.

[사설] 압승한 與, 겸손한 자세로 코로나 국난 극복 협치 나서라 (2020년 4월 16일자)

민심은 엄중했다. 집권 더불어민주당은 비례정당 득표를 포함해 절반을 넘는 안정 의석을 얻었다. 4년 전 20대 총선에서 과반에 27석 못 미치는 123석을 얻어 1석 차로 제1당을 차지했던 민주당으로선 압승이라 할 만한 결과다. 국민은 미증유의 코로나 위기를 맞아 정부 여당에 힘을 실어주는 동시에 *수권 세력의 비전을 보여주지 못한 미래통합당에 엄중한 경고의 메시지를 보낸 것이다.

이번 총선은 코로나 사태로 인해 문재인 정권 3년에 대한 중간평가의 의미가 퇴색된 '코로나 선거'라 해도 과언이 아니다. 초기 방역대책을 둘러싼 논란에도 불구하고 우리 사회 전체의 코로나 대응에 대한 국제사회의 긍정적 평가 속에 많은 국민은 정부 여당에 힘을 실어주는 선택을 한 것으로 보인다. 특히 정부 여당은 지원 기준과 대상의 적절성을 둘러싼 논란에도 불구하고 긴급재난지원금 등 과감한 복지정책의 주도권을 쥐고 추진력을 과시했다. 초기 혼선에도 불구하고 마스크 공급 안정화 등 실생활과 관련된 문제를 해결해가는 모습도 표심에 긍정적 영향을 미쳤을 것이다.

그 대신 경제, 외교·안보 정책 등 문재인 정부 3년 공과에 대한 평가의 의미는 희석됐다. 누더기 선거법 개정, 우리 사회를 두 동강 낸 조국 전 법무부 장관 임명 논란, 검찰개혁 논란 등에 대한 민심의 평가도 뚜렷이 드러나지 못했다. 더욱이 사회적 거리 두기로 후보자와 유권자가 만날 기회가 사라지며 인물 검증도 실종됐다.

비록 코로나 사태로 인해 국정 중간평가와 향후 국정 진로를 제시하는 의미는 약해졌지만 이번 총선은 66.2%라는, 1992년 14대 총선 이후 28년 만에 최고 투표율을 기록했다. 감염병 사태로 투표율이 떨어질 것이라는 우려와는 달리 국민들은 적극적으로 민의를 표출한 것이다.

　민주당은 이번 총선 승리로 2016년 총선과 2017년 대통령선거, 2018년 지방선거에 이은 4연속 전국단위 선거에서 승리한 기록을 세웠다. 민주화 이후 통합당 계열 정당이 전국단위 선거에서 3연속 승리한 적은 있었지만 4연속은 처음이다. 그렇다고 해서 유권자가 민주당이 만족스러워서 당의 손을 들어준 것은 아니다. 국민은 이번 총선에서 그간 정부 여당의 오만과 독선에 대한 심판을 유보했을 뿐이다. 당장 급한 코로나 위기 극복의 과제 해결에 집중하라는 판단이 작용했을 것이다.

　정부 여당은 이번 선거 결과를 그간 국정 운영 기조에 대한 합격증이라고 생각해서는 안 된다. 방향성은 차치하고라도 대화와 타협, 조율과 협치보다는 대립과 증오, 상대를 적폐로 규정하고 몰아붙여온 국정 운영 방식이 계속돼선 안 된다.

　여당의 승리엔 정부 여당을 제대로 견제하지 못한 보수 야당에 대한 불신과 비호감이 결정적 역할을 했다. 이번 총선을 앞두고 범보수 진영은 물리적 통합은 했지만 화학적 결합을 이뤄내지 못했다. 당명 개정과 *이합집산을 거듭했을 뿐 탄핵의 그늘을 완전히 걷어낼 자성과 혁신, 다시 말하면 수권 세력에 걸맞은 역량과 비전을 보여주지 못했다. 특히 공천 막판에 황교안 대표가 공관위 안을 뒤집고 자신과 가까운 인사들을 공천한 사천(私薦) 논란도 역풍을 불렀다.

　게다가 선거 막바지에 이른바 '세월호 천막 발언' 같은 막말에 사실상 면죄부를 준 것은 수도권 민심 이반을 초래했다. 지도부 스스로 새로운 보수의 가치와 정체성을 내면화하지 못한 탓이다. 총선을 지휘한 황 대표 리더십은 지지층과 국민들에게 수권 세력으로서의 믿음을 주지 못했다. 황 대표는 총선 참패의 책임을 지고 사의를 표명했으며 앞으로 세력 재편을 놓고 당내 갈등이 거세질 것이다. 통합당이 환골탈태하지 않는다면 야당의 수권 능력에 대한 국민의 의구심은 계속될 것이다.

　이번 선거 결과 4년 전 국민의당 돌풍과 같은 제3세력의 약진은 없었다. 군소 야당의 존재감도 희미해졌다. 거대 정당의 '강 대 강' 대결구도가 만들어진 것이다. 제3세력의 완충 장치가 없는 상태에서 여야 대치가 심화될 경우 정국 파행은 불을 보듯 뻔하다. 더욱이 완화되는 듯하던 영호남 지역 양상도 더 뚜렷해졌다. 20대 국회에서 지겹도록 되풀이된 파행 국회의 고리를 끊기 위한 진정한 협치 모델을 고민해야 할 것이다.

　총선 이후 정부 여당엔 더 엄중한 과제가 부여될 것이다. 코로나 위기의 터널을 빠져

나가기 위해선 전 국민의 동참과 협조가 필요하다. 전방위에 걸친 경제위기의 파고를 넘기 위해서도 야당을 청산 대상이 아닌 국정 파트너로 삼아 함께하는 협치가 절실하다. 정부 여당이 전 국민을 포용하고 단합하게 만드는 포용적 리더십을 발휘해야 하는 새로운 시험대에 오른 것이다.

용어 노트

*수권 : 선거에 의하여 정권을 얻는 것.

*이합집산 : 헤어졌다가 만나고 모였다가 흩어지는 것을 이르는 말.

생각 정리 퀴즈

① [ ]이 총선에서 압승했다. 국민은 정부 여당에 힘을 실어주는 동시에 수권 세력의 비전을 보여주지 못한 야당에 경고 메시지를 보냈다.

② 경제, 외교·안보 정책 등에 대한 평가는 희석됐고 인물 검증도 실종됐지만 28년 만의 총선 최고 투표율을 기록했다.

③ 정부 여당은 선거 결과를 그간 국정 운영에 대한 합격증으로 여기지 말고 협치에 나서야 한다.

④ 세월호 천막 발언 등으로 논란을 불러일으킨 보수 야당이 [ ]하지 않는다면 국민의 의구심은 계속될 것이다.

⑤ 거대 양당 구조가 더욱 공고해져 정국 파행이 예상된다. 정부 여당은 [ ] 리더십을 발휘해야 한다.

정답 : ① 민주 여당 ② 환골탈태 ⑤ 포용적

생각 키우기

■ 뒤베르제의 법칙(Duverger's law)

프랑스의 정치학자 모리스 뒤베르제는 '단순 다수대표제는 양당제를 유도하고, 비례대표제는 다당제를 유도한다'는 뒤베르제의 법칙을 제시했습니다. 그는 선거 제도에 따라 유권자들의 판단 전략이 바뀐다고 설명합니다. 유권자가 선호하는 군소 정당 후보자가 당선이 어렵다고 판단되면 사표(死票)가 되지 않도록 당선 가능성이 높은 후보자에게 투표한다는 것. 결국 지역구에서 1명만 당선되는 소선거구제에서는 양당제가 촉진됩니다. 지역구와 전국구(비례대표제)가 동시에 실시될 경우 소선거구제 지역구에서는 유력 당에, 전국구인 정당 투표에서는 소신 투표를 함에 따라 다당제가 촉진되지요.

우리나라 선거 제도는 지역구는 소선거구제, 전국구는 정당명부식 비례대표제를 실시해 지역구는 다수 양당 후보 위주로, 전국구는 군소 정당 후보가 당선되기도 합니다. 이번 선거에선 다당제를 촉진하기 위해 준연동형 비례대표제가 도입됐지만 다수당의 위성정당이 등장함에 따라 원래 기대한 효과가 나오지 못하는 모순을 보였습니다. 선거 제도의 보완이 필요합니다.

> **생각 넓히기**
>
> Q. 재외선거 제도에 따라 선거 기간 해외에 체류 중인 우리 국민은 국외에서도 투표할 수 있습니다. 하지만 중앙선거관리위원회가 코로나19로 일부 지역에서 선거 사무 중지 결정을 내리면서 '재외국민의 참정권 보장을 해달라'는 목소리가 높아졌습니다. 당시 선관위의 결정은 타당했다고 생각하나요?
>
> Guide▶ 선관위가 총 40개국의 65개 공관의 재외선거 사무를 중단하면서 전체 재외선거인 17만1959명 중 46.8%인 8만500명이 재외투표에 참여하지 못했습니다. 해외에선 강도 높은 '사회적 거리 두기'가 유지되면서 재외투표율은 역대 최저인 23.8%를 기록했지요. 선관위는 "일부 나라에선 전 국민에게 자가 격리와 통행금지, 외출 제한 등의 조치를 내리고 위반 시 처벌해 투표에 참여하는 재외국민의 안전을 보장할 수 없다"고 선거 사무 중지 배경을 밝혔습니다.
>
> 이에 국민의 안전을 보장하고 감염병 확산을 막기 위한 합당한 조치라는 의견이 있습니다. 선거를 무리하게 실시했다가 집단 감염이 나오면 외교적 문제로 확대될 수도 있는 재난 상황임을 고려해야 한다는 것이지요. 반면 헌법이 보장하는 참정권을 제한하는 조치라는 의견도 있습니다. 선관위가 외교부와 협력해 발 빠르게 대안을 마련했다면 더 많은 유권자가 소중한 한 표를 행사할 수 있었다는 것입니다.

CHAPTER 3

희소성을 넘어
함께하는 가치로
- 경제

1. 손뼉이 마주쳐야 대박이라도 나지

2. individual = industry

3. 청년 노인

4. 개혁, 혁신, 신뢰?

5. 집값 잡기

6. 양보의 미덕

7. 공유경제? 그들만의 경제?

8. 슈퍼맨 같은 재정 지출?

9. 불확실한 미래에 확신을

10. 경쟁에서 이기기 위해서

11. 자연 상태

12. 농자천하지대본(農者天下之大本)

13. 그 성장果를 따라!

14. 허리띠를 단단히 매고

15. 기회는 준비된 자에게

16. 정의란 이름으로

17. 집으로?

18. 공짜 점심은 없다

1
손뼉이 마주쳐야 대박이라도 나지

생각 열기 정책은 호응만큼이나 실효성이 중요합니다. 특히 영세업자를 살리기 위한 정책이라면 실제로 그들을 돕고 지원해 줄 수 있어야 합니다. 그런데 제로페이는 혜택도, 이용도, 만족도도 떨어집니다. 이 삼박자를 맞추려면 어떻게 해야 할까요?

[사설] 카드결제액의 0.0003%… 호응 '제로' 제로페이 (2019년 3월 7일자)

정부와 서울시가 자영업자의 카드 수수료 부담을 낮추기 위해 도입한 간편결제 서비스 '제로페이'가 외면받고 있다. 어제 금융감독원이 제출한 자료를 보면 1월 제로페이를 통해 결제된 금액은 2억 원에도 못 미쳤다. 같은 달 전체 카드 결제금액(58조 원)의 0.0003%에 불과하다. 혜택 당사자인 자영업자들의 호응도 낮아 서울 소상공인 점포 66만 개 가운데 7%가량이 가맹점으로 등록했다. 한 달간 가맹점당 제로페이 결제 실적이 고작 4300원인 것이다.

서울 시내 곳곳을 제로페이 광고로 도배하고 가맹점 유치 수당까지 지급했는데도 이 정도면 실망스러운 결과가 아닐 수 없다. 서울시는 이미 광고 등에 30억 원의 *추경예산을 집행했고, 중소벤처기업부는 가맹점 모집 영업사원 고용에 29억 원을 썼다. 서울시와 중기부는 올해도 각각 38억 원, 60억 원의 홍보예산을 잡아 놨다.

제로페이는 자영업자 지원이라는 명분 외에는 장점이 거의 없어 작년 12월 도입 때부터 논란이 많았다. 가장 큰 메리트라는 소득공제 혜택은 체크카드와 큰 차이가 없는 데다 제로페이로만 연간 2500만 원을 써야 받을 수 있다. 이러니 "인기가 제로여서 제로페이"라는 얘기마저 나오는 것이다.

이런데도 정부는 제로페이 활성화를 위해 신용카드 소득공제 혜택을 줄이고 제로페이 혜택을 확대하는 방안을 검토하고 있다. 그러자 자영업자를 돕겠다고 '유리지갑'인 월급쟁이를 봉으로 삼느냐는 반발이 쏟아지고 있다. 카카오페이 등 민간 사업자들이 경쟁하며 판을 키워 오던 결제시장에 정부가 직접 뛰어든 것도 모자라 언제까지 막대한 세금을 쏟아부으며 제로페이 밀어주기에 목을 매고 있을 건가. 제로페이와 별개로 이미 각종 인하 조치로 카드 수수료가 내려갔고, 수수료가 싼 간편결제 서비스도 속속 등장하고 있다. 정부는 지금이라도 결제시장에서 발을 빼고 민간의 기술 혁신과 경쟁을 유도해야 한다.

용어 노트

*추경예산 : 추가경정예산. 정부는 1년 단위로 나라의 수입과 지출 계획을 수립해 재정 활동을 하는데, 해당 연도 중 이 계획을 크게 바꿀 필요가 있을 경우 추가경정예산을 편성한다.

생각 정리 퀴즈

① 정부와 서울시가 도입한 간편결제 서비스인 [　　　]가 외면받고 있다.

② 서울시와 정부가 제로페이 도입과 홍보를 위해 적지 않은 예산을 쏟아부었음에도 성적표가 초라하다.

③ 제로페이의 부진은 [　　　] 지원이라는 명분을 빼면 제도적 장점이 거의 없다는 점 때문이다.

④ 정부가 막대한 세금을 쏟아부어 제로페이 밀어주기를 하고 있다.

⑤ 간편결제 시장에 임의로 개입하지 말고 민간의 기술 혁신과 [　　　]을 유도해야 한다.

정답 : ① 제로페이 ③ 자영업자 ⑤ 경쟁

생각 키우기

■ **카드 수수료 논쟁**

한때 정부는 현금 대신 카드 사용을 적극 권장했습니다. 소비자에게 사용 내역이 투명하게 집계되는 카드를 사용하게 함으로써 소득을 과소 신고하는 등 업체의 탈세 행위를 잡아낼 수 있기 때문입니다. 정부는 카드를 사용할 때 소비자에게 돌아가는 혜택이 많아지도록 신용카드에 소득공제 혜택을 주고, 카드사에도 각종 지원을 늘렸습니다. 그 결과 지금은 현금보다 카드를 더 많이 사용하는 시대가 되었지요.

하지만 카드 사용이 보편화되면서 카드 수수료 논쟁도 불거졌습니다. 카드사는 가맹점(기업, 가게)에서 발생하는 카드 결제에 대해 결제 수수료를 받는데, 카드사마다 조금씩 다르지만 평균적으로 건당 1.5%가 부과됩니다. 만약 소비자가 가게에서 1만 원을 결제했을 때의 경우를 단순 계산해 보면 가게가 카드사를 통해 받는 대금은 결제 수수료 150원을 제외한 9850원입니다. 한 달 전체 매출을 놓고 보면 적잖은 비용이 될 수 있고, 영세한 소상공인에게는 더 큰 부담이 됩니다. 이러한 부담을 덜기 위해 카드사와 가맹점주 간 카드 수수료율을 둘러싼 협상이 주기적으로 이뤄지지만, 보통 절대적 우위를 점하는 카드사에 의해 일방적으로 결정되는 경우가 많습니다. 이에 정부는 정책적 수단을 통해 카드사에 수수료 인하 압박을 가하거나 제로페이처럼 자영업자들을 위해 결제 수수료가 없는 결제수단을 내놓고 있습니다.

■ **제로페이**

은행이 소비자의 계좌에서 판매자의 계좌로 현금을 이체하는 '계좌이체' 방식의 간편결제 시스템. 소상공인들의 카드 수수료 부담을 덜기 위해 중소벤처기업부와 서울시가 공동 개발해 2019년 3월부터 서울에 도입되었습니다.

스마트폰에 간편결제 전용 애플리케이션(앱)을 설치하거나 기존의 은행 앱 등을 통해서도 사용 가능합니다. 결제 방법은 크게 두 가지. 앱을 통해 본인의 결제 정보가 담긴 QR코드 화면을 스마트폰에 띄우고 매장에서 전용 리더기로 이를 스캔하면 결제가 이루어집니다. 반대로 소비자가 앱을 실행한 후 스마트폰 카메라 기능을 활용해 매장 내 QR코드를 찍고 결제 금액을 입력한 뒤 비밀번호나 지문인식 등으로 인증하면 결제가 이루어지기도 합니다.

제로페이를 활용하면 연 매출 8억 원 이하의 소상공인은 결제 수수료를 내지 않아도 됩니다. 연 매출 8억 원이 넘더라도 12억 원까지는 0.3%, 12억 원 초과인 곳은 0.5% 등 기존 카드 결제 수수료보다 낮은 수수료를 부담하면 됩니다. 소비자 또한 연 소득의 25%를 초과한 제로페이 사용분에 대해서 40%를 소득공제 받을 수 있습니다. 신용카드 소득공제율은 30%입니다.

> **생각 넓히기**
>
> **Q. 우리나라에 진출한 미국의 유통업체 코스트코는 자사와 계약을 맺은 특정 카드사의 카드로만 결제를 허용합니다. 이를 두고 소비자의 선택권과 편의성을 외면한 것이란 주장이 나옵니다. 어떻게 생각합니까?**
>
> Guide ▶ 대부분의 가맹점은 카드사에 따른 제약 없이 카드 결제가 가능합니다. 그런데 코스트코는 결제 카드를 특정 카드사로 제한해 두었습니다. 여러 카드사들을 경쟁시켜 가장 낮은 수수료율과 좋은 조건을 제시하는 카드사와만 독점적으로 가맹 계약을 맺습니다.
>
> 이로 인해 결제 카드로 지정된 카드사의 회원이 아닌 소비자는 코스트코를 이용하려면 새롭게 카드를 발급받아야 합니다. 카드 발급에 따른 연회비도 소비자가 부담하지요. 카드사 경쟁을 통한 이익이 소비자가 아닌 유통업체에 흘러가는 구조입니다. 재주는 곰이 부리고 돈은 사람이 버는 것과 같은 상황이지요.
>
> 그러나 이것이 꼭 잘못되었다고 볼 순 없습니다. 모든 업체가 소비자 편의를 위해 모든 카드사와 가맹 계약을 맺어야 할 강제성은 없습니다. 기업은 이익을 극대화하기 위한 계약을 할 수 있지요. 카드 제한에 따른 불편함을 감수하고도 코스트코를 선택하는 소비자가 많기에 이러한 정책을 고집할 수 있는 것입니다.

individual = industry

생각 열기 빅데이터는 4차 산업혁명 산업의 핵심. 데이터를 얼마나 많이 가지고 잘 활용하느냐가 중요하지요. 대표적으로 포털사이트는 접속과 검색 기록을 활용해 접속자의 관심사나 성향을 파악하고 이를 겨냥한 광고를 내보냅니다. 데이터가 돈이 되고 힘이 되는 세상, 어떻게 봐야 할까요?

[사설] EU 개인정보보호법에 韓 기업들 곤경, 정부 방관만 할 건가
(2019년 3월 20일자)

유럽연합(EU)에서 강력한 개인정보보호법(GDPR)이 발효되면서 유럽에서 사업을 하는 한국 기업들이 어려움을 겪고 있다. 지난해 5월부터 시행 중인 이 법에 따르면 기업들은 EU 거주자의 이름 주소 검색기록 등 개인정보를 동의 없이 EU 밖으로 유출하거나 사용하면 엄청난 과징금을 물어야 한다. 한국 기업의 유럽 법인이 현지에서 얻은 고객 정보를 본사와 공유하는 것조차 법 위반이 되니 기업들이 벌벌 떨 수밖에 없다.

이 법은 구글 페이스북 등 미국과 중국의 인터넷 기업들을 주된 표적으로 한 것으로 보이지만 한국도 자유로울 수 없다. EU는 중국 미국에 이어 세 번째로 큰 무역 상대다. 그런데 정부는 해설서 발행과 몇 차례 설명회를 한 후 방치하고 있으니 답답하다. 수출을 총괄하는 산업통상자원부는 "개인정보 보호와 관련된 규정은 행정안전부가 관리한다"고 하고, 행안부는 "유럽 진출 기업에 대한 정보가 없어 모른다"고 한다. 부처들끼리 핑퐁을 하면서 실태 파악도, 기업들을 위한 창구 마련도 하지 않는 사이 기업들만 속이 타들어 간다.

일본 정부는 달랐다. 2015년 EU 기준에 맞게 개인정보보호법을 개정해 2017년부터 시행했다. 작년 7월 EU와 협의를 시작해 올해 초 EU의 인정을 받았다. 정부가 나서서 EU의 적정성 평가를 통과함으로써 일본 기업들은 별도 허가 없이 개인정보를 유럽에서 가지고 나올 수 있게 된 것이다.

한국은 개인정보 담당 기관이 방송통신위원회 산업부 행안부 금융위원회 등으로 분산돼 컨트롤타워조차 없다. 독립적인 개인정보보호위원회를 두고 있는 일본을 참고할 만하다. 4차 산업혁명 시대의 개인정보는 농경시대의 쌀, 산업시대의 원유나 마찬가지다. 개인정보 관련 제도와 주무 기관을 조속히 정비해야 한다. 개인정보보호법 정보통신망법 등 관련 법들을 논의조차 안 하고 있는 국회도 '경제'를 말할 자격이 없기는 마찬가지다.

생각정리퀴즈

① 유럽연합에서 [   ]이 시행돼, EU 거주자의 개인정보를 동의 없이 EU 밖으로 유출하거나 사용할 수 없게 되자 한국 기업들이 어려움을 겪고 있다.

② GDPR 시행으로 EU에서의 한국 기업 활동이 제약을 받게 됐음에도 불구하고 정부가 대책을 내놓지 않고 있다.

③ EU 기준에 맞게 개인정보보호법을 정비한 [   ]의 기업들은 EU로부터 개인정보 활용을 허락받았다.

④ 한국은 개인정보 담당 기관이 분산돼 이러한 변화에 대처할 [   ]가 없다.

⑤ [   ]의 중요성이 높아진 만큼 관련 제도와 주무 기관, 법을 조속히 정비해야 한다.

정답 : ① 개인정보보호법 ③ 일본 ④ 컨트롤타워 ⑤ 개인정보

생각 키우기

■ **데이터 3법과 가명정보**

　가명정보란 개인 식별이 가능한 개인정보와 식별이 불가능한 익명정보의 중간 단계에 해당하는 개념. 개인정보 일부를 삭제하거나 대체해 추가 정보 없이는 특정 개인을 알아볼 수 없도록 '가명 처리'한 정보를 뜻합니다.

　가명정보는 2020년 1월 국회를 통과한 '데이터 3법(개인정보보호법·신용정보법·정보통신망법 개정안)'을 위해 새로 도입된 개념입니다. 데이터 3법은 가명정보라는 개념을 도입해 데이터의 활용 범위를 획기적으로 넓힌 것. 기존에는 개인정보 등의 수집·활용이 다소 까다로웠고, 이미 수집한 개인정보라도 정보 처리 목적이 달라지면 다시 이용자에게 사전 동의를 받아야 했습니다.

　하지만 개정 법안은 개인 식별 불가를 전제로 한 가명정보의 개념을 도입해 가명정보는 정보 주체의 동의가 없어도 제3자에게 제공해 통계 작성이나 산업적 목적을 포함하는 과학적 연구, 공익적 기록 보존 등에 폭넓게 활용할 수 있도록 했습니다. 이처럼 데이터 활용의 제약이 사라지면서 금융·헬스케어·정보통신기술(ICT) 등 다양한 분야에서 신사업과 개인 맞춤형 서비스가 가능해질 것으로 전망됩니다.

　가장 먼저 변화가 예상되는 곳은 방대한 고객 결제 데이터를 가진 카드업계입니다. 이전까지 카드사들은 고객이 결제한 품목의 정보를 이용할 수 없었습니다. 그러나 데이터 3법이 시행되면 카드사들은 고객의 개인정보에서 식별자(이름, 전화번호, 이메일 등 정보)를 가린 '가명정보'를 활용할 수 있게 됩니다. 고객의 구매 품목과 구매액, 거주지역, 성별, 연령 등 보다 정밀한 데이터를 활용할 수 있고, 이를 통해 고객의 소비 패턴을 분석하고 더 효과적인 마케팅 전략을 수립할 수 있지요. 그야말로 데이터가 '돈'이 되는 시대인 것입니다.

　데이터의 활용 범위가 넓어진 만큼 우려도 제기됩니다. 가명정보는 그 자체만으론 개인을 특정할 수 없지만 가명정보 여러 개를 결합하면 개인을 특정할 수 있을 가능성이 커집니다. 다른 정보를 결합해도 누구의 정보인지 식별할 수 없는 익명정보와의 가장 큰 차이점이지요. 이 때문에 온라인상에서 쉽게 얻을 수 있는 데이터와 가명정보를 결합해 악용하는 사례가 나타날 수 있습니다.

■ **맞춤형 광고는 편리한 도구인가, 감시 도구인가?**

맞춤형 광고(Retargeting Ad·리타기팅 광고)는 인터넷 사용자의 검색 기록이나 흥미를 인공지능(AI)이 분석하여 배너나 알림 등을 통해 맞춤 광고 및 정보를 제공하는 것을 말합니다. 위성위치확인시스템(GPS)과 같은 위치정보와 결합해 흥미 있는 장소나 물건이 있는 곳을 알려주고, 관심사나 검색 관련 내용을 지속적으로 노출시키고 링크해 둠으로써 자연스러운 소비를 유도하기도 합니다.

이런 광고는 번거롭게 물건이나 장소, 정보를 찾을 필요 없이 제공되므로 편리합니다. 하지만 분석 과정에서 개인의 소비 패턴, 소득, 위치, 성향 같은 개인정보가 노출된다는 문제가 있습니다. 그래서 일각에서는 맞춤형 광고를 위한 알고리즘을 일종의 경제적 빅브러더(정보의 독점과 감시, 통제)로 보기도 합니다.

> **생각 넓히기**
>
> **Q.** 소셜네트워크서비스(SNS) 텔레그램은 철저한 보안과 익명성 보장을 내세워 이용자의 선택을 받았습니다. 최근 논란이 된 n번방 사건에서도 텔레그램은 범죄 용의자의 자료와 정보, 대화 내용 등의 수사자료 제공 요구를 보안 및 비밀 유지라는 이유로 거부하고 있습니다. 온라인에 남겨진 개인정보는 어떠한 경우일지라도 보호되어야 할까요?

Guide ▶ 텔레그램은 보안 유지를 가장 큰 경쟁력으로 내세웁니다. 이 점을 믿고 텔레그램을 선택한 이용자들은 자신의 정보나 대화 내용이 유출되지 않는다는 약속이 깨지면 더 이상 텔레그램을 이용하지 않을 것입니다.

하지만 텔레그램이 일반적인 정보뿐 아니라 범죄 용의자들의 혐의를 입증할 수 있는 자료까지 보안 유지를 이유로 내놓지 않으면서 정의 차원의 문제 제기가 나옵니다. 텔레그램의 논리대로라면 산에서 조난당한 사람의 위치 정보를 알고 있더라도 이를 소방 당국이나 경찰에 제공하지 않은 채 그 사람이 죽게 놔둬야 합니다.

개인의 정보 및 사생활 보호는 중요하지만 '공공의 복리'나 '정의 실현'을 위해서는 필수 정보가 경찰 등에 제공될 필요가 있습니다. 물론 이때 정보 제공도 반드시 영장에 따라 집행되는 등 한정된 범위에서 이루어져야 하겠지요.

청년 노인

생각 열기 고령화 속도가 빨라지는 와중에 베이비붐 세대의 퇴직까지 겹치면서 고령인구부양비가 급격히 높아집니다. 복지에 대한 부담이 커지는 것은 물론 경제성장의 지속 가능성에 대한 우려도 나옵니다.

[사설] 65세 정년연장, 노동시장 개혁과 병행해 논의해야 (2019년 6월 3일자)

홍남기 경제부총리 겸 기획재정부 장관이 어제 한 TV 시사프로그램에 출연해 "정년 연장 문제를 인구구조개선 태스크포스(TF) 산하 10개 작업반 중 한 곳에서 집중 논의하고 있다"고 밝혔다. 현재 60세인 정년을 당장 65세까지로 늘리겠다는 의미는 아니고 더 늦기 전에 이 문제를 공론화해서 사회적 합의를 모아갈 필요가 있다는 취지로 보인다.

우리나라의 고령화 속도와 노동시장 상황을 보면 정년 연장 논의는 시급한 문제다. 만 65세 이상 노인인구 비율이 불과 6년 뒤인 2025년이 되면 전체 인구의 20%를 넘는다. 생산연령인구 100명당 노인인구인 고령인구부양비가 1980년에는 10% 미만이었다가 최근에는 20%로 올랐고 2050년에는 73%까지 치솟을 것으로 전망된다. 100명이 벌어 73명을 먹여 살려야 하는 경제구조로는 지속적인 성장이 어렵다.

정년 연장이 청년 일자리 부족을 더 심화시키는 것 아니냐는 일각의 우려에 대해 홍 부총리는 "앞으로 10년간 노동시장에서 빠져나가는 *베이비붐 세대가 연 80만 명, 10대가 들어오는 속도가 연 40만 명임을 고려하면 이 같은 효과는 완화될 것이다"라고 내다봤다. 게다가 이른바 3D업종에는 일자리가 있어도 청년들이 취업을 꺼리고 있어 일부 산업현장에서는 정년 연장이 고용난을 해소시키는 데 도움이 될 수 있다. 특히 베이비붐 세대는 이전 고령 노동층과 달리 대부분이 고등교육을 받은 뒤 사회에서 경륜과 지식을 쌓았기 때문에 생산성 향상에 기여할 것이라는 게 한국개발연구원(KDI)의 진단이다.

정년 연장은 세계적인 추세이기도 하다. 일본은 2013년 65세로 올린 데 이어 다시 70세로 단계적으로 연장하는 방안을 검토하고 있고 독일 프랑스 등도 65세인 정년을 더 올리는 작업을 추진 중이다. 우리도 정년 연장 방안을 본격 논의해야 한다. 하지만 이는 반드시 임금체계 등 노동시장의 제도적 변화와 병행해야 한다. 다른 여건은 그대로 둔 채 정년만 일률적으로 올린다면 기업들은 그 부담을 감당하기 어려울 것이다. 정년 60세로의 연장 당시 이와 병행해 임금피크제 도입 등 보완장치를 마련했듯이 65세로의 단계적 연장 과정에서도 여러 보완책이 가능할 것이다. 연금 시스템의 지속가능성, 노인복지 차원을 넘어서서 저출산 고령화라는 인구 구조의 근본적 변화에 적응하기 위해서도 정년 연장 방안이 심도 있게 검토돼야 한다.

용어 노트

*베이비붐 세대 : 전쟁 직후 태어난 세대를 지칭하는 말. 우리나라에서는 6·25 전쟁 이후 신생아 출생률이 급격하게 증가한 시기에 태어난 세대(1955~1963년생)를 말한다. 베이비붐 세대 인구가 많다 보니 이들이 낳은 자녀의 수도 많아 베이비붐 1세대(1955~1963년생), 베이비붐 2세대(1979~1983년생)로 구분하기도 한다.

생각 정리 퀴즈

① 정부가 정년 연장 문제를 공론화해 사회적 합의를 모으려 한다.

② 고령화로 인한 인구구조 변화로 [   ]가 급격히 높아져 경제의 지속 성장을 위협하고 있기 때문이다.

③ 10년 내 [   ]의 정년이 도래하므로 정년 연장은 청년 일자리를 위협하지 않으며 오히려 일부 산업현장의 고용난을 해소한다는 것이 KDI의 진단이다.

④ 정년 연장은 세계적 추세로, 우리도 정년 연장을 본격 논의해야 한다.

⑤ [   ] 손질 등 정년 연장에 따른 보완책까지 함께 논의되어야 할 것이다.

정답 : ② 고령부양비율 ③ 베이비붐 세대 ⑤ 임금체계

생각 키우기

■ **부양비**

　총인구 중에서 생산 가능 연령층(15~64세)에 대한 비생산 연령층 인구의 백분비. 비생산 연령층은 유소년(0~14세)과 노년(65세 이상)으로 나뉘고, 유소년부양비는 (0~14세 인구/15~64세 인구)×100, 노년부양비는 (65세 이상 인구/15~64세 인구)×100으로 계산합니다. 총부양비는 유소년부양비와 노년부양비를 합친 것.

　부양비는 생산가능인구, 즉 그 사회의 청장년층이 부양해야 하는 비경제활동인구가 얼마나 되는지를 보여주는 것으로 사회의 인구구조가 경제적으로 얼마나 건전하고 지속 가능할 것인지를 예측하는 지표로 활용됩니다. 저출산과 고령화가 심한 사회일수록 유소년부양비가 낮고 노년부양비가 높은 모습을 보입니다.

　우리나라는 2019년 합계출산율이 0.92명으로 OECD 국가 중 가장 낮습니다. 이처럼 저출산 문제가 심각한 데다 고령화까지 빠르게 진행되고 있어 부양비 지표도 악화일로입니다. 우리나라 생산가능인구(15~65세) 100명이 부양해야 할 노년부양비는 2012년 15.7명, 2016년 18.0명, 2019년 20.4명으로 갈수록 늘고 있으며, 이런 추세라면 2067년에는 노년부양비가 현재보다 5배 이상 늘어난 102.4명에 이를 것이란 전망까지 나옵니다. 생산가능인구 1명이 노인 1명을 부양해야 하는 사회가 되지요.

■ **취업난과 고용난이 함께 나타나는 사회**

　통계청이 발표한 2020년 1월 청년실업률은 7.7%로 7년 만에 최저를 기록했습니다. 그러나 이 통계에는 아르바이트나 임시직 등도 포함되어 있어 청년들의 체감 취업난은 심각한 것으로 보입니다.

　청년들은 일자리를 구하지 못해 아우성인데 다른 편에선 기업들이 고용난을 호소합니다. 제조업이나 중소기업들을 중심으로 한 고용난도 심각해 외국인 노동자를 다수 고용하거나 직원들이 초과 근무를 하면서 버티는 경우도 적지 않습니다. 왜 이런 모순적 현상이 벌어질까요? 이는 청년들이 원하는 일자리와 실제 기업에서 내놓는 일자리가 서로 맞닿지 않기 때문입니다. 청년들은 환경, 임금, 기업문화 등을 고려해 최적의 직장을 가려 준비하는데, 고용난은 대개 3D 업종이나 중소기업처럼 청년들의 기대를 충족하지 못하는 곳에서 발생합니다. 노동의 수요-공급 자체가 만나지 않는 각각의 시장인 것이지요.

생각 넓히기

Q. 국제연합(UN·유엔)은 세계 인류의 체질과 늘어난 평균수명을 근거로 2015년 평생 연령 기준을 새롭게 제시했습니다. 미성년자는 0~17세, 청년은 18~65세, 중년은 66~79세, 노년은 80~99세, 장수노인은 100세 이상으로 구분함으로써 65세까지를 '청년'으로 보았습니다. 이를 고려하면 현재 만 60세인 우리나라의 정년 기준은 낮다는 생각이 듭니다. 하지만 정년 연장은 단순히 나이 기준을 높이는 문제가 아닙니다. 정년 기준 상향을 위해 고려할 점은 무엇일까요?

Guide ▶ 노인의 개념은 그 기준을 나이로 할 것인지, 사회적·경제적 능력으로 할 것인지, 노동 가능성으로 할 것인지 등에 따라 달라집니다. 유엔의 새 연령 기준은 노동 가능성에 중점을 둔 것입니다. 우리가 보통 경제활동인구라고 부르는 경제학적 생산 참여 연령은 15~64세. 현재 우리의 연령 개념으로는 청년과 중년이 모두 포함됩니다. 그런데 유엔은 청소년의 개념과 경제활동인구 개념을 결합해 생산 활동에 참여할 능력이 있으면 청년으로 보았습니다. 여기에 기존의 우리 개념대로 중년까지를 경제활동인구로 본다면, 유엔의 새 연령 기준으로 최대 79세까지가 경제활동인구에 포함됩니다. 실제로 의학의 발달과 수명 증가, 건강 증진 등으로 일본, 호주, 싱가포르 등 몇몇 국가에서는 정년을 70세로 올리는 방안을 추진 중입니다.

하지만 정년 연장에는 함정이 있습니다. 정년을 높이는 나라 대부분은 노인 인구가 많습니다. 그런데 정년 기준을 상향해 노인 인구가 노동을 할 수 있게 하면, 노동을 하는 동안에는 연금을 지급하지 않아도 됩니다. 즉, 연금 개시 및 지급을 최대한 늦추기 위해 정년 기준을 높인다는 비판이 나오지요. 또 다른 문제는 정년을 연장해 연금 개시 시점이 늦춰졌을 때 일자리가 없는 노인들의 생계유지입니다. 현재도 정년을 채우지 못하고 떠밀리듯 은퇴하는 중장년층이 적지 않습니다. 게다가 60대 이상의 재취업율은 약 20%(2018년 기준)로, 재취업 연령대 중 가장 낮습니다. 중장년층의 일자리 문제를 해결하지 않고 무작정 정년만 연장하는 것은 또 다른 재앙을 낳을 수 있습니다. 우리나라 66세 이상 노인 빈곤율은 2017년 기준 43.8%로 경제협력개발기구(OECD) 국가의 평균인 15.5%에 비해 28.3%p나 높습니다.

개혁, 혁신, 신뢰?

생각 열기 4차 산업혁명 시대를 맞아 기업 경쟁이 치열합니다. 새로운 시대가 만들어 낸 시장은 잠재력이 무궁무진해 누가 선점하느냐에 따라 막대한 이익을 얻을 수 있습니다. 치열한 경쟁에 뛰어들기엔 우리나라의 기업 환경은 걸림돌이 너무 많습니다. 경쟁력을 높이기 위해 정부가 할 일은 무엇일까요?

[사설] 원격의료 빠진 서비스업 혁신전략, 혁신이란 말이 민망하다
(2019년 6월 27일자)

정부가 26일 보건·의료, 관광, 물류, 콘텐츠 등을 총망라한 서비스산업 혁신전략을 발표했다. 홍남기 부총리 겸 기획재정부 장관은 "유망 서비스업에 향후 5년간 70조 원 규모의 정책금융자금을 지원하겠다"고 밝혔다.

서비스산업은 우리나라 전체 고용의 70%를 차지하고 일자리 창출 효과는 제조업에 비해 2배 가까이로 높다. 하지만 서비스업 관련 규제는 제조업에 비해 4배에 이르고 각종 정부 지원금이나 금융 지원에서 서비스업으로 분류됐다는 사실만으로 차별적 대우를 받아 왔다. 정부가 이번에 일부 사행성 업종을 제외한 전 서비스업에 대해 제조업 수준으로 예산, 금융, 세제 지원을 하기로 한 것은 의미가 크다.

하지만 이날 발표된 많은 대책들이 '혁신전략'이라고 부르기에 민망할 정도로 부실해 속 빈 강정이라는 지적을 면키 어려워 보인다. 보건·의료 분야만 보더라도 원격진료·수술 같은 핵심적인 내용은 모두 빠져 있다. 부실 의료기관들의 통폐합 허용을 언급하기는 했지만 그것도 '제한적 일시적으로 검토'하겠다는 수준이다. 규제 완화의 쟁점으로 거론돼 왔던 공유차량이나 투자개방형 병원 도입 등은 이해관계자들의 반발에 가로막혀 언급조차 되지 않았다.

서비스산업은 대부분이 내수산업으로 정부가 하기에 따라 질적 양적으로 크게 발전할 수 있고 일자리도 대거 창출할 수 있다. 이번 종합대책이 부실한 대목이 많지만 정부가 서비스산업을 발전시키고자 하는 의지는 내보인 만큼 앞으로 빠진 알맹이를 충실히 채워 나가기 바란다. 정치권도 2011년 발의 이후 9년째 국회에서 잠자고 있는 *서비스산업발전기본법안을 조속히 통과시켜야 한다.

*서비스산업발전기본법안 : 서비스산업의 발전 및 경쟁 강화를 위한 서비스산업의 규제 완화 등을 내용으로 하는 법안. 유통, 의료, 관광, 교육 등 7개 서비스산업의 활성화를 위해 불합리한 규제 및 제도 개선과 자금, 인력, 기술, 조세 감면 등의 지원 근거를 담았다.

① 정부가 [　　　]을 발표했다.

② 서비스산업은 [　　　] 창출 효과가 매우 큰 산업임에도 불구하고 타 산업에 비해 훨씬 많은 규제에 시달려왔다.

③ 정부가 내놓은 대책에는 정작 핵심인 [　　　] 완화가 빠져 있다.

④ 다소 부실한 대책이나마 정부가 서비스산업을 발전시키고자 하는 의지를 보인 만큼 국회도 [　　　]을 조속히 통과시켜야 한다.

정답 : ① 서비스산업 혁신전략 ② 일자리 ③ 규제 ④ 서비스산업발전기본법안

생각 키우기

■ **서비스업이 미래다?**

서비스업은 관광, 유통, 금융, 의료, 교육 등 그 분야가 다양합니다. 소비자의 수요에 따라 만들어지는 시장이면서 기계화, 표준화가 어려워 대개 노동 집약형 산업으로 꼽힙니다. 서비스 수요와 노동의 수요가 비례하기 때문에 다른 산업보다 고용 창출 효과가 크지요. 또한 경제 수준이 올라갈수록 더 다양하고 고급화된 서비스와 만족감을 원하는 소비자로 인해 부가가치도 큰 산업 분야로 평가받습니다.

그러나 2015년 기준 우리나라의 총고용 대비 서비스업 비중은 70% 정도로, 경제협력개발기구(OECD) 국가 평균인 75%에 비해 다소 낮습니다. 서비스업을 활성화하기 위해서는 신규 산업 권장, 서비스에 대한 연구개발(R&D) 확대, 정부의 규제 완화 및 지원이 필요합니다. 특히 4차 산업혁명 시대의 핵심 산업 분야로 손꼽히는 정보기술(IT) 및 사물인터넷(IoT), 공유경제 등을 기반으로 한 서비스산업 육성에 적극 나설 필요가 있습니다.

■ **10년째 잠자는 서비스산업발전기본법, 걸림돌은 '의료 민영화'**

서비스산업발전기본법은 유통·의료·관광·교육 등 7개 서비스산업의 경쟁력 강화를 위해 불합리한 규제 개선과 각종 지원책을 담은 법안. 서비스산업발전위원회를 신설해 과거 경제개발 5개년 계획과 같은 방식으로 유망 서비스산업을 집중 육성하겠다는 종합계획이 담겼지요.

그러나 2011년 처음 발의된 이 법안은 10년째 국회 문턱을 넘지 못하고 있습니다. 법안의 다수 내용에 대해서는 여야 간 공감대가 형성됐지만 서비스산업 분야에 의료 분야를 포함시킨 것이 쟁점이 됐습니다. 여당과 시민단체가 영리병원, 원격진료 등 의료 서비스 확충과 관련된 일부 내용에 대해 의료 민영화를 위한 것이라고 보기 때문입니다.

현 정부와 여당인 더불어민주당은 의료 부문을 법 적용 제외 대상으로 지정해 입법을 추진하겠다는 입장이지만, 여기엔 미래통합당 등 야당이 동의하지 않습니다. 서비스산업 육성을 명목으로 의료 공공성이 훼손되어선 안 된다는 주장과 부가가치 창출력이 뛰어난 의료 부문을 적용 대상에서 제외하면 법안의 취지가 무색하다는 주장이 맞섭니다.

생각 넓히기

Q. 코로나19 사태 이후 미국의 원격진료 이용 환자 수가 최대 175배 증가했다는 보도가 나왔습니다. 그런데 한편에선 의료보험이 없어 코로나19가 의심되어도 적절한 치료를 받지 못하는 환자가 많다는 보도가 나옵니다. 의료 서비스 발전을 위한 규제 완화와 의료 공공성 확보, 어디에 손을 들어 주겠습니까?

Guide ▶ 의료산업이 발달한 미국은 이동이 어렵거나 사소한 질병에 대해 원격진료가 활발하게 이뤄집니다. 또 물리치료 기기를 대여해 주는 식의 연관 의료산업도 발달된 편입니다. 시민들은 수준 높은 의료 서비스를 다양한 방식으로 받을 수 있지요.

다만 미국에서 이러한 의료 서비스를 받을 수 있는 대상은 제한적입니다. 의료비가 매우 비싸기 때문입니다. 의료비 부담을 나눠 질 수 있는 건강보험이 의무화되어 있지 않고, 민영 의료보험조차 비싼 편이어서 소득이 낮은 사람은 병원 치료를 받기가 부담스럽습니다. 물론 2014년 '오바마케어'가 시행된 이후 의료보험 가입자가 늘긴 했으나 트럼프 행정부가 줄곧 오바마케어 폐지를 추진하고 있어 그 운명이 위태로운 상황입니다. 이 때문에 미국 의료 수요자 대부분은 여전히 민간 의료보험에 의지하고 있지요. 이러한 미국의 사례를 떠올리면서 더 나은 서비스를 위한 규제 완화가 필요할지, 현재 수준의 의료 공공성을 보장하는 것이 좋을지 생각해봐야 할 것입니다.

집값 잡기

> **생각 열기** 역대 정권은 모두 집값을 잡으려 노력했습니다. 비정상적인 집값 폭등은 사회적 양극화를 심화시킬 뿐 아니라 사회 구성원에게 상대적 박탈감을 안깁니다. 부동산을 통한 불로소득의 증가를 지켜보며 임금근로자들 사이에선 '집을 못 사서 근로 의욕이 감퇴한다'는 한탄이 나오기도 합니다. 집값, 어떻게 잡을까요?

[사설] 분양가상한제 민간 확대, 공급 위축 역효과 우려된다 (2019년 6월 28일자)

김현미 국토교통부 장관이 현재 공공택지에만 적용하는 분양가 상한제를 민간택지로 확대하는 방안을 고민 중이라고 밝혔다. 김 장관은 그제 토론회에서 "분양가 상한제를 적용받지 않는 민간택지 아파트는 *주택도시보증공사(HUG)가 분양가를 관리하는 데 한계에 다다른 상황이다. 다른 방안을 모색해야 하지 않나 연구하고 있다"고 했다.

분양가 상한제는 땅값과 건축비에 건설사의 적정 이윤을 보탠 기준금액 이하로 신규 아파트 분양가를 제한하는 제도다. 재건축·재개발 등 민간택지에서 분양하는 아파트는 2007년 9월부터 상한제 적용을 받다가 2015년 4월 사실상 배제됐다. 현 정부 들어 2017년 민간택지 적용을 위해 제도를 정비했지만 실제 적용된 단지는 아직 없다. 그 대신 HUG가 분양보증을 거절하는 방식으로 분양가를 간접 통제하고 있다.

김 장관의 발언은 새 아파트의 고(高)분양가가 주변 집값을 자극하는 현상을 차단하겠다는 뜻으로 풀이된다. 서울 민간아파트의 평균 분양가는 5월 말 m^2당 778만 원으로 1년 전에 비해 12% 이상 상승했다. HUG의 분양가 통제를 피해 후(後)분양을 택하는 강남 재건축 단지들도 늘고 있다.

하지만 민간택지의 분양가 상한제는 단기적으로는 집값 안정화에 도움이 될지 몰라도 장기적으로 주택 공급을 위축시켜 시장 불안을 부추길 위험이 더 크다. 적정 이윤을 얻기 어려운 건설사나 이중삼중 규제를 받는 재건축·재개발 단지들이 사실상 사업을 포기하거나 연기할 가능성이 높기 때문이다. 노무현 정부 때인 2007년 민간택지로 상한제를 전면 확대한 이후 3년 만에 민간아파트 공급이 13만 채 이상 급감한 바 있다. '로또 청약' 열풍이 확산되고 새 아파트의 희소성만 더 부각될 수 있다는 점도 문제다. 시장 흐름에 역행하는 가격 규제는 역효과를 부르기 마련이다. 집값을 잡으려면 수요가 있는 곳에 공급을 늘리는 정공법을 써야 한다.

> **용어노트**
>
> *주택도시보증공사(HUG)** : 국토교통부 산하 금융 공기업. 각종 보증 업무와 정책사업을 수행하기 위해 주택도시기금법에 의해 설립된 국내 유일의 주택 보증 전담 공기업이다. 건설사들은 아파트를 분양할 때 의무적으로 HUG의 주택보증상품에 가입해야 한다. 우리나라는 주택을 다 짓기 전에 선(先)분양하는 것이 일반적인데, 주택보증상품은 입주 때까지 건설사 부도, 시공 과정의 하자 등과 같은 위험 요인에 대비하기 위한 안전장치다.

> **생각정리퀴즈**
>
> ① 정부가 공공택지에만 적용되던 분양가 상한제를 [   ]로 확대하려 하고 있다.
>
> ② 그간 민간택지에는 분양가 상한제가 사실상 적용되지 않았고, HUG가 [   ]을 거절하는 방식으로 분양가를 간접 통제해 왔다.
>
> ③ 정부는 새 아파트의 고분양가가 주변 집값을 상승시킨다고 본다.
>
> ④ 분양가 상한제가 단기적으로 집값을 안정화시킬 순 있겠지만 장기적으로는 [   ]을 위축시켜 시장 불안을 부추길 위험이 더 크다.
>
> ⑤ 시장 흐름에 역행하는 [   ] 규제보다 수요에 따라 공급을 늘리는 정공법으로 집값을 잡아야 한다.
>
> 정답 : ① 민간택지 ② 분양보증 ③ 주택 공급 ⑤ 가격

> **생각 키우기**

■ 가격 상한제

가격이 일정 수준 이상 오르지 못하도록 규제하는 것. 재화(물건, 부동산 등)의 가격이 너무 비싸다고 판단될 경우 정부가 가격을 일정 수준 이하로 규제해 소비자를 보호할 수 있습니다. 가격 상한제가 시행되면 시장 가격보다 낮은 수준에서 가격이 결정되므로 수요량은 늘고 공급량은 그 가격에 맞춰 제공됩니다. 이 과정에서 초과 수요가 발생합니다. 즉 필요한 만큼(수요) 재화가 공급이 되지 못하는 상황이 벌어집니다. 코로나19로 마스크 대란이 한창일 때 개당 1500원으로 가격이 고정된 공적 마스크를 사기 위해 약국 앞에 긴 줄이 늘어서곤 했습니다. 물론 이 경우 마스크 공급량 자체가 절대적으로 부족했다는 점이 다르긴 하지만, 시장가보다 낮은 가격에 공적 마스크를 사려는 초과 수요의 발생을 확인할 수 있습니다.

분양가 상한제는 일종의 가격 상한제로서 건설업자들이 특정 가격 이하로 주택을 공급하게 정해둔 것을 말합니다. 이 또한 시장 가격보다 낮기 때문에 초과 수요가 발생할 수 있고, 주택 청약 경쟁률이 급등할 수 있습니다. 그런데 일반 물건은 안 사면 그만이지만, 주택은 실수요자로선 꼭 구매해야 하는 대상입니다. 따라서 초과 수요가 발생한 만큼 즉, 공급이 부족한 만큼 다른 지역의 부동산 수요가 증가해 다른 지역의 집값이 연쇄적으로 상승할 수 있습니다. 일종의 풍선 효과로 볼 수 있지요.

■ 시장의 기능

시장은 수요와 공급이 만나는 곳이고 수요와 공급의 접점에서 가격이 결정됩니다. 시장과 가격은 다음과 같은 기능을 가집니다. 우선 거래 비용을 감소시켜 줍니다. 즉, 시장이라는 장소에서 서로 만나 거래 상대방과 교환 조건을 탐색하고 선택하는 과정에서 거래 비용이 줄어듭니다. 또 효율적인 자원 배분이 일어납니다. 시장 가격은 가장 필요한 사람(가장 비싼 가격을 지불하려는 사람)에게 재화가 돌아가도록 해 줍니다. 또 생산자와 소비자에게는 그 재화에 대한 정보 및 가격 기준을 제시해 줍니다. 생산성도 향상됩니다. 시장을 통해 교환이 발생하고 이 교환이 활발해지면 생산자는 더 많이 생산하려 합니다. 이 과정에서 분업이 발생해 생산성은 높아지고 생산비는 절감되는 효율성을 추구할 수 있습니다. 이렇듯 시장은 가격이라는 보이지 않는 손에 의해 효율적인 자원 배분 및 생산성 향상이 이뤄지며 소비자와 생산자 모두 이익을 보게 해줍니다.

> **생각 넓히기**
>
> **Q.** 고령사회가 빠르게 진행된 일본의 경우 시골에 빈집이 많아서 문제입니다. 빈집은 화재, 범죄, 주택 붕괴 같은 문제를 낳습니다. 우리나라도 시골에 빈집이 늘고 있습니다. 한쪽에서는 주택난, 한쪽에서는 빈집이 발생하는 상황을 타개할 주택 정책은 어떤 것이 있을지 생각해 보세요.

`Guide ▶` 우리나라 시골의 경우 이촌향도로 인한 사회적 인구 감소가 빈집을 만드는 주요인입니다. 농촌은 젊은이들이 소득을 높일 수단이 부족하고 생활 편의를 위한 인프라도 부족합니다. 또한 자녀를 낳아서 교육시킬 기관도 부족합니다. 이로 인해 지속적으로 인구 유출이 일어나고 고령화가 심화되지요. 반면 도시는 직장과의 근접성, 교육의 편리성, 잘 갖추어진 인프라와 의료시설 등으로 주택 수요가 몰립니다. 그래서 전국적으로 보면 주택 공급이 부족하다기보단 좋은 주거 환경의 부족이 우리나라 주택난의 핵심입니다. 우리나라가 경제 발전을 할 때 균형 발전이 아닌 거점 방식, 즉 특정 지역이나 도시를 중심으로 이루어졌기에 나타나는 현상입니다.

　이러한 괴리를 좁힐 방법엔 무엇이 있을까요? 서울 성수동의 경우 폐공장을 젊은이들의 창작 공간으로 빌려줘 새로운 분위기를 만들었습니다. 지역에서도 사람이 떠나 죽은 공간을 감각적인 공방이나 숙소, 높은 임차료를 내기 어려운 젊은이들의 창업 장소로 빌려주어 새로운 창의와 시도가 이루어지는 공간으로 탈바꿈시킨 사례가 있습니다. 전남 목포 등 일부 지자체는 빈집을 젊은이들의 창업 공간으로 임대하는 정책을 시행 중인데, 골목상권이 서서히 살아나면서 지역 경제도 좋아졌다고 합니다. 이처럼 지역을 새로운 환경, 특색 있고 경쟁력 있는 곳으로 만드는 여러 지원을 통해 특정 지역에만 몰린 주택 수요가 분산되도록 하는 것은 어떨까요?

양보의 미덕

생각 열기 현재 가장 시급한 경제 문제는 무엇일까요? 이 질문에 대한 답은 경제 주체에 따라 다를 겁니다. 정부는 여러 경제 주체의 의견을 종합적으로 듣고 판단해 정책을 세워야 합니다. 어느 한쪽만을 위한 정책은 위험합니다. 경제는 다양한 주체들이 영향을 주고받는 거대한 생태계이기 때문이지요.

[사설] 최저임금 사과한 文대통령, 못 지킬 약속 집착 말아야 (2019년 7월 15일자)

문재인 대통령이 2020년도 최저임금이 2.9% 올라 8590원으로 결정된 것과 관련해 "'3년 내 최저임금 1만 원' 공약을 달성할 수 없게 된 것에 대해 매우 안타깝고 송구스럽게 생각한다"고 말했다고 김상조 대통령정책실장이 어제 정책브리핑에서 전했다.

문 대통령은 지난 대선에서 2018~2020년 3개년 동안 최저임금을 1만 원으로 올려놓겠다고 공약했다. 2017년 최저임금이 6470원이었던 점을 감안하면 3년간 54% 정도 올려야 한다. 이를 위해서는 2020년도 최저임금을 또다시 19.7% 올려야 하는데 지난 2년 동안 각각 16.4%, 10.9% 올린 결과가 우리 경제에 준 충격을 감안하면 사실상 불가능한 수치였다. 대통령이 애당초 현실성이 없었던 공약에 대해 뒤늦게나마 지킬 수 없게 됐다고 인정한 게 차라리 잘한 일이다.

김 실장은 어제 과도한 최저임금 인상이 혜택을 본 근로자들 외에 영세자영업자와 소기업에는 큰 부담이 되었다는 점을 인정했다. 하지만 "이번 최저임금 결정이 *소득주도성장의 폐기 내지는 포기를 의미하는 것으로 오해되지 않았으면 한다"고 유달리 강조했다. 앞으로 저소득 근로자에게 생계비 등을 보조해주는 *근로장려세제(EITC), 한국형 실업부조, 건강보험료 보장성 강화 등을 통해 포용정책을 더욱 강화하겠다는 뜻이다.

정부는 소득주도성장을 현금소득은 '올리고', 생활비용은 '낮추고', 사회안전망은 '넓히는' 종합 패키지 정책이라고 설명한다. 이 가운데 탈이 난 것으로 확인된 것이 '올리는' 분야다. 김 실장도 말했듯 "경제는 순환이고, 누군가의 소득은 누군가의 비용"이다. 최저임금의 과속 인상은 악순환을 일으킨 전형적 사례라고 할 수 있다. 낮추고, 넓히는 분야에서 '누군가의 복지 혜택은 누군가의 세금 부담'이라는 점을 새겨야 한다. 최저임금의 과속이 고용에 악영향을 미치고 취약계층의 소득을 오히려 감소시키는 역(逆)작용을 가져왔듯이 다른 포용정책 수단의 과속은 재정에 상당한 부담을 가져올 것이다.

임기의 절반도 지나지 않은 정부가 간판 정책이었던 소득주도성장을 공식적으로 폐기 혹은 포기를 말하기가 쉽지 않을 수 있다. 하지만 속도를 조절할 것은 조절하고 폐기할 것은 폐기하는 수순을 밟는다면 그것이야말로 더 용기 있는 선택으로 평가받을 것이다.

용어노트

*소득주도성장 : 가계의 소득(임금)을 늘려야 소비가 늘어 기업의 생산 및 이윤도 증가하며 경제가 성장한다는 이론. 문재인 정부의 핵심 경제 정책으로, 임금 주도 성장론이라고도 한다.

*근로장려세제(EITC) : 근로 연계형 소득 지원을 통하여 근로빈곤층의 근로 유인을 제고하고 실질소득을 지원하여 일을 통한 빈곤 탈출을 유도하기 위해 2008년부터 도입된 제도. 2019년 기준 부부 연간 총소득이 3600만 원 미만의 근로자 가구에 연간 최대 300만 원까지 지급된다.

생각정리퀴즈

① 2020년도 최저임금이 [　　　]원으로 결정되면서 문재인 대통령은 공약을 지키지 못한 것에 대해 사과했다.

② 지난 2년간 급격한 최저임금 상승이 우리 경제에 미친 충격을 보면 이 이상의 상승은 어려웠다.

③ 정부는 최저임금 인상 결정이 [　　　]을 포기한 것은 아니라고 강조했다.

④ 경제의 순환 고리를 고려하지 않은 과도한 포용정책은 역작용과 부작용을 가져올 수 있다.

⑤ 정책 폐기를 말하기 어려울 수 있으나 정책의 부족함을 인정하고 바로잡는 것이 필요하다.

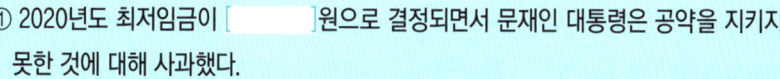
정답 : ① 8590 ② 소득주도성장

> **생각 키우기**

■ 생산이 먼저냐, 소비가 먼저냐

경제학계의 대표적 학자로 애덤 스미스(Adam Smith)와 케인스(J M Keynes)가 있습니다. 애덤 스미스는 국부를 늘리는 방법으로 생산을 중시했습니다. 기업이 생산을 늘리면 그만큼 소비도 증가해 결국 국가의 부가 증가한다는 입장이었습니다. 따라서 기업이 자유롭게 생산 및 판매 활동을 하도록 국가가 시장에 개입하지 말아야 한다고 봤습니다. 반면 케인스는 실업을 해소하는 과정에서 아무리 기업이 생산을 많이 해도 실제로 돈을 가지고 상품을 살 수 없으면 의미가 없다고 주장했습니다. 즉 실제 물건을 살 수 있는 구매력인 유효수요를 창출하고 증대시키려면 국가가 개입하여 일자리를 창출하고 임금을 높여 소비를 촉진해야 한다고 주장했습니다. 마치 닭이 먼저냐, 달걀이 먼저냐 같은 이 논쟁은 다양한 경제학파의 이름으로 지금까지 이어집니다.

■ 키오스크(kiosk)

본래 '신문, 음료 등을 파는 매점'을 뜻하는 영어 단어. 최근에는 공공장소에 설치된 무인 자동화기기를 뜻하는 말로 쓰입니다. 공공기관이나 은행, 백화점, 전시장, 식당 등에서 쉽게 찾아볼 수 있는 키오스크는 △교통정보 및 대중교통정보 △경로 안내 △예약 업무 △전화번호 및 주소 안내 △행정절차나 상품정보, 시설물의 이용 방법 안내 등 다양한 업무에 활용할 수 있습니다.

주로 공공장소에 설치돼 정보 안내에 활용됐던 키오스크가 최근에는 외식업계를 중심으로 크게 확대되고 있습니다. 최저임금 상승으로 인건비 부담이 커지자 고용주들이 사람을 대신해 주문을 받는 무인 단말기를 찾기 시작한 것이지요. 장기적 관점에서는 키오스크를 설치하고 유지·관리하는 데 들어가는 비용이 사람을 고용해 들어가는 인건비보다 낮다고 판단한 것입니다. 이 때문에 최저임금 인상이 근로자에게 도움이 되기보다 오히려 키오스크 도입을 부추겨 아르바이트 일자리를 크게 줄였다는 비판도 나옵니다.

이 밖에도 신용카드 결제 보편화, 직원과의 대면 접촉을 꺼리거나 부담스러워하는 젊은 층의 '언택트' 소비 문화 등이 키오스크 확대에 영향을 준 요인으로 꼽힙니다.

> **생각 넓히기**
>
> **Q.** 요즘 사회에서는 최저임금제를 넘어 기본소득제가 주목받습니다. 특히 구글세 등 거대 디지털 기업으로부터 세금을 걷어 국민에게 기본소득을 주자는 의견도 나옵니다. 이 논의를 정보기술(IT) 기업의 입장에서, 시민의 입장에서 각각 평가해 보세요.

Guide ▶ 기업은 기술 개발 및 콘텐츠 개발, 또한 새로운 시장 개척을 위한 위험(risk)과 비용을 부담합니다. 이 비용을 통해 이익을 실현하는 것이지요. 그런데 구글세와 같은 세금은 기업의 비용을 높여 이익을 감소시킵니다. 법인세라는 형태로 이미 세금을 냈는데 또 다른 항목으로 세금을 부과하는 것은 이중 과세이며 기업에 대한 과도한 규제로 볼 수 있습니다.

반면 시민 입장에선 기본소득을 통해 일정 수준의 소득을 보장받을 수 있습니다. 이는 새로운 소비를 촉진시킬 계기가 됩니다. 또한 기업이 얻은 이익은 온전히 기업의 것만으로 보기 어려우므로 이를 사회적으로 돌려받는 개념으로 볼 수도 있습니다.

구글세로 인한 기본소득 지급 논의는 기업이 번 돈을 국민에게 나눠줘 국민의 소비를 촉진시키고 이를 통해 생산이 증가돼 경제 선순환을 이룰 수 있다는 생각을 바탕으로 시작되었습니다.

> **[메모]** 기본소득제, 구글세
>
> *기본소득제 : 중앙 혹은 지방 정부에서 재산과 상관없이 모든 개인에게 똑같이 지급하는 소득.
>
> *구글세 : 구글 등 다국적 IT기업의 조세회피를 막기 위한 세금으로 디지털세라고도 합니다. 다국적 IT기업이 물리적 사업장을 두지 않은 국가에서 매출이 발생할 경우 해당 국가에 세금을 내도록 하는 것.

7 공유경제? 그들만의 경제?

> **생각 열기** 4차 산업혁명 시대, 공유경제가 새로운 경제 모델로 제시됩니다. 그러나 기존 산업과의 충돌은 우리 사회가 해결해야 할 문제입니다. 새로운 기술 발달에 따른 기존 산업과의 조화에는 어떤 대안이 있을까요?

[사설] 택시업계 애로 살피느라 공유경제 미래는 뒷전인가 (2019년 7월 18일자)

국토교통부가 그동안 논란을 빚어왔던 '타다'와 같은 *플랫폼 운송사업에 대한 대책으로 '혁신성장과 상생발전을 위한 택시제도 개편방안'을 내놓았다. 플랫폼 운송사업을 하려면 기존 택시의 면허권을 매입하고, 택시 기사의 복지 등에 들어갈 사회적 기여금을 정부에 내야 하며 기사도 택시 기사 면허증 보유자로 제한했다. 운행 가능한 대수도 정부의 허가를 받아야 한다. 플랫폼 운송사업자가 되려면 정부가 정해주는 만큼의 기존 택시 면허를 사라는 의미다.

그동안 신생 택시 서비스를 두고 기존 택시업계와 신규 사업자가 대립해왔는데 이번 대책은 택시업계의 입장이 주로 반영됐다는 평가가 나온다. 물론 택시업계 특히 기사들은 지금도 수입이 넉넉지 못한 형편이며, 특히 고가에 개인택시 면허를 매입한 기사 입장에선 택시면허도 없이 영업하는 공유경제형 경쟁자들을 용납하기 어려울 것이다. 하지만 이런 점을 감안하더라도 이번 대책은 공유경제 시대에 새로운 사업의 등장을 사실상 원천 봉쇄하는 결과를 가져올 것이라는 우려를 낳는다.

이미 렌터카를 이용한 사업도 금지해 차량을 직접 구매하게 하고 대당 6000만~7000만 원에 거래되는 택시면허권의 상당 부분을 신규 사업자가 지불하게 하는 것은 규제를 풀기는커녕 더 강화한 측면이 있다. 이로써 자가용이나 렌터카 등 유휴 자동차를 활용한 차량 공유 및 승차 공유 서비스로 공유경제의 상징처럼 여겨지던 '한국판 *우버'는 당분간 꿈도 못 꾸게 됐다.

정부로서는 고려할 부분이 많겠지만 빠뜨려서는 안 될 부분이 말없는 다수의 소비자다. 이번 대책으로 다른 나라에서는 편하게 이용하는 서비스를 한국에서만 법으로 막아

이용하지 못하게 한다면 소비자들로서는 억울한 일이 아닐 수 없다. 밤늦은 시각 택시 잡기 전쟁을 치러야 하는 시민들의 불편함은 이번에도 고려의 대상이 아니었던 것 같다. 미래 산업과 소비자 편익보다는 선거를 앞두고 택시노조 등 지지 기반을 잃지 않으려는 정치적 판단이 작용한 것이라는 비판을 면키 어렵다.

이번 대책이 내년부터 실시되려면 국회에서 여객자동차 운수사업법 등 관련 법 개정이 이뤄져야 한다. 여야는 이해관계자뿐만 아니라 국가 경제와 국민 모두의 시각에서 원점부터 다시 논의하기를 바란다.

용어 노트

*플랫폼 : 정보 시스템 환경을 구축하고 개방하여 누구나 다양하고 방대한 정보를 쉽게 활용할 수 있도록 제공하는 기반 서비스.

*우버 : 우버 테크놀로지스가 운영하는 자동차 배차 웹사이트 및 배차 응용프로그램. 승객과 운전기사를 스마트폰으로 연결하는 기술 플랫폼을 의미하며 공유경제의 대명사로 여겨진다.

생각 정리 퀴즈

① 정부가 플랫폼 운송사업과 관련해 기존 [　　　]업계를 보호하는 방향의 대책을 내놨다.

② 이번 조치는 [　　　]가 활성화되는 시대 흐름과는 정반대로 신사업의 출현을 원천적으로 막는 길이 될 수 있다.

③ 정부가 신규 사업자에 대한 규제를 더욱 강화하면 한국판 우버는 등장할 수 없다.

④ 미래 산업과 [　　　]의 편익을 외면한 정부 조치는 코앞의 선거를 고려한 정치적 판단이 개입한 것이란 비판을 받는다.

⑤ 이번 대책은 다양한 이해관계자와 국가 경제와 국민의 시각에서 재논의되어야 한다.

정답 : ① 택시 ② 공유경제 ④ 소비자

생각 키우기

■ **공유경제**

재화나 재능 등을 다른 사람에게 빌려 주고 나눠 쓰는 방식의 경제활동. 예를 들어 본인이 자동차를 사용하지 않는 시간에 다른 사람에게 자동차를 빌려주고 대가를 받는 것이지요. 자동차를 빌려주는 입장에서는 사용하지 않는 재화를 활용하고 더 나아가 돈을 벌기 때문에 활용도를 높일 수 있다는 장점이 있고, 빌리는 입장에서는 사기가 꺼려지는 비싼 재화를 가끔 필요할 때만 합리적인 가격에 편리하게 이용할 수 있다는 장점이 있습니다. 또한 이렇게 재화를 공유해 쓰면, 재화가 과잉 생산되지 않고 필요한 만큼만 생산되므로 자원 절약, 환경 보호 등 환경적 측면에서도 긍정적입니다.

이러한 공유경제가 가능하려면 누가 나의 재화를 필요로 하는지, 어디에 내가 필요로 하는 재화가 있는지 수요자와 공급자를 이을 수 있는 정보가 중요합니다. 이러한 정보가 원활하게 교환되는 시스템, 즉 인터넷 등의 기술 기반이 갖춰져야 하지요.

공유경제는 P2P(peer to peer), 즉 사용자 간 거래를 원칙으로 합니다. 따라서 공유경제가 오갈 수 있는 플랫폼만 형성되면 완전 자유 시장과 같이 작동할 수 있고, 정부가 개입할 여지가 적어집니다. 이처럼 공유경제가 보장하는 경제적 자율성과 개인의 경제적 선택 및 이윤 추구로 인해 새로운 재화를 추가적으로 공유하며 지속적인 경제 발전이 가능하다고 보는 시각도 있습니다.

■ **'타다'**

2018년 10월 ㈜VCNC가 출시한 모빌리티 플랫폼. 소비자가 스마트폰 애플리케이션으로 자동차를 빌리면 운전기사까지 함께 이용할 수 있는 서비스를 말합니다. 기존의 여객자동차 운수사업법 시행령이 '11~15인승 승합차의 경우 렌터카 기사 알선을 허용한다'고 한 점에 근거해 서비스를 출시했습니다. 기아차 카니발 등 내부 공간이 넓은 차를 택시처럼 이용할 수 있고 기존 택시에서 일부 문제가 됐던 승차 거부 등이 없어 소비자로부터 큰 호응을 얻어 서비스 출시 1년도 안 돼 50만 명 이상의 회원을 확보하는 등 빠르게 성장했습니다.

그러자 택시업계가 "타다는 택시 기사들의 생존권을 위협할 뿐 아니라 법령 취지를 위반한 불법 콜택시에 해당한다"며 고발했고, 이 과정에서 70대 개인 택시 기사가 타다

퇴출을 요구하며 분신해 사망하는 사건이 발생하는 등 극심한 갈등이 빚어졌습니다. 그러다 2020년 3월 국회가 타다 등 차량 대여 사업자의 운전자 알선 예외 규정을 엄격히 하고 플랫폼 운송사업자를 제도화하는 내용의 여객자동차 운수사업법 개정안, 이른바 '타다 금지법'을 통과시킴으로써 결국 이전에 서비스된 형태의 타다는 불법이 되었습니다. 개정 법은 11~15인승 차량을 빌릴 때 관광 목적으로 6시간 이상 사용하거나 대여·반납 장소가 공항 또는 항만일 때만 사업자의 운전자 알선을 허용하도록 했기 때문에 수십 분에서 6시간 이내 중단거리 이동을 위해서는 타다와 같은 차량·기사 호출 서비스를 이용할 수 없습니다.

> **생각 넓히기**
>
> **Q.** '타다'는 출시 직후 소비자로부터 큰 호응을 받았습니다. 하지만 택시업계의 거센 반발에 부딪혀 결국 사업 영역이 크게 제한되었습니다. 핵심 사업은 사실상 좌초된 것이나 다름없지요. 법은 통과되었지만 '타다 금지법'을 두고 여전히 찬반이 갈립니다. 차량 공유 서비스 합법화에 대한 자신의 입장을 밝혀 보세요.
>
> **Guide ▶** 찬성 입장은 경쟁을 통해 가격이 하락하고 서비스의 질이 높아진다는 점을 꼽습니다. 또한 택시의 독점으로 발생하는 승차 거부나 불친절, 지속적인 요금 상승 등의 문제도 경쟁을 통해 해결할 수 있으며, 유휴 차량을 사용함으로써 자원도 절약하고 그로 인한 개인적인 소득 증대도 이끌 수 있습니다. 4차 산업혁명 발전에 따른 정보통신기술의 적극 활용으로 인해 관련 업계의 기술 개발도 이익이 됩니다. 물론 새로운 일자리가 창출되는 효과도 있습니다.
>
> 반면 반대하는 입장은 택시업계의 대량 실직으로 인한 사회적 불안 가중, 무분별한 차량 공유 증가 시 안전이나 서비스 질 차이 발생, 차량 공유 업체의 승차 거부 문제 등을 강조합니다. 기존에 투자되고 만들어진 교통 체계 및 노동 시스템에 혼란을 줌으로써 생길 수 있는 일자리 안정성 저하 및 무한경쟁에 따른 사회적 심리적 불안정도 생각해 봐야 합니다. 특히 기존 서비스처럼 기사에 대해 투잡 형태의 근무가 허용될 경우 본업에 집중하지 못하고 생산성이 떨어질 수 있는 문제도 고려해야 합니다.

슈퍼맨 같은 재정 지출?

생각 열기 정부도 돈을 씁니다. 정부의 지출은 주로 경기 활성화나 복지 확대를 위한 것입니다. 하지만 정부의 곳간은 유한합니다. 지출을 늘릴수록 국가 수입의 원천 즉 세금을 더 걷어야 합니다. 누구나 세금은 덜 내고 혜택은 많이 받고 싶어합니다. 그런데 대개 현실은 반대입니다.

[사설] 적자국채로 사상 최대 예산… 땜질처방보다 민간 활력 살려야
(2019년 8월 30일자) 〈513조〉

 정부가 사상 처음으로 510조 원이 넘는 '슈퍼예산안'을 편성했다. 정부는 어제 국무회의에서 513조5000억 원의 내년도 예산안을 확정하고 다음 달 3일 국회에 제출하기로 했다. 2017년 국가예산이 400조 원을 넘은 이후 3년 만에 510조 원을 훌쩍 넘어선 것이다. 내년 총수입은 482조 원으로 예상되는데 총지출은 이보다 31조5000억 원이 많아 2010년(-2조 원) 이후 처음으로 지출이 수입보다 많아지게 됐다.

 문재인 대통령은 어제 "경제가 어려워질 때 재정지출을 늘려 취약계층을 보호하고 국민의 소득을 늘리는 것은 재정 본연의 일"이라고 강조했다. 국내총생산(GDP) 대비 국가채무 비율은 내년에 39.8%로 경제협력개발기구(OECD) 평균 110%대에 비하면 아직 양호하다. 그러나 국가채무의 절대적 양보다 증가 속도가 빨라 국가 신용도에 부정적 영향을 줄까 우려된다. 국가채무는 내년에 올해보다 64조 원 이상 늘어난 805조5000억 원, 2023년에는 1000조 원을 돌파할 것으로 예상된다. 정부가 재정건전성 관리의 지표로 삼는 *관리재정수지는 내년에 마이너스 72조 원을 넘고, 국제적으로 널리 쓰이는 *통합재정수지도 5년 만에 적자로 돌아선다.

 한국처럼 소규모 개방경제는 금융위기 같은 외부 충격에 취약하기 때문에 재정건전성을 최후의 보루로 삼아야 한다. 한 번 늘리면 줄이기 힘든 복지예산 비중도 점점 커지고 있다. 저출산 고령화로 복지예산이 급증한 일본은 재정적자를 줄이기 위해 소비세 인상 문제로 논란을 벌이고 있는데 한국은 일본보다 저출산 고령화 속도가 더 빠르다. 정부는 재정에 기대어 경기를 부양할 생각보다 민간의 경제 활력을 살리기 위한 노력에 더 힘을 쏟아야 한다.

용어 노트

*관리재정수지 : 통합재정수지에서 국민연금, 건강보험 등 사회보장성 기금을 제외한 수지로 정부의 재정건전성을 판단하기 위한 지표. 우리나라는 통합재정수지와 별도로 관리재정수지를 재정 운용 목표로 산출하여 사용한다.

*통합재정수지 : 중앙정부의 총수입과 총지출의 차이를 나타낸 것. 중앙정부가 집행하는 모든 수입과 지출을 합한 재정의 규모를 통합재정이라 하며, 그에 따른 수입과 지출의 차이를 통합재정수지라고 한다.

생각 정리 퀴즈

① 정부가 2020년도에 사상 처음으로 510조 원이 넘는 예산을 편성했는데, 총수입보다 총지출이 31조5000억 원이나 많다.

② GDP 대비 국가채무 비율은 OECD 평균보다 낮아 양호한 편이나, 채무 증가 속도가 빨라 국가 [　　　] 하락이 우려된다.

③ 우리나라는 외부 충격에 취약한 경제 구조를 갖고 있어 [　　　] 관리가 중요하다.

④ [　　　] 예산은 한번 늘리면 줄이기 어려운 비가역성을 갖고 있다.

⑤ 재정적자 급증으로 세금 인상을 논의 중인 [　　　]보다 우리나라의 저출산 고령화 속도가 더 빠르다.

⑥ 정부는 재정지출을 통한 경기 부양보다 민간 경제 활성화에 힘을 쏟아야 한다.

정답 : ② 신용도 ③ 외환보유 ④ 재정건전성 ⑤ 독일 ⑥ 일본

생각 키우기

■ **나라 살림을 다루는 재정 정책**

완전 고용과 경제 성장을 위해 정부가 사용하는 정책. 경제에서 말하는 소위 두 마리 토끼, 즉 물가와 실업을 동시에 잡는 것을 목적으로 하는데 주로 조세(세금)와 정부 지출(정부 소비)을 수단으로 활용합니다.

경기가 좋아 인플레이션이 발생하면 정부는 조세를 더 많이 거둬들이고 정부 지출을 줄여 시중에 돈을 줄입니다. 이를 통해 경기를 조정하고 물가를 잡으려 합니다. 반면 경기가 나빠 실업이 증가하면 조세를 감면하고 정부 지출을 늘려 시중에 돈을 풉니다. 대표적으로 공무원을 더 뽑거나 기업·가계에 각종 지원금을 주는 방법이 사용됩니다.

하지만 시장은 정부가 생각하거나 의도하는 대로 빠르게 반응하지 않습니다. 돈이 유통되는 속도가 있고 파급력도 차이가 나기 때문입니다. 무엇보다 정부가 민간에 개입하는 재정 정책은 시장질서 교란이나 재정 적자로 인한 국가 신용도 문제를 야기할 수 있습니다.

■ 조세 저항

조세 저항은 말 그대로 세금(조세)을 내기 싫어하는 것입니다. 국가가 부과한 조세에 대해 저항감을 가지고 반발하는 것이지요. 일반적으로 개별소비세, 부가가치세 같은 간접세보다는 소득세, 재산세 등 직접세에서 조세저항이 더 강하게 나타납니다.

조세 납부의 의무는 국민의 4대 의무 중 하나입니다. 조세 납부는 국가나 지방자치단체 운영에 꼭 필요한 자금을 제공하는 것으로 우리가 국가를 통해 누리는 모든 것에 세금이 쓰입니다. 나라를 굴러가게 하기 위해 반드시 필요한 윤활유라고 볼 수 있지요. 그러나 많은 사람이 내가 낸 만큼 혜택이 돌아오지 않는다고 느끼고 또 내가 낸 세금을 내가 원하는 분야로 지정해서 사용할 수 없다는 점에서 조세에 거부감을 가집니다.

유럽 복지국가의 경우 개인 소득의 절반가량을 세금으로 걷어 들입니다. 그 대신 '요람에서 무덤까지'란 말이 보여주듯 전 생애에 걸쳐 높은 수준의 복지가 보장되지요. 반면 우리나라는 세금을 내는 것에 비해 복지 혜택이 불분명하고 불충분하다는 인식이 많고, 이런 탓에 조세 저항이 더욱 강하게 발생합니다.

> **생각 넓히기**
>
> **Q.** 코로나19의 세계적인 확산 이후 선진국들을 중심으로 대규모 재정지출을 위한 긴급예산안이 쏟아져 나옵니다. 미국은 약 2조1083억 달러(한화 약 2570조 원), 영국은 3600억 파운드(한화 약 540조 원), 독일은 7560억 유로(한화 약 1024조 원) 규모의 추경을 편성했습니다. 여러 국가들이 재정 부담에도 불구하고 이토록 천문학적인 돈을 쏟아붓는 이유는 무엇일까요?
>
> **Guide ▶** 전 세계로 확산된 코로나19로 인해 각국의 경기 둔화, 나아가 세계적 경제 공황이 우려되는 상황입니다. 심지어 제2차 세계대전 당시보다 더 심각한 위기라는 시각도 있습니다.

각 국가들이 국채 발행까지 하는 등 엄청난 재정적자를 감수하면서 공격적으로 정부 지출을 늘리는 이유는 크게 두 가지입니다. 우선 저소득자에 대한 생계 지원입니다. 코로나19 방역을 위한 기본 대책은 '사회적 거리 두기'입니다. 직장을 비롯한 사회 각계의 경제 활동이 위축될 수밖에 없고 이는 소득 감소로 이어집니다. 특히 저소득층이 심각한 타격을 받고 생계를 위협받습니다. 이에 정부가 일시적으로 기본소득을 보장해주거나 세금을 감면해줌으로써 생계유지를 지원하는 것입니다.

이와 동시에 정부의 재정지출은 기업의 연쇄 도산을 막고 실업률을 증가시키지 않기 위한 경기 활성화 대책이기도 합니다. 경기가 정상화될 때까지 기업의 생존이 중요한데, 국가가 공공사업을 통해 기업에 일감을 주고, 기업이 다시 고용을 하도록 유도하는 것이지요. 개인에게 재난기본소득 등을 지급하는 것도 가계의 유효 소득을 늘려 소비를 유도하고, 이로 인해 기업이 수혜를 볼 수 있도록 하기 위함입니다.

일반적으로 재정 적자가 심해지면 국가의 신용도가 나빠져 해외 투자자들이 빠져나갑니다. 그 과정에서 환율이 올라가고 증시가 폭락하며 실업이 증가하고 경기가 침체되는 악순환이 지속됩니다. 그러나 코로나19 국면에선 대외적인 여건이나 환율 등을 고려하기 전에 당장 생계 문제를 해결하고 기업 도산을 막는 일이 시급한 상황입니다. 이에 국가는 무리한 재정 적자 혹은 국채 발행 등을 통해 경제적 난국을 해결하려 하는 것이지요.

다만 이러한 정책의 리스크도 있습니다. 사태가 잘 해결되어 경기가 활성화되면 이후 점차 재정 적자 폭을 줄여나갈 수 있지만, 만약 국가가 통제하지 못하는 수준까지 재정 적자가 누적되면 디폴트(default), 즉 국가 채무 불이행에 따른 국가 파산까지 이를 수 있습니다. 외환보유액 부족으로 발생한 외환위기가 대표적인 디폴트 사태였습니다.

불확실한 미래에 확신을

생각 열기 국민연금은 퇴직 후 불안정한 노후 소득에 대비하기 위한 수단입니다. 퇴직 후 얼마를 연금으로 받느냐는 삶의 질과도 직결되는 문제입니다. 그러나 그렇게 받기 위해 일하는 동안 얼마를 낼 것인가는 당장 현실의 문제입니다. 얼마를 내서 얼마나 받는 것이 가장 합리적일까요?

[사설] 1년 만에 원점 되돌아온 국민연금 개혁, 골든타임 지나간다
(2019년 8월 31일자)

경제사회노동위원회 산하 국민연금개혁특위가 어제 최종 전체회의에서 노동계와 경영계의 이견을 좁히지 못하고 단일안 마련에 실패했다. 다수안(案)으로는 소득대체율(평균 소득 대비 연금수령액)을 현행 40%에서 45%로 올리고 매달 보험료율을 현행 9%에서 12%로 올리는 안을 제시했다. 소수안으로는 소득대체율은 그대로 두고 보험료율만 10%로 올리는 안과 현행대로 유지하는 안, 두 가지 안을 더 제안했다.

국민연금개혁 논의가 촉발된 건 지난해 8월 국민연금제도발전위원회가 2057년이면 국민연금기금이 고갈될 것이란 재정추계 결과를 발표하면서부터다. 이에 보건복지부는 보험료 인상을 검토했으나 문재인 대통령은 "보험료 인상(폭)이 국민 눈높이에 맞지 않는다"며 제동을 걸었다. '덜 내고 더 받는 안'을 만들 수 없었던 복지부는 그해 12월 현행대로 유지하는 방안을 포함한 4개 방안을 발표했다. 이후 8개월간 경사노위 논의가 이어졌으나 결국 단일안을 만들지 못한 것이다.

연금개혁의 골든타임은 기껏해야 베이비붐 세대의 은퇴가 마무리되기 전인 3, 4년 남은 것으로 본다. 지난해 합계출산율 0.98명이라는 저출산 변수로 국민연금 재정 고갈 시기도 예상보다 앞당겨질 것으로 전망된다. 애초부터 사회적 갈등이 첨예하게 대립하는 이슈를 경사노위에 슬쩍 미룰 때부터 연금개혁 실패는 예고된 것이었다. 현 정부가 연금개혁 골든타임을 낭비했다는 비판을 피할 수 없는 이유다. 이제라도 정부가 직접 나서 '소득대체율 50%' 공약을 포기하고 미래세대의 부담을 덜기 위한 고통분담을 호소해야 한다.

생각 정리 퀴즈

① 국민연금개혁특위가 [　　　]과 보험료율을 모두 올리는 안과 보험료율만 올리는 안, 현행 유지안 사이에서 단일안을 도출하는 데 실패했다.

② 2057년 기금 고갈 전망이 나오면서 시작된 국민연금 개혁 논의는 대통령이 [　　　] 인상에 반대하면서 개혁안 마련에 어려움을 겪어왔다.

③ 저출산 심화로 [　　　] 시기가 더 앞당겨질 것으로 보여, 연금 개혁의 골든타임은 얼마 남지 않은 상황이다.

④ 정부가 나서서 소득대체율 50% 공약을 철회하고 현실적인 개혁안을 마련해야 한다.

정답 : ① 소득대체율 ② 보험료율 ③ 기금 고갈

생각 키우기

■ **더 내고 덜 받는 개혁, 누가 좋아할까?**

　우리나라의 국민연금 역사는 길지 않습니다. 1986년 현재의 국민연금법이 제정되어 1988년 시행되었고, 1999년 전 국민을 대상으로 확대 시행되었습니다. 이로 인해 지급할 국민연금이 제대로 쌓이기도 전에 베이비붐 세대의 은퇴가 시작되는 상황을 맞았습니다.

　연금을 받는 사람 입장에서는 당연히 적게 내고 많이 받는 것이 좋습니다. 더욱이 초기 국민연금은 몇 번 안 내고도 돈을 받는 구조라서 그것이 가능했습니다. 실제로 이런 점이 부각되어 국민연금 가입자가 크게 늘기도 했습니다. 그러나 이제는 내가 직장을 다니는 동안 계속해서 꾸준히 내야 퇴직 후 일정 수준의 연금을 받습니다. 이전 세대와 비교해 더 많은 보험료를 부담해야 하지요. 하지만 이마저도 다행입니다. 빨라지는 저출산 고령화가 돈을 내는 사람과 연금을 받아가는 사람 사이의 불균형을 심화시키면서 미래세대는 더 많이 내고도 낸 돈보다 적게 받는 상황이 됩니다.

　국민연금의 안정적 지급을 보장하는 확실한 방법은 꾸준히 노동력이 공급되고 경제가 성장하는 것인데, 이미 어느 정도의 경제 성장을 달성한 우리나라로선 가능성이 높지 않은 시나리오입니다. 결국 미래세대를 위해서는 지금의 국민연금을 개혁하는 수밖에 없습니다. 미래세대가 최소한 자신이 낸 만큼은 받아갈 수 있도록 하려면 현세대가 조금 더 내고 덜 받는 개혁을 감수해야 합니다. 하지만 누가 나서서 손해를 감수할지가 문제입니다. 사회적 타협이 이뤄지지 않으면 불행한 폭탄 돌리기만 계속됩니다.

■ 다른 나라의 연금 상황

현재 170여 개 국가가 국민의 노후 보장을 위한 연금 제도를 실시합니다. 선진국의 경우 소득대체율은 평균적으로 60% 수준입니다. 보험료율은 우리나라의 경우 9%이지만 미국은 12.4%, 일본은 17.35%, 프랑스는 16.45%입니다.

선진국은 대체로 우리에 비해 많이 내고 많이 받는 구조입니다. 유럽은 연금 제도의 역사가 19세기 말까지 올라가는데, 그만큼 오래전부터 기금이 쌓이고 운용되어 왔습니다. 긴 시간, 안정적인 기금 운용을 통해 지금의 연금 지급 구조를 확립한 것이지요. 그러나 오랜 역사에도 불구하고 유럽 국가 역시 저출산으로 인해 연금 고갈이 시작되거나 위험한 상황에 노출되어 있습니다. 그래서 이들 국가에서도 소득대체율과 보험료율에 대한 논의가 이뤄지고 있습니다.

> **생각 넓히기**
>
> **Q.** 4차 산업혁명으로 인한 인공지능(AI)과 로봇 활용으로 단순직 노동자를 중심으로 한 실업 증가와 임금 감소가 예상됩니다. 이 상황에서 임금 소득을 기초로 한 보험료율 책정은 국민연금 재정 악화를 초래한다는 주장이 있습니다. 따라서 로봇세 도입을 통해 이를 충당해야 한다는 의견이 나오는데, 이에 대해 어떻게 생각합니까?

Guide ▶ 현재 국민연금은 임금 소득에 기초해 보험료가 부과됩니다. 재정추계 역시 국민들이 기본적으로 일정한 정년까지 노동을 한다는 전제조건에서 계산이 이루어지고 있지요. 그러나 최근 딥러닝을 기초로 한 AI 기술이 크게 발달하고, 산업 현장에서도 사람보다 생산효율성이 월등히 높은 기계, 로봇 등이 폭넓게 활용되기 시작했습니다. 많은 사람이 일자리를 잃고 소득이 감소하는 결과가 초래될 수 있지요.

따라서 국민연금 재원 마련을 위한 다양한 방법을 고민해야 합니다. 단순히 누구에게 얼마나 어떻게 걷을 것인가가 아니라, 변화되는 노동 및 생산 방식에서 어떻게 재정을 만들어내야 하는가를 고민해야 합니다. 참고로 유럽의 경우 기계화 속도를 늦추고 최대한 사람을 먼저 고용하고 있습니다. 예를 들어 지하철 표를 기계가 아닌 사람이 판매하는 등 사람의 노동 수요를 최소한 보장하고 고용을 의무화합니다. 비효율적으로 비치는 부분도 있지만 정부가 노동 시장에 개입해 실업률을 낮추고, 각종 사회 및 복지 비용이 지출되는 일을 막는 것입니다.

로봇세는 로봇이 인간에게 뺏은 일자리와 부가가치를 세금으로 거둬들이는 제도입니다. 앞으로 로봇은 다수 인력을 대체할 것이고, 그로 인해 실업이 증가할 수 있습니다. 따라서 로봇이 만드는 제품이나 부가가치에 세금을 부과하여 실업한 사람을 위한 복지 재원으로 사용하자는 취지인데, 미국의 빌 게이츠 등이 주장하고 있습니다. 기업 입장에서는 로봇세라는 조세 과잉으로 이윤이 줄어들기에 기업 활동이 위축될 수 있습니다. 하지만 이를 통해 인간의 고용을 일정 수준 보장할 수도 있고, 거둬들인 로봇세로 부족한 연금기금을 충당할 수도 있습니다. 빠르게 인간을 대체하는 기계를 보며 고민할 대목입니다.

경쟁에서 이기기 위해서

생각 열기 세계화 이후 무한 경쟁이 가속화됩니다. 특히 제조업 기업들은 입지가 좋은 곳, 임금이 싼 곳, 기업 하기 좋은 곳을 찾아 국경도 넘습니다. 우리나라 제조업의 경쟁력을 높이고, 고용률을 높이려면 어떤 노력을 해야 할까요?

> **[사설]** "제조인력 20~40% 감축 불가피"… 자동차 산업만의 일일까
> (2019년 10월 8일자)

세계 최대 공장 중국에 진출했던 기업들이 줄줄이 중국을 떠나고 있다. 삼성전자는 이달 말 중국 내 마지막 남은 휴대전화 생산공장인 후이저우 공장의 문을 닫는다. 중국 업체들이 성장하고 인건비가 크게 높아짐에 따라 삼성은 지난해 톈진 공장을 닫은 데 이어 중국에서 휴대전화 공장을 완전히 철수하기로 했다. 그 대신 인도 베트남 등으로 공장을 옮기고 있다. 한국에서 생산되던 휴대전화가 중국으로 갔다가 더 비용이 낮은 인도와 베트남으로 계속 옮아가고 있는 것이다.

*개발도상국들의 추격과 산업 패러다임 변화로 인해 생산공장 이전과 제조업 인력 구조조정은 앞으로 더 빨라질 것이다. 현대자동차 노사 고용안정위원회의 의뢰를 받은 외부 자문위원회는 최근 "자동차 제조업은 생산기술 발전에 따라 대규모 인력 감축이 진행될 것"이라는 전망을 내놨다. 2025년까지 제조인력의 20~40% 축소가 불가피할 것이며, 전자화 공유경제 등 산업 변화에 노사가 함께 대응하지 않으면 공멸할 것이라고 경고했다.

변화의 태풍은 세계 곳곳에서 불어닥치고 있다. 미국 GM은 북미를 비롯한 각 지역의 공장들을 폐쇄했으며 폭스바겐 닛산 포드 등도 강력한 구조조정을 실시하고 있다. 그런 면에서 현대차가 8년 만에 *무분규로 *임단협을 타결하고 노사 공동으로 미래 변화에 대비한 연구와 토론 작업을 시작한 것은 긍정적인 일이다.

제조업 패권을 둘러싼 치열한 국제 경쟁에서 살아남으려면 기업들은 "직원들의 경쟁력이 기업 경쟁력"이라는 생각으로 핵심 기술 투자와 혁신을 가속화해야 한다. 노동계

역시 고임금 등 기득권을 양보하고 협조적인 노사관계를 만들어야 한다. 정부는 구조조정으로 일자리를 잃는 사람들에 대한 사회안전망과 재교육을 확충하면서 임금체계 선진화, 규제 개혁 등으로 기업 활동에 매력적인 환경을 만들어야 한다. 노사정이 모두 변하지 않으면 한국에서 제조업은 사라질지 모른다.

용어노트

*개발도상국 : 산업의 근대화와 경제개발이 선진국에 비해 뒤떨어진 국가.

*무분규 : 이해나 주장이 뒤얽혀서 시끄러운 '분규'가 없는 상태.

*임단협 : '임금 및 단체 협약'을 줄인 말.

생각정리퀴즈

① 기업들이 [　　　] 절감을 위해 중국을 떠나 인도나 베트남으로 생산 공장을 옮기고 있다.

② 기술 발전 등 산업 패러다임의 변화로 인력 [　　　]도 가속화될 것이다.

③ 제조업 패권을 둘러싼 국제 경쟁에서 살아남으려면 [　　　]은 인적 자원의 경쟁력을 바탕으로 기술 투자와 혁신을 이뤄야 한다.

④ 노동계는 기득권을 포기하고 협조적 노사관계를 구축하고, 정부는 임금체계 선진화, 규제 개혁 등을 통해 기업 활동에 매력적인 환경을 만들어야 한다.

정답 : ① 인건비 ② 구조조정 ③ 기업

생각 키우기

■ 임금피크제

　근로자의 고용 보장(정년 보장 또는 정년 후 고용 연장)을 전제로 근로자의 임금을 조정하는 임금 제도. 일정 연령에 도달한 시점부터 임금이 점차 낮아지는 추세를 보여 '임금피크제'라는 이름이 붙었습니다. 만약 60세가 정년이라면 정년 연장을 전제로 55세부터 임금을 조금씩 삭감하는 것입니다. 근로자가 받는 임금이 줄지만 대신 더 오래 근무하는 구조입니다.

　임금피크제는 기업의 인건비 부담을 줄이면서 일하는 사람의 정년을 보장합니다. 대부분 기업에선 근로자의 근무 기간이 길수록 직급이 상승하면서 임금도 많아지는 모습을 보입니다. 물론 엄격한 성과급제를 적용하는 기업은 다를 수 있지만, 대체로 근속연

수가 오래된 근로자의 임금이 높습니다. 당연히 이러한 고임금 근로자로 인해 기업이 느끼는 인건비 부담도 더 크겠지요. 어떤 기업은 극단적으로 신입 채용을 줄이거나 없애기도 합니다.

이에 청년에게 일자리를 나눠주고, 정년이 가까워져 오는 근로자의 계속 고용을 보장하는 취지에서 임금피크제가 논의되었습니다. 이 제도의 적용을 받는 근로자는 임금이 다소 줄더라도 근무 기간이 연장돼 고용이 안정되고, 기업은 임금에 대한 부담을 덜면서 숙련된 근로자를 계속 고용할 수 있게 됩니다. 줄어든 인건비로 신규 직원을 채용할 수도 있지요.

이처럼 이론적으로는 기업과 근로자 모두가 '윈윈'인 것처럼 보이는 임금피크제에도 맹점은 있습니다. 기본임금 수준이 높지 않은 중소기업의 경우 임금피크제로 소득이 감소할 경우 생계유지가 어려워질 수 있습니다. 재정 여력이 충분치 않은 기업 또한 고용 보장 자체가 부담이 될 수 있지요. 임금피크제로 줄어든 인건비보다 정년 연장으로 계속 고용에 들어가는 비용이 더 클 수도 있기 때문입니다.

■ 해외로 나갔던 기업이 돌아온다, 리쇼어링

기업이 경비 절감을 목표로 생산기지를 국외로 이전하는 것을 '오프쇼어링(off-shoring)'이라고 합니다. 삼성전자가 우리나라가 아닌 인도나 베트남 공장에서 스마트폰을 생산하는 것이 대표적인 오프쇼어링 사례이지요. 오프쇼어링은 글로벌 기업이 늘고 국가 간 교류가 활발해진 세계화 시대의 대표적 흐름이었습니다.

그러나 기업들의 해외 이전으로 국내 일자리가 사라지고 경기 침체가 심화되는 문제가 불거지면서 각국 정부는 해외에 나가 있는 자국 기업들을 다시 국내로 불러들이고자 여러 세제 혜택과 규제 완화 정책을 내놓습니다. 이에 해외에 진출한 기업들이 다시 자국으로 돌아오는 것을 '리쇼어링(Re-shoring)'이라고 하지요.

그간 오프쇼어링의 대상 국가로 가장 많이 활용된 것이 중국이었는데, 최근 들어 중국의 인건비가 크게 오르면서 경비 절감에 따른 이익이 많이 사라졌습니다. 여기에 자국 내 생산이 오히려 비용 절감과 품질 향상을 가져온다는 기업의 인식도 리쇼어링이 일어나는 원인으로 봅니다.

생각 넓히기

Q. 2004년 부도 위기에 놓인 쌍용자동차를 인수한 상하이자동차는 약속했던 투자 없이 핵심 기술만 빼돌린 후 철수했다는 의혹을 받습니다. 이후 쌍용자동차는 인도 마힌드라에 재인수됐으나 최근 코로나19로 닥친 유동성 위기에 마힌드라 역시 신규 투자를 거부해 또다시 위기를 겪습니다. 기술 유출 방지를 우려해 외국 기업의 국내 기업 인수를 제한해야 할까요? 아니면 인수를 허용해 대량 해고를 막고 지역 경제를 살려야 할까요?

Guide ▶ 기업 인수를 제한하는 문제는 참 복잡합니다. 기업 인수를 허용하면 국내 기술이 해외로 유출되면서 경쟁 기업의 경쟁력을 높여 결국 우리 기업들이 피해를 받을 수 있습니다. 일례로 쌍용자동차, 대우조선 등을 인수한 중국 기업은 핵심 기술을 빼낸 뒤 헐값에 회사를 매각해 이중 고통을 주었습니다. 빼낸 기술로 중국의 자동차, 선박, 잠수함 기술이 비약적으로 발전해 세계 시장에서 우리와 가격 및 기술 경쟁을 하는 위치까지 왔습니다.

그러나 사안에 따라 해외 기업의 인수를 통해서라도 기업 부도를 막는 일이 더 시급할 수도 있습니다. 기업이 파산하면 대량 해고로 심각한 실업 문제가 발생합니다. 기업이 파산하며 무너진 지역 경제의 여파는 사회 전체로 확산될 수 있지요. 실제로 세계적으로 조선업이 극심한 불황을 겪던 당시 국내 기업 일부가 한계기업이 되었을 때 단순 실업뿐 아니라 해당 지역 경제, 나아가 국가 경제에 미친 부정적 영향이 매우 컸습니다.

따라서 사안에 따라서는 기술 유출을 방지하는 법안이나 고용 승계, 일정 부분의 생산을 국내에서 강제하는 등의 엄격한 조건을 마련해 해외 기업의 인수를 허용할 필요가 있습니다.

[메모] 한계기업
재무구조가 부실해 어려움을 겪는 기업. 임금 상승을 비롯한 경제 여건 변화로 경쟁력을 상실해 더 이상의 성장에 어려움을 겪는 기업을 말합니다.

11 자연 상태

생각 열기 전문가는 자신만의 전문 분야를 가집니다. 전문 분야에 대한 지식과 경험을 바탕으로 판단하고 선택하며 책임집니다. 다양한 생각이 나타나는 사회일수록 전문가에게 믿고 맡기는 문화가 정착되어야 하지 않을까요?

[오늘과 내일/하임숙] 신도, 악마도 디테일에 있다 (2019년 10월 21일자)

"삼성전자가 사상 최대의 실적을 내기도 하고 반도체 라인이나 디스플레이에서 대규모 투자도 한다. 항상 삼성이 우리 경제의 성장을 이끌어 주셔서 아주 감사드린다."

문재인 대통령의 이 말, 어디서 많이 들어본 말인 것 같지 않은가. 이달 10일 방문했던 충남 아산시 삼성디스플레이 탕정사업장에서 한 말 같지만, 아니다. 2017년 7월 28일 취임 이후 처음으로 대기업 총수들과 가진 간담회 자리에서 이재용 부회장을 대신해 나온 권오현 당시 삼성전자 부회장에게 한 말이다.

그로부터 2년여가 지난 요즘 대통령은 이런저런 산업 현장을 찾아 비슷한 발언을 하고 있다. 경제계는 착잡하다. 취임 이후 대통령은 기업인을 만날 때마다 '기업이 경제성장의 근간이다. 법과 제도로 뒷받침하겠다'라는 메시지를 꾸준히 냈지만 이후 현실에서 이뤄진 정책 방향은 정반대로 갔기 때문이다.

대통령은 10일 삼성이 디스플레이 분야에 13조1000억 원을 투자한다는 발표를 한 탕정사업장에서 "우리 삼성이 경제를 이끌어줘 늘 감사하다. 누구도 넘볼 수 없는 디스플레이 강국으로 가는 출발점이 될 것"이라 했다. 15일 경기 화성시 현대자동차 남양연구소에서 열린 '미래차 산업 국가비전 선포식'에서는 정의선 현대차 수석부회장을 만나 "내가 요즘 현대차, 특히 수소차 홍보대사"라며 "(현대차의 성과에 대해) 대통령으로서 박수를 보낸다"고 했다.

대통령이 '현대차의 홍보대사'라 한 미래차 선포식 다음 날은 자본시장법 시행령 개정안 입법 예고 기간의 마지막 날이었다. 자본시장법 시행령 개정안은 경제계가 "결사 반대"를 외치고 있다. 국민연금이나 엘리엇 같은 기관투자가가 기업의 경영권에 지금보다 훨씬 쉽게 간섭할 수 있도록 *'5% 룰'을 완화하는 내용이 들어있기 때문이다. 국민연금의 의사결정 구조는 정부 입김에서 자유로울 수 없고, 엘리엇 같은 글로벌 *헤지펀드는 수익률을 높이기 위해서라면 투자한 기업의 본질적 가치 훼손도 마다하지 않는다는 게 여러 사례로 증명돼 있다. 어떤 기업의 경영권이든 위협할 수 있는 이 규정이 규제개혁위, 법제처 심사를 거치면 바로 시행되게 돼 있다. 국회에서 여야 논의를 거쳐 법률을 개정해야 하는 것도 아니고 말이다. 이쯤 되면 대통령이 기업에 하는 말은 그저 '립 서비스'가 아닌지 경제계는 의심할 수밖에 없다.

이번 정기국회에 올라와 있는 집단소송법, 상생법, 유통산업발전법도 대기업의 발목을 잡을 대표 법들이다. 유통산업발전법에 따라 주말에 월 2회 문을 닫고 있는 대형마트들은 온라인몰에 떠밀려 이미 적자 성장의 조짐을 보이고 있다. 이 법 개정안에는 스타필드 같은 복합 쇼핑몰에도 같은 규제를 실시하자는 내용이 들어있다. 이미 경제 활력을 떨어뜨리는 주범이 돼 있는 주 52시간 근로제, 최저임금제를 보완해서 실시하자는 제안은 너무 오래 무시돼 이제는 '죽은 구호' 같다.

'신은 디테일에 있다'는 오래된 말이 있다. 아무리 아름다운 건축물이라도 사소한 부분까지 최고의 품격을 지니지 않으면 명작이 될 수 없다는 뜻으로 독일 건축가 루트비히 미스 반데어로에가 말해 유명해졌다. "누구도 넘볼 수 없는 제조 강국"이라는 아름다운 말도 실제 법과 제도가 뒷받침되지 않으면 실현되지 않는다. 더구나 법과 제도가 제조업의 발목을 잡을 때 그건 신이 아니라 악마가 된다. 기업인들은 그래서 '악마는 디테일에 있다'는 말을 더 현실감 있게 받아들인다.

한 전직 대기업 최고경영자는 이렇게 말했다. "신도 악마도 다 필요 없어요. '검찰과 장관이 각자 일을 하자'는 대통령 말씀대로 기업도 회사를 성장시키는 본연의 일만 하도록 내버려 두면 좋겠어요."

용어 노트

***5% 룰** : 개인이나 기관이 상장기업의 의결권이 있는 주식을 5% 이상 보유하거나, 5% 이상 보유한 지분에 대해 1% 이상의 지분 변동이 발생할 경우 그 내용을 금융감독원에 보고해야 하는 제도. 공시된 자료를 통해 기업 사냥이나 적대적 인수합병(M&A) 등의 우려가 있을 시 지배주주가 경영권 방어를 위한 조치를 취할 수 있다.

***헤지펀드** : 소수의 투자자로부터 자금을 모집하여 주식, 채권, 파생상품 등 다양한 상품에 투자해 목표 수익을 달성하는 펀드. 일종의 사모펀드로 투기적 성격이 강하다.

생각 정리 퀴즈

① 대통령은 취임 이후 경제 성장의 근간인 [　　　]을 법과 제도로 뒷받침하겠다는 메시지를 지속적으로 내왔다.

② 기업 현장을 방문할 때마다 기업을 추켜세우는 대통령의 모습과는 대조적으로 현실에선 기관투자가의 경영권 간섭 문턱을 낮춰 경제계의 반발을 산 [　　　] 시행령 개정안이 시행을 앞두고 있다.

③ 집단소송법, 상생법, 유통산업발전법 등 기업 활동을 규제하는 법안은 꾸준히 발의되면서도 주 52시간 근로제나 최저임금제를 보완하자는 경제계의 제안은 무시됐다.

④ 정부가 '제조 강국'이라는 정책 목표를 이루려면, 최소한 기업의 발목을 잡진 말아야 한다.

정답: ① 기업 ② 자본시장법

생각 키우기

■ **공정경제 3법**

2020년 1월 21일 국무회의에서 의결된 상법, 자본시장법, 국민연금법 시행령 개정안을 뜻하는 말. 사외이사 임기 제한 및 독립성 강화, '5% 룰' 완화, 기관투자가의 주주권 행사 활성화가 핵심 내용입니다.

구체적으로 상법 시행령 개정안은 사외이사의 계속 재직이 가능한 임기를 한 회사에서 6년, 계열사를 포함해 9년으로 제한합니다. 또 특정 회사 계열사에서 퇴직한 경우 2년간 그 회사의 사외이사가 될 수 없도록 한 규정을 3년으로 늘렸습니다.

자본시장법 시행령 개정안은 그간 상장기업 주식 보유자를 대상으로 적용되던 5% 룰을 일부 완화한 것입니다. 경영권과 무관한 보유 목적일 때에는 일반투자와 단순투자로 나눠 공시 의무를 차등 적용합니다. 이를 통해 지분 5% 이상을 보유한 투자자가 경영 참여를 선언하지 않더라도 상장사에 대한 정관 변경이나 임원 해임 등을 요구할 수 있게 됩니다.

국민연금법 시행령 개정안은 국민연금의 최고의사결정기구인 기금운용위원회 산하에 전문위원회를 설치하고, 전문위별로 외부 추천을 받은 상근 전문위원을 3명씩 두도록 했습니다.

경영계는 이번 시행령이 전반적으로 기업 경영의 자율성을 침해한다고 우려합니다. 특히 5% 룰 완화와 관련해 국내 주요 상장사의 지분을 대량으로 보유할 수 있는 기관투자가가 사실상 국민연금밖에 없는 상황에서 5% 이상 투자자의 정관 변경 및 임원 해임 요구 등은 정부의 경영 개입을 노골화한 것이란 비판이 나옵니다.

생각 넓히기

Q. 대통령은 전기차 등 친환경 자동차 산업 지원을 약속했습니다. 그런데 현재 생산되는 전기의 많은 부분이 화석연료를 통한 것입니다. 재생에너지를 통한 발전 정책이 완료되지 않아 전기차가 많아질수록 화석연료를 더 사용해야 하는 모순적 상황입니다. 여러분이 대통령이라면 전기차 산업 활성화 정책을 추진하겠습니까?

Guide ▶ 전기차와 수소차 등은 전기, 수소 등 청정에너지를 연료로 하기 때문에 친환경차로 불립니다. 그런데 전기차의 경우 차의 연료가 되는 전기를 생산하는 데 막대한 비용이 들어가고 오염이 초래될 수 있습니다. 이에 따라 전기를 에너지원으로 하는 전기차의 친환경성에 의문을 제기하는 사람도 있습니다.

환경오염을 줄이기 위해 전기차 산업의 활성화를 꾀하는 것이라면 반드시 국가 에너지 전략이 동반되어야 합니다. 우리나라 전체 발전량에서 화석연료가 차지하는 비중은 2018년 기준 70.4%입니다. 정부의 탈원전 정책으로 원전 발전 비중이 줄면서 오히려 화석연료 발전 비중이 늘어난 상황입니다. 이러한 발전 구조가 지속되는 한 전기차를 활성화한들 환경오염이 줄어들 수 없습니다.

현재 많은 국가가 전력 발전의 중심축을 친환경 에너지, 재생 에너지로 옮겨갑니다. 우리나라도 제3차 에너지기본계획을 통해 재생 에너지 발전 비중을 2030년엔 20%, 2040년엔 30~35%까지 늘리는 것을 목표로 합니다.

12 농자천하지대본(農者天下之大本)

생각 열기 우리나라가 세계무역기구(WTO) 개발도상국 지위를 포기했습니다. '이제 우리는 선진국'이라고 공식 선언한 것입니다. 선진국이 되었다고 마냥 좋아만 할 일은 아닙니다. 선진국이 됨으로써 포기해야 할 것들이 적지 않습니다.

[사설] 개도국 지위 포기, 농업 업그레이드 계기 삼아야 (2019년 10월 26일자)

어제 열린 대외경제장관회의에서 정부가 *세계무역기구(WTO) 개발도상국(개도국) 지위를 공식 포기했다. 개도국 지위를 포기하면 외국 농산물에 대한 수입관세율과 농업 보조금 지급에 대한 특혜를 인정받을 수 없게 된다. 정부의 이번 결정에는 한미 통상에서 풀어야 할 현안이 산적해 있는 만큼 개도국 지위를 철회하라는 요구를 수용하는 게 국익에 부합한다는 판단이 깔려 있다.

개도국 지위 포기는 불가피한 측면이 없지 않다. 이를 요구한 도널드 트럼프 미국 대통령의 7월 발언이 아니더라도 *주요 20개국(G20) 멤버이면서 1인당 국민소득이 3만 달러가 넘은 한국이 여전히 개도국에 머물러 있다는 게 협상 대상국들에는 쉽게 받아들여지지 않을 것이다. 이미 대만 브라질 아랍에미리트(UAE) 싱가포르 등도 개도국 지위를 내놓았다.

정부는 개도국 지위를 포기하더라도 쌀을 포함한 수입 농산물 관세를 갑자기 내리거나 농업 보조금을 축소하는 일은 없을 것이라고 강조하고 있다. 하지만 앞으로 새로운 농업 협상이 시작되면 기존에 누리던 조건을 양보하지 않을 수 없을 것이다. 비록 전체 국익 차원에서 내린 결정이라고 해도 공산품 등 다른 분야 협상에서 유리한 고지를 차지하기 위해 농업을 일방적으로 희생시키는 일은 없어야 한다. 농업계, 협상 전문가들과 함께 실효성 있는 보호 대책을 마련해 나가야 한다.

개도국 지위 포기 선언을 계기로 농업을 한 단계 업그레이드 하는 데도 심혈을 기울여야 한다. 농업이 얼마든지 미래형 산업이 될 수 있음에도 불구하고 언제까지 관세 장벽과 보조금 지원에 의존할 수는 없는 노릇이다. 앞서 있는 정보통신기술과 농업을 접목시킨 스마트 농업으로 수입 농산물에 맞서고 세계 시장을 개척한 사례가 많다. 정부와 농민들이 머리를 맞대고 농업을 자체 경쟁력을 갖춘 산업으로 발전시킬 방안을 모색해야 한다.

용어 노트

*세계무역기구(WTO) : 무역 자유화를 통한 전 세계적인 경제 발전을 목적으로 하는 국제기구로 1995년 1월 1일 출범. 본부는 스위스 제네바에 있으며, 164개국이 가입했다.

*주요 20개국(G20) : 세계 주요 20개국을 회원으로 다자간 금융 협력을 위해 조직된 국제기구. 주요 7개국(△독일 △미국 △영국 △이탈리아 △일본 △캐나다 △프랑스로 G7이라고도 함)과 유럽연합(EU) 의장국, 신흥시장 12개국(△남아프리카공화국 △러시아 △멕시코 △브라질 △사우디아라비아 △아르헨티나 △인도 △인도네시아 △중국 △터키 △한국 △호주)으로 구성된다.

생각 정리 퀴즈

① 정부가 WTO에서의 [　　　] 지위를 공식 포기함으로써 자국 농업 보호를 위한 특혜를 인정받을 수 없게 됐다.

② 1인당 국민소득이 [　　　] 달러가 넘는 우리나라가 개도국 지위를 포기하는 것은 불가피했다.

③ 개도국 지위 포기에 따른 새 협상이 시작되면 [　　　] 분야에서 양보해야 할 것이 적지 않으므로 보호 대책이 필요하다.

④ 이번 일을 계기로 삼아 농업 분야가 보호 정책 없이도 자생할 수 있도록 경쟁력을 키워야 한다.

정답 : ① 개발도상국(개도국) ② 3만 ③ 농업

생각 키우기

■ **WTO 개도국 지위, 왜 논란일까**

우리나라는 1995년 WTO 가입 당시 개도국임을 주장했지만, 1996년 경제협력개발기구(OECD) 가입을 계기로 농업과 기후변화 분야 외에는 개도국 특혜를 주장하지 않겠다고 선언한 뒤 현재까지 공산품·서비스 등의 분야는 선진국, 농업 분야는 개도국 신분이라는 이중 지위를 유지해 왔습니다.

이에 따라 우리나라는 자국 농업 보호를 이유로 외국 농산물에 대해 자유무역에 반하는 높은 관세를 부여할 수 있었습니다. 현재 수입 농산물에 부과되는 관세는 홍삼 754.3%, 참깨 630%, 쌀 530%, 고구마 385%, 마늘 360%, 보리 324%, 고추 270% 등으로 매우 높습니다. 보조금 감축률과 이행 기간 등에서도 선진국 의무의 3분의 2만 이행하면 되는 등 유연한 기준을 적용받았습니다.

하지만 미중 무역 분쟁 국면에서 도널드 트럼프 미국 대통령이 "경제적으로 발전한 나라가 WTO에서 개발도상국 지위의 혜택을 누리게 할 수 없다"고 주장하면서 개도국 특혜 문제가 국제 이슈로 떠올랐습니다. 당시 미국은 한국, 중국 등 11개국을 지목해 WTO 개도국 지위를 포기하라고 압박했고, 이에 싱가포르, 아랍에미리트(UAE) 등이 우리보다 앞서 개도국 지위를 내려놓았습니다. 당시 미국이 WTO 개도국 지위 박탈 기준으로 제시한 4가지 조건(△OECD 회원국 △G20 국가 △고소득 국가 △세계 무역 비중 0.5% 이상 국가)에 모두 해당되는 국가는 우리나라뿐이었습니다. 결국 정부도 2019년 10월 미래 WTO 협상에서 개도국 지위를 포기하기로 공식 발표합니다.

개도국 지위를 포기했다고 해서 당장 우리나라 농산물 시장이 개방되는 것은 아닙니다. 정부의 이번 발표는 미래 WTO 협상부터 개도국 특혜를 주장하지 않겠다는 것. 새로운 협상이 시작돼 타결되기 전까지는 기존 협상을 통해 이미 확보한 특혜가 유지됩니다. 현재 농업 분야를 포함한 WTO 도하개발어젠다(DDA) 협상은 회원국별 입장 차로 10년 넘게 중단된 상태여서 새로운 협상이 시작돼 체결되기까지는 적지 않은 시간이 걸릴 것으로 보입니다. 이에 정부는 개도국 지위 포기를 선언하더라도 당장 농업 분야에 미치는 영향은 없으며, 향후 미래 협상에 대비할 시간은 충분하다고 봅니다.

■ 미래 산업으로 도약하는 농업

사물인터넷(IoT), 로봇, 정보통신기술(ICT)의 활용은 농업도 예외가 아닙니다. 원래 봄철 작물인 딸기는 유리 온실, 비닐하우스 등 시설 재배를 통해 겨울철에도 생산됩니다. 그런데 최근에는 이런 재배 시설의 온도와 습도, 병충해까지도 사람이 일일이 관리하지 않고 ICT를 활용한 원격 제어로 관리됩니다.

요즘은 도시형 농업도 발달했습니다. 도시 건물 안에 채소나 과일을 심어 바로 판매처로 공급하는 일종의 식물공장이 그것. 주로 발광다이오드(LED) 등을 활용해 광합성을 유도 및 조정하고, ICT와 접목해 자동 급수 시스템, 방진 및 멸균 시스템, 자동포장 및 출하 시스템 등을 갖추고 있습니다. 초기 시설을 갖추기까지 비용은 많이 들지만 유지비가 거의 들지 않고 이윤은 높아 차세대 농업 형태로 각광받습니다. 이처럼 농업은 가장 낙후된 산업에서 최첨단 산업으로, 먼 거리에서 식량을 조달하는 사업에서 가장 가까운 곳에서 신선한 식량을 조달하는 사업으로 바뀌고 있습니다.

> **생각 넓히기**
>
> **Q.** 같은 무게라면 농산품보다 공산품의 부가가치가 높습니다. 국내총생산(GDP)의 기여도 역시 공산품이 더 높습니다. 그럼에도 정부는 농업 육성을 위해 보조금을 지급하고 때로는 적자를 감수하면서 정부 차원에서 농산물을 수매합니다. 왜 국가가 정책적 지원 역량을 부가가치가 더 높은 공업 분야로 집중하지 않는 것인지 생각해 보세요.
>
> Guide ▶ 코로나19가 발생하자 우리나라를 제외하고 세계 각국에서 공통적인 현상이 벌어졌습니다. 식량 사재기입니다. 일부 동남아 국가들은 주력 수출 품목인 쌀을 수출하지 않겠다고까지 선언했습니다. 코로나19 상황에서도 우리 사회가 안정적인 이유 중 하나는 식량 부족에 대한 우려가 없었기 때문입니다.
>
> 공산품의 부가가치는 대체로 농산품보다 훨씬 높습니다. 그럼에도 정부가 농업 보호를 위한 장려 정책을 지속적으로 내놓는 이유는 농업을 포기했을 때의 위험이 워낙 크기 때문입니다. 식량은 국가의 독립과 자주성을 지키는 데 필수적. 아무리 공업이 발달해도 당장 먹을 것이 없으면 굶어 죽습니다.
>
> 우리나라는 경제개발을 시작할 때부터 단위당 쌀 생산량을 높이는 것에 관심이 많았고, 화학 공업을 발달시키는 과정에서도 비료 공업을 육성했습니다. 개발도상국 지위를 포기한 지금도 쌀 시장 개방에는 신중합니다. 또 정보기술을 접목한 새로운 농업 기법으로 무인 농장, 생산량 증대 등을 꾀하면서 농업 경쟁력을 높이기 위해 노력하고 있습니다.

그 성장과를 따라!

생각 열기 우리 사회에선 '성장'을 좋은 의미로 받아들입니다. 특히 경제에 있어서 성장은 굉장히 가치 있는 것으로 봅니다. 하지만 성장에도 여러 방향이 있습니다. 우리나라는 그간 경제의 양적 성장을 강조해왔습니다. 그러나 양적 성장뿐 아니라 질적 성장도 중요합니다.

[오늘과 내일/신연수] 경제성장률이 말하지 않는 것 (2019년 11월 28일자)

올해 *경제성장률 2.0% 달성에 비상이 걸렸다. 정부 여당은 목표 달성을 위해 예산 다 쓰기에 드라이브를 걸고 있다. 이러다 연말에 또 멀쩡한 보도블록을 깰까 봐 걱정이다. 2.0%가 심리적 마지노선이라는 건 이해하지만, 쓸모없는 일에 세금을 쓴다면 국민 생활에 얼마나 도움이 될까 싶다.

경제성장률, 즉 국내총생산(GDP) 실질증가율은 한 나라의 경제 상황을 보여주는 중요한 숫자지만 국민의 실제 살림살이를 온전히 반영하지 않는다. 예를 들어 전북 익산 장점마을처럼 비료공장의 공해물질로 많은 사람들이 암에 걸려 병원 치료를 받았다고 하자. 그러면 아무 일 없이 건강하게 살 때보다 GDP가 올라간다. 하지만 사람이 죽어 나가는데 성장률 높아지는 게 무슨 의미가 있겠나. 이것이 경제성장률의 한계다.

6개월째 시위로 몸살을 앓고 있는 홍콩은 어떤가. 지난해 1인당 GDP가 4만8000달러로 한국(3만1000달러)보다 훨씬 부유하다. 그러나 빈부 차가 극심해 세계적인 백만장자가 많은 반면 최저임금은 시간당 5700원(한국은 8350원)에 불과하다. 집값이 치솟아 집 한 채와 방 한 칸을 여러 가족이 나눠서 살고, 매일 밤을 맥도널드에서 보내는 '맥난민'도 많다. 한국보다 1인당 GDP가 높지만 '잘산다'고 하기 어려운 이유다.

미국은 작년 경제성장률이 2.9%였고 독일과 프랑스는 각각 1.5%로 절반에 그쳤다. 경제사회 시스템이 달라서인지 독일 프랑스 등 유럽 국가들은 대체로 성장률이 미국보다 낮고 실업률은 높다. 하지만 나보고 고르라면 국민 3000만 명이 의료보험 없는 미국보다 교육비와 노후걱정 없는 독일 프랑스를 선택할 것 같다. 독일과 프랑스도 고민과 문제가 많지만 말이다.

현재 한국의 경제 상황이 나쁘다고들 한다. 수출이 12개월 연속 마이너스인 데다 주요 기업들의 투자도 줄어 경제성장률이 작년보다 나빠졌다. 그러나 사람들이 체감하는 생활 여건은 꼭 그렇지 않을 수도 있다는 통계가 최근 나왔다.

25일 통계청이 발표한 '2019년 사회조사'에 따르면 2년 전보다 '전반적인 생활 여건이 좋아졌다'는 응답이 48.6%로, 나빠졌다(9.1%)보다 크게 높았다. 이 조사는 2년마다 3만7000명에게 실시하는 방대한 조사여서 국민의 인식을 비교적 정확하게 반영한다고 볼 수 있다. 특히 2013년 좋아졌다(31%)와 나빠졌다(24%)가 비슷했던 때와 비교하면 생활 여건에 대한 긍정은 크게 높아지고 부정은 낮아졌다.

스스로를 중간층이라고 생각하는 사람도 58.5%로 2년 전 57.6%보다 높아졌다. 하층이라는 사람은 다소 줄었다. 중간층이라는 답은 2013년 51.4%로 가장 적었다가 그 후 매번 조사 때마다 조금씩 늘어나고 있다. 경기가 나쁘고 일자리가 없다고 하지만 생활 형편이 괜찮다는 답도 늘고 있는 것이다.

경제성장률은 물론 중요하다. 한국은 선진국이 되려면 경제성장을 더 많이 해야 한다. 투자와 혁신을 가로막는 규제를 걷어내고 미래 성장동력을 만드는 일은 필수다. 그래야 좋은 일자리가 늘어나고 사회안전망을 늘릴 재원도 생긴다. 하지만 이젠 성장률이 반영하지 못하는 '삶의 질'을 무시하면 안 된다. 경제 활동이란 결국 사람이 행복하게 잘살기 위한 것인데, 이 자명한 진실을 우리는 자주 망각한다.

한국 경제의 현실과 방향을 놓고 논란이 분분하다. 경제성장률뿐 아니라 삶의 질을 보여주는 다양한 지표로 종합적이고 균형 잡힌 나침반을 가져야 한다. 그래야 한국 사회가 단순한 양적 성장을 넘어 더 살기 좋은 공동체로 나아갈 수 있다.

> **용어노트**
>
> *경제성장률 : 한 나라의 경제가 일정 기간(보통 1년) 얼마나 성장했는가를 나타내는 지표. 전년 대비 실질 국내총생산(GDP)의 증가분을 경제성장률로 보는데, GDP 성장률 또는 실질성장률이라고도 한다. 이전에는 실질 국민총생산(GNP)이나 실질 국민소득의 연간 증가율로 경제성장률을 나타냈으나, 최근에는 GDP의 실질증가율을 주로 사용한다.

> **생각 정리 퀴즈**
>
> ① 경제성장률 목표 달성만을 위한 노력은 국민 생활에 큰 도움이 안 된다.
>
> ② GDP의 실질증가율을 나타내는 [   ]은 국민의 실제 살림살이를 온전히 반영하지 못한다.
>
> ③ 현재 한국의 경제 상황이 나쁘다고 하지만 국민이 체감하는 생활 여건은 좋아졌다는 통계 조사도 있다.
>
> ④ 경제성장이 더 필요한 것은 사실이지만 성장률이 반영하지 못하는 [   ]도 무시해선 안 된다.
>
> ⑤ 경제성장률뿐만 아니라 삶의 질을 보여주는 다양한 지표를 근거로 균형 잡힌 목표를 가져야 단순한 [   ] 성장을 벗어날 수 있다.
>
> 정답 : ② 경제성장률 ④ 삶의 질 ⑤ 양적

생각 키우기

■ GDP의 함정

GDP(Gross Domestic Product)는 말 그대로 국내에서 생산된 모든 시장가치의 총합. GDP가 증가한다는 것은 국내에 그만큼 돈이 많아졌다는 뜻이기도 합니다. 하지만 여기엔 함정이 있습니다. 예컨대 코로나19로 국내 마스크 생산 및 병원 치료비가 증가하면 GDP가 증가한 셈이 됩니다. 공장에서 버린 폐수를 다시 정화하는 데 드는 막대한 비용이나 초미세먼지를 잡기 위해 구형 경유차를 폐차하고 새 차를 구입하는 비용도 모두 GDP 증가로 연결됩니다. 즉, 비경제적인 활동이나 낭비되는 비용 혹은 환경이나 질병 때문에 매몰되는 비용까지도 모두 GDP에 포함되기 때문에 GDP만으로 그 나라의 경제 수준이나 복지 수준, 삶의 수준을 측정하긴 어렵습니다.

■ 이스털린의 역설

미국 경제학자 리처드 이스털린은 1946년부터 1970년까지 30개 국가의 행복도를 조사해 바누아투나 방글라데시와 같은 경제적으로 가난한 나라 국민의 행복지수가 미국과 프랑스, 영국과 같은 선진국보다 높다는 점을 발견합니다. 그는 이 결과를 토대로 소득이 어느 수준에 올라 국민의 기본적 욕구가 충족되면 소득 증가가 행복에 큰 영향을 미치지 않는다고 주장했습니다. 같은 국가 안에서는 고소득층이 저소득층보다 더 행복하다고 느끼지만 국가끼리 비교해 보면 국민의 행복지수가 1인당 소득에 비례하지 않는다는 것입니다. 이것은 소득 증가가 행복 실현의 가장 중요한 요소라고 본 전통적인 경제학의 관점을 깬 것입니다.

행복에도 한계효용의 법칙이 적용된다는 이스털린의 주장은 '행복경제학'의 탄생으로 이어집니다. 행복경제학자들은 통상적으로 1인당 국민소득 2만 달러까지는 인간의 행복이 소득에 비례하지만, 그 이상은 소득이 행복에 영향을 주지 않는다고 봅니다.

생각 넓히기

Q. 우리나라 통계청은 2014년부터 '국민 삶의 질 지표'를 개발해 발표하고 있습니다. 기존 경제지표만으로는 국민의 삶의 만족도나 행복감을 제대로 알 수 없기 때문입니다. 정부가 국민 삶의 질 지표를 통해 보다 나은 국민의 삶을 보장하려면, 어떠한 항목들이 측정 지표에 포함되어야 할지 생각해 보세요.

Guide ▶ 현재 삶의 질의 측정지표로는 총 11개 영역, 71개 지표가 있습니다. 11개 영역은 개인을 시작으로 사회적 관계, 나아가 환경적 조건까지 확장되며, 세부 지표는 물질적 지표와 비물질적 지표로 나뉩니다.

물질 부문의 대표적 지표로는 △소득·소비·자산 △고용·임금 △주거 등이 있습니다. 즉, 소득·소비·자산 등 경제적 자원은 물론 개인의 능력과 사회적 정체감을 향상시키는 고용과 임금, 인간의 기본적 욕구 충족을 위해 필요한 주거 등도 삶의 질에 중요하다고 보지요.

이것이 전부는 아닙니다. △건강 △교육 △여가 △가족·공동체 △시민 참여 △안전 △환경 △주관적 웰빙 등과 같은 비물질적 지표도 중요합니다. 건강은 좋고 나쁨에 따라 개인의 삶의 질에 미치는 영향이 크고, 교육은 개인과 사회의 유지·발전에 큰 역할을 합니다. 자유시간으로서의 휴식, 재충전을 제공하는 여가, 정서적·육체적·재정적 보살핌을 제공하는 원천인 가족·공동체, 시민적 자유를 보장하고 정치적 효능감을 높이는 시민 참여, 적절한 기후와 쾌적함뿐만 아니라 자연자원의 생산, 미래 세대를 위한 지속 가능성을 고려한 환경도 모두 삶의 질을 측정하는 주요 요소입니다.

허리띠를 단단히 매고

생각 열기 사회가 정치적, 경제적 안정을 이루려면 중간층이 두꺼워야 합니다. 경제 활동에서 40대가 이러한 중간 세대이며, 이들은 소득상 중산층을 이루기 시작하는 시기입니다. 경제의 허리인 40대가 불안하면 우리나라 경제도 흔들립니다. 위기의 40대, 어떻게 도와야 할까요?

[사설] 일터에서 밀려나고 사회에서 갈 곳 없는 40대의 위기 (2019년 12월 4일자)

한국 사회와 경제의 중심인 40대에게 경고음이 울리고 있다. 40대는 경험과 추진력을 갖춰 직장에서 주축으로 일할 나이고, 가정에서는 한창 학교 다니는 자녀들을 키울 시기다. 그러나 유독 한국에서 40대는 일자리를 잃거나, 회사를 다니더라도 위아래에 짓눌려 자기 목소리를 내지 못하는 '낀 세대'가 되고 있다.

일자리 시장에서 40대의 처지는 참담하다. 10월 전체 고용률은 61.7%로 23년 만에 최고치를 찍었다. 20대부터 60, 70대까지 모두 고용률이 늘었지만 40대만 취업자 수가 43만6000명이 줄면서 고용률도 하락했다. 40대 취업자 수는 2015년부터 만 4년 동안 내리 줄고 있다. 제조업 불황으로 폐업과 구조조정이 늘면서 40대가 직격탄을 맞은 것이다.

1970~1979년생인 40대는 최근의 경제난을 온몸으로 겪은 세대다. 직장을 한창 구할 나이인 20대에 외환위기가 닥쳐 취업문이 좁아졌고 가정을 이룰 30대에는 글로벌 금융위기에 맞닥뜨렸다. 최근 조선업과 해운업, 자동차업계 구조조정으로 실직으로 내몰린 세대도 주로 40대다.

40대의 위기는 당사자뿐 아니라 전체 사회 경제에 문제를 일으킨다. 생산성이 가장 높은 40대가 일터에서 밀려나면 중장기적으로 산업 전반의 경쟁력이 떨어질 수 있다. 자녀들이 한창 자라나고 씀씀이도 활발한 40대가 경제적으로 무력해지면 가정이 타격을 받을 뿐 아니라 사회 전체의 소비가 줄어 성장률에도 악영향을 미친다.

그러나 정부와 사회의 인식은 아직 안이하기만 하다. 일자리 지원 정책은 청년층과 60대 이상 고령층에만 몰려 있고 40대에 대한 지원은 크게 미흡하다. 내년 총선을 앞두고 청년층의 정치 참여 목소리나 고령층을 향한 공약은 쏟아지고 있지만 40대는 여기서도 홀대받는다. 이제라도 40대의 일자리를 늘리기 위한 대책을 마련해야 한다. 정부와 민간이 함께 40대의 재취업을 위한 상담 서비스를 늘리고 제조업 활성화 방안 등 장단기 패키지 대책이 나와야 할 것이다.

생각 정리 퀴즈

① 사회, 경제의 중심 세대인 40대가 한국 사회에서는 [   ]의 불안정한 처지가 되었다.

② 제조업 불황의 직격탄을 맞은 탓에 40대 고용률은 다른 세대와 달리 줄곧 하락세다.

③ 취업을 해야 할 20대에 외환위기를 겪고, 가정을 꾸려야 할 30대에 글로벌 금융위기를 겪은 40대가 최근에는 업계 구조조정으로 실직에 내몰리고 있다.

④ 생산성 높은 소비 주체인 40대의 실직은 산업 경쟁력 하락을 넘어 사회 전체의 성장률마저 깎아먹을 수 있다.

⑤ 주로 청년층과 고령층에 몰려 있는 정부의 [   ] 지원 정책이 40대에게도 향해야 한다.

정답 : ① 끼인 세대 ⑤ 일자리

생각 키우기

■ **중산층**

사회적 경제적 문화적 수준이 중간에 속하면서 개인 스스로 중산층에 속한다는 의식을 갖는 사회집단을 말합니다. 쉽게 말해 매우 부유하지도, 그렇다고 너무 가난하지도 않은 계층인데 이때 중요한 것은 일정 기준에 의해 규정되는 것이 아니라 스스로를 그렇게 인식한다는 것입니다.

중산층은 경제적 요소뿐 아니라 교육 수준, 직업, 지위 등 비경제적 요소도 갖춘 계층입니다. 어느 정도 지식과 교양을 갖추고 민주주의나 권리에 대한 의식이 있어 불합리하거나 비민주적인 상황에서 행동하는 주체가 되지요. 이 때문에 1980년대 우리나라의 민주화 투쟁이 중산층 덕분에 가능했다고 보기도 합니다. 우리나라에 중산층이라 불리는 사회 집단이 생기기 시작한 것은 급속한 경제성장을 이루기 시작한 1980년대로, 당시 사회의 주요 계층으로 성장한 중산층이 대거 민주화 시위에 가담하면서 독재 정권을 밀어내 민주화를 이룰 수 있었다는 것이지요.

중산층은 상층과 하층의 계층 간 충돌을 방지하여 사회가 안정을 이루도록 합니다. 그런데 최근 세계적으로 중산층의 몰락이 사회문제가 됩니다. 중산층이 몰락하면서 소수의 상위 계층이 국가 전체 부의 상당 부분을 차지하는 이른바 '20 대 80' 구조로 사회 계층 구조가 재편되고 있습니다. 빈부격차가 심화하면서 정치 사회적 불안으로 일부 국가에서는 민주주의 후퇴가 우려됩니다. 이에 각국 정부는 중산층이 몰락하지 않도록 고용 안정이나 실업 대책, 복지 정책 등 계층 하락을 방지하는 지원책을 내놓고 있습니다.

■ **제조업 활성화 vs 신산업 육성**

제조업 활성화는 제조업을 부흥시켜 생산을 늘리고 일자리도 늘리려는 노력입니다. 제조업이 활성화되기 위해서는 소비 증대가 필요하고, 소비가 증대되려면 소득도 높아져야 합니다. 또 제조업에 대한 규제도 완화되어야 합니다. 제조업 활성화는 지역 경제를 살리는 원천이며, 동시에 연관 산업들의 발달도 가져와 여러 산업들이 함께 성장하는 효과가 있습니다.

한편 신산업은 전통 산업과 대비되는 개념으로 경제 발전을 위해 새롭게 육성하는 산업입니다. 부가가치가 높고 새로운 일자리를 창출할 산업으로, 첨단산업, 공유경제 활용 산업, 사물인터넷(IoT) 등 4차 산업혁명 관련 산업 등이 해당됩니다. 신산업은 무엇보다 먼저 개발하고 선점하는 일이 중요하고, 인터넷 등이 활용되면서 완전 경쟁 시장이 형성될 가능성이 높습니다. 따라서 가격 경쟁력을 낮추기 위한 새로운 아이디어나 기술 개발이 중요합니다.

전통적인 제조업과 신산업 육성이 잘 조화를 이루면 지역 경제 활성화 및 고용 촉진, 새로운 시장 개척 등 경제적 시너지 효과를 얻을 수 있습니다.

> **생각 넓히기**
>
> **Q. 채용 책임자인 당신이 직원을 뽑으려 한다고 가정해 봅시다. 직원 선발을 위한 자격 조건에 나이 제한이 있는지, 그 영향력은 얼마나 되는지, 왜 그렇게 생각하는지 말해 보세요.**
>
> **Guide ▶** 외국의 경우 입사 지원 양식에 사진, 나이, 성별, 학력, 신체 특성(인종, 키, 몸무게 등) 등을 기재하지 않습니다. 이러한 항목이 선발 과정에 불필요한 선입견을 만들어낼 수 있다고 보기 때문입니다. 적극적인 차별 금지의 사회적 분위기도 한몫합니다.
>
> 우리나라는 대부분 직원 선발 시 연령 제한이 있습니다. 나이에 따른 차별이 위헌이라는 헌법재판소 판결 후 지원서에 나이를 적지 않도록 하고, 공무원의 경우 지원 시 연령 제한을 두지 않지만 여전히 많은 기업에서는 암묵적으로 신입사원의 나이를 제한하거나 평가 과정에서 나이에 따른 불이익을 주기도 합니다.
>
> 이는 경력과 상관없이 나이를 기준으로 삼는 우리 사회의 관행과 연관이 있습니다. 능력이나 업무에 의한 독립적이고 평등한 직장 관계보다는 경력, 나이 등이 복합적으로 얽힌 수직적 관계에 기반한 조직이 여전히 적지 않은 탓이지요. 임금 제도의 영향도 있습니다. 사기업을 중심으로 연봉제가 실시되고 있지만 연공서열 제도가 기본인 우리나라에선 나이가 많을수록 높은 임금을 받습니다. 같은 일을 시켜도 나이가 어린 사람과 많은 사람의 임금은 크게 차이가 나고, 이로 인해 나이 많은 경력자의 재취업이 쉽지 않은 것이지요.
>
> 우리 사회가 평등하고 업무의 책임에 대해 명확한 사회라면 나이나 성별, 학력 등을 그렇게 중시하지 않을지도 모릅니다. 하지만 학교에서부터 한 살 차이도 위아래로 구분하는 사회 문화적 관습은 결국 나이가 들수록 새로운 직장이나 일을 찾는 데 어려움을 줍니다. 있는 그대로의 능력과 사람을 인정하는 사회로 바꾸어야 할 것입니다.

기회는 준비된 자에게

> **생각 열기**
> 삼국지에서 제갈량은 조운에게 난관에 부딪힐 때 꺼내보라며 비단 주머니 세 개를 주었습니다. 주머니 안에는 미래를 예측하고 대비하는 동시에 현실적 어려움을 타개하는 지혜가 적혀 있었습니다. 우리도 미래를 위한 비단 주머니를 만들어야 하지 않을까요?

[오늘과 내일/박용] "한국 경제, 이제 어떻게 해야 돼?" (2019년 12월 28일자)

"'인플레 파이터'로 명성을 떨친 폴 볼커 전 미국 *연방준비제도(Fed) 의장, '인덱스펀드'를 창시한 존 보글 뱅가드그룹 창업자, 1980년대 파산 직전 크라이슬러를 살려낸 리 아이아코카 전 회장, 자크 시라크 전 프랑스 대통령, 나카소네 야스히로(中曾根康弘) 전 일본 총리…."

미 경제 전문매체 블룸버그뉴스는 최근 '2019년 우리가 잃어버린 인물들' 특집기사를 통해 올해 세상을 떠난 111명의 세계적 인물을 꼽았다. 고인들 중 4월 별세한 조양호 전 한진그룹 회장, 12월 타계한 김우중 전 대우그룹 회장, 구자경 전 LG그룹 명예회장 등 한국 기업인도 포함됐다. 한국에서는 기업인에 대한 평가가 인색한 편이지만 해외에서 대접은 꽤 다르다. 공적도, 잘못도 있지만 가난한 나라 한국을 일으켜 세운 기업인들의 큰 족적을 그들은 기억한다.

올해 우리 곁을 떠난 '한강의 기적' 세대는 또 있다. 5월 별세한 오원철 전 대통령경제제2수석비서관이다. 고인은 1960, 70년대 한국 경제 재건과 중화학공업의 기틀을 다진 '한강의 기적' 디자이너였다. 박정희 대통령은 그를 '나라의 보물'이라는 뜻에서 '오 국보(國寶)'라고 불렀다고 한다.

3년 전 오 전 수석과의 인터뷰는 긴장의 연속이었다. 그는 "그럼 어떻게 해야 돼?"를 끊임없이 물었다. 잠시라도 어물거리면 "어휴, 그것도 모르면서 뭘 하겠다는 거야"라고 호통을 쳤다. '왜'와 '어떻게'를 집요하게 묻고 늘어지던 독특한 대화 습관에 이유가 있다는 걸 나중에 알게 됐다.

그는 "청와대 참모들은 대통령이 요구하는 답을 늘 갖고 있어야 했다. '왜', '어떻게'를 끊임없이 고민할 수밖에 없었다. 처음 경제개발 5개년 계획을 세울 때 아무것도 없었다. 하루 10시간 넘게 고민하고 공부하면서 무엇을 육성해야 하는지 연도별로 쭉 정리했다"고 말했다.

팽팽 돌아가는 요즘 세상에 1960, 70년대식 장기 계획이 의미가 있을까. 그는 "무슨 일이 일어날지 모르니 계획을 세워야 한다. 계획 없이 나가다간 팡팡 나가떨어진다"고 호통을 쳤다. 그러면서 "50년 뒤를 누가 아느냐. 정부가 됐든 민간이 됐든 5년 단위로 쪼개서 열 개로 보는 거야. 큰 방향을 세워놓고 상황에 따라 그때그때 고쳐 가면 된다"고 강조했다.

그는 인터뷰 내내 한국을 먹여 살릴 '인재' 걱정을 했다. 오 전 수석은 "기능인, 기술인을 우대하는 문화가 사라지니 우리 공업이 이렇게 떨어졌다. 학생들이 다들 법대 의대 가겠다는 말이 나오게 계획을 세우면 그 나라는 망한다"고 한탄했다. 그러면서 "경제 참모들은 지금 있는 사람들이 죽고 다음에 오는 사람들을 어떻게 교육해야 하는 것까지 내다봐야 한다"고 강조했다.

그날 그의 손엔 '원본 소장자 오원철'이라고 적힌 낡은 책자가 들려 있었다. 1970년대 작성된 '기능공 5만 명 인력 양성계획'이었다. '메이드 인 코리아' 신화는 거저 만들어지지 않았고, 자신의 말이 헛되지 않았다는 걸 보여주고 싶었던 듯했다. 경제 대국으로 부상한 중국에 대해서는 "중국이 이겼다고 생각하지 말라. 중국이나 우리나 서로 잘하는 게 있다. 시기하지도 말고, 무서워하지도 말라"고 당부했다.

경제 건설은 '집짓기'와 같다고 하던 오 전 수석은 그날 1~5차까지 경제개발 5개년 계획 추진 시기와 사업 내용을 손으로 직접 쓰고 그린 진도표를 보여줬다. 5차 계획은 정밀화학, 반도체, 중화학공업, 해양플랜트 등 요즘 한국을 먹여 살리는 기간산업을 마지막으로 끝났다. 나머지 백지를 채워 후손들에게 돌려주는 건 '한강의 기적' 세대에 큰 빚을 진 후대의 몫이다. 우리는 그 빚을 제대로 갚고 있긴 한 건가.

용어 노트

***연방준비제도(Fed)** : 미국의 중앙은행 제도. 미국 내 통화 정책 및 은행·금융기관에 대한 감독과 규제, 금융체계의 안정성 유지 등을 목적으로 한다. 복수 중앙은행 제도를 채택한 미국은 전역을 12개의 연방준비구로 나누어 각 구역마다 하나의 연방준비은행을 두고 그 지역 중앙은행으로서의 기능을 수행하도록 하고 있다. 각 준비은행은 워싱턴에 있는 연방준비제도 이사회에 의하여 운영·총괄된다.

생각 정리 퀴즈

① 해외에서는 우리나라의 기업인들을 [   ]을 이룬 경제 성장의 주축으로 높이 평가한다.

② 나라를 먹여 살릴 분야와 이를 육성할 수 있는 체계적인 인력 양성 계획을 고민해야 한다.

③ 지금의 한국을 먹여 살리는 정밀화학, 반도체 등 기간산업은 [   ]에 따라 체계적으로 육성된 것이다.

④ 미래 세대를 위한 새로운 국가 발전 계획이 필요하다.

정답: ① 한강의 기적 ② 경제개발 5개년 계획

생각 키우기

■ **경제개발 5개년 계획과 '한강의 기적'**

국민 경제의 획기적 발전을 목표로 우리나라 정부가 추진한 5개년 단위의 경제 계획. 1962년부터 1981년까지 총 4차례에 걸쳐 시행됐습니다. 기본 틀은 제2공화국인 장면 내각에서부터 세워졌으며, 구체적 실행은 5·16군사정변 이후 박정희 정부에서 실시되었습니다.

제1차(1962~1966년) 및 제2차(1967~1971년) 경제개발 5개년 계획은 경공업 육성과 수출 주도형 성장 전략을 내세워 가발 섬유 등 낮은 임금을 이용한 노동 집약적 산업을 발달시키는 방식으로 이뤄졌습니다. 사회간접자본(SOC) 확충에 나서면서 경부고속도로가 건설되고 포항제철 건설이 시작됐습니다.

제3차(1972~1976년) 및 제4차(1977~1981년) 경제개발 5개년 계획을 통해 우리나라는 대기업 중심의 수출 주도형 중화학 공업을 육성하였고, 경공업에서 중공업으로 산업구조 고도화에 성공하였습니다. 이를 통해 수출 100억 달러를 달성하면서 세계적으로 한국 경제의 성장사가 '한강의 기적'으로 소개되기 시작합니다. 이후 정부는 경제개발 5개년 계획의 명칭을 경제사회발전 5개년 계획으로 바꿔, 제5차(1982~1986년), 제6차(1987~1991년), 제7차(1992~1996년) 5개년 계획을 추가로 추진합니다.

경제개발 5개년 계획이 추진되는 동안 우리나라는 세계에서 유례없는 고도성장을 이룩하고, 수출 주도형 성장 전략을 통해 주요 국가산업의 기틀을 다졌으며, 국민소득도 크게 증대됐습니다. 하지만 성장제일주의와 불균형 성장 전략 탓에 수출과 내수, 도시와 농촌 및 지역 간 불균형 발전이 부작용으로 나타났습니다. 빈부 격차가 확대되고 노사 갈등, 환경 파괴 등 여러 사회문제가 파생되었습니다.

생각 넓히기

Q. 사회 경제적 여건이 빠르게 바뀌는 시대입니다. 당신이 기업의 최고경영자(CEO)라면 기업의 지속적인 성장을 위해 1년, 5년, 10년 뒤의 전략을 어떻게 짜겠습니까?

Guide ▶ 경기 순환이라는 이론을 활용하면 조금 더 원활하게 계획을 세울 수 있습니다. 경기 순환론에선 경기가 단기, 중기, 장기의 파동을 그리면서 변합니다. 단기인 키친 파동은 3~5년 주기로 재고 축적 때문에 발생합니다. 중기인 쥐글라 파동은 10년 주기로 설비 투자로 인해 발생합니다. 장기인 콘드라티예프 파동은 50년 주기로 철도나 전기 같은 혁명적인 변화로 인해 발생합니다.

이러한 순환 주기를 고려해 기업의 단기, 중기, 장기 전략을 수립할 수 있습니다. 예를 들어 단기 계획은 재고 관리를 중심으로 세웁니다. 재고가 많이 생기지 않도록 시장을 분석해 적정량을 생산하고, 재고가 남았을 때의 처리 방법을 고민합니다. 소비자의 빠른 요구에 부응하는 제품을 기획 생산하는 노력도 필요합니다. 중기 계획에선 노후 설비 교체를 위한 투자, 새로운 제품 라인을 추가하는 것을 구상할 수 있습니다. 설비는 많은 자금이 들어가므로 몇 년을 두고 자금을 모으는 과정이 필요합니다. 장기 계획은 그간의 사업을 바탕으로 새롭고 혁신적인 것을 개발해 내놓는 미래 전략입니다.

기술 혁신의 속도가 빨라진 점을 감안해 기간을 1년, 5년, 10년 등으로 나눌 필요는 없습니다. 달라지는 트렌드와 사회 분위기, 기술 혁신을 잘 따라가면서 적시에 꼭 필요한 발전 전략을 내놓는 것이 필요합니다.

16 정의란 이름으로

생각열기 공정하게 하려고 블라인드 채용을 했더니 불공정해 보이는 결과가 나오는 상황은 딜레마가 아닐 수 없습니다. 현 정부의 핵심인 공정경제. 그 결과는 어떨까요?

[오늘과 내일/고기정] 어설픈 공정함, 편파적 공정함 (2020년 1월 6일자)

신도 부러워하는 직장이라는 한국은행은 신입 행원을 블라인드 방식으로 뽑는다. 지원 이력서에 출신 학교 등 개인 식별 정보를 기입하지 못하게 한다. 필기시험 점수가 사실상 당락을 결정한다. 누구에게나 공정한 기회를 제공하려는 취지다. 그런데 한은 측은 블라인드 채용 이후 합격자의 서울대 경제학과 쏠림 현상이 심화됐다고 한다. 필기시험 방식이 이 학과에 더 유리해서다. 한은도 다른 조직처럼 인사·총무를 잘하는 사람, 대외업무를 잘하는 사람, 조직 관리를 잘하는 사람이 고루 필요하다. 지금 같은 채용 방식으로는 사용자의 선발권도, 특정 그룹을 제외한 나머지 지원자의 합격 가능성도 모두 제한된다. 의도는 공정했을지언정 결과는 그리 공정하지 않다.

공공기관 블라인드 채용은 문재인 대통령 취임 직후인 2017년 6월 전면 도입됐다. 그 전과 후를 비교해 보니 8대 금융 공기업의 SKY(서울대 고려대 연세대) 비중이 28.1%에서 22.1%로 감소했다. 하지만 취업준비생들이 특히 선호하는 서울 소재 금융 공기업 5곳(금융감독원 KDB산업은행 한국수출입은행 IBK기업은행 예금보험공사)만 보면 기은을 뺀 4곳은 이 비중이 50% 안팎으로 전보다 더 높아졌거나 변화가 없다. 여기에 한국은행까지 포함하면 '한금산수'(한국은행, 금감원, 산은, 수은)의 SKY 편향이 심해지고 있음을 보여준다.

문 대통령은 2일 신년 합동 인사회에서 "성장의 원동력인 혁신을 뒷받침하는 것도 공정에 대한 믿음"이라고 했다. 혁신을 뒷받침하는 게 '규제 개혁에 대한 믿음'이 아닌 '공정에 대한 믿음'이라고 해서 당혹스럽다. 어쨌든 문재인 정부 핵심 어젠다인 공정경제가 올해로 4년 차다. 공정경제의 본질은 자본의 불공정한 시장행위를 정부 개입을 통해 차단하고 시정하는 것이다. 공정에 대한 믿음이 생기려면 그 성과를 체험적이고 반복적으로 확인하는 과정이 있어야 할 텐데, 그동안 중소기업과 소상공인이 공정경제의 세례를 받고 형편이 나아졌는지 의문이다.

공정에 대한 믿음이 생기려면 공정경제의 수단이 공정한지도 따져봐야 한다. 지난해 말 국민연금 기금운용위원회는 경영 참여 목적의 주주권 행사 가이드라인을 의결했다. 국민연금이 기업의 이사 해임 등을 요구할 수 있다는 내용이다. 민간 자본을 공적 자본으로 통제하겠다는 것이다. 자본의 일탈행위로 기업가치가 훼손될 경우 주주 권한을 행사하는 것은 당연하다. 문제는 정권의 입김에 무방비로 휘둘리는 지배 구조와 의사결정 구조를 갖고 있는 국민연금이 과연 공정한 심판자의 역할을 할 수 있느냐는 것이다.

국가 예산보다 많은 700조 원의 기금을 운용하는 국민연금 기금운용본부장은 국민 동의와 상관없이 보건복지부 장관이 마음대로 임명한다. 이 때문에 장관 인사검증보다 기금운용본부장 인사검증이 더 필요하다는 지적이 계속돼 왔지만 정부와 정치권은 여태 묵살하고 있다. 대통령이 임명하는 국민연금공단 이사장직은 현 정부 들어 아예 *논공행상 자리로 전락했다. 전주에서 19대 국회의원을 했던 김성주 이사장은 총선에 출마한다며 지난주 사의를 표명했다. 국민연금공단은 전주에 있다.

정부가 평창 겨울올림픽 때 여자 아이스하키 남북단일팀 때문에 공정의 역풍을 맞았듯 공정이냐 불공정이냐를 판단하는 잣대는 다원적일 수밖에 없다. 수많은 참여자가 다양한 형태로 참여하는 시장에서의 공정은 더더욱 선의와 정책 의지만으로 판단하기 어려울 때가 많다. 사회주의 경제의 *가격 통제가 그랬듯 그 결과는 더 불공정할 수 있다. 공정한 시늉만 하는 어설픈 공정함이나, 공정의 잣대를 상대편에만 들이대는 편파적 공정함은 더 말할 나위 없다.

*논공행상 : 공로를 논해 그에 합당한 상을 주는 것.

*가격 통제 : 국가가 시장에 하는 간섭. 시장 가격 통제를 통해 공공복리나 시장 안정을 꾀하는 정책. 대표적으로 최저임금제나 임금상한제 등이 있다.

| 생각 정리 퀴즈 |

① 공공기관 [　　　] 채용 도입 이후 일부 공기업에선 SKY 편향 정도에 변화가 없거나 오히려 더 심해진 경향을 보였다.

② 공정경제가 신뢰를 얻으려면 실질적 [　　　]로 정책 가치를 체감할 수 있어야 하는데, 현재까지 정부 정책이 성과를 보이고 있는지 의문이다.

③ 공정경제의 [　　　] 역시 공정해야 한다. 국민연금이 공정경제의 심판자로서 강화된 의결권을 갖게 됐지만, 정작 그러한 권한을 행사하는 국민연금의 인사는 공정하지 못하다.

④ 다수 참여자가 존재하는 시장에서 공정의 잣대는 [　　　]이기 때문에 편파적 공정함은 결과만 더 불공정하게 만들 수 있다.

정답: ① 블라인드 ② 혜택 ③ 주체 ④ 다양성

생각 키우기

■ 정의란 무엇인가?

절대적 선처럼 보이는 정의에 대한 개념도 시대나 장소에 따라 다릅니다. 억압된 곳에서는 자유가, 불평등한 사회에서는 평등이 정의일 수 있습니다. 우리 사회에서도 빈부격차 같은 소득 재분배 문제가 대두되면서 정의에 대한 개념이 더욱 다원화되었습니다.

미국의 정치철학자 마이클 샌델은 정의를 사회 구성원의 관계와 그 안에서의 공정성으로 봅니다. 그는 자유는 누구에게나 평등해야 하고, 기회는 균등해야 한다고 봅니다. 단, 차별은 기회 균등을 위해 사회적 약자를 우선 배려할 경우에만 인정해야 한다고 합니다. 즉, 사회적 이익을 가장 가난한 사람들에게 먼저 배분하는 것은 차별이지만 정의인 것이죠. 그러나 이것이 정말 정의이고, 공정인지는 사회 구성원 간 합의에 따라 결정되어야 합니다. 이러한 과정이 민주주의이고, 그러한 관점에서 경제 민주화란 개념이 태동한 것이지요.

■ 스튜어드십 코드(Stewardship code)

연기금과 자산운용사 등 주요 기관투자가가 주인의 재산을 관리하는 집사(steward)처럼 기업의 의사결정에 적극 참여해 주주로서의 역할을 충실히 수행한다는 의미. 기관투자가가 수탁자로서의 책임을 다하도록 행동원칙을 규정한 자율규범을 뜻합니다. '수탁자 책임 원칙'이라고도 합니다.

스튜어드십 코드는 2008년 세계 금융위기를 계기로 도입되었습니다. 금융위기가 기관투자가들의 무관심에서 비롯됐다는 비판이 제기되면서 이후 기관투자가가 단순히 주식만 보유하고 그에 따른 의결권만 행사할 것이 아니라 △비공개 경영진 면담 △공개서한 발송 △주주 제안(정관 변경, 임원 보수 변경 등) △소송 제기(주주대표 소송, 손해배상소송) 등 적극적인 주주권을 행사해 기업 가치를 높이고 이를 통해 투자 자산의 장기수익률을 제고할 필요가 있다는 주장이 나온 겁니다.

2010년 영국에서 첫 도입된 스튜어드십 코드는 현재 세계 20여 개국에서 채택되었으며 우리나라도 국민연금을 포함해 사학연금, 공무원연금 등 총 83개 기관투자가가 스튜어드십 코드를 도입했습니다. 특히 국민연금은 스튜어드십 코드의 후속 조치로 2019년 7월 △경영 참여 목적의 주주권 행사 가이드라인 △위탁운용사 의결권 행사 위임 가이드라인 △위탁운용사 선정·평가 시 가점 부여 방안 등 세 가지를 의결하였습니다.

생각 넓히기

Q. 과거 한 중공업 회사가 부실기업이 된 자회사를 지원했다가 자금이 부족해져 위기에 처한 적이 있습니다. 여러분이 산업 정책을 담당하는 당시 정부 관계자라면 공적 자금을 투입해 이 중공업 회사를 살릴 것인가요? 아니면 부도가 나도록 둘 것인가요? 공정경제의 관점에서 생각해 보세요.

Guide▶ 중공업 회사에 공적 자금을 지원하는 것은 정부가 시장에 개입하는 것입니다. 국가의 재정, 결국 국민의 세금으로 사기업을 살리는 것입니다. 사적 영역의 생존을 공적 영역에서 도와주는 것은 시장경제와 맞지 않습니다. 다른 기업과의 공정한 경쟁을 방해하는 것이므로 공적 자금 지원을 하면 안 됩니다.

하지만 국가가 막대한 자금을 투자해 기업을 구제하는 것은 기업 자체의 회생도 회생이지만 그보다는 그 기업에서 일하는 근로자와 그 근로자 가정의 생계를 위한 측면이 큽니다. 즉, 대량 해고와 실직을 막고, 기업 파산에서 비롯되는 경제적 충격과 소비 위축 등의 경기 하락을 방지하려는 것입니다. 기업 하나를 위한 조치라기보다 사회 전체의 혼란을 막기 위한 것이지요. 이러한 관점에서 보면 공적 자금 지원을 통한 구제가 불가피한 측면이 있습니다.

17

집으로?

> **생각열기**
> 서울 강남의 높은 집값의 원인에 대해 혹자는 수요와 공급이 왜곡된 탓이라고 하고 누군가는 투자가 집중되기 때문이라고 합니다. 하지만 공통적으로 지적하는 것은 과도한 집값으로 인한 물가 상승과 상대적 박탈감, 계층 간 격차 심화입니다.

[오늘과 내일/허진석] 주택거래 허가제가 시행된다면 (2020년 1월 18일자)

논란의 '주택거래 허가제'는 '강남으로 이사 가려면 허가를 받고 가라'는 말로 요약된다. 말을 뱉었던 강기정 대통령정무수석은 물론이고 당정청 모두에서 한발 물러서는 것으로 봐선 당장은 추진될 가능성이 낮아 보인다.

그럼에도 불구하고 만약 실현된다면 집값을 잡을 수는 있는 걸까. 재산권 침해나 거주이전의 자유 제한 같은 위헌적 요소는 차치하고 말이다. 그래서 *사고실험(思考實驗)을 해 봤다. 이성적 합리적 생각만으로 '모든 물체는 무게와 상관없이 같은 속도로 떨어진다'는 사실을 알아낸 갈릴레이가 행했던 그 방식이다.

먼저, 이름이 '허가제'이니 특수한 사정이 있으면 거래는 할 수 있을 텐데, 그런 조건은 무엇일까. 현 정부의 정책 방향을 볼 때 우선 무주택자에게만 기회가 주어질 것 같다. 그리고 전세대출 제한의 예외 조건으로 인정되는 근무지 이전이나 질병 치료, 부모 봉양과 같은 최소한의 명분이 있어야 할 것이다.

그런데 정부가 허가제를 실시하는 이유가 강남 유입 수요를 차단해 강남 집 매수세를 끊는 것이니 위와 같은 명분으로는 쉽게 허가가 날 것 같지는 않다. 정부는 허가 조건을 엄격하게 만들어 거래가 거의 없는 수준까지 떨어뜨릴 공산이 크다.

거래가 제로에 가까운 상태가 되면 어떤 현상이 생길까. 강남에 대한 수요가 줄지 않은 조건이라면 용케 매수 허가를 받은 사람은 더 비싼 값을 치를 가능성이 크다. 매도자 입장에서는 강남으로 오려는 사람이 더 있다는 것을 느낀다면 얼마든지 배짱을 튕길 것이다. 정부는 매수가 힘든 환경이니 적은 거래량에서나마 떨어진 가격으로 거래가 일어나길 원할 것이다. 관건은 강남에 대한 수요다. 거래량이 적으면 일부 투기꾼의 가격 장난에 노출될 위험은 더 커진다.

　사고실험의 조건을 더 단순화시켜 보자. 거래량이 그냥 제로인 상태라면 어떨까. 강남 집값은 이론상으로 변동이 없게 된다. 거래가 전면 금지된 그날 시세가 그대로 계속될 것이다. 대통령이 신년 기자회견 때 말했던 강남 집값 하락의 실현 가능성도 제로가 된다.

　그런데 시장에서 거래되는 숫자로 된 가격이 없다고 사람들이 강남 집값의 가치를 셈할 일이 없을까. 강남 집을 담보로 한 은행권 대출까지 막는다고 해도 개인 간의 담보까지 막지는 못할 것이다. 그때 사람들은 시세를 대체할 *'잠정 가격'을 산출해 사용할 수밖에 없다. 주택 가격은 복지정책의 기준점도 되기 때문에 어떤 방식이든 잠정 가격은 등장할 것이다.

　매매는 금지됐지만 아직 전세는 살아 있는 상태다. 강남에 대한 수요가 줄지 않은 상태라면 전세금은 집을 사서 강남으로 이전하려던 수요까지 더해져 더 높아질 것이다. 더 높아진 전세금은 잠정 가격의 최소 기준선으로 강남 부동산의 가치를 떠받치게 된다. 이 경우에도 강남 수요가 관건이다.

　강남 집값이 오르지는 않았으니 어쨌거나 성공적이라고 이 정권은 주장하고 싶을 것이다. 그럼 그런 상태는 언제까지 유지될까. 제도가 유지되는 기간이 정답일 텐데, 그건 정권이 유지되는 기간과 같을 것이다. 강남을 제외한 다른 지역은 수요와 공급에 의해 시세 변동이 있는데, 강남만 변동이 없는 상태가 지속될 것으로 예상할 멍청이는 없을 것이다. 전문가들이 억눌린 수요가 한꺼번에 터지면 부작용이 더 커진다고 우려하는 것도 같은 맥락이다.

　그럼 강남으로 몰리는 수요를 줄이려면 어떻게 해야 할까. 좋은 주거 조건을 갖춘 강남의 교통 편의성, 교육 여건 등을 파괴하는 것이 방법이 아니라면 말이다. 너무 비싼 집값은 공동체에 해롭다는 건 누구나 안다. 정세균 국무총리의 말처럼 중요한 것은 그걸 '매끄럽게' 처리하는 방법이다.

용어 노트

*사고실험(思考實驗) : 실제로 실험을 하지 않고 머릿속에서 단순화된 실험 장치와 조건을 생각하고 이론에 따라 추론하여 수행하는 실험.

*잠정 가격 : 물건 등의 거래 가격이 확정되지 않을 때 유사한 거래 등을 참고하여 산출하는 가격.

생각 정리 퀴즈

① 집값 잡기를 고민하는 정부가 [   ]까지 거론했다. 정부는 강남 집 매수세를 끊는 것이 목적이기 때문에 허가 조건을 엄격하게 둬 거래량 자체를 크게 줄이려 할 것이다.

② 정부는 매수가 힘든 환경이니 거래량이 떨어져 가격이 떨어질 것을 기대하지만, 강남에 대한 수요가 줄지 않는다면 거래 자체가 희귀한 상황에서 [   ]가 더 비싼 값을 치를 가능성이 크다.

③ 거래량이 없다면 집값 하락의 실현 가능성도 없고, 시장 거래 가격이 없어지면 사람들은 시세를 대체할 [   ]을 산출하려 할 것이다.

④ 주택 거래를 막아도 [   ]는 남아있기 때문에 그 수요가 강남 부동산의 가치를 떠받칠 것이다.

⑤ 정권이 바뀌면서 제도 유지가 어려워지면 억눌린 수요가 한꺼번에 터지는 부작용이 나올 수 있다.

⑥ 결국 교통 편의성, 교육 여건 등을 이유로 강남으로 몰리는 [   ]를 줄여야 한다.

정답: ① 주택거래 허가제 ② 매수자 ③ 대체가 ④ 실장가치 ⑤ 시세 ⑥ 수요

생각 키우기

■ 신고제와 허가제

주택 거래와 관련해 현재 우리나라는 신고제를 택하고 있습니다. 부동산 거래 신고에 관한 법률에 따라 부동산 매매계약의 거래 당사자는 거래 계약 체결일부터 30일 이내에 그 권리의 대상인 부동산 등의 소재지를 관할하는 시·군·구청에 실제 거래 가격, 거래 내역 등을 신고해야 합니다. 신고제이기 때문에 관할청에 신고만 하면 특별한 결격 사유가 없는 한 대상 행위를 제한하지 않습니다. 반면 주택 거래 허가제는 관할청이 정한 요건을 갖춘 경우에 한해 허가해주는 것입니다. 관할청의 판단에 따라 주택 거래 자체가 아예 불가능할 수도 있습니다.

물론 현재의 주택 거래 신고제 또한 특정 요건에 해당하는 주택에 대해서는 주택 취득에 필요한 자금 조달 계획 및 지급 방식, 본인 입주 여부와 입주 예정 시기 등을 모두 신고해야 합니다. 만약 탈세나 투기가 의심될 경우 거래가 제한될 수 있어 사실상 허가제에 가깝다는 지적이 있습니다. 하지만 원론적으로 주택 거래 신고제는 신고만 하면 그 형식과 내용에 하자가 없는 한 거래를 제한하지 않기 때문에 허가제보다는 한 단계

낮은 규제에 속합니다.

　주택 거래 허가제 논의는 수도권의 높은 집값 때문에 등장했습니다. 집값이 과열되고 이것이 사회적 문제가 되자 정부가 부동산 거래에 강도 높은 규제 카드를 검토한 것이지요. 우리나라는 2003년에도 주택 거래 허가제 도입을 검토한 적이 있습니다. 하지만 재산권 침해 등 위헌 소지가 있어 무산되고 대신 2004년 3월부터 주택 거래 신고제가 시행됐습니다. 이마저도 2015년 7월에 완전 폐지됐다가 2017년 8월부터 주택시장 안정화 방안의 일환으로 재개됐습니다.

생각 넓히기

Q. 서울 강남의 집값이 높은 원인 중 하나로 교육 환경이 꼽힙니다. 이른바 '강남 8학군'과 '대치동 학원가'로 대표되는 강남의 높은 교육 수준이 강남 주택 수요를 높여 집값을 끌어올렸다는 것이지요. 그렇다면 집값 안정을 위해 강남의 학원가를 강제로 다른 곳으로 분산시키는 방안은 어떨까요?

Guide ▶ 지금의 강남도 처음에는 서울에서 뒤늦게 개발된 '신도시'였습니다. 서울 중심부에 몰린 인구를 분산시키기 위한 유인책으로 강북에 있는 학교들을 강남으로 이전시켰고, 마침 교육열이 높았던 젊은 신혼부부 등이 당시 신도시인 강남으로 몰리면서 현재의 8학군 및 학원가가 자리 잡았지요. 과거 명문 학교들의 강남 이전이 강남의 시작을 이끌었을지는 몰라도 현재 강남에 대한 부동산 수요는 교육 환경 하나로만 설명하기 힘듭니다. 강남을 중심으로 여러 기업이 들어서면서 직주근접(직장과 주거지가 가까운 것) 측면에서도 가치가 높고, 그에 걸맞게 교통, 생활, 문화·여가시설 등 여러 인프라가 잘 갖춰진 점도 수요를 높이는 요인이지요. 따라서 강남의 교육 환경을 양적 질적으로 강제로 무너뜨린다고 해서 주택 수요가 확 떨어지리라고 보긴 어렵습니다. 가격은 가치를 반영합니다. 강남 집값 문제 해결의 시작은 강남이 높은 가치를 지닌 이유를 제대로 바라보는 것에서부터 시작해야 합니다.

18 공짜 점심은 없다

> **생각 열기**
> 노력하지 않고 얻는 소득처럼 매력적인 것은 없습니다. 하지만 한정된 자원에서 무언가를 공짜로 얻는다는 것은 누군가는 비용을 지불한다는 의미입니다. 선거를 위해, 정치적 목적을 위해 결정된 경제 정책이 항상 합리적일까요?

[오늘과 내일/김광현] '공짜가 쥐약'인 줄 국민이 알아야 (2020년 1월 30일자)

지하 주차장도 없는 15층 아파트 1층 주민에게 엘리베이터 사용료를 내라는 아파트 관리비 고지서가 나왔다면 주민들 반응이 어떨까? 1층 주민이라면 "말도 안 되는 소리", 다른 층 주민들이라면 "공동 시설인데 당연히 내야지"라고 할 것이다. 실제 이런 분란이 종종 벌어진다. 재판으로 간 경우도 있고, 국회 격인 입주자대표회의에서 투표로 결정된 사례도 있다. 투표의 경우 짐작대로 1층 주민도 내야 하는 쪽으로 결론이 난 경우가 많았다. 다수의 결정이라고 반드시 공정하고 합리적이지 않을 수 있다는 걸 보여준다.

바야흐로 누구나 한 표를 행사하는 선거 시즌이다. 정당과 후보자들이 다양한 공약을 내걸고 표심을 유혹하고 있다. 그런데 가장 많은 표를 얻을 만한 약속이 가장 합리적인 정책일까. 차마 눈 뜨고 보기 어려운 공약도 더러 있다. 예컨대 만 20세 청년 전원에게 3000만 원씩, 부모가 없는 청년에게는 최대 5000만 원씩 정부가 지급하겠다는 '청년기초자산제'는 여당인지 야당인지 분간이 안 가는 정당의 총선 1호 공약이다. 화끈한 만큼 뒷감당이 불감당인 약속이다.

이뿐만 아니다. 농어민수당, 노인수당, 아동수당 등 이미 있는 여러 이름의 수당을 이중 삼중으로 더 올려주겠다는 공약이 여야 가릴 것 없이 난무하고 있다. 표준국어대사전은 '수당(手當)'을 '정해진 봉급 이외에 따로 주는 보수'라고 풀이하고 있다. 앞으로는 '정부로부터 그저 받는 돈'이란 뜻이 추가되게 생겼다.

정치인이 표를 쫓는 것은 일견 이해할 만하지만 그래도 정도가 있다. 작년 우리나라 경제 성장률이 2.0%였다. 올해 정부 목표가 2.4%다. 작년 정부 예산 증가율은 9.5%였다. 올해는 거기서 9.3% 더 늘렸다. 요즘 유행하는 말로 '묻고 더블로 가!' 식이다. 이 중

현금복지 사업은 작년에 비해 10.6% 증가했다. 성장률의 4~5배나 되는 예산 지출, 그것도 현금 살포식 지출 증가가 계속 가능하다고 주장한다면 그것은 대국민 사기극, 미래 세대에 대한 약탈 행위나 다름없다.

*조세 저항 없이 생색내는 가장 좋은 방법이 빚 끌어다 현금 봉투 뿌리는 일이다. 그래서 국가 채무가 눈덩이처럼 불어나는 추세다. 그 폐해는 반드시 누군가에게 돌아갈 것이다. 특히 빚 보따리가 다음 세대의 어깨를 짓누를 게 뻔하다.

그래서인지 최후의 선택이 늘고 있다. '발로 하는 투표', 즉 이민 열풍과 기업 탈출이다. 최근 여기저기서 거의 매주 열리는 이민설명회는 예약 없이는 입장도 안 될 정도로 성황이다. 외교부 통계로도 작년 해외 이주 신청자가 1년 새 5배 가까이 늘었다. 미국 캐나다 호주에 갈 형편이 안 되면 말레이시아라도 가겠다면서 동남아 이민 문의가 폭주한다고 한다.

기업도 떠난다. 기업들이 나라 밖으로 싸들고 나간 돈, 즉 해외직접투자(FDI) 금액이 작년 3분기까지 444억5000만 달러로 전년에 비해 21.6% 증가했다. 1년 총액으로 500억 달러가 넘을 것이 확실시된다. 관련 통계가 작성되기 시작한 1981년 이후 처음 있는 일이다. 반대로 한국에서 사업하겠다고 들어온 돈은 작년 3분기까지 134억8500만 달러로 전년 대비 29.8% 줄었다. 기업이 해외로 빠져나가면 일자리는 누가 만들고 세금은 누가 낼 것인가.

오랜 경험을 가진 경제 관료들은 '이건 아닌데' 싶지만 겉으로는 입도 벙긋 안 하는 게 정부세종청사 분위기라고 한다. 장차관에게 개인 집도 팔라 말라 하는 판에 청와대에 좌표 한번 잘못 찍혔다간 그나마 모기만 한 목소리도 못 내고 사라질 것이 뻔하기 때문이다.

세상에 공짜는 없고, 공짜의 종착지가 어디인지를 보여주는 해외 사례는 지금도 널려 있다. *'소경 제 닭 잡아먹기'라는 속담이 있다. 자식까지 생각한다면 결국은 국민이 눈을 똑바로 뜨는 수밖에 없다.

*조세 저항 : 세금 내는 것을 거부하려는 경향. 개인의 능력에 따라 세금을 부과받고 직접 내야 하는 재산세 같은 직접세나 누진세 등일수록 조세 저항이 크다.

*소경 제 닭 잡아먹기 : 횡재라고 좋아한 것이 알고 보니 제 것이었다는 뜻의 속담.

생각 정리 퀴즈

① [　　　]의 결정이 반드시 공정하고 합리적인 것은 아니다.

② 선거를 앞두고 [　　　]을 얻기 위한 각종 현금복지 공약이 여야 가릴 것 없이 난무한다.

③ 나라의 재정 사정을 고려하지 않은 현금 살포 공약은 [　　　]에 대한 약탈 행위다.

④ 현금복지 사업으로 국가 [　　　]가 늘어나면 그 폐해는 반드시 누군가가 져야 한다.

⑤ 다음 세대가 짊어져야 할 빚 보따리가 늘면서 [　　　] 열풍이 불고 기업이 탈출하고 있다.

⑥ 정부 입김에 경제 관료들의 반대도 어려운 상황이므로 결국 국민이 현명하게 판단해야 한다.

정답: ① 다수 ② 표심 ③ 미래 세대 ④ 채무 ⑤ 이민

생각 키우기

■ 포퓰리즘의 말로

포퓰리즘은 일반 대중의 인기를 얻기 위한 정치 행태를 뜻하며, 대중주의 또는 인기영합주의라고도 합니다. 정치적 권력을 얻기 위해 정치의 본래 목적을 상실하고 인기라는 수단만 부각시킨다는 점에서 수단과 목적이 전도된 대표적 사례지요.

포퓰리즘은 인기를 얻기 위해 다수를 위한 정책을 수립하고 다수의 지지를 얻어내기 위하여 노력한다는 점, 다수의 지배를 강조하고 직접적인 정치 참여를 강조한다는 점에서 민주주의와 맥을 같이하지만 권력과 대중의 정치적 지지를 얻기 위한 수단으로 비현실적인 공약을 내세우고, 국가나 국민이 아닌 특정 집단의 정치적 목적을 위한 수단으로 악용된다는 점에선 진정한 민주주의로 보기 어렵습니다.

포퓰리즘의 대표적 실패 사례가 1940년대 산업화로 선진국 문턱까지 갔던 아르헨티나에서 집권한 후안 페론입니다. 페론은 권력을 유지하고 인기를 얻기 위해 무분별한 임금 인상, 선심성 복지 정책으로 재정 지출을 크게 늘립니다. 경제 성장의 결실을 또 다른 성장을 위해 투자하지 않고 줄곧 정권의 인기를 위해 무분별하게 복지 정책을 확대했지요. 그러다 페론이 실각하자 아르헨티나는 재정이 파탄나고 외환보유액 감소, 물가폭등 등으로 국가 부도에 이릅니다. 국가 신용도가 떨어져 외국의 투자는 줄어들고, 생산과 일자리에 부정적인 영향을 미치면서 미래의 기회마저 앗아가 버린 것. 미래를

보지 못하고 현재의 인기에 영합해 방만한 국가 운영을 한 결과, 후진국 추락이라는 고통과 심각한 채무만 국가와 국민에게 남겼습니다.

■ 중우정치(Mobocracy)

현명하지 못한 다수의 민중이 이끄는 정치라는 뜻입니다. 다수결의 원리로 운영되는 민주주의에서 생겨날 수 있는 부작용 중 하나로 선동과 군중 심리에 의해 다수가 비합리적인 판단을 내릴 수 있는 점을 지적하는 용어. 이를 막기 위해서는 다수결 이전에 충분한 토론과 상호 설득 과정이 필요합니다. 또 소수자의 의견이 존중되어야 하며 이를 통해 다수 대중의 비합리적인 결정을 보완할 수 있어야 합니다.

> **생각 넓히기**
>
> **Q. 제21대 총선에서 여야는 코로나19 대책으로 영세업자 부가세 감면, 재난기본소득 지급, 경기 회복을 위한 각종 규제 철폐 등을 내놓았습니다. 이러한 것들이 선심성 공약인지, 아닌지를 나름대로 판단해 보고 그 이유를 설명해 보세요.**
>
> **Guide ▶** 코로나19로 경기가 침체되고 많은 국민이 고통을 호소하는 상황에서 치러진 제21대 국회의원 선거에서는 여야를 막론하고 각종 지원책이 쏟아져 나왔습니다. 이를 마냥 선심성 공약으로 보긴 어렵습니다. 경기가 살기 위해서는 돈이 돌아야 하고, 이를 위해선 소비가 촉진돼 생산이 증가해야 하는데 코로나19로 위기를 겪으면서 소득이 줄어든 이들에겐 소비의 여력이 충분치 않기 때문입니다. 이때 각종 세제 혜택을 주거나 재난기본소득을 지급해 일시적으로 소득을 높여주면 다시 소비가 이뤄지면서 이를 기반으로 시중에 돈이 돌 수 있습니다.
>
> 하지만 이렇게 국가 재정을 지출한 만큼 결과가 나타나야 합니다. 세금 감면이나 재난소득 등을 위해 재정 지출이 발생했지만 정작 그 돈이 어디서 어떻게, 무엇을 위해 쓰였는지 확인이 되지 않는다면 이는 목적성이 두드러지지 않는 선심성 지출로 볼 수밖에 없습니다.

CHAPTER 4

나누며 어울리는 한 울타리
- 사회·법

1. 생명과 권리, 그 공존의 조건
2. 등록금 보존 법칙
3. 호랑이 담배 끊는 시대
4. 구속을 구속하는 구속법
5. 서당개 3년이면 학교 폭력을 한다?
6. 개혁이라는 나침반
7. 네가 어디에 있든, 무엇을 하든 꼭 찾아낼 것이다
8. 선거는 장기판?
9. 空교육? 共교육!
10. 그것을 알려 달라
11. 진료는 의사에게, 약은 약사에게, 그럼 판결은?
12. 영감님
13. 왜 권력 분립인가?
14. 민중의 지팡이에서 든든한 버팀목으로
15. 그물망, 의료망 그리고 사회 안전망
16. 병, 균, 편견
17. 공포 팬데믹(pandemic)
18. 두레의 유산
19. 격차 줄이기

1 생명과 권리, 그 공존의 조건

> **생각 열기**
> 현실과 법 사이에는 시간적, 심리적, 감정적 괴리가 존재합니다. 우리 사회에서 오랜 논쟁의 대상이 되어 온 낙태 역시 생명 윤리와 자기결정권이라는 권리가 부딪치면서 관련 법 제정에 어려움을 겪습니다.

[사설] 66년 만의 낙태 처벌 위헌… 여성 보호와 생명권 모두 존중해야
(2019년 4월 12일자)

헌법재판소는 어제 형법의 낙태 처벌 규정에 대해 *헌법불합치 결정을 내렸다. 헌재는 임신 기간을 마지막 생리 기간의 첫날로부터 22주까지와 22주 이후로 2단계로 구분한 뒤 임신 22주 이내의 낙태까지 금지하고 처벌하는 것은 임부의 *자기결정권을 침해해 위헌이라고 봤다. 다만 당장의 위헌 결정이 초래할 법적 공백을 우려해 2020년 말까지 개선 입법을 할 시간적 여유를 줬다. 1953년 만들어진 낙태죄를 66년 만에 처음으로 손보게 됐다.

헌재는 임신 22주 이후로는 태아의 독자적 생존이 가능하다고 보고 낙태를 금지하는 기준으로 제시했다. 다만 헌재 헌법불합치 결정에 흡수된 3인의 단순위헌의견이 임신 14주를 기준으로 제시한 걸 보면 고작 4인이 주장한 22주가 논란의 여지없는 의학적 기준인지 의문이다. 22주 이내의 언제까지 낙태를 허용할지는 입법과정에서 보다 엄밀한 검토가 필요하다.

독일 프랑스 등 대부분의 유럽 국가는 1960년대 격변의 시기를 거치면서 낙태를 합법화했다. 미국도 1973년 연방대법원의 *'로 대 웨이드' 사건 판결 이후 임신 기간을 3단계로 나눠 1, 2단계의 낙태를 원칙적으로 합법화했다. 한국은 사회적 변화가 선진국에 뒤처지긴 했지만 늦게나마 출산에 대한 관념이 크게 변한 것은 틀림없다. 그럼에도 법은 66년 전 그대로여서 현실과의 괴리가 커졌다. 우리나라의 낙태 시술은 한 해 평균 3000건이 넘는다. 그러나 기소되는 경우는 1년에 10건 내외다. 기소돼도 실형 선고는 거의 없다. 이번 헌재 판결이 생명윤리 훼손을 둘러싼 논란에도 불구하고 법과 현실의 괴리를 좁힐 것은 틀림없다.

헌재 결정은 모자보건법상의 낙태 정당화 사유에 포함되지 않은 사회적 경제적 사유에 의한 낙태까지 허용하는 것을 뜻한다. 원치 않는 혼외 임신을 했을 경우, 더 이상의 자녀를 감당할 여력이 되지 않을 경우, 학교나 직장 생활에 지장을 줄 경우에도 낙태할 수 있다. 낙태가 허용되면 그동안 음성적으로 주고받던 낙태 관련 정보를 얻기 쉬워지고 낙태 시술도 공개적으로 할 수 있어 의료사고나 후유증이 발생할 경우 법적 구제도 받을 수 있게 된다. 낙태 시술에 건강보험이 적용되면 수술비도 크게 내려갈 수 있다.

그러나 낙태가 수월해지면서 자칫 생명을 경시하는 풍조로 이어질 수 있다는 우려도 크다. 우리나라는 엄격한 낙태죄가 있을 때도 낙태가 많던 나라다. 남미나 동유럽의 가톨릭 교회나 미국의 근본주의 개신교 세력처럼 낙태 반대를 사회적으로 캠페인하는 세력도 크지 않다. 출산과 양육을 실질적으로 보장하는 정책만이 그나마 경제적 사유에 의한 낙태를 줄이고 출산율도 높일 수 있는 길이다.

용어 노트

***헌법불합치** : 해당 법률이 사실상 위헌이지만 즉각적인 무효화에 따르는 법의 공백과 사회적 혼란을 피하기 위해 법 개정 전까지 한시적으로 그 법을 존속시키는 헌법재판소의 결정.

***자기결정권** : 사적인 영역에서 국가의 간섭 없이 스스로 결정할 수 있는 권리. 우리나라 헌법 제10조(인간의 존엄과 가치, 행복추구권, 기본적 인권 보장)에 의해 보장되는 권리.

***로 대(對) 웨이드 사건** : 1973년 1월 22일 내려진 미국 연방대법원의 판례. 이 판결로 낙태를 처벌하는 법률이 미국 수정헌법 14조를 침해하는 위헌이라는 결정이 내려졌다. 1969년 낙태 수술을 거부당한 텍사스주 댈러스의 한 여성이 위헌 소송을 제기했는데, 원고(제인 로)와 이 소송의 피고였던 댈러스카운티 지방검사 헨리 웨이드의 이름을 따 '로 대 웨이드'라 불린다.

생각정리퀴즈

① 헌법재판소가 22주 이내의 낙태를 금지한 법률 조항이 [　　　]을 침해한 위헌이라고 판단함에 따라 낙태죄를 다룬 법은 66년 만에 재정비가 필요해졌다.

② 헌재가 낙태 불법 여부를 판단하는 시점으로 제시한 [　　　]는 태아의 독자적 생존 여부에 따른 기준이나 의학적으로 엄밀한 검토가 필요하다.

③ 헌재의 이번 결정은 사회적 변화를 따라가지 못했던 법과 [　　　]의 괴리를 좁힌 것이다.

④ 낙태 허용이 [　　　] 풍조나 출산율 감소 등의 문제를 불러올 수 있으므로 출산·양육 정책이 뒷받침되어야 한다.

정답 : ① 자기결정권 ② 22주 ③ 현실 ④ 성개방

생각 키우기

■ 정의 & 합목적성 & 법적 안정성

법은 법이 추구하는 궁극적 이념인 '정의'와 그 사회가 추구하는 가치나 목적을 설정하는 기준인 '합목적성', 법에 따라 안정된 생활을 할 수 있게 해주는 '법적 안정성'을 실현하기 위해 존재합니다. 자궁에서 자라는 태아를 인공적으로 제거하는 일은 그간 우리 사회의 정의에 맞지 않고, 천부인권을 추구하는 우리 사회의 합목적성에 반하는 것이어서 불법으로 다루어졌습니다. 이후 시대 흐름에 따라 낙태를 바라보는 시선에도 일부 변화가 생겼지만, 법적 안정성을 지키는 차원에서 여전히 불법이었지요. 하지만 인권과 자유권의 지속적 확대, 국가 개입의 최소화 등으로 법적 정의와 합목적성에도 변화가 생겼고, 낙태에 대한 법의 관점도 달라졌습니다.

다만, 낙태에 대한 법적 판단이 달라졌다고 해서 변화가 당장 적용되는 것은 아닙니다. 이를 대체할 법이 생겨난 것이 아니기 때문입니다. 헌법재판소가 법률의 위헌 여부를 판단하긴 했으나, 새로 법을 제정하거나 바꾸는 입법은 국회의 몫입니다. 이에 헌법재판소는 위헌 판단을 내리면서도 법 개정을 위한 시간을 확보하고 혼란을 최소화하기 위해 일정 기간 기존 법을 유지하는 결정을 내림으로써 법 생활의 안정을 꾀한 것입니다.

■ 천부인권과 생명권, 선택권

민주주의는 하늘이 부여한 권리, 즉 누구도 침해할 수 없는 권리인 천부인권 사상에서 시작되었습니다. 낙태에 대한 처벌 논란도 천부인권과 함께 들여다봐야 합니다.

법과 윤리, 종교에서 태아를 보는 관점이 다르긴 하지만 일반적으로 수정설, 태아설, 노출설, 자가호흡설이 있습니다. 수정설은 수정된 순간부터, 태아설은 배 속 태아일 때부터 노출설은 모체에서 아기가 나와서 보일 때부터, 자가호흡설은 모체에서 나와서 스스로 호흡할 때부터 인간으로 인정하는 것입니다. 수정설은 인간의 개념을 적극적으로 보는 관점인 반면, 노출설이나 자가호흡설은 실체가 보여야 해 소극적인 입장입니다.

과거 낙태가 남아선호 사상에 의해 다수 행해졌다면, 현재는 가난이나 육아에 대한 경제적 부담, 사회안전망 문제 등 사회 구조적 문제에 따른 선택인 경우도 많습니다, 여성 개인의 자유와 권리 문제로 다뤄지기도 합니다. 낙태는 사회적 문제이며 공동체가 함께 해결해야 할 문제라 할 수 있습니다.

> **생각 넓히기**
>
> **Q. 산아 제한을 위해 정부 주도로 낙태가 이루어지는 곳도 있습니다. 낙태의 자기결정권은 개인 선택의 문제인가요, 사회 선택의 문제인가요?**
>
> Guide ▶ 과거 베이비붐 시대 같은 인구 폭증기에는 식량, 주택 문제로 산아 제한을 하려 노력했습니다. 정부 주도로 낙태를 권장하기도 했지요. 현재 아프리카 일부 국가에서 시행되고 있습니다. 제2차 세계대전 당시에는 민족의 우월성, 인간 개량 등의 명목으로 임신부가 끌려가 강제로 낙태를 당하기도 했습니다. 모두 낙태에 대한 결정권이 개인에게 있지 않은 경우입니다. 국가의 정치적 및 경제적 목표에 개인의 권리가 희생된 것이지요. 이런 사회에서는 윤리적, 도덕적 고민이 없는 것이 큰 문제입니다.
>
> 현재는 기본권으로서의 자기결정권을 폭넓게 존중함에 따라 낙태가 이뤄지기도 합니다. 그간 낙태에 대해서는 사회가 법규로서 책임을 물었지만, 낙태 처벌 규정이 사라지면 그런 책임이 면제됩니다. 법적인 책임은 없을지언정 도덕적, 윤리적 책임은 개인이 져야 하지요. 하지만 낙태의 선택이나 책임을 임신부에게만 지게 하는 것은 곱씹어봐야 합니다. 태아의 아버지도 윤리적, 도덕적 책임에서 자유롭지 않지요. 여전히 우리 사회는 출산 및 육아에 대한 의무와 책임을 여성에게만 부여하는 경향이 강합니다. 이는 고쳐야 할 가부장적 관점입니다.

등록금 보존 법칙

생각 열기 사회 문제를 해결하기 위해 많은 정책이 제시됩니다. 명(明)이 있으면 암(暗)이 생기듯 특정 정책으로 득을 보는 사람이 있으면 피해를 보는 경우도 생깁니다. 균형을 유지하면서도 최대의 만족을 이끌어낼 수 있는 정책. 어떻게 만들어야 할까요?

[사설] 강사법 뒷수습, 대학에만 떠넘기면 교육 質 희생된다 (2019년 6월 6일자)

　*강사법(고등교육법 개정안) 시행 두 달을 앞두고 교육부가 4일 강사 임용지침과 지원대책을 발표했다. 강사의 고용 안정과 처우를 개선한 강사법이 원래 취지와 달리 해고 대란을 불러오자 당근과 채찍을 활용해 강사 감축을 막겠다는 내용이다. 방학 한 달치 임금 288억 원을 지원하고, 강의 규모와 수 등 강사 고용지표를 평가해 재정지원사업과 연계한다. 신규 박사학위 취득자 임용할당제, 초빙·겸임교수 공개 채용 등 강사 고용 촉진 방안도 담겼다.

　이번 대책을 두고 대학들은 "현실성이 없다"고 반발하고 있다. 강사 수는 유지하고, 처우는 개선하라면서 비용 문제는 대학이 해결하라고 하는데 마치 마법을 쓰라는 것과 마찬가지다. 11년째 등록금 동결로 재정이 한계에 부닥친 대학들은 강사법 시행을 앞두고 아예 강사 수를 줄이는 방식으로 대응했다. 강사법의 취지는 좋을지라도 대학들로선 연간 2000억 원이 넘는 막대한 비용을 감당할 수 없는 게 현실이다. 올해 1학기에만 대학 강좌 6655개가 폐쇄됐고, 강사 1만여 명이 해고된 것으로 추산된다. 그런데 교육부는 강좌 수와 강사 채용 규모를 줄이지 못하도록 하고, 심지어 비용이 적게 들고 고용이 유연한 초빙·겸임교수까지 공개채용 선발을 강제했다. 이중삼중 규제를 만들어 대학을 옥죄면서도 4대 보험·퇴직금 같은 추가 비용과 관련해선 다른 부처와 협의하겠다며 답을 내놓지 않았다.

　교육부가 이런 대책들로 강사 채용을 회피하는 움직임을 막는 데는 일정 부분 성과를 거둘지 몰라도 이는 대학교육 질의 하락으로 이어질 것이 자명하다. 이미 소규모 강좌나 비인기 강좌 비율이 줄었고 기존 교원의 강의 부담이 늘어났다. 학생들이 다양한 강의, 토론식 강의를 들을 기회가 사라진 것이다. 올해 대학이 투자한 학생 1인당 교육비는 1587만 원. 평균등록금(670만 원)의 2.4배이다. 인건비를 줄일 수 없는 대학들은 교육비를 줄일 수밖에 없다고 호소한다. 정부는 대학만 압박할 것이 아니라 강사법으로 인한 교육의 질 저하를 막을 수 있도록 현실에 바탕을 둔 보완책을 내놓아야 한다.

용어 노트

*강사법(개정 고등교육법) : 대학 시간강사의 고용 안정과 처우 개선, 교원 지위 인정을 위해 2019년 8월 1일부터 시행된 법. 정식 명칭은 '개정 고등교육법'이다. 법은 △강사에게 대학 교원의 지위를 부여하고 △대학은 강사를 1년 이상 임용해야 하며 △3년 동안 재임용 절차를 보장해야 한다 등의 내용을 담고 있다.

생각 정리 퀴즈

① 대학 강사의 고용 안정과 처우 개선을 위한 [　　　]이 오히려 강사 고용을 어렵게 만들자 정부가 지원책을 내놨다.

② 강사 수를 유지하고 처우 개선을 하라면서도 정작 그에 들어가는 비용을 대학에 전가한 정부의 지원책은 현실성이 없다.

③ 11년째 [　　　]을 동결한 대학은 강사법 시행으로 재정 부담이 커질 것이 예상되자 강사 수를 축소하는 방식으로 대응했다.

④ 정부가 강사 고용과 관련한 [　　　]를 강화하면서도 비용 문제를 해결해주지 않고 있다.

⑤ 인건비를 줄이기 어려운 대학이 [　　　]를 줄이려고 하면 결국 대학교육의 질이 저하될 것이다.

⑥ 대학만 압박할 것이 아니라 정부가 현실적인 보완책을 제시해야 한다.

정답 : ① 강사법 ② 등록금 ④ 규제 ⑤ 교육비

생각 키우기

■ **강사법**

정식 명칭은 '개정 고등교육법'으로 2019년 8월 1일부터 시행됐습니다. 이전까지 교원으로 인정받지 못하던 대학교 시간 강사의 고용 안정과 처우 개선 등을 위해 마련된 법으로, 시간 강사에게도 교원 지위를 부여하고 임용 기간을 최소 1년 이상으로 하면서 한번 임용되면 최소 3년간 재임용 절차를 보장하는 것이 주요 내용입니다. 2010년 조선대학교에서 시간 강사로 근무하던 한 교수가 자신의 처지를 비관해 목숨을 끊은 사건이 법안 마련의 계기가 됐지요.

하지만 강사법 시행 직전, 대학이 시간 강사를 대상으로 대규모 구조조정에 나서면서 시간 강사의 처우 개선을 위해 마련된 강사법이 오히려 강사들의 대량 해고를 불렀다는 논란에 직면합니다. 강사법은 시간 강사의 고용 보장 외에도 △방학 기간 임금 지급 △재임용 거부 처분 시 강사의 소청심사권 보장 △강사에 대한 퇴직금 지급 및 4대 보험 가입 의무화 등을 규정하는데, 이는 강사 1명을 고용할 때의 비용 부담이 그만큼 커지는 것을 의미합니다. 이에 대학들이 강사법 시행을 위한 정부의 재정 지원이 충분치 않고, 수년째 등록금이 동결된 상황에서 강사법 시행으로 인한 재정 부담을 대학이 온전히 감당할 수 없다고 주장하며 강사들을 해고한 것이지요. 이를 두고 대학이 정부의 재정 지원에만 기댄 채 비용을 전혀 부담하지 않으려 한다는 비판이 나옵니다만, 정부가 현실적으로 법 시행에 필요한 예산이나 지원을 확충하지 않고 밀어붙이기만 한다는 지적도 많습니다.

게다가 강사법이 초래한 문제는 비단 시간 강사에 국한된 것이 아닙니다. 시간 강사들이 대량 해고되고 이로 인해 대학 강의가 축소되면서 대학교육 수요자인 학생들 또한 원하는 강의를 듣지 못하거나 지나치게 많은 인원이 한 강의를 듣게 되는 등 교육의 질적 저하를 겪고 있습니다.

■ **등록금 동결**

연간 평균 1000만 원에 달하는 대학의 높은 등록금이 사회적 문제가 되자, 정부는 학생들의 실질적인 등록금 부담을 절반으로 낮추겠다며 2012년부터 '반값 등록금' 정책을 시행합니다. 소득 수준과 연계한 국가장학금 제도를 만들어 학생들의 등록금 부담을 줄여주는 한편 등록금을 인상한 대학을 정부의 재정 지원 대상에서 제외하는 방식으로 대학의 등록금 동결을 유도했습니다.

실제로 많은 대학이 지난 10여 년간 등록금을 동결했습니다. 한국대학교육협의회가 2018년 밝힌 자료에 따르면, 2008년 대비 2018년 소비자물가지수는 21.8% 증가했지만, 같은 기간 사립대 평균 등록금은 약 0.6% 증가하는 것에 그쳤습니다.

하지만 등록금 동결이 반드시 학생들에게 이득인 것만은 아닙니다. 학령인구 감소로 대학 입학 가능 자원이 급감하고 등록금 동결 기간이 길어지면서 재정난에 시달리는 대학들이 본연의 역할인 교육·연구 예산까지 줄이는 경우가 있기 때문입니다. 이처럼 대학이 계속해서 교육 인프라 투자를 주저할 경우 대학의 연구력 저하와 교육의 질적 하락은 물론 국제 경쟁력 약화로 이어질 수 있다는 우려가 나옵니다.

생각 넓히기

Q. 대학가에선 종종 "군대를 갔다 오니 학과가 사라졌다"는 우스갯소리가 나옵니다. 대학들이 학과 통폐합을 실시하면서 입학할 때의 전공이나 학과가 사라지는 일이 벌어지기 때문입니다. 이런 현상의 원인은 무엇이고 어떻게 해결해야 할까요?

Guide ▶ 학과 통폐합은 대학 입학자 수 감소, 부실 대학 구조조정 등으로 인해 대학 간 경쟁이 치열해지면서 나타난 현상입니다. 특히 대학 입학 정원을 대학 스스로 정할 수 없는 상황에서 학교의 지속적인 운영을 위해 인기 학과 위주로 통폐합을 시도하는 것이지요.

이는 여러 문제를 야기합니다. 우선 대학의 특성인 학문에 대한 자유로운 탐색이나 다양한 연구가 제한됩니다. 또한 등록금을 내고도 자신이 원하는 학문을 배울 수 없어 학생의 학습권이 침해됩니다. 교수들 역시 본인의 원래 전공이 아닌 것을 가르쳐야 하기에 전문성이 저하됩니다.

이러한 문제를 해결하기 위해서는 우선 대학의 재정 자립이 이루어져야 합니다. 동시에 대학을 학문을 위한 공간으로 보는 것이 아니라 취업을 위한 중간 단계로 보는 사회적 인식도 개선이 필요합니다. 특히 학벌 사회는 소수 대학에 관심과 지원을 집중시켜 교육 혜택의 차별을 심화시킵니다. 대학 역시 비인기 학과나 소수 학과에 대해 통폐합을 고려하기보다 타 학과 또는 타 대학과의 연계나 학점 공유제 등을 시도할 필요가 있습니다.

호랑이 담배 끊는 시대

생각 열기 옛날에 담배는 소화제, 호흡기 치료제, 심리 안정제 등으로 사용된 적이 있습니다. 게다가 담배의 원료인 잎담배는 고수익 작물로 농가 소득을 올리고 국가 재정을 채워주는 유익한 상품으로 인식되기도 했습니다. 많은 사람의 건강을 빼앗는 담배가 정말 사회에 유익한 존재가 될 수 있을까요?

[사설] 덜 해로운 담배는 없다… 신종 전자담배 더는 방치 말아야 (2019년 6월 19일자)

아이코스, 릴 등 궐련형 *전자담배에 이어 지난달 출시된 쥴, 릴베이퍼 같은 액상형 전자담배가 인기를 끌면서 전자담배의 유해성 논란이 커지고 있다. 동아일보 취재팀과 서울대 보건대학원 연구팀이 전자담배 4종을 실내에서 피울 때 발생하는 초미세먼지(PM2.5) 농도를 측정한 결과, 4종 모두(m^3당 437~7568μg) 역대 최악을 기록했던 올해 3월 서울의 하루 평균 초미세먼지 농도 최고치(m^3당 135μg)를 3~56배나 넘었다.

최근 판매되는 신종 전자담배들은 냄새가 거의 없어 실내와 길거리 등 장소를 가리지 않고 피우는 흡연자가 늘고 있는데, 이처럼 유해한 초미세먼지로 비흡연자들에게 심각한 피해를 끼치고 있는 것이다. 일부 흡연자는 전자담배가 일반담배보다 덜 해롭다고 인식하고 금연의 대체재로 전자담배를 찾고 있지만 이를 뒤집는 연구도 잇따르고 있다. 전자담배 이용자들이 일반담배 흡연자보다 기관지 유전자 변이가 6배 더 많다는 실험 결과도 나왔다.

신종 전자담배의 유해성 논란이 계속되는데도 국내에선 이를 규제할 마땅한 수단이 없다. 현행 담배사업법은 '연초(煙草)의 잎을 원료의 전부 또는 일부로 해 피우거나 흡입하기에 적합한 상태로 제조한 것'을 담배로 규정한다. 담배 줄기·뿌리에서 추출한 니코틴이나 합성 니코틴을 사용한 신종 액상형 전자담배들은 담배로 분류되지 않아 규제의 사각지대에 놓인 것이다. 이런 신종 담배들은 제품 위해성이나 유통 규모를 제대로 파악할 수 없으며 경고 그림과 문구를 넣지 않아도 제재할 방법이 없다. 기존 담배에 적용되는 담배소비세, 건강증진부담금 등의 세금도 훨씬 적게 부과된다.

정부는 흡연을 조장하며 빠르게 시장 점유율을 높이고 있는 신종 전자담배들도 일반담배와 똑같이 관리하고 규제할 수 있도록 관련법 개정을 서둘러야 한다. 제조 방식이나 성분에 따라 세금을 달리 매기는 현행 담배 과세 체계도 손봐야 한다. 국민 건강, 생명과 직결된 금연정책은 아무리 강도를 높여도 부족하다. 관리 사각지대를 파고드는 신종 전자담배의 폐해를 더 이상 방치해서는 안 된다.

용어 노트

*전자담배 : 전기를 이용해 피우는 담배. 니코틴 농축액이 함유되거나 또는 담배향만 있는 액체를 수증기로 만드는 분무장치를 말한다. 담뱃잎을 찌는 방식의 궐련형 전자담배와 액상을 수증기화해 흡입하는 액상형 전자담배가 있다.

생각 정리 퀴즈

① 다양한 전자담배가 인기를 끌고 있는 가운데 전자담배의 [　　　] 논란도 커지고 있다.

② 일반 담배보다 덜 해롭다는 인식과 달리 전자담배의 유해성을 지적하는 연구 결과가 잇따르고 있다.

③ 전자담배를 [　　　]로 규정하지 않는 국내법의 한계로 인해 전자담배에 대한 유통 관리 및 세금 규제가 느슨하다.

④ 관리 [　　　]에 놓인 전자담배를 일반 담배와 동일한 수준에서 규제할 수 있도록 정부가 신속하게 관련법을 개정해야 한다.

정답 : ① 유해성 ② 담배 ③ 사각지대

> 생각 키우기

■ 담뱃세

담배의 판매 및 소비와 관련해 붙는 세금을 총칭한 것. 정부는 국민 건강에 유해한 담배 소비를 억제하기 위해 담배에 높은 세금을 부과하는데, 일반 상품과 비교해 부과되는 세금의 종류가 훨씬 많습니다. 2015년 담뱃값이 대폭 인상된 후 일반 담배 한 갑(20개비 기준)에 붙는 세금은 △담배소비세(1007원) △지방교육세(443원) △국민건강증진부담금(841원) △개별소비세(594원) △폐기물부담금(24.4원) △엽연초부담금(5원) 등 모두 2914.4원입니다. 정부는 이렇게 담뱃세로 확보된 세수를 국민 건강 증진, 질병 예방, 금연 서비스 등을 위해 사용합니다.

한편, 담배나 술처럼 사회적으로 바람직하지 않거나 유해한 것에 부과되는 세금을 통칭해 '죄악세(Sin tax)'라고 부르기도 합니다.

■ 흡연권의 비용

흡연자들은 흡연도 권리라고 말합니다. 국가가 담배를 마약류 등으로 지정해 아예 판매를 금지하는 것도 아니고, 적지 않은 세금을 부과해 합법적으로 판매하는 이상 흡연자에게 별다른 제재 없이 담배를 피울 수 있는 '흡연권'을 보장해야 한다는 주장이지요. 담뱃세 인상, 금연구역 확대 등 흡연자를 홀대하는 정책에 불만을 표하기도 합니다.

흡연은 개인의 자유로 볼 수도 있습니다. 하지만 자유에는 책임이 따릅니다. 흡연과 폐암, 고혈압, 치매 발병률 사이의 인과관계는 여러 연구를 통해 확인되었습니다. 국민건강보험공단이 조사한 바에 따르면 흡연은 무려 45개 질병군과 관계있는 것으로 나타났습니다. 문제는 흡연으로 발생한 질병을 치료할 때 환자 개인이 부담하는 병원비 외에 국민건강보험공단이 지출하는 진료비도 상당하다는 것입니다. 흡연으로 인한 건강보험 재정 지출 규모는 연간 2조 원이 넘는 것으로 알려졌습니다. 그러나 실제 담배에 부과되는 건강증진부담금은 이에 훨씬 못 미쳐 2016년부터 2018년까지 3년간 흡연으로 발생한 건보 재정 손실만 1조 원이 넘는 것으로 추산됩니다. 여기에 흡연자에 의한 간접흡연 피해 등까지 고려하면 흡연의 사회적 비용은 매우 큽니다. 결국 정부는 국민의 건강 증진이라는 기본적 목적 외에도 이러한 사회적 비용을 최소화하기 위해 흡연자의 흡연권을 제한하고 보다 적극적으로 금연 정책을 펼치는 것이지요.

생각 넓히기

Q. 2015년 정부가 국민 건강 증진을 목적으로 담뱃세 인상을 추진할 당시 반대론자들은 담뱃세 인상이 가난한 흡연자의 세금 부담만 증가시킬 뿐 금연 정책으로서의 실효성이 없다고 비판하기도 했습니다. 담뱃세 인상의 부정적 측면에 대해 생각해 보세요.

Guide ▶ 담뱃세를 인상함으로써 국민의 금연을 유도할 수 있다는 주장에 반대하는 사람들은 이러한 정책이 담배의 특성을 제대로 이해하지 못한 것이라고 말합니다. 담배는 기호 식품으로 대체재를 찾을 수 없고, 중독성이 있어 아무리 가격을 올려도 끊기가 쉽지 않은데 이를 간과했다는 것이지요. 즉, 담배는 가격 탄력성이 높지 않은 비탄력적 상품이기 때문에 가격을 올려도 수요 변동이 적다고 주장합니다.

실제로 2015년 정부가 담뱃세 인상을 통해 담뱃값을 기존의 두 배 가까이로 올렸지만, 정부의 금연사업 예산이 대폭 늘어난 것 외에 금연사업 참여율과 성공률은 크게 달라지지 않았다는 자료가 공개되기도 했습니다.

그뿐만 아니라 담뱃세는 소득이 적은 사람이 상대적으로 높은 조세를 부담하는 역진성을 갖기 때문에 조세 형평성에 어긋난다는 비판도 있습니다. 담뱃세 인상으로 소득 대비 세율 상승 효과가 고소득층보다 저소득층에서 훨씬 두드러진다는 이유에서입니다. 따라서 단순히 국민 건강 증진을 내세워 손쉽게 세율을 올리기보단 담배를 포기할 수 있는 적절한 사회적 유인을 제시하는 것에 더 집중해야 한다는 지적이 나오기도 합니다.

[메모] 가격 탄력성
가격 변화에 따른 수요의 변화. 가격 탄력성이 큰 제품은 사치품과 같이 가격이 조금만 올라도 수요가 급감하는 것을 의미합니다. 반면, 가격 탄력성이 작은 제품은 식료품과 같은 필수품으로 가격이 내려가도 수요가 급증하지도, 가격이 급등해도 수요가 급감하지도 않는 것을 의미합니다.

구속을 구속하는 구속법

생각 열기 법은 절차적 정의와 실체적 정의를 모두 추구해야 합니다. 그러나 실체적 정의를 추구하다 보면 정해진 절차를 따르기 어려울 수도 있습니다. 우리나라 법에선 이런 경우를 어떻게 바라볼까요? 목적을 위해 수단을 정당화할 수 있을까요?

[송평인 칼럼] '미란다 원칙' 받들며 별건 수사하는 나라 (2019년 7월 3일자)

미국에서 *미란다(Miranda) 원칙을 확립한 미란다 판결 이전에 '맵(Mapp)' 판결이 있었다. 별건(別件) 수사를 통해 수집된 증거는 배제한다는 원칙을 확립한 판결이다.

1961년 경찰관 3명이 맵이란 여성의 집을 찾아 폭파사건 혐의자를 찾고 있다며 집을 수색하게 해달라고 요구했다. 맵은 변호사와 통화를 한 뒤 수색을 거부했다. 경찰관은 맵의 손에 수갑을 채우고 집을 수색했다. 그러나 혐의자는 찾지 못했다. 그 대신 음란물을 발견하고 맵을 음란물 소지 혐의로 체포했다. 맵은 기소됐고 유죄 선고를 받았다. 이 사건은 연방대법원까지 올라갔고 맵은 무죄 선고를 받았다. 맵의 음란물 소지 혐의는 폭파사건 혐의자를 찾는 본건(本件)과는 상관없는 별건(別件) 수사의 결과라는 이유에서다.

적폐청산 수사 과정에서 적지 않은 별건 수사가 이뤄지는 가운데 최근 서울고등법원이 별건 수사로 수집된 증거를 명확히 부정하는 판결을 내렸다. 위법 수집된 증거는 배제하라고 형사소송법에 나와 있지만 어디까지 구체적으로 위법으로 볼지는 법원에 달려 있다.

방위사업청 공무원들이 방위사업체로부터 뇌물을 받는다는 의혹으로 시작된 수사가 있었다. 국방부 조사본부는 방위사업청 직원들의 법인 카드 사용 명세를 조사한다는 명목으로 사무실 컴퓨터 외장 하드와 업무 서류철을 통째로 압수해갔다. 압수된 컴퓨터 외장 하드에 직원들의 군사기밀 유출을 입증하는 자료가 있었던 모양이다. 기무사가 그 자료를 열람하고 직원들을 군사기밀 유출 혐의로 기소했다. 법원은 이를 별건 수사로 보고 무죄를 선고했다.

정의감에 불타는 일반인이라면 이 판결을 이상하게 볼 수도 있다. 경위야 어쨌든 군사기밀 유출이 있었고 그에 대한 처벌을 할 수 있어야 하는 것 아닌가 생각할 수 있다. 중거가 있는데도 처벌할 수 없다니 이런 법이 어디 있느냐고 분노할 수도 있을 것이다. 그런 상식적 판단을 뒤집었기에 맵 판결은 충격적이었다.

수사의 경위야 어떻든 맵은 음란물을 소지하고 있었음이 분명하다. 그러나 법원은 수사의 경위를 문제 삼았다. 수사기관의 손쉬운 수사에의 유혹을 방치할 경우 광범위한 인권 침해가 일어날 수 있다고 본 것이다. 우리는 과거 영장도 없이 아무 데나 뒤져 증거를 찾을 수 있던 시대에서 영장이 있어야 압수수색할 수 있는 시대로 넘어왔다. 영장의 범위를 벗어나는 압수수색을 인정하면 영장도 없이 증거를 찾던 시대로 회귀하는 것이나 다름없다는 논리적 사고가 법원의 판결에 깔려 있다.

미란다 원칙은 변호인의 조력을 받을 권리에 대해 고지받지 않은 상태에서 혐의자의 자백은 강요에 의하지 않았다 하더라도 증거가 될 수 없다는 원칙이다. 강요에 의한 자백이 위법이라는 건 누구나 쉽게 이해할 수 있다. 조금 더 노력하면 변호인접견권이 허용되지 않은 상황에서의 자백도 위법이라는 걸 이해할 수 있다. 그러나 단순히 변호인접견권에 대해 듣지 못했다고 해서 혐의자가 자백을 했는데도 증거로 삼을 수 없다는 건 누가 봐도 당연한 것은 아니다.

10여 년 전 프랑스 신문 르몽드에서 퀴즈 문제를 하나 본 적이 있다. 미란다 원칙이 프랑스에도 적용되느냐 아니냐를 묻는 퀴즈였다. 정답은 '아니다'였다. 프랑스도 뒤늦게 미란다 원칙을 받아들이고는 있지만 부분적으로만 수용하고 있을 뿐이다. 독일 등 다른 유럽 국가도 비슷하다.

우리나라는 미란다 원칙을 형사소송의 대원칙처럼 받들고 있다. 형사소송 체계까지 할리우드 대중문화의 영향을 받는 천박한 풍토를 탓하고 싶지는 않다. 다만 미란다 원칙과 같은 높은 수준의 원칙을 존중하는 나라에서 별건 수사는 아무렇지도 않게 취급하는 심각한 불균형을 지적하지 않을 수 없다.

범죄를 끝까지 추적해 정의를 세운다는 입장에서 보면 영장주의 자체가 거추장스러운 것이다. 하지만 법치는 정의를 실현하는 기술(技術)이면서 정의의 추구를 제한하는 기술이다. 프랑스 혁명기의 자코뱅에서 20세기 공산주의자들까지 정의를 세우겠다는 사람들이 오히려 정의를 유린한 역사가 적지 않기에 정의 추구에는 절제가 필요하다. 적폐청산 수사가 별건수사로 얼룩졌다 할지라도 재판만큼은 적폐청산의 대의(大義)에 가려진 수사의 위법을 가려내 형사소송 체계를 한 단계 발전시키는 계기로 삼아야 한다.

> **용어 노트**
>
> *미란다(Miranda) 원칙 : 범죄 용의자를 연행할 때 그 이유와 변호인의 도움을 받을 수 있는 권리, 진술을 거부할 수 있는 권리 등이 있음을 알려 주어야 한다는 원칙.

> **생각 정리 퀴즈**
>
> ① 미국에서의 [   ]을 통해 본건과 관계없는 별건 수사를 통해 수집된 증거는 배제한다는 원칙이 확립됐다.
>
> ② 방위사업청 공무원의 뇌물 수수 의혹을 수사하는 과정에서 기무사가 군사기밀 유출 혐의를 발견해 추가 기소했지만 법원은 이를 [   ]로 보고 무죄를 선고했다.
>
> ③ 법원의 이번 판결은 영장의 범위를 벗어나는 수사가 광범위한 인권 침해가 자행되던 과거로의 회귀가 될 수 있다는 점을 분명히 한 것이다.
>
> ④ 변호인 접견권 미고지 시 혐의자의 자백을 증거로 인정하지 않는 [   ]은 프랑스, 독일 등 유럽 국가도 부분적으로만 수용할 만큼 까다로운 형사소송 원칙이다.
>
> ⑤ 미란다 원칙을 존중하는 우리나라가 별건 수사를 쉽게 생각하는 것은 형사소송 원칙의 심각한 불균형이다.
>
> ⑥ 법원이 [   ]에 입각하지 않은 별건 수사의 위법성을 철저히 가려내야 한다.
>
> 정답 : ① 판례법 ② 별건 수사 ④ 미란다 원칙 ⑥ 영장주의

생각 키우기

■ **증거재판주의**

　소송법상 재판에서 사실의 인정은 반드시 증거에 의하여야 한다는 원칙. 피고인(범죄를 의심받아 기소된 사람)에 대해 무죄 추정 원칙을 적용해 반드시 적법한 증거조사에 따라 확보된 증거능력이 있는 증거에 의해서만 판결을 내릴 수 있도록 한 것입니다. 피고인이 자백한 사실에 대해서도 그 사실이 증거로 입증되지 않으면 해당 자백을 인정하지 않는 것. 증거재판주의가 확립되지 않으면 고문 등 부당한 수사에 의한 자백이나 단순 정황, 의심만으로도 유죄 판결을 받을 수 있습니다. 과거 권위주의 정권에서는 이러한 관행 때문에 국가 및 권력기관에 의해 심각한 인권 침해가 발생하기도 했습니다.

■ **영장주의와 영장주의의 예외**

　수사기관이 형사 절차에서 체포, 압수 같은 강제처분을 행할 경우에는 원칙적으로 법

원이 발부한 영장이 있어야 한다는 것. 다만, 헌법은 영장주의의 예외에 대해서도 규정합니다. 현행범의 체포 및 긴급 체포 시에는 사전 구속영장 없이 체포가 가능하며, 이 경우 체포 현장에서의 압수, 수색, 검증도 영장 없이 가능합니다. 그 대신 사후에 지체 없이 영장을 발부받아야 합니다.

> **생각 넓히기**
>
> **Q.** 필리핀의 로드리고 두테르테 대통령이 마약과의 전쟁을 선포한 후 수백 명의 마약사범이 재판 없이 검거 과정에서 사살되었습니다. 그 결과 마약 거래가 급감했지요. 범죄를 뿌리 뽑기 위해 이렇게 국가가 강력한 형벌권을 집행하는 것에 대해 어떻게 생각합니까?
>
> **Guide ▶** 민주주의는 목적과 수단이 있습니다. 목적은 인간 존엄성을 보장하는 것이고, 그 수단이 법치주의입니다. 필리핀의 경우 강력한 수단을 활용하면서 민주주의 목적이 망각된 면이 있습니다. 미란다 원칙이나 영장주의는 아무리 흉악한 범죄자라도 자기 방어 및 변호의 기회를 주며, 증거를 통해서 증명된 부인할 수 없는 사실에 대해서만 처벌을 받게 하고 있습니다. 즉, 그 사람 전체에 대한 평가 및 처벌이 아니라 죄에 대해서만 처벌이 이루어지는 것이지요. 필리핀 사례는 강력한 형벌권 집행으로 개인의 자기 방어권인 미란다 원칙이나 영장주의가 무시된 사례라고도 볼 수 있습니다.
>
> 한편 사회질서 유지와 공공복리의 차원에선 국가의 강력한 권한 행사를 긍정적으로 바라볼 수도 있습니다. 범죄자의 인권도 중요하지만 이들에 의해 침해받았거나 앞으로 침해될 타인의 인권을 보호하는 차원에서 효과를 누릴 수 있다는 주장입니다. 사회 전체적인 이득의 합, 혹은 인권 보장 효용의 합은 강력한 형벌권을 행사할 때 더 크다는 것입니다.

서당개 3년이면 학교 폭력을 한다?

생각 열기 학교 폭력으로 누군가의 인생이 어그러진다면 정말 안타까운 일입니다. 청소년들이 올바르고 이성적인 판단을 할 수 있을 때까지 도와주는 것, 그것이 어른의 역할입니다.

[사설] SNS 집단따돌림 급증, 더 은밀하고 악성이 된 학교폭력 (2019년 8월 28일자)

올해 초중고교생 학교폭력 실태조사에서 초중고교생 6만 명이 학교폭력을 당한 경험이 있는 것으로 나타났다. 교육부의 학교폭력 실태조사에 참여한 초중고교생(372만 명)의 1.6%에 해당하는데, 지난해보다 1만 명이나 늘어났다. '학교폭력 가해를 한 적이 있다'는 응답도 2만2000명(0.6%)으로 지난해(0.3%)의 2배였다. 학교폭력 피해·가해 응답 비율이 동시에 증가한 것은 2012년 학교폭력 실태조사를 실시한 이후 처음이다.

학교폭력이 3년 전부터 다시 증가세로 돌아서고 그 증가 폭이 커지는 것은 위험한 신호다. 그런데도 교육부는 "학교폭력 예방교육으로 민감도가 높아졌기 때문"이라고 추정만 반복할 뿐 정확한 원인 파악에는 손을 놓고 있다. 갈수록 학교폭력 피해 유형이 다양하고 교묘해지고 있는 것도 문제다. 언어폭력이 35.6%로 가장 빈번했고 이어 집단따돌림(23.2%), 온라인에서 따돌리거나 허위사실로 공격하는 사이버 괴롭힘(8.9%) 등 순이었다. 과거 학교폭력이 물리적 폭력에 국한됐던 것과 달리 집단따돌림이나 사이버 괴롭힘 등 *정서적 폭력으로 이동하는 양상이다.

특히 집단따돌림 비율은 지난해에 비해 6%포인트 급증했는데 언어폭력과 사이버 괴롭힘이 동반돼 그 피해자들은 온·오프라인에서 모두 고통을 겪고 있다. 소셜네트워크서비스(SNS) 사용이 일반화되면서 학교 밖까지, 방과 후까지 집요하고 은밀하게 학교폭력이 일어난다는 데 예전과 다른 심각성이 있다.

이런 신종 학교폭력은 어른들이 신체적 폭력에 비해 대수롭지 않게 여기는 데다 피해를 당하더라도 명확한 입증이 어려워 처벌을 피해가기 일쑤다. 학교폭력은 학생의 인격을 파괴하고 미래의 삶에도 후유증을 남기는 범죄로 인식해야 한다. 교육부는 사이버윤리에 특화된 학교폭력 예방교육을 강화하고 신종 학교폭력이 사후 처벌의 사각지대에 있지 않도록 학교폭력예방법도 개정해야 한다.

*정서적 폭력 : 언어 학대, 사회적 학대, 무시 또는 유기 등 비물리적 방법으로 괴롭히는 것.

① 학교폭력 실태조사에서 학교폭력이 증가한 것으로 확인됐다.

② 학교폭력의 양상이 물리적 폭력을 넘어 [   ]으로 이동하고 있다.

③ [   ] 사용이 일반화되면서 학교 밖으로까지 학교폭력이 확대되고 있다.

④ 신종 학교폭력은 학생의 인격을 파괴하는 심각한 범죄임에도 불구하고 처벌이 쉽지 않다.

⑤ 사이버 윤리에 특화된 학교폭력 예방교육을 강화하고, 법 개정을 통해 신종 학교폭력에 대한 처벌 규정을 마련해야 한다.

정답 : ② 정서적 폭력 ③ 소셜네트워크서비스(SNS)

생각 키우기

■ **폭력은 인간의 본성?**

약육강식이 인간의 본성이라고 믿는 이들은 오직 인간만이 같은 종족을 살상하고 지배하고 착취한다고 말합니다. 실제로 인류 역사에 폭력이 늘 함께했다는 것은 여러 신화나 사료를 통해서도 확인됩니다. 폭력은 야생에서 끊임없이 경쟁하고 생존해야 했던 인간의 본성에 내재된 습성일지도 모릅니다.

그러나 인간은 사회계약이라는 것을 통해 폭력의 악습을 극복합니다. 만인의 만인에 대한 투쟁이 벌어지는 자연 상태를 극복하기 위해 계약을 통해 국가를 만들고 보호받기로 한 것입니다. 그 결과, 인간 사회에서 폭력은 전쟁이나 사형 등 일부 경우를 제외하고는 불법적이고 비이성적이고 반인륜적인 것으로 규정됩니다. 다른 사람에게 물리적 심리적 정신적 고통을 주는 폭력은 현대 사회에서는 정당화될 수 없습니다.

■ **소년법**

법에서는 성인이 되지 않은 미성년자를 신체적·정신적으로 미숙한 존재로 봅니다. 그래서 미성년 범죄자에게는 성인과 같은 법적 책임을 묻지 않고, 형법이 아닌 소년법을 적용해 교화나 계도를 목적으로 한 보호처분을 내리지요.

소년법에 따르면, 10세 미만은 형벌의 대상이 아닙니다. 형사 책임 능력이 없기에 처벌 자체를 하지 않습니다. 10세 이상 14세 미만의 촉법소년은 형사 처벌은 불가능하고 보호 처분(보호자 등의 감호에 위탁, 소년 보호단체 등에 위탁)만 가능합니다. 14세 이상 19세 미만의 소년범 또한 기본적으로 소년법의 처분을 따르기 때문에 성인보다 형벌의 수위가 훨씬 낮습니다. 소년법 제60조에 따르면 법정 최고형은 장기 10년, 단기 5년입니다.

다만, 이 연령대 소년 범죄의 경우 죄질에 따라 성인과 마찬가지로 형법에 따른 형사 처벌을 받기도 합니다. 그러나 이마저도 죄를 범할 당시 만 18세 미만인 소년에 대해 사형 또는 무기징역을 선고할 경우 15년의 유기징역(특정강력범죄의 처벌에 관한 특례법에 따라 특정강력범죄의 경우 20년)에 처하도록 한 보호규정(소년법 제59조)에 따라 감형됩니다.

소년법의 본래 취지는 심신이 미성숙한 상태에서 저지른 범죄임을 감안해 교화를 하거나 개선의 여지가 있는 청소년에게 기회를 주자는 것. 하지만 소년범에 대한 처벌 규정이 약하다는 점을 악용한 소년 범죄가 급증하면서 최근 소년법의 처벌을 강화하거나 아예 소년법을 폐지해야 한다는 요구가 높아집니다.

> **생각 넓히기**
>
> **Q.** 대전에서 10대 청소년들이 훔친 차량으로 오토바이 배달 아르바이트를 하던 대학생을 숨지게 한 사고가 있었습니다. 그런데 사고 후 도주한 이들 중 일부가 만 14세 미만으로 형사처벌 대상이 되지 않는다는 점이 알려지면서 소년법 폐지 논란이 불거졌습니다. 소년법 폐지, 여러분의 생각은 어떻습니까?
>
> **Guide ▶** 범죄는 △구성요건 해당성(법에 범죄가 규정되어야 함) △위법성(법을 어겨야 함) △책임성(의사결정 능력)이라는 3가지 요소가 충족되어야 합니다. 청소년 범죄는 이 중 '책임성'을 성인보다 유연하게 인정합니다. 미성년은 아직 미성숙하므로 판단 능력이 떨어지고 자신의 행위가 어떤 결과를 가져올 것인지, 사회적 파장이 어떤 것인지를 인지하지 못하거나 자세히 알지 못한다고 봅니다. 특히 나이에 따른 책임성의 편차를 인정해 청소년을 보호합니다.
>
> 하지만 단지 나이만으로 처벌을 면해주는 것이 정당한지에 대한 논란은 여전합니다. 소년법에 따라 본인이 처벌을 받지 않는다는 점을 알고 이를 악용하는 사례가 적지 않기 때문입니다. 소년범에 의한 강력 범죄가 갈수록 늘어나는 점도 문제입니다.
>
> 소년법 폐지에 대해서는 찬반이 팽팽히 맞섭니다. 소년범에 대한 강력한 처벌을 이야기하기 전에 청소년에게 올바른 가치관과 도덕성, 준법정신을 제대로 심어주지 못한 사회의 문제도 되돌아봐야 합니다.

개혁이라는 나침반

생각 열기 개혁은 누가 하느냐 이상으로 어떻게 하느냐가 중요합니다. 민주주의에선 국민의 지지를 받기 위한 방법도 중요합니다.

[김순덕 칼럼] '검찰개혁'이라는 이름의 복수극 (2019년 9월 19일자)

법무부 장관 자리를 차지한 조국이 앉으나 서나 검찰개혁을 부르짖는 건 당연하다. 고통스러워도 내려놓을 수 없는 십자가를 진 듯, 조국은 10년 전 여한으로 남긴 고 노무현 대통령의 검찰개혁을 기필코 완수할 태세다.

그런 조국이 바로 검찰개혁의 걸림돌이라는 말들이 나온다. "조국 사퇴"는 야당의 대정부 투쟁 구호가 됐다. 그가 물러나야 검찰개혁이 가능하다는 의미라면 위험하다. 이 정부가 '검찰개혁'이라고 이름 붙인 검경수사권 조정과 고위공직자범죄수사처(공수처) 법안은 *패스트트랙으로 통과되면 누구도 되돌리기 힘든 악법이기 때문이다.

애초에 검찰개혁 요구가 왜 나왔는지 돌아보면 알 수 있다. 문재인 정부 출범 직후 조국 당시 민정수석도 "검찰이 막강한 권력을 제대로 사용했으면 최순실 게이트를 초기에 예방했을 것"이라고 했다. 모처럼 맞는 얘기였다.

그 해결책이 검찰권력의 분산·견제라는 건 한일 갈등의 해결책이 남북평화경제라는 소리만큼이나 생뚱맞다. 최순실의 남편 정윤회 문건 수사가 청와대 지라시 유출 사건으로 둔갑하고, 특별감찰관 이석수가 대통령민정수석 우병우를 감찰하다 되치기당한 건 검경수사권 조정이 안 됐거나 공수처가 없어서가 아니다. 청와대가 인사권으로 검찰의 숨통을 죄는 바람에 검찰은 알아서 길 수밖에 없었던 거다.

검찰개혁이란 검찰이 정치권력의 눈치를 안 봐도 되게끔 제도적 장치를 만드는 것이어야 한다. 우리처럼 군부독재를 거치며 검찰을 통치수단으로 이용했던 아르헨티나 브라질 칠레가 그렇게 개혁을 했다. 민주화 이후 검찰조직을 행정부 사법부 입법부 어디에도 속하지 않게 헌법상 제4의 독립기구로 만들고, 검찰총장은 상원의 승인을 받아 임명해(칠레는 대법원이 후보 지명) 정치적 중립성과 신뢰를 확보했다는 게 조희문 한국외국어대 교수의 연구결과다.

'검찰도 행정부'라는 문 대통령은 인사권으로 검찰을 장악하고도 배고팠던 모양이다. 수사권을 지닌 막강 경찰, 검찰 잡는 공수처를 만들어 검찰과 경쟁시키겠다는 것은 국민을 위한 개혁이랄 수 없다. 조국이 2005년 "경찰 내부개혁이 가시권에 들어오지 않은 상태에서 경찰이 검찰의 수사지휘에서 완전 해방된 채 수사종결권을 행사하게 된다면 경찰국가화의 위험은 높아질 수밖에 없다"고 쓴 논문과도 배치된다.

더 섬뜩한 것은 정부안대로 되면 공산당 독재국가 중국의 공안 같은 경찰이 나온다는 사실이다. 더불어민주당 금태섭 의원은 작년 2월 국회에서 "도대체 어디서 이런 안(법무·검찰개혁위안)이 나왔는지 알 수 없어 찾아보니 중국과 대단히 유사하다"고 경악을 했다. 수사의 주체 경찰이 인민민주주의 독재의 주요 도구로 쓰인다는 점에서 북한과도 흡사하다.

경찰은 국가정보원의 대공수사까지 넘겨받아 비대화가 우려되는 상황이다. 지금도 정보경찰이 정책정보 수집이라는 명분으로 국민을 감시해 경실련과 민변, 참여연대조차 정보경찰 폐지를 요구하는 판에 경찰이 기소 여부까지 판단해 수사를 끝내게 한다는 건 법치국가 포기나 다름없다.

'수사권은 경찰, 기소권은 검찰'이 글로벌 스탠더드라는 여권의 주장도 의심스럽다. 경제협력개발기구(OECD) 35개국 중 28개국이 헌법이나 법률에 검사의 사법경찰에 대한 수사지휘권을 규정하고, 27개국이 검사의 수사권을 규정하고 있다(신태훈 논문 '이른바 수사와 기소 분리론에 대한 비교법적 분석과 비판'). 세상에 어디 본뜰 것이 없어 대한민국 경찰이 공포의 중국 공안을 따라간단 말인가.

검찰개혁이 끔찍한 개악으로 변질된 이유는 문 대통령이 2011년 김인회 인하대 교수와 함께 쓴 '검찰을 생각한다'에서 찾을 수 있다. 노무현 대통령은 검찰을 손볼 데가 없으면 절대 안 된다며 공수처를 추진했다. 참여정부가 끝나자 검찰은 참여정부 당시의 검찰개혁에 대해 복수하듯 노 대통령 수사를 진행했다고 나온다. 노무현을 죽음에 이르게 한 검찰에 대해 이번엔 문재인 정부가 복수에 나선 셈이다.

조국은 이 정부의 수준이고, 민낯이며, 본질이다. 법무장관 자리에서 물러나야 마땅하지만 그가 사라진다고 해서 머리 셋 달린 히드라 같은 검경과 공수처를 허용해선 안 된다. 연동형 선거제에 혹해 문재인 정부의 한풀이 패스트트랙에 올라탄 일부 야당은 국민에게 무슨 죄를 짓고 있는지 똑바로 알아야 한다.

> **용어 노트**
>
> *패스트트랙 : 국회에서 발의된 안건의 신속한 처리를 위한 제도. 국회의 법안 처리가 표류하는 것을 막고 입법 절차를 신속하게 진행하기 위해 2015년 5월 국회법이 개정되면서 국회선진화법의 주요 내용 중 하나로 포함됐다. '안건 신속처리 제도'라고도 한다.

> **생각 정리 퀴즈**
>
> ① 검찰개혁의 배경이 된 일련의 사건들은 청와대가 검찰의 [　　　]을 틀어쥔 탓에 발생한 것이다.
>
> ② 바람직한 검찰개혁의 방향은 검찰 권력의 분산과 견제가 아니라 검찰이 [　　　]에 예속되지 않도록 제도적 장치를 만드는 것이다.
>
> ③ 현 정권이 검찰에 대한 [　　　] 차원에서 검찰개혁을 추진한 탓에 개혁이 개악으로 변질됐다.
>
> 정답 : ① 인사권 ② 정치권력 ③ 보복

생각 키우기

■ 검경 수사권 조정법

검찰이 수사·기소·영장청구 권한을 독점하는 구조에서 수사권은 경찰이, 기소권은 검찰이 나눠 갖게 한 것. 검경 수사권 조정법은 2020년 1월 국회를 통과한 형사소송법 일부개정법률과 검찰청법 일부개정법률을 말합니다. 문재인 대통령은 대선 후보 시절, 검찰 권력의 비대화를 견제할 수단으로 검경 수사권 조정을 공약으로 내걸었습니다.

검찰의 수사지휘권을 폐지하고 경찰에 1차 수사종결권을 부여하는 것이 골자. 이전까지 경찰은 모든 수사에서 검사의 지휘를 받고, 수사한 모든 사건을 검찰에 송치해야 했습니다. 그러나 개정 법률에선 모든 수사에서 검사의 지휘를 받도록 한 형사소송법 제196조 1항이 삭제돼 경찰이 검찰로 사건을 송치하기 전에는 원칙적으로 검사가 수사지휘를 할 수 없게 했습니다. 또 혐의가 없다고 판단되면 사건을 송치하지 않고 관계 서류와 증거물만 검찰에 보내도록 한 조항(제245조 5항)을 신설해 경찰에 1차 수사종결권을 부여했습니다. 검찰 판단을 받지 않고도 경찰이 '불기소 의견'으로 수사를 끝낼 수 있도록 한 것.

수직적인 검경 관계를 상호협력 관계로 전환해 검찰과 경찰이 서로 견제하도록 한 의의가 있지만, 검경 관계의 일대 전환이어서 검찰 측 반발이 적지 않았습니다. 반대하는 입장은 비(非)소추기관인 경찰이 1차 수사종결권을 통해 사실상의 소추결정권을 갖는 것은 사법 체계의 근간을 흔드는 것이라 주장합니다. 이에 대해 검사가 모든 수사기관을 지배하도록 하는 검찰의 수사지휘권이야말로 견제와 균형을 위해 폐지돼야 한다는 반론이 있지요. 또한 검경 수사권 조정법에서도 '경찰이 사건을 송치하지 않은 것이 위법하거나 부당할 경우 검찰이 재수사를 요청할 수 있고 경찰은 요청에 따라야 한다'고 규정해 검찰의 통제가 여전히 작동한다고 주장합니다.

생각 넓히기

Q. 2019년 유명 연예인의 연루로 시작된 버닝썬 사건은 고위직 연관 의혹으로 번지면서 더 큰 관심을 모았습니다. 수사를 맡은 경찰은 수사에서 경찰 유착 의혹의 핵심으로 지목된 윤모 총경에 대해 불기소 의견을 냈지만, 이어진 검찰 수사에서 그가 구속되면서 경찰 수사에 대한 비판이 일었습니다. 이를 근거로 검경 수사권 조정이 대두된 배경을 생각해 보세요.

Guide ▶ 단순 폭행에서 시작된 버닝썬 사건은 경찰 유착과 고위직 연관 의혹으로 번지면서 국민적 관심을 모았지만 경찰과의 유착 관계가 의심되는 관련자에 대해 경찰이 대거 '혐의 없음' 처분을 내리면서 '제 식구 감싸기'라는 비판이 있었지요. 이 사건은 검경 수사권 조정 논의가 한창일 때 불거져 더 주목받았습니다. 검경 수사권 조정에 따라 경찰의 수사권 독립이 이루어질 경우, 경찰 자체의 문제에 대해 수사가 미흡하면 어떻게 통제할 것인가에 대한 논의로 이어졌지요. 경찰이 불기소 의견을 냈던 윤모 총경은 이어진 검찰 수사에서 특정범죄가중처벌법상 알선수재 및 자본시장법 위반, 직권남용권리행사방해, 증거인멸교사 등 혐의로 구속되었습니다. 수사권과 기소권을 독점한 검찰이 무소불위 권력을 휘두르는 일은 바람직하지 않지만, 수사권을 가진 경찰이 국민 편에 서지 않고 권한을 남용하는 것도 문제입니다.

7
네가 어디에 있든, 무엇을 하든 꼭 찾아낼 것이다

> **생각 열기**
> 과학수사 기법과 수사력의 발전으로 최근에는 미제사건이 많이 줄었습니다. 그러나 수사기록이 부실하거나 새로운 증거 확보가 어려운 과거의 미제사건은 여전히 해결이 쉽지 않습니다. 특히 공소시효는 이러한 미제사건 해결을 더욱 어렵게 만드는 요인으로 꼽힙니다. 하지만 수사력을 무한정 늘리기 어려운 상황에서 새로이 발생하는 범죄를 제쳐두고 과거의 사건에만 묶여있는 것도 문제 아닐까요?

[사설] 33년 만에 드러난 화성 용의자, 진실의 법정엔 공소시효 없다
(2019년 9월 20일자)

'화성 연쇄살인 사건'의 유력한 용의자 신원이 33년 만에 드러났다. 경찰의 끈질긴 수사 끝에 3건의 피해자 유품에서 나온 유전자(DNA)가 현재 복역 중인 한 무기수의 것과 일치한다는 걸 밝혀낸 것이다. 경찰은 나머지 피해자들의 유품에서 나온 DNA도 대조 중이다.

1986년 9월부터 4년 7개월여 간 10건이 발생한 화성 연쇄살인 사건은 1988년 9월 박모 양을 살해한 윤모 씨의 모방범죄 외에는 범인을 잡지 못했다. 수사와 수색에 연인원 205만 명이 투입되고, 2만1000여 명이 조사받았지만 소득이 없어 장기 미제사건으로 남았다. 하지만 경찰의 끈질긴 노력과 수사 기법의 발달로 사실상 미궁에 빠진 범죄를 밝혀낸 것이다. 아직 최종 확정은 아니고 공소시효도 지나 처벌도 못 하지만, 피해자와 유족들의 아픔을 조금이라도 달랠 수 있어 다행이다.

아직도 우리 주변에는 많은 장기 미제사건이 남아 있다. 각 지방경찰청 미제사건전담팀에서 수사 중인 살인사건만 260여 건에 달한다. 1991년 대구 '개구리소년 실종 사건'은 11년만인 2002년 유골이 발견됐지만 여전히 범인이 잡히지 않고 있다. 1991년 1월 이형호 군 유괴살인사건, 1999년 5월 황산 테러로 숨진 여섯 살 김태완 군 사건도 마찬가지다.

2012년 5월 미국 뉴욕경찰은 1979년 5월 25일 실종된 에이탄 페이츠(당시 여섯 살)를 살해한 범인 페드로 에르난데스를 33년 만에 검거했다고 밝혔다. 이 사건은 페이츠가 실종된 날을 '실종 어린이의 날'로 정하는 계기가 될 정도로 미국인의 가슴을 울렸지만 수사에는 큰 진전이 없었다. 하지만 범인의 지나가는 넋두리를 소홀히 듣지 않은 주민 신고와 수사의 끈을 놓지 않은 경찰의 집념으로 마침내 범인을 잡을 수 있었다.

　피해를 입은 것도 억울한데 누가, 왜 저질렀는지도 모른 채 아픔을 안고 살아야 하는 유족들의 고통은 상상조차 하기 어렵다. 개구리소년 유족 대표였던 우종우 씨는 2011년 '반인륜범죄공소시효 폐지' 촉구 운동에 나서면서 "어린아이들을 왜 죽여야만 했는지 그 사실만이라도 알려주면 현상금 5000만 원을 주겠다"고 호소했다. 김태완 군 사건은 살인죄 공소시효 폐지의 계기가 됐지만, 정작 이 사건은 단 보름 차이로 적용되지 못했다. 완전범죄는 없다. 공소시효 폐지가 소급적용되지 않아 형사 법정에는 세울 수 없다 해도, 끝까지 찾아내 진실의 법정에 세워야 한다.

생각 정리 퀴즈

① [　　　　]이었던 화성 연쇄살인 사건의 유력 용의자가 33년 만에 확인됐다.

② 아직도 해결되지 못한 장기 미제사건이 적지 않다.

③ 경찰의 끈질긴 노력과 집념이 미제사건 해결에 큰 역할을 했다.

④ [　　　　]가 지났다 하더라도 피해자의 억울함을 해소하고 정의를 살리기 위해서 끝까지 범인을 추적해 범죄 경위를 밝혀내야 한다.

정답 : ① 장기 미제사건 ④ 공소시효

> **생각 키우기**

■ 화성 연쇄살인 사건

1986년 9월부터 1991년 4월까지 4년 7개월간 당시 경기 화성군 일대에서 발생한 10차례의 부녀자 연쇄 성폭행 살인 사건을 말합니다. 봉준호 감독이 연출한 영화 '살인의 추억'의 실제 배경이기도 한 이 사건은 개구리소년 실종 사건(1991년), 이형호 군 유괴 사건(1991년) 등과 함께 국내의 대표적인 미제사건으로 꼽혀왔습니다.

그러나 첫 사건 발생 후 33년 만인 2019년, 경찰의 DNA 수사를 통해 무기수로 복역 중이던 이춘재가 유력 용의자로 특정되었습니다. 경찰이 피해자 유류품에서 발견된 DNA를 수감자 및 출소한 전과자의 것과 대조하는 과정에서 이춘재가 용의자로 특정됐고, 그는 추가 수사에서 화성 연쇄살인 사건 외에도 14건의 살인과 30여 건의 성범죄를 저질렀다고 자백하였습니다. 그러나 이춘재의 자백에도 불구하고 그가 저지른 범죄에 대한 공소시효가 모두 만료돼 이춘재에 대한 형사처벌은 이뤄지지 않았습니다.

한편, 이춘재는 사건 발생 당시 모방범죄로 결론이 났던 8차 사건에 대해서도 자신이 저질렀다고 주장해 큰 파장을 불러일으켰습니다. 이춘재의 자백을 근거로 사건을 재수사한 경찰은 8차 사건의 진범이 이춘재라고 잠정 결론을 내렸습니다. 이에 당초 8차 사건의 범인으로 지목돼 20년간 옥살이를 한 윤모 씨는 당시 자신의 진술이 '경찰의 강압 수사로 인한 허위 자백이었다'고 주장하며 사법기관에 재심을 청구했으며, 현재 관련 재판이 진행 중입니다.

화성 연쇄살인 사건은 장기 미제사건을 끝까지 추적한 경찰의 수사 노력과 집념을 보여주는 사건이지만 동시에 과거 자행했던 고문 등 강압 수사의 문제점을 드러낸 사건이기도 합니다.

■ 공소시효

공소시효 제도는 한정된 경찰력으로 수사의 효율성을 높이기 위해 만들어졌습니다. 만약 경찰이 해결되지 않은 미제사건에만 계속 매달릴 경우 새롭게 발생하는 범죄 수사가 정상적으로 이뤄지기 어렵겠지요. 이에 어떤 범죄에 대해 일정 기간까지 공소(기소) 기간을 두고, 그 기간이 지나면 형벌권을 소멸시키는 것이 공소시효 제도입니다.

공소시효는 범죄의 경중에 따라 다른데, 대표적으로 사형에 해당하는 범죄는 25년,

무기징역·금고형이 예상되는 범죄는 15년 등입니다. 다만, 살인죄의 공소시효는 2015년 형사소송법이 개정되면서(이른바 '태완이법') 폐지됐습니다. 그러나 법 개정 이전의 살인 사건에 대해서는 소급 적용하지 않는 데다 여전히 유괴, 아동성폭력 등 반인륜적 범죄에 대한 공소시효가 유지되고 있어 공소시효 배제 범위를 보다 확대해야 한다는 목소리가 높습니다. 하지만 무분별한 공소시효의 폐지는 수사 업무의 과부하를 불러올 수 있고, 법적 안정성을 해칠 수 있다는 반론도 있습니다.

> **생각 넓히기**
>
> **Q. 경찰 수사 시스템의 한계를 보완하고 장기 미제사건의 해결을 위해 탐정법을 도입하자는 주장이 나옵니다. 탐정법에 대해 어떻게 생각하나요?**
>
> **Guide ▶** 수사기관이 아닌 민간에서 정보 수집을 기반으로 영업행위를 하는 탐정업은 민간조사업이라고도 합니다. 경제협력개발기구(OECD) 35개국 중 탐정 제도가 없는 나라는 우리나라뿐입니다. 대표적으로 미국의 경우 사립탐정 혹은 민간조사원이라는 이름으로 활동하는 이들이 6만여 명에 달합니다. 그 밖에 영국, 일본 등 여러 국가에서 면허소지제, 허가제, 신고제 등을 통해 법적 테두리 안에서 탐정 제도를 운영합니다.
>
> 탐정 제도는 수사에서 가장 중요한 증거를 찾고 확보하는 역할을 주로 합니다. 또한 경찰력이 미치지 못하는 탐문, 조사의 역할을 분담할 수도 있습니다. 즉, 경찰의 수사 기능을 보완하고 돕는 전문 집단의 역할을 기대할 수 있습니다.
>
> 그러나 우리나라의 치안이나 경찰력이 세계적으로 높은 수준을 유지하고 있는 상황에서 민간 영역에서 활동하는 사설탐정이 불필요하다는 의견도 있습니다. 사설탐정이 오히려 경찰의 수사나 증거 수집을 방해할 우려가 있고, 민간이 정보를 수집하는 과정에서 민감한 개인정보 유출이나 과도한 사생활 침해가 발생할 가능성도 있다는 것이지요. 또한 빈부 격차에 따른 치안 서비스의 양극화를 초래할 우려도 있습니다.

선거는 장기판?

생각 열기 사회의 공의(공평한 도의)가 무너지고 신뢰가 사라질 때 구성원들은 가치관의 혼란을 경험하고 회의에 빠집니다. 그래서 공인(公人)일수록 모범을 보여 정의가 지켜지고 있음을 보여줘야 합니다. 공정함이 이익으로 돌아오는 사회, 가능할까요?

[이기홍 칼럼] 조국 이후가 더 문제다 (2019년 9월 20일자)

문재인 대통령도 조국 임명 강행이 패착(敗着)이라는 걸 알고 있었을 것이다. '내 소신대로 한다'가 트레이드마크인 문 대통령이지만 이번엔 적잖이 흔들렸던 것 같다. 임명 강행이 '까먹는 게임'이 될 것임이 훤히 내다보였기 때문일 것이다.

그럼에도 문 대통령이 임명 강행을 택한 것은 항복(임명 취소)하면 조국 개인을 우상시하는 핵심 지지층을 설득하기 어렵다는 점, 그리고 여권 책사들의 선거공학적 분석이 '마이웨이' 본능에 불을 지폈을 것이다.

임명 강행 전날 밤 고위 당정청 회의에서는 내각과 청와대의 고위급 인사 2명이 임명 강행에 무리가 따른다는 의견을 개진했다고 한다. 하지만 여당과 청와대 관계자들은 견고한 핵심 지지 세력과 이를 뒷받침하는 범진보층, 그리고 한일 갈등 정국이 내년 총선까지 지속될 것이라는 점 등을 들어 임명 강행을 고집했다고 한다.

물론 문 대통령도 조국 의혹을 덮은 채 계속 갈 수는 없음을 알았을 것이다. 그래서 제시한 논리가 "명백한 위법행위가 확인되지 않았다"였다. '위법 확인 여부'가 임명 강행의 논리적 근거로 억지스럽다는 걸 알면서도 그런 논리를 편 것은 훗날 '탈(脫)조국' 시에도 쓸 수 있는 *양수겸장의 논리이기 때문이다. 추석 연휴가 지나고 임명 강행 열흘이 지나도 조국 사태가 사그라들지 않는 현상은 집권세력도 예상 못 한 바는 아니었을 것이다. 그럼에도 임명을 강행한 건 결국은 만회가 가능하다고 봤기 때문일 것이다. 그 만회 시나리오는 '여권 내 기득권 청산 이벤트와 세대교체→선거법 개정을 통한 좌파 연대→무당파로 이탈한 지지층 재흡수를 통한 정권 재창출'의 구도일 것이다.

하지만 설령 문 대통령은 그런 시나리오대로 실점을 만회할 수 있을지 몰라도 한국 사회가 조국 사태로 인해 받은 심대한 폐해는 오랫동안 만회가 불가능할 것이다.

그 폐해는 첫째, 기득권층에 대한 대중의 혐오와 계층 간 불신의 심화다. 조국 가족이 누려온 특권이 드러나면서 '기득권층은 우리가 상상도 할 수 없는 특권을 누리고 있구나' '역시 우리 사회는 썩었다' 등등 혐오·반감이 더 깊어졌다.

둘째, 공동체 리더십의 훼손이다. 조국 가족의 문제는 일부 뒤틀린 특권층의 일탈이라 쳐도 통치자가 미리 인지할 수 있었음에도, 이를 무시하고 장관으로 발탁하고 임명한 것은 인사 시스템에 대한 믿음을 뿌리부터 흔든 일이다. 최순실 사태로 큰 상처를 입은 국민들에게 더 큰 실망을 안겨준 것이다.

셋째, 경쟁 시스템에 대한 신뢰 상실이다. 경쟁 과정이 공정하다는 사회적 공감대가 있어야 결과에 승복할 텐데, 조국 딸이 입시생이던 시절엔 그런 방법이, 또 다른 시절엔 또 다른 형태의 방법이 동원돼 특권층들은 어느 시대든 항상 나무에 먼저 올라갔을 거라는 생각이 들기 시작하는 순간 공동체의 기반은 무너진다.

그럼에도 집권세력엔 조국 사태가 필패(必敗)의 사건은 아닐 수 있다. 그들이 예상했던 대로 민주당 이탈층은 부동층으로 남고 한국당으로는 가지 않고 있다. 여권은 적당한 시기에 조국을 정리하고 대대적인 기득권 청산 모드로 들어갈 가능성이 크다. 당내 386 기득권으로 불리는 인사들도 자진 불출마 선언 등의 형식을 통해, 도마뱀의 꼬리가 '나를 잘라주십시오' 하듯이 당 쇄신에 자기 목을 내놓을 것이다. 그들은 그런 집단이다. 지도부가 결정하면 기꺼이 시위를 현장 주도하고 감옥행을 택했듯이 자기를 던질 줄 안다. 공천을 포기해도 진보진영의 재집권이 자신의 번영을 뒷받침해줄 것이라는 믿음이 있다.

더구나 조국 사태가 심화시킨 기득권층의 반칙에 대한 대중의 분노가 집권세력에 불리한 것만은 아니다. 당장은 가면 벗겨진 강남좌파의 부도덕성에 실망한 중도성향 중산층들이 민주당에 대한 지지를 철회했지만, 장기적으로는 기득권에 대한 서민 대중의 혐오감이 선거에서 좌파에 유리하게 작용할 가능성이 크다. 좌파진영으로선 조국은 좌파의 가면을 썼던 기득권층, 즉 강남우파로 정리하면 그뿐이다. 보수진영이 조국만 물러나면 그걸로 승리라 생각하면 큰 오산이다. 여든 야든 조국으로 상징되는 기득권·특권·반칙과의 단절과 청산을 과감히 보여주지 못하는 쪽이 패자가 될 수 있다.

조국 사태로 대한민국 공동체는 치유하기 힘든 상처를 받았지만 이 사태를 초래한 집권세력은 기층민중 대(對) 특권층 대립 구도를 심화시켜 전화위복의 역전 득점을 노릴 것이다. 조국 논란이 조국 사태라 불려 마땅한 이유다.

용어 노트

*양수겸장 : 장기에서 두 개의 말이 동시에 장을 부르는 것.

생각 정리 퀴즈

① 대통령이 조국 임명을 강행한 것은 지지층 결집을 노린 결정이자 향후 정권 재창출 시나리오를 염두에 둔 [　　　] 결정이었을 것이다.

② 조국 사태는 [　　　]에 대한 혐오와 계층 간 불신, 경쟁 시스템에 대한 신뢰 상실 등 문제를 가져왔으며, 공동체의 상처는 쉽게 회복되지 않을 것이다.

③ 조국 사태는 기득권의 반칙에 대한 대중의 분노를 불러왔지만 오히려 [　　　] 세력에 유리하게 작용할 수 있다.

④ 집권세력은 양분된 대립 구도를 [　　　]에 활용해 우위를 점하려 할 것이다.

정답 : ① 양수겸장 ② 정치권력 ③ 기득권 ④ 선거

생각 키우기

■ 386세대

1990년대 초반 정치·사회·경제적으로 전면에 등장하기 시작한 세대. 1960년대에 태어나 1980년대 대학에 다니면서 학생운동과 민주화 투쟁에 앞장섰던 세대. '386'은 당시의 30대, 80년대 학번, 60년대생을 줄여 만든 조어로, 1990년대에 보급된 '386급 컴퓨터'에 빗댄 것입니다.

386세대는 1980년대의 격렬한 민주화 운동을 경험하고 주도한 세대로서 군부독재에 맞선 투쟁을 통해 민주주의를 발전시켰다는 평가를 받습니다. 지배권력에 대한 저항의식이 뚜렷하고 진보적 성향이 강했습니다. 2002년 대선에서 노무현 대통령의 당선을 이끈 주역으로 꼽히며, 참여정부 당시 대거 정계에 진출한 것을 계기로 한국 정치사회의 주류 세력으로 도약합니다. 이 때문에 최근에는 한때 진보의 상징이었던 386세대가 공고한 기득권 세력이 되었다는 비판을 받기도 합니다.

■ **대통령의 권한**

　대통령은 자체로 독립적 헌법기관으로서 행정부 수반이자 국가 원수로서의 지위를 갖습니다. 우선 행정부 수반으로서 국무회의의 장을 맡으며 국가의 주요 정책을 심의, 의결합니다. 또 국군통수권, 공무원 임면권, 행정부 지휘 감독권, 법률안 거부권 등을 가집니다. 한편 국가 원수로서 입법, 행정, 사법보다 우월적 지위에서 국가 전체를 대표하는 권한을 갖습니다. 국가를 대표하여 조약을 체결할 수 있고 비준권, 외교사절 접수 및 파견권도 갖습니다. 또한 다른 나라에 대해 전쟁을 선언하는 선전포고를 할 수 있으며 긴급 명령권, 계엄 선포권, 헌법기관 구성권도 갖습니다.

　대통령의 권한이 막강하므로 헌법과 법률에서는 견제 장치를 두고 있습니다. 입법부는 탄핵소추권 및 법률안 재의결권을, 헌법재판소는 탄핵재판권을 가집니다. 행정부 내부적으로는 헌법기관인 감사원이 행정기관 및 공무원 직무 감찰을 통해 대통령의 행정력 남용을 통제합니다. 또한 중앙정부인 대통령을 지방정부인 지방자치단체가 수직적으로 견제합니다.

> **생각 넓히기**
>
> **Q. 정치에서 피아 식별을 강제하는 대립 구도는 내부 결속을 강화해 지지층을 결집시키는 효과가 있지만, 공동체에는 상흔이 남습니다. 한국 정치의 대립 구도에 따른 폐해를 생각해 봅시다.**

Guide ▶ 　영·호남 지역감정은 한국 정치의 폐단으로 꼽힙니다. 정치권은 선거에서의 승리를 위해 노골적으로 지역감정을 조장하고, 각 지역에서는 후보자의 인물 됨됨이나 정책을 보기보다 정당을 우선시해 투표하는 모습이 이어져 왔지요. 2020년 4월 치러진 제21대 국회의원 선거에서도 호남에선 더불어민주당이, 영남에선 미래통합당이 압도적 우위를 점하며 여전한 지역주의의 벽을 보여주었습니다.

　이러한 대립 구도는 정당 간 정책 경쟁을 마비시키고 심각한 지역 갈등, 지역 이기주의로 이어져 국민 통합을 저해하고 공동체 의식을 훼손시킵니다. 대립 구도에 기대어 정치적 승리를 꾀하려고 국론을 분열시키고 나라를 갈등과 반목으로 이끄는 일은 사라져야 하지 않을까요?

空교육? 共교육!

생각 열기 잘못된 것을 바로잡기란 매우 힘듭니다. 그래서 첫 단추부터 잘 끼워야 합니다. 우리나라 교육의 목적은 무엇인지, 그 첫 단추의 시작이 무엇이었는지 돌이켜보고 잘못 끼웠다면 지금이라도 풀고 다시 채워야 합니다.

[광화문에서/우경임] 공교육 정상화라는 학종의 거짓 신화 (2019년 9월 24일자)

명분만 있고 효과는 없는 '위선의 정책'이 수두룩하지만 교육정책은 그 괴리가 유독 심한 것 같다. 우수한, 또는 잠재력이 우수한 학생을 공정하게 선발하면서 사회적 불평등을 완화하고 공교육 정상화에도 기여해야 하는 대입제도가 대표적이다. 이런 명분으로 지난 10년간 급격히 확대됐던 학생부종합전형(학종)이 과연 그 사명을 다하고 있을까. 조국 법무부 장관 딸의 입시비리 의혹으로 공정한 선발과 불평등 완화라는 신화에는 금이 갔다. 그렇다면 학종이 공교육 정상화에 기여하는지를 따져볼 차례다. 그래야 대입 개편의 방향이 선다.

"초등 5학년이면 수학의 정석을 시작해야 한다." 교육 담당으로 처음 강남 사교육을 취재했을 때 선행 광풍을 확인하고도 믿기가 힘들었다. 이에 대해 교사나 교육단체의 진단은 한결같았다. 사교육의 공포 마케팅. "철수는 수학의 정석을 두 번 풀었어요. 어머니, 이러다 우리 영희 대학 못 가요"라는데 학원 문을 박차고 나올 학부모가 있겠냐는 거다.

정작 학부모들의 분석은 달랐다. 상위권 대학들이 수시전형 중에서도 교과 성적과 비교과 활동을 함께 평가하는 학종을 늘리면서 선행 광풍이 불었다고 한다. 보통 1년 정도 선행을 했는데 이제는 상급학교 공부를 미리 한다. 왜냐하면 고등학교에 가면 학종을 준비하느라 공부할 시간이 없으니까. 그 불안한 틈새를 학원이 파고들었다.

교과 성적이 좋으려면 수행평가를 잘해야 한다. 사회 과목을 예로 들면, 동아시아 역사 인식을 둘러싼 갈등과 관련된 영상을 제작하는 식으로 출제된다. 취재 중 만난 학부모는 "기말고사 앞두고 수행평가를 준비하느라 밤을 새운 딸이 울면서 학교를 갔다. 선행 안 시킨 엄마들 다 후회한다"고 했다. "옆 반에선 과학실험 보고서가 제출 당일 가방에서 사라졌다"는 이야기도 들려줬다.

학교생활기록부에는 교과 성적 외에 진로, 봉사, 독서활동 등 비교과 항목이 기재된다. 고스란히 입학사정 자료로 활용된다. 만약 의대에 진학하고 싶은데 조 장관의 딸처럼 의학논문 제1저자로 무임승차할 수 없다면 병원에서 주말마다 의료봉사라도 해야 한다. 선행학습을 해 둬야만 비교과 활동을 할 시간을 벌 수 있다는 얘기다. 학생부 기재 항목이 점점 줄었지만 대입과 직결되는 한 크게 달라지지 않을 것이다.

진보 진영에선 학종이 선행학습을 유발하고 공교육을 왜곡시킨다는 사실 자체를 부인한다. 교육열을 돈으로 뒷받침하는 서울 등 일부 지역, 특목·자사고 등 일부 학교에서 빚어진 적폐라고 본다. 그런데 지방이나 일반고도 다르지 않다. 학종으로 대학에 갈 만한 아이만 교내 상을 몰아주고, 학생부를 정성껏 작성해준다. 나머지 학생들은 공교육에서 철저히 소외된다. '학종 신화'를 신봉하는 이들에 대해 학부모들은 이런 의심을 한다. 학생선발권을 뺏긴 대학이 그나마 재량권을 가질 수 있는 전형이고, 교사는 평가라는 권력을 놓고 싶지 않아서 아닌지.

학종이 공교육을 정상화한다는 신화는 거짓이다. 거꾸로 학교가 잘 가르친다, 공정하게 평가한다는 신뢰가 쌓일 때 학종이 안착된다. 제발 교육부가 '어떻게 평가할까' 말고 '어떻게 가르칠까'를 논의했으면 한다. 입시는 공교육을 혁신하는 절대반지가 아니다.

① 공정한 선발과 불평등 완화라는 [   ]의 도입 취지는 조국 법무부 장관 딸의 입시 비리 의혹으로 무색해졌다.

② 교과 성적과 비교과 활동을 함께 평가하는 학종의 확대가 [   ] 광풍을 부추겼다.

③ 다양한 수행평가와 [   ] 활동을 할 시간을 벌기 위해 선행학습을 하게 되는 구조다.

④ 선행학습 유발과 공교육 왜곡이라는 학종의 부작용은 교육열이 높은 일부 지역, 학교에 국한된 것이 아니라 지방이나 일반고에서도 관찰되는 현상이다.

⑤ 학교가 잘 가르치고 공정하게 평가한다는 신뢰가 쌓여야 한다.

정답: ① 학생부종합전형 ② 선행학습 ③ 비교과

생각 키우기

■ **비교과**

　학교생활기록부 기재 내용 중 '교과' 부분을 제외한 영역의 기록을 의미합니다. 현행 고등학교의 학교생활기록부는 △인적 및 학적사항 △출결 상황 △수상 경력 △자격증 및 인증 취득 상황 △진로희망사항 △창의적 체험활동 상황 △교과학습발달 상황 △행동특성 및 종합의견 항목으로 구성됩니다. 이 중 내신 성적을 비롯해 교과와 관련된 학습활동의 내용이 기록되는 '교과학습발달 상황' 항목이 교과 영역이며, 비교과 영역은 이 교과 영역을 제외한 나머지 항목을 말합니다. △자율활동 △동아리활동 △봉사활동 △진로활동 4개 영역으로 이뤄진 창의적 체험활동이 대표적인 비교과 영역으로 꼽히며, 그 외에 교내 대회에서의 수상 경력이나 독서활동 등도 비교과 영역으로 분류됩니다.

　비교과 영역의 중요성은 학생부종합전형의 도입으로 크게 높아졌습니다. 대부분의 대입 전형이 교과 영역만을 평가 요소로 삼는 데 반해 학생부종합전형은 교과, 비교과 영역을 두루 종합해 학생의 잠재력을 평가합니다. 단순 성적만으로 드러나지 않는 학생의 잠재력과 다양한 역량, 노력 등을 학생 평가에 반영하자는 취지에서지요.

　그러나 이는 결과적으로 교과뿐 아니라 비교과 영역으로까지 학생 부담을 넓히는 결과로 이어졌습니다. 학생부종합전형을 준비하는 학생들은 우수한 교과 성적을 유지해야 할 뿐 아니라 학교 및 학급 임원 활동이나 각종 동아리활동, 봉사활동, 독서활동 등에도 적극 나서야 합니다. 게다가 비교과 활동이 부모의 영향이나 사교육 등 외부 요인이 개입할 여지가 크다는 비판까지 잇따르면서 결국 교육부는 2024학년도 대입부터 비교과 영역의 대입 반영을 대거 폐지하기로 했습니다.

> **생각 넓히기**
>
> **Q.** 학생부종합전형은 이른바 '금수저 전형'이라는 비판을 많이 받았습니다. 학생 개인의 능력이나 성취보다는 부모의 배경이나 사교육 등 외부 요인의 영향이 크다는 이유에서입니다. 이 때문에 일각에선 모든 학생에게 공평한 기회를 보장하도록 현행 입시 제도를 수능 한 가지로 선발해야 한다는 주장도 나옵니다. 당신이 교육 정책가라면 어떤 결정을 내리겠습니까?

Guide ▶ 수능 확대를 주장하는 측은 수능 성적은 사교육 등 눈에 보이는 외부 요인의 개입보다 학생 개인의 노력에 기인한 바가 크다고 봅니다. 또한 모든 학생이 동일한 조건에서 시험을 치르고, 정량적으로 나타난 객관적 수치에 의해 평가받기 때문에 입시 부정이 발생할 여지가 적다고 보지요.

하지만 과거 수능 중심의 대입 제도하에서도 비판은 존재했습니다. 지금의 학종이 공교육 왜곡의 주범으로 지목된 것과 비슷하게 수능 또한 학교를 단순히 입시를 위한 발판으로 전락시켰다는 비판 속에 공교육 무력화의 주범으로 지목됐습니다. 수능 성적만 잘 받으면 대학 진학이 가능했기 때문에 학생들이 학교 수업보다는 학원에 더 의존하는 경향을 보였고, 이로 인해 학교 교육이 황폐화됐다는 지적이 많았지요. 또한 모든 학생이 수능 성적이라는 획일화된 기준으로 평가받으면서 다양한 능력과 특기를 가진 학생들이 대입 과정에서 제대로 된 평가를 받지 못한다는 지적도 많았습니다. 단 한 번의 평가로 대학 진학과 향후 진로가 좌우되는 것이 비교육적이라는 비판도 나왔습니다.

대입 제도는 필연적으로 경쟁을 수반하기 때문에 모두를 만족시키기 어렵습니다. 어느 제도든 더 유리한 학생과 불리한 학생으로 나뉘기 마련이고, 경쟁이 격화되는 과정에서 부작용이 생길 수밖에 없습니다. 중요한 것은 그러한 부작용을 완화하는 장치를 마련해 제도를 보완해 나가는 것입니다. 어느 한 제도에 문제가 있다고 해서 그 제도를 없애고 다른 제도를 만든다고 한들, 새로운 문제점이 또다시 생겨나지 않을까요?

그것을 알려 달라

생각 열기 공인(公人)은 일거수일투족이 언론에 보도됩니다. 때로는 이를 둘러싸고 개인의 사생활 침해, 국민의 알 권리 보호 양측으로 의견이 갈리기도 합니다. 공적인 것의 기준은 무엇이고, 사적인 영역의 범위가 어디까지인지 분명하게 선을 그어야 이런 논란이 종식되지 않을까요?

[사설] 기소 이뤄진 사건도 수사공보 금지, 중대한 알 권리 침해다
(2019년 10월 22일자)

　법무부가 조국 전 법무부 장관이 퇴임 직전 만든 '인권보호수사규칙'안을 15일 관보를 통해 입법 예고했다. 새 안에 따르면 검사는 수사 또는 내사 중인 사건은 물론 이미 종결한 사건도 법령 또는 법무부 장관이 훈령으로 정한 예외적인 경우 외에는 공개할 수 없다. 이는 검찰의 공보를 원천적으로 막는 것으로 국민의 알 권리를 침해한다는 점에서 문제가 크다.

　수사 상황 취재는 헌법이 보장하는 언론 자유, 국민의 알 권리와 직결되는 문제여서 이를 제한하려면 국회에서 입법을 거치는 것이 옳다. 법무부 규칙으로 기자의 취재 활동과 검찰의 공보를 막겠다는 것은 문제가 있다. 특별한 사정이 없으면 40일 이상으로 정하는 입법 예고 기간을 4일밖에 안 둔 점도 문제다. 문재인 대통령이 검찰 개혁의 시한을 이달 말로 정한 데 따라 법무부가 코드를 맞추려 하는 것이 아닌지 의심스럽다.

　언론이 관심을 갖는 검찰 수사나 재판은 대개 정치인이나 고위공직자 등 유력자와 관련된 경우다. 그런 이들의 비리나 범죄는 개인의 명예나 사생활보다는 국민의 알 권리를 우선시해 최대한 공개하는 것이 마땅하다. 그런데 수사 중은 물론 기소가 끝난 후에도 검찰의 공보를 막는 것은 지나치다.

　검찰은 과거 정권 실세 비리 등 껄끄러운 사건에서는 사실상 사문화된 피의사실 공표죄를 내세워 수사 상황을 감추려 하는 경우가 잦았다. 새 규칙은 그런 검찰에 좋은 핑곗거리를 주는 일이며, 정권과 검찰의 부적절한 유착으로 이어질 수 있다. 국정농단과 적폐청산 수사 때는 지나친 피의사실 공표에 대한 우려와 지적에 함구했던 청와대와 여당이 '조국 사태'가 터진 뒤에 이를 문제 삼고 나선 것은 그 의도를 의심받기 충분하다. 알 권리와 피의사실 공표로 인한 인권 침해를 최소화하는 방안 사이에 심도 있는 논의를 거쳐 절충점을 찾아야 하며, 그 시행도 조 전 장관 일가 수사와 기소가 마무리된 뒤에 하는 것이 옳다. 검찰의 수사 관행을 빌미로 국민의 알 권리를 침해하려는 시도는 안 된다.

생각 정리 퀴즈

① 일부 예외를 제외하고 검찰의 공보를 원천적으로 금지한 [　　]은 국민의 알 권리를 침해하는 것이다.

② [　　]이 보장하는 언론 자유와 국민의 알 권리를 위한 수사 상황 취재를 하위 법령인 법무부 규칙으로 제한하는 것은 문제다.

③ 언론이 관심을 갖는 수사나 재판은 대개 유력자와 관련된 것으로, 개인의 명예나 사생활보다 [　　]를 우선시해 공개해야 한다.

④ 인권보호수사규칙은 정권 실세의 비리 수사 상황을 감춰주는 방패가 될 수 있어 정권과 검찰의 유착으로 이어질 수 있다.

⑤ 알 권리와 피의사실 공표로 인한 [　　]를 최소화하는 방안을 마련해야지 수사 관행을 빌미로 무작정 국민의 알 권리를 침해하려 해선 안 된다.

정답: ① 인권보호수사규칙 ② 헌법 ③ 국민의 알 권리 ⑤ 인권 침해

> 생각 키우기

■ **인권보호수사규칙·형사사건 공개 금지 등에 관한 규정**

수사 과정에서 사건 관계인의 인권을 보호하고 적법 절차를 확립하기 위해 검사 및 수사 업무 종사자가 지켜야 할 사항 등을 정한 법무부령. 조사 시간을 8시간 이내로 제한하는 장시간 조사 금지 규정을 포함해 심야 조사 금지, 부당한 별건 수사 금지, 수사 장기화 제한, 출석 조사 최소화 등을 주요 내용으로 하며 2019년 12월 1일부터 본격 시행됐습니다.

형사사건 공개 금지 등에 관한 규정은 인권보호수사규칙과 함께 제정·시행된 것으로, 기소 전 피의자의 이름과 나이 등 인적사항을 비롯해 사건과 관련한 혐의 사실, 증거관계 등 사건 관련 정보의 공개를 원칙적으로 금지하고, 기소가 끝난 사건도 '공정한 재판을 받을 권리'가 침해되지 않는 범위에서 제한적으로만 정보 공개를 허용한 것입니다. 다만, 형사사건공개심의위원회 심의 결과에 따라 피의자의 실명 등 신상정보는 일부 공개가 가능하도록 했습니다.

이 밖에도 수사 관련자의 언론 접촉 금지, 사건 관계인 공개 소환 금지 및 초상권 보호 조치 등을 포함하고 있습니다. 검찰 수사 과정에서 발생할 수 있는 인권 침해를 막자는 취지에서 만들어진 규정이지만, 이 규정에 따라 포토라인에 서지 않고 검찰에 출석한 첫 번째 수혜자가 이 규정을 추진한 조국 전 법무부 장관이 되면서 여론의 비판을 받기도 했습니다.

■ **피의사실 공표죄**

형법 제126조에 따라 검찰·경찰·기타 범죄 수사에 관한 직무를 행하는 자 또는 이를 감독하거나 보조하는 자가 수사 과정에서 알게 된 피의사실을 기소 전에 공표할 경우 성립하는 죄를 말합니다. 피의사실 공표죄를 범할 경우 3년 이하의 징역 또는 5년 이하의 자격정지에 처해집니다.

피의사실 공표죄는 재판 결과가 나오기 전에는 피의자에 대해 무죄 추정의 원칙이 적용되어야 하고, 아무리 피의자라 하더라도 인권 보호가 필요하다는 취지에서 만들어졌습니다. 그러나 중대한 범죄나 비위를 저지른 피의자에 대한 국민의 알 권리도 중요하다는 논리가 우선시되면서 그간 관행처럼 피의사실 공표가 이뤄져 왔습니다. 때로는 검찰 수사 관계자가 재판도 이뤄지기 전에 피의사실을 고의로 언론 등에 흘려 망신 주기식 수사를 하거나 여론 재판 분위기를 조성해 논란이 되기도 했습니다. 결과적으로 최근 10여 년간 피의사실 공표죄로 기소된 사건이 한 건도 없을 정도로 사문화된 조항이었지요.

그러나 법무부가 2019년 12월부터 인권보호수사규칙과 형사사건 공개 금지 등에 관한 규정을 시행하기로 하면서 피의사실 공표는 원칙적으로 금지됩니다.

생각 넓히기

Q. 유명 연예인이 경찰이나 검찰에서 수사를 받을 경우 해당 사실은 거의 실시간으로 언론 보도를 통해 공개됩니다. 연예인이 피의자인 경우는 물론이고, 피해를 입거나 특정 사건에 단순 연루된 참고인 수준에 그치더라도 해당 내용은 일단 언론에 보도되고, 경우에 따라서는 이미지에 큰 타격을 입기도 합니다. 정치인이나 고위공직자가 아닌 유명 연예인의 경우에도 국민의 알 권리가 적용되어야 하는 것일까요?

Guide ▶ 알 권리는 국민 개개인이 정치나 사회 현실 등에 관한 정보를 자유롭게 알 권리 또는 이러한 정보에 접근할 권리를 말합니다. 알 권리는 표현의 자유의 밑바탕이 되는 권리이기도 하면서 국민 누구나 가지는 기본권이자 권력에 의한 정보 통제를 제한할 수 있는 수단이기도 합니다.

하지만 모든 것이 국민의 알 권리에 속하는 것은 아닙니다. 국정 운영을 책임지는 고위공직자의 비위 사실이나 사회적으로 영향력이 큰 연예인의 중대한 범죄 사실은 국민의 알 권리에 속할 수 있습니다. 하지만 권력 감시 및 견제와 관계없는 연예인의 사생활이 국민의 알 권리에 포함되어야 할 이유는 없습니다. 특히 연예인은 일반에 널리 알려진 유명인이기는 하지만 사적인 영역에서는 우리와 똑같은 개인이자 시민이기 때문입니다.

국민의 알 권리는 사회 공익을 추구하는 차원에서 사용되어야 합니다. 알 권리의 남용은 그 자체로 또 하나의 권력으로서 상대의 기본권을 침해하는 수단이 될 뿐입니다.

11
진료는 의사에게, 약은 약사에게, 그럼 판결은?

> **생각 열기** 공정한 재판은 중요합니다. 재판이 편향된다면 공정한 사회, 잘못을 바로잡는 문화를 만들 수 없기 때문입니다. 국민이 사법부의 판결이 잘못됐다고 생각해 비판하거나 재심을 요구할 수는 있지만 재판관에게 어떠한 판결을 내리라고 압박하는 것은 다른 문제입니다. 법원의 판결은 헌법과 법률에 근거해 재판관의 양심에 따라 독립적으로 이뤄져야 합니다.

[사설] '구속=유죄·불구속=무죄' 아니다… 수사·재판 압박 시위 그만하라
(2019년 10월 25일자)

조국 전 법무부 장관의 부인 정경심 동양대 교수가 어제 새벽 구속됐다. 정 교수는 표창장 인턴증명서 위조 같은 입시비리 혐의와 사모펀드 투자를 둘러싼 자본시장법 위반 혐의 등을 받고 있다. 법원은 범죄 혐의가 소명되고 증거인멸 우려가 있다는 이유로 영장을 발부했다. 정 교수가 건강이 좋지 않다는 내용의 진단서를 제출했음에도 그가 혐의 일체를 부인하면서 대학에서 PC를 반출하는 등 증거인멸을 시도한 정황이 불리하게 작용했다.

조 전 장관 가족 수사에 항의하거나 지지를 보내는 검찰청사 앞 시위에 이어 정 교수의 영장실질심사 때는 법원 앞에서 영장 기각을 외치는 집회와 영장 발부를 외치는 집회가 동시에 열려 법원을 압박하는 사태가 빚어졌다. 앞서 조 전 장관의 동생 조권 씨의 구속영장이 명재권 판사에 의해 기각됐을 때는 조국 구속을 외치는 측에서 반발이 컸다. 이번에 정 교수의 구속영장이 송경호 판사에 의해 발부되자 조국 수호를 외치는 측에서 강력히 반발하고 있다. 어느 쪽도 바람직하지 않다.

영장이 기각됐다고 죄가 없어지는 것이 아니고 영장이 발부됐다고 다 유죄인 것도 아니다. 영장을 발부하라고 혹은 영장을 기각하라고 법원 문턱 앞에서 시위하는 것은 재판의 독립에 영향을 미칠 수 있는 부당한 압박임을 알아야 한다. 이것은 직접민주주의도

뭐도 아니다. 대법원장이 나서서 자제를 당부해야 할, 사법부에 대한 위협이다.

우리 사회에는 늘 크고 작은 갈등이 있었지만 조 전 장관 임명 강행을 둘러싸고 두 달 넘게 지속된 국론 분열은 무엇을 위해 왜 겪어야 했는지 회의가 든다. 합리적으로 의심을 가질 만한 의혹까지도 가짜 뉴스라고 몰아붙이며 억지와 궤변으로 갈등을 부추긴 사람들도 이제는 법원의 판단을 차분히 지켜보는 자세를 가져야 할 것이다.

정 교수의 사모펀드 의혹은 남편 조 전 장관의 대통령민정수석비서관 때의 일이라 '권력형 비리'로 연결될 수 있다. 조 전 장관은 서울대 교수 재직 시 딸 인턴증명서를 허위 발급한 혐의도 받고 있다. 검찰은 더 이상 지체하지 말고 조 전 장관을 조사해 남은 의혹을 해소해야 한다. 조 전 장관 수사까지 한 점 의혹을 남기지 않고 가능한 한 신속히 끝내는 것이 조국 사태를 둘러싼 국론 분열을 그나마 줄이는 길이다.

> **생각 정리 퀴즈**
>
> ① 법원이 조국 전 법무부 장관의 부인에 대해 구속영장을 발부했다.
>
> ② 영장 기각과 영장 발부를 각각 주장하는 법원 앞 집회는 어느 쪽이든 바람직하지 않다.
>
> ③ 법원 앞 집회는 재판의 [　　]에 영향을 미칠 수 있는 부당한 압박으로, 사법부에 대한 위협이다.
>
> ④ 조국 사태와 관련해 갈등을 조장했던 이들도 이제는 법원의 판단을 차분히 기다릴 때다.
>
> ⑤ 빠른 수사를 통한 의혹 해소야말로 [　　]을 봉합하는 길이다.
>
> 정답: ③ 독립 ⑤ 국론 분열

> 생각
> 키우기

■ **형법과 형사 재판**

　반사회적이거나 공동체에 유해한 행동을 한 자에 대해 국가는 형벌을 통해 사회 질서를 유지합니다. 이와 관련된 법이 형법, 이를 실현하기 위한 재판이 형사 재판이지요.

　형사 재판은 죄형법정주의를 근거로 위법한 행위에 대해 경찰과 검찰의 조사, 검사의 공소 제기(기소)로 이루어집니다. 증거 등을 통해 유죄가 입증되면 거기에 따른 적절한 형벌이 부과되고, 반대로 증거가 불충분하거나 증거가 혐의를 벗겨 주면 무죄 판결을 받습니다.

　형사 재판은 불구속 조사 및 재판이 원칙이나, 수사나 재판 과정에서 증거를 인멸하거나 도주할 우려가 있을 경우에는 검사가 법원에 구속영장을 청구할 수 있습니다. 법원은 △피고인이 일정한 주거가 없는 경우 △피고인이 증거를 인멸할 염려가 있는 경우 △피고인이 도망하거나 도망할 염려가 있는 경우에 구속영장을 발부합니다. 하지만 구속 상태라 하더라도 재판이 끝날 때까지는 피고인에 대한 무죄 추정 원칙을 적용합니다.

■ **사법부의 독립**

　사법부의 독립은 재판의 독립, 혹은 재판관의 독립을 의미합니다. 즉, 판사가 외부의 간섭 없이 오로지 헌법과 법률과 양심에 의거하여 자유롭게 판결해야 함을 의미합니다. 사법부의 독립은 다른 권력기관인 입법부와 행정부로부터의 독립을 의미하기도 합니다. 민주주의와 국민의 인권 보장을 위해서는 반드시 사법부의 독립이 보장되어야 합니다. 그래야 공정한 재판을 통해 국민의 기본권을 보호할 수 있기 때문이지요.

　사법부의 독립은 외부로부터뿐 아니라 사법부 내부에서도 지켜져야 합니다. 법관도 한 명의 공무원으로서 관료 조직에 속해 있는데, 인사권 등을 무기로 법관 개인의 사법권을 침해하는 일을 막아야 합니다. 이와 함께 여론으로부터의 독립도 보장되어야 법치주의의 기강이 바로 설 수 있습니다.

> **생각 넓히기**

Q. 생후 7개월 된 딸을 방치하여 숨지게 한 미성년자 부부 사건이 보도된 이후 해당 사건과 관련한 재판이 진행 중인 상황에서 부부에 대한 강력한 처벌을 요구하는 여론이 매섭게 몰아쳤습니다. 당신이 이 재판의 판사라면, 뜨거운 국민적 여론을 반영해 판결하겠습니까?

Guide ▶ 법 감정이란 표현이 있습니다. 한 예로, 극악무도한 범죄를 저지른 조두순이 무기징역이나 사형이 아닌 불과 징역 12년의 형량을 선고받고 곧 출소를 앞둔 것에 대해 국민의 법 감정으로는 도저히 용납이 안 된다는 비판을 합니다. 법 감정이란 법이나 판결에 대해 국민이 가지는 생각 혹은 정서를 말하며, 법에 대한 관심과 정의에 대한 열망, 공정함에 대한 기대감 때문에 생깁니다.

그러나 판결은 감정과 같은 주관성에 휘둘려선 안 됩니다. 객관적인 기준인 헌법과 법률에 의해야 하지요. 물론 법관은 양심에 따라 사건의 인과 관계나 사회에 미칠 영향력 등을 평가할 수 있습니다. 하지만 이 또한 법에 근거해야 합니다.

사회적 공분을 일으킨 흉악범이라 해도 법이 정한 기본 형량에 근거해 처벌해야 합니다. 물론 특정 사유에 따라 형을 감경하거나 가중하는 양형 기준이 있으나, 이 역시 법이나 기존 판례에 따라 그 한계가 정해져 있으므로 이에 따라 판결해야 합니다.

특정 범죄에 대한 형량 기준이 없거나 지나치게 낮다고 하더라도 판결은 법에 따라 이뤄져야 합니다. 더 중한 형벌을 내리려면 근거가 되는 형법 조항을 개정하거나 입법 미비를 보완하는 특별법을 제정하는 등 법적 근거가 마련되어야 합니다. 법에 근거하지 않고 여론에 편승하는 초법적 판결은 법질서와 사회 근간을 흔드는 행위가 될 뿐입니다.

12

영감님

생각 열기 예전엔 검사를 지체 있는 높은 사람이라는 뜻을 지닌 '영감'이라 불렀습니다. 검사는 법을 어긴 사람을 수사·기소하여 정의를 실현하는 역할을 합니다. 정의 실현을 하는 지체 높고 훌륭한 사람이라는 뜻의 영감. 검사가 진정한 영감이 될 수 있을까요?

[오늘과 내일/정원수] 국민을 위한 인사가 제1의 검찰개혁 (2019년 12월 11일자)

"검찰 개혁의 제일이 인사 개혁이라고 생각한다. 모든 공무원 조직이 인사에 본능적으로 반응한다. 인사를 개혁하면 행동 패턴이 바뀐다."

문재인 정부의 초대 법무부 장관인 박상기 전 장관이 지난해 11월 사석에서 검찰 인사의 중요성을 강조하면서 한 얘기다. 얼마 뒤 '검사 인사 규정'이 대통령령으로 격상돼 제정되더니 국무회의까지 통과해 같은 해 12월 18일부터 시행 중이다. 박 전 장관은 "검사 인사를 먼저 하고 원칙을 나중에 세우는 이전 정부의 '선(先)인사 후(後)원칙'의 시대를 벗어난 것"이라며 의미 부여를 했던 것으로 기억한다.

총 21개 조항으로 구성된 이 규정의 제1조는 '검사 인사의 기본 원칙과 절차를 정함으로써 인사 관리의 공정성과 합리성을 기함을 목적으로 한다'라고 되어 있다. 정권이 바뀌더라도 흔들리지 않을 인사의 대원칙을 처음 세운 것이다. 검사들도 인사의 예측 가능성이 생겼다며 환영했다. 특히 제12조의 필수보직기간을 반겼다. 일반인에게는 생소할지 모르지만 '공무원 임용령'에 따르면 필수보직기간은 공무원이 다른 직위로 전보되기 전까지 현 직위에서 근무해야 하는 최소 기간이다. 지방검찰청의 차장, 부장검사의 필수보직기간은 1년, 평검사는 2년이다.

요즘 검사들에게 이 규정이 다시 회자된다고 한다. 규정대로라면 서울중앙지검에서 조국 전 법무부 장관의 수사를 지휘 중인 3차장과 반부패수사2부장은 내년 8월까지 근무 기간이 보장되어 있다. 김기현 전 울산시장에 대한 청와대 하명(下命) 수사 의혹을 지휘하는 서울중앙지검의 2차장과 공공수사2부장, 유재수 전 부산시 경제부시장에 대한 청와대 감찰 무마 의혹을 수사 중인 서울동부지검의 형사6부장도 마찬가지다.

하지만 직제 개편을 하면 예외적으로 필수보직기간을 보장할 필요가 없다. 검찰에서는 김오수 법무부 차관이 지난달 8일 청와대에서 윤석열 검찰총장에게 알리지 않고, 문재인 대통령과 독대하면서 41개 직접 수사 부서의 폐지를 건의한 것을 의심하고 있다. 민감한 수사를 담당하는 차장과 부장, 평검사 인사를 앞당기기 위한 조치가 아니냐는 것. 김 차관은 "누가 그런 가짜뉴스를 퍼뜨리느냐"면서 황당해했지만 검사들의 반응은 싸늘하다.

더 우려스러운 것은 그 규정의 적용 대상이 아닌 검사장급 이상의 고위 간부다. 현 정권 입장에선 눈엣가시 같은 대검찰청의 수사지휘 라인 참모, 서울중앙지검장 등은 법무부 장관이 제청하면 대통령이 언제든 인사할 수 있다.

법무부에서 검사 인사를 오랫동안 담당했던 전직 검사장은 "인사 요인이 전혀 없다. 만약 내년 1월에 인사를 한다면 그건 정치적 이유"라고 했다. 6개월 전에 이미 내년 국회의원 총선거를 염두에 두고 60여 명의 고위 간부를 용퇴시키는 파격적 인사를 단행했기 때문이다. 기습적인 인사는 임기 2년이 보장된 윤 총장을 강제 퇴진시키기 어렵게 되자 그에게 *불신임 메시지를 던진 것으로 해석될 수밖에 없다. 만약 그런 의도라면 청와대를 향한 검찰 수사를 막기 위한 인사라는 측면에서 위법 논란이 제기될 수도 있다.

추미애 차기 법무부 장관 후보자는 첫 출근길에서 윤 총장을 향해 "헌법과 법률에 위임받은 권한을 상호 간에 존중하고, 최선을 다하는 것이 국민을 위한 길"이라고 했다. 추 후보자는 내년 총선 전까지 인사가 없다고 선언해야 한다. 그것이 청와대를 향한 검찰 수사에 개입할 의사가 없다는 것을 분명히 하는 것이고, 이 정부의 검찰 인사 대원칙을 지키는 길이다.

*불신임 : 신뢰하지 못해 일을 맡기지 않음. 정치에서의 불신임은 그 직에서 물러나게 하는 것을 의미한다.

생각정리퀴즈

① 검찰을 비롯한 공무원 조직은 [　　　]에 영향을 받을 수밖에 없다.

② '검사 인사 규정'의 의의는 정권에 휘둘리지 않도록 인사 원칙과 절차를 명문화했다는 것이다.

③ [　　　]은 인사의 예측 가능성을 높여줘 일선 검사들의 환영을 받았다.

④ 원칙대로라면 울산시장에 대한 청와대 하명 수사 의혹을 지휘하는 검사장들의 근무 기간은 내년 8월까지다.

⑤ 정부가 직제 개편 시 필수보직기간을 보장할 필요가 없다는 예외 조항을 근거로 수사 부서를 폐지해 검찰 인사를 앞당기려 한다는 의심을 받는다.

⑥ 인사 요인이 전혀 없는 상황에서 기습적 인사를 단행한다면, 이는 곧 [　　　]에 대한 검찰 수사를 막기 위한 압박으로 비칠 수 있다.

⑦ 법무부 장관은 총선까지 인사가 없다는 사실을 공식화해 검찰 인사의 대원칙을 지키고, 권력이 수사에 개입할 의사가 없다는 사실을 분명히 해야 한다.

정답 : ① 정치권 ⑥ 필수보직기간 ⑥ 청와대

생각 키우기

■ 국가소추주의

　형사소송법에 따른 공소 제기의 권한을 국가기관, 특히 검사에게 전담하게 하는 것을 말합니다. 사인(私人)의 공소 제기를 인정하는 사인소추주의와 대비되는 개념으로, 범죄 예방과 처벌에 대한 공적 이익을 사인에게 맡기지 않는다는 뜻에서 나왔습니다.

　형사소송법 제246조 '공소는 검사가 제기하여 수행한다'는 규정에 따라 국가소추주의를 택하는 우리나라에서는 형사사건의 공소 제기를 검사가 맡는 것이 당연하게 느껴질 수 있습니다. 하지만 사인소추제도가 활성화된 프랑스의 경우 범죄 피해자도 소 당사자로서 법원에 소추하거나 재판에 참여할 수 있습니다. 즉 검사가 아닌 개인의 기소를 인정하는 것이지요.

■ 임기 보장의 의미

　임기 보장이란 말 그대로 법으로 규정되어 있는 임기를 마치도록 하는 것입니다. 이것이 왜 중요한지는 대통령제와 의원내각제를 비교해 보면 알 수 있습니다.

대통령제는 대통령의 임기가 법으로 보장됩니다. 미국의 경우 대통령은 4년 임기 동안 소신껏 일을 할 수 있습니다. 탄핵이 되지 않는 한 대통령이 정한 정책이나 방향성을 밀고 나갈 수 있지요. 반면 의원내각제의 총리는 임기가 보장되어 있지 않습니다. 영국의 경우 총리는 항상 의회의 눈치를 봐야 합니다. 의회가 총리에 대한 불신임 권한을 갖기 때문입니다. 따라서 의회가 원하는 정책이나 국민의 뜻에 민감하게 움직일 수밖에 없습니다.

검사의 임기가 보장된다는 것은 신분이 보장된다는 것을 의미합니다. 자신의 직무를 맡은 동안 소신에 따라, 외압에 굴하지 않고 일할 수 있다는 뜻이기도 합니다.

생각 넓히기

Q. 윤석열 검찰총장의 장모가 사문서 위조 혐의로 기소된 데 이어 부인에 대한 의혹이 일각에서 제기되면서 검찰총장이 사퇴해야 한다는 목소리가 나옵니다. 이런 상황에서 임면권자는 검찰총장의 임기를 보장해 주어야 할까요, 사퇴를 시켜야 할까요?

Guide ▶ 임기 보장은 외부 압력에 굴하지 말고 독립적이고 소신껏 임무를 수행하라는 의미입니다. 어떠한 경우에도 임기가 보장된다는 의미는 아니지요. 공무상 큰 실수를 했거나 국가에 손해를 끼쳤다면 당연히 임면권자(임명 및 면직시키는 자)에 의해 경질될 수 있습니다.

문제는 본인과 관계없는 가족의 문제가 불거진 경우입니다. 만약 가족의 일이라도 검찰총장의 업무 수행과 전혀 관련이 없는 일이라면 큰 문제가 아닐 수 있습니다. 기본적으로 개인의 사적 영역과 공적 영역은 분리해 판단해야 하기 때문입니다.

그러나 위 경우 검찰총장은 검찰의 수장으로서 수사 상황을 보고받거나 수사 지시를 내릴 수 있어 현재 진행 중인 검찰 수사의 중립성이 훼손될 우려가 있다는 점이 문제입니다. 다만 검찰총장이 부정한 방법으로 수사에 관여하거나 부당한 압박을 한 증거가 명확하지 않은 상황에서 가족에 대한 조사 및 기소에 소극적이라거나 무혐의 처리를 지시했다는 등의 확인되지 않은 보도와 의혹만으로 사퇴를 시키는 것 또한 문제가 될 수 있습니다.

왜 권력 분립인가?

생각 열기

19세기 영국의 정치·역사학자 존 돌버그 액턴은 '권력은 부패하기 쉽고, 절대 권력은 절대 부패한다'는 말을 남겼습니다. 권력이 집중되는 순간 그 피해는 시민에게 돌아갈 수 있습니다. 검경 수사권 조정을 통해 권한 분배가 균형적으로 이뤄져 검찰과 경찰 상호 간의 적절한 견제와 조화로 이어지길 바랍니다.

[사설] 검경 수사권 조정이 초래할 형사사법체제 혼란 우려스럽다
(2020년 1월 14일자)

형사사법체제의 근본 틀을 바꾸는 검경 수사권 조정 법안인 형사소송법과 검찰청법 개정안이 어제 국회 본회의를 통과했다. 우리나라 검찰은 세계 어느 나라 검찰보다 막강한 권한을 갖고 있다. 검찰이 기소를 독점하는 것은 물론이고 수사에까지 전횡을 휘두를 수 있었던 구조가 바뀌게 되는 것은 개선이다. 그렇다고 경찰에 사실상 견제가 힘든 전적인 수사권을 주는 것이 국민의 인권 보호와 수사의 정치적 독립성을 위해 도움이 될지는 미지수라는 점이 검경 수사권 조정을 바라보는 우려의 시선이다.

기소권과 수사권의 엄격한 분리는 경찰권의 충분한 분산이란 전제하에서만 가능하다. 우리나라 경찰은 자치경찰제가 사실상 말뿐일 정도로 중앙집권적이다. '공룡' 경찰 내부에서는 *사법경찰과 *행정경찰이 엄격히 분리되지 않는 것은 물론이고 그 구분에 대한 인식 자체가 부족하다. 경찰의 정치적 중립 의지에 의문을 갖게 하는 사례들도 있었다.

개정안은 검찰의 수사지휘권만 없앤 게 아니라 수사종결권까지 경찰에 줬다. 경찰은 사건을 수사하다 기소할 게 못 된다고 판단할 경우 사유를 기록한 보고서를 검찰에 제출하고 수사를 종결할 수 있다. 검찰은 보고서를 본 뒤 재수사를 요청할 수 있으므로 수사종결권은 남용 여지가 없다고 경찰은 주장한다. 그러나 경찰이 재수사한 뒤 같은 결론을 내리면 검찰로서는 더 이상 취할 조치가 없다. 경찰권이 충분히 분산되지 않은 현실에서는 수사지휘권을 빼앗더라도 최소한 수사종결권은 검찰에 남겨뒀다가 경찰권의 분산에 따라 점진적으로 폐지하는 것이 바람직한 조정이었다.

검찰에 기소권과 영장청구권이 남아 있다고는 하지만 경찰이 신청한 영장을 검찰이 청구하지 않으면 경찰은 외부위원으로 구성된 영장심의위원회에 심의를 요구할 수 있게 돼 있어 검찰이 영장청구권으로 경찰 수사를 통제하는 것조차 제약을 받을 수밖에 없는 구조다.

개정안은 향후 6개월에서 1년 사이에 시행에 들어간다. 고위공직자범죄수사처(공수처)법은 이미 통과돼 7월 설치를 목표로 하고 있다. 검찰이 기소를 독점하고 주요 범죄를 직접 수사하고 경찰 수사까지 지휘하던 단일 체제에서 수사권은 검찰 공수처 경찰로 분산되고 기소권마저 검찰과 공수처로 분산되는 다극 체제로 접어든다. 공수처 검찰 경찰 상호 간의 견제가 잘 작동하면 좋겠지만 세 기관이 존재감을 과시하느라 과잉 수사를 벌이고 서로 물고 뜯는 초유의 사태가 일어나면 그 피해는 고스란히 국민에게 돌아올 것이다. 나라를 흔들 불행한 사태가 일어나지 않도록 각별한 관심이 요구된다.

용어 노트

*사법경찰 : 범죄 수사, 범인 체포, 구속영장의 집행 등을 목적으로 하는 경찰. 형사소송법의 적용을 받아 범죄 수사 및 증거 수집, 피의자 체포 등을 하는 경찰. 예) 형사

*행정경찰 : 사회 질서 유지를 위한 권력 작용을 목적으로 하는 경찰. 행정 법규의 규율을 받아 범죄 예방, 공공 안전과 질서 유지의 임무 등을 하는 경찰. 예) 교통경찰

생각 정리 퀴즈

① 검경 수사권 조정 법안은 검찰의 막강한 권한을 제한한다는 점에선 긍정적이지만 경찰에 전적인 [　　　]을 준다는 점에선 우려스럽다.

② 기소권과 수사권 분리의 전제 조건은 [　　　]의 충분한 분산이다.

③ 그러나 우리나라의 경찰 조직은 지나치게 [　　　]이며 경찰의 정치적 중립성도 제대로 확보되어 있지 않다.

④ 경찰의 [　　　]에 대한 검찰의 견제 장치는 마땅치 않은 반면 경찰은 검찰의 영장청구권에 대해 이의를 제기할 수 있다.

⑤ [　　　]가 설치되면 각 조직 간 수사권과 기소권의 분산이 더욱 심화된다.

⑥ 권한 분배가 지나치면 상호 견제보다 조직 논리를 우선시한 힘겨루기가 펼쳐질 수 있고, 그 피해는 국민에게 돌아온다.

정답 : ① 수사권 ② 권한 ③ 중앙집권적 ④ 독점적 수사 ⑤ 공수처

생각 키우기

■ **수사권·수사종결권을 둘러싼 검경 힘겨루기**

　수사권은 범인을 체포·구속하거나 강제적으로 범죄 증거를 압수하는 등 범죄 혐의를 밝히는 과정에서 수사기관이 행사할 수 있는 모든 법적 권한을 의미합니다. 수사권은 신체의 자유와 같은 개인의 기본권에 우선해 국가의 정당한 물리력 행사가 인정되는 권한이기 때문에 그 주체가 형사소송법에 따라 검사와 검사의 지휘를 받는 보조기관(사법경찰)으로 제한되어 있습니다.

　그동안은 수사지휘권과 수사종결권, 기소권 등이 검사에게만 있었기 때문에 형사소송법상의 모든 수사를 사실상 검찰이 책임졌습니다. 실제 범죄 혐의에 대한 수사는 일선 경찰이 대부분 맡고 있는데 정작 수사권은 검찰이 독점했던 것이지요. 이 때문에 실질적 수사를 맡은 경찰에도 수사권을 인정해주어야 한다는 지적이 많았습니다.

　이러한 문제의식에 기반하여 문재인 정부가 추진한 것이 검경 수사권 조정입니다. 2020년 1월 통과된 검경 수사권 조정 법안의 핵심은 검찰의 수사지휘권을 폐지하고 경찰에 수사종결권을 준 것입니다. 이전까지는 경찰이 모든 수사를 검사의 지휘를 받아 처리하고 검찰에 송치하는 것으로 끝내야 했지만, 이제는 경찰이 검찰의 지휘 없이 자체 수사를 벌이고, 그 결과에 따라 수사를 종결할 수 있게 되었습니다. 범죄 수사에 대한 경찰의 재량권이 폭넓게 인정된 것이지요.

　물론 개정 법에서도 대통령령으로 정하는 중요 범죄, 경찰 공무원 범죄, 경찰 송치 범죄 수사 과정에서 인지한 직접 관련성 있는 범죄에 대해서는 기존과 마찬가지로 검찰의 수사지휘권이 인정되고, 검찰은 경찰의 수사 종결 이후 최대 90일간 사건 기록을 검토해 경찰의 '불송치' 결정이 '위법' 또는 '부당'하다고 판단될 경우 경찰에 재수사를 요청할 수 있습니다. 하지만 이러한 검찰의 요구가 성립되는 조건을 어떻게 규정하고, 어떤 방식으로 할 것인지 등 법안의 세부 시행 방안이 아직 정해지지 않은 상황이어서 검찰과 경찰, 두 조직 사이의 힘겨루기가 계속되고 있습니다.

　검경 수사권 조정 법안은 2020년 1월 국회를 통과해 법안 공포까지 이루어졌으나, 법의 시행 시기를 법안 공포 후 6개월이 지난 때로부터 1년 이내 기간 중 대통령령에서 정하는 시점으로 정했기 때문에 아직 법이 시행된 단계는 아닙니다. 현재 법안의 세부 시행 방안을 담은 대통령령을 만들기 위한 논의가 진행 중입니다.

생각 넓히기

Q. 검경 수사권 조정 법안에 이어 공수처 관련 법안까지 통과되면서 그간 검찰이 독점해 온 기소권이 분리되는 상황이 되었습니다. 공수처 설치로 기소독점주의가 이미 깨진 상황에서 고위공직자 비리 사건뿐 아니라 일반 형사사건에서도 영국과 같이 개인의 기소가 가능하도록 제도를 변경하는 것에 대해 어떻게 생각합니까?

Guide ▶ 지금까지 검찰에만 수사 및 지휘·감독권을 주고 독점적인 기소권을 인정해 주었던 것은 형사사건에 대한 형벌권이 국가에 의해 공평하고 획일적으로 집행되도록 하기 위해서였습니다. 공익의 대표자인 검사로 하여금 객관적 입장에서 공소 제기와 유지가 이뤄지게 함으로써 개인적 감정이나 여론에 치우친 형벌권 행사를 막기 위한 것이었지요.

만약 개인에게 기소권을 줄 경우 검사뿐 아니라 사인(私人)으로서의 개인도 소추권자로서 정의를 실현할 수 있습니다. 억울하거나 해결되지 못한 사건이 빠르게 진행될 수 있고 개인이 억울함을 스스로 증명하고 벗어날 수도 있겠지요. 하지만 기소가 자신의 죄를 방어하거나 주의를 돌리기 위한 수단으로 악용되거나 지나치게 감정적으로 이뤄질 우려도 있습니다. 또한 검찰과 개인의 기소권이 서로 부딪칠 경우 법적 혼란이 가중될 수 있고, 법적 지식 격차에 따른 재판에서의 역차별도 발생할 수 있습니다.

민중의 지팡이에서 든든한 버팀목으로

> **생각 열기**
> 상호 견제와 균형의 원리는 민주주의에서 더욱 강조됩니다. 권력이 한쪽에 몰리는 순간 언제든 독재와 억압이 부활할 수 있기 때문에 대상이 누구든, 어떤 권한이든 적절한 견제가 필요합니다. 검찰을 견제하기 위해 검경 수사권 조정이 이루어졌더라도 경찰 역시 견제에서 자유로울 수 없습니다.

[사설] 경찰, 커진 권한·무거워진 책임에 걸맞게 환골탈태해야
(2020년 1월 15일자)

13일 검경수사권 조정 법안이 국회를 통과함에 따라 경찰에 수사종결권이 부여되고, 경찰에 대한 검찰의 수사지휘도 폐지된다. 1954년 형사소송법 제정 이후 66년간 유지되던 수직적 검경 관계가 수평적 관계로 변하는 것이다. 검찰의 직접수사도 부패·경제·공직자·경찰 범죄 등으로 제한됐다.

비대한 검찰권을 상호견제가 가능하도록 분산하는 것은 바람직하다. 하지만 막강한 권한을 부여받은 경찰이 과연 그 권한을 올바르게 행사하고, 제 역할을 할 수 있을지에 대해서는 우려가 많다. 역대 정권마다 경찰이 권력에 줄을 대고, 청와대 의중에 맞춰 행동해 온 사례들이 허다하기 때문이다.

이 정부 들어서도 경찰은 야당 시장이 공천받던 날 시장실을 압수수색하고, 대선 여론 조작 사건을 수사하면서 조작 주도자의 주 활동지인 출판사 계좌도 조사하지 않는 어이없는 행태를 보였다. 지난해 강남경찰서에서는 유흥업소와의 유착 관계로 무려 99명이 전출됐다. 정치적 중립성, 전문성, 도덕성 등에서 충분한 신뢰를 받지 못하는 게 현실인 것이다.

경찰은 수사의 공정성을 높이기 위해 사건 무작위 배당제, 진술 녹음제 등을 확대하겠다고 밝혔다. 하지만 더 중요한 것은 스스로 뼈를 깎는 자정 노력과 비대해진 경찰권의 분산이다. 2018년 검경수사권 조정 합의 당시 포함된 국가수사본부 신설과 *자치경찰제는 이번 검경수사권 조정에서 슬그머니 빠졌다. 그 대신 경찰은 형사소송법 개정 이후 벌어질 검찰과의 시행령 제정 싸움에서 더 많이 차지하는 데만 몰두하고 있다.

검경수사권 조정은 국민을 위해 한 것이지, 경찰의 밥그릇을 늘리기 위한 것이 아니다. 경찰은 역량에 비해 너무 큰 권한을 받았다는 소리가 안 나오도록 *환골탈태해야 한다.

용어 노트

*자치경찰제 : 지방분권 이념에 따른 제도로, 지방자치단체에 경찰권을 부여하고 경찰의 설치·유지·운영에 관한 책임을 지방자치단체가 담당하는 제도.

*환골탈태 : 뼈를 바꾸고 태를 빼낸다는 뜻으로 몸과 얼굴이 몰라볼 만큼 좋게 변한 것을 비유하는 말.

생각 정리 퀴즈

① 검경 수사권 조정에 따라 검경 관계가 수직적 관계에서 [   ] 관계로 바뀐다.

② 비대한 [   ]을 분산하는 방향의 개혁은 바람직하지만 막강한 권한을 갖게 된 경찰이 제 역할을 할 지 우려된다.

③ [   ]이 정치적 중립성, 전문성, 도덕성 등에서 충분한 신뢰를 받지 못하고 있다.

④ 현재 경찰은 시행령 제정을 둘러싸고 검찰과의 힘겨루기에 골몰하고 있다

⑤ 경찰 또한 국가수사본부 신설, 자치경찰제 도입 등을 통해 비대해진 [   ] 분산을 위해 노력해야 한다.

> 생각 키우기

■ 자치경찰제 도입 논의

자치경찰제란 지방자치단체에 경찰권을 부여하고, 경찰의 설치·유지·운영에 관한 책임을 지방자치단체가 담당하는 제도를 말합니다. 국가 전체를 관할하는 국가경찰(중앙경찰)에 대비되는 개념으로, 국가 내 일부 지역에 소속돼 그 지역과 지역 주민의 치안과 복리를 위해 활동하는 경찰을 의미합니다.

자치경찰제는 중앙집권적 국가경찰과 달리 지역 밀착형 치안 서비스를 제공할 수 있습니다. 또 국가 단위의 대규모 경찰력이 필요한 치안 서비스와 여성·청소년, 교통, 생활안전 등 실제 지역 주민이 필요로 하는 치안 수요를 분리함으로써 복합적인 치안 환경에 효과적으로 대응할 수 있지요. 현재 과도하게 중앙집권적인 경찰권의 분산을 통해 권력 집중 문제를 해소할 수 있고, 지역 주민에 대한 반응성이 높아지면서 경찰의 민주화도 꾀할 수 있습니다.

다만, 경찰이 특정 정당에 소속된 지자체 장의 통제를 받게 됨으로써 정치적 중립성이 저해될 수 있고, 지방 정치·토호 세력과 경찰권의 유착도 우려됩니다. 국가 단위의 치안 활동을 위한 중앙의 조정·통제가 어렵고 지자체별 빈부 격차에 따른 치안 서비스의 양극화도 나타날 수 있습니다.

정부는 검경 수사권 조정에 따라 비대해진 경찰권의 분산이 필요하다고 보고 자치경찰제 도입을 추진해 왔습니다. 대통령소속 자치분권위원회가 2018년 11월 발표한 '자치경찰제 도입 방안'에 따르면 현재 지방경찰청과 경찰서가 맡는 생활안전 및 여성·청소년, 교통, 지역 경비 등 주민 밀착형 사무와 교통사고, 가정폭력 등 민생치안 업무가 2022년까지 단계적으로 자치경찰에 이관되고, 이를 위해 현재 국가경찰 인력의 36%인 4만3000명이 자치경찰로 전환됩니다. 다만, 이런 경찰 개혁을 위해 국회에 발의된 경찰법 전부개정안은 1년이 넘도록 소관 상임위에 계류 중입니다. 정부·여당의 경찰 개혁 추진 의지가 분명한 만큼 새로 구성된 21대 국회에서 재발의돼 처리될 가능성도 있습니다.

■ 국가직 vs 지방직 공무원

공무원은 임용 주체에 따라 국가직 공무원과 지방직 공무원으로 나뉩니다. 국가직 공무원은 보통 국가에 의해 임명되어 국가의 사무를 집행하는 공무원. 국가공무원법의 적용을 받으며 행정부, 국회, 법원 등 주로 국가 중앙부처 기관에 소속되어 있습니다. 반면 지방직 공무원은 각 지방자치단체에 의하여 임명되어 지방자치단체의 사무를 집행하는 공무원을 말합니다. 지방직 공무원은 지방공무원법의 적용을 받고, 지방자치단체 소속 시청, 구청, 동사무소 등에서 근무합니다.

2019년 11월 소방공무원의 국가직 전환(국가직화) 관련 법안이 국회 본회의를 통과하면서 47년 만에 전국 소방공무원의 신분이 지방직에서 국가직으로 일원화되었습니다. 지금까지의 광역자치 소방체제에서는 지자체별 재정 여건이나 지자체장의 관심도에 따라 소방 인력, 장비, 처우, 소방안전 서비스에 차이가 생기는 문제가 있었습니다. 국가직화 법안은 이런 점을 보완하고자 소방관 신분을 국가직으로 전환해 지방자치단체별로 차이가 있었던 소방관에 대한 대우를 개선하고 부족한 소방인력을 확충하자는 취지로 마련됐습니다.

생각 넓히기

Q. 국가직과 지방직으로 이원화돼 있던 소방공무원이 최근 모두 국가직으로 전환된 것과 달리 경찰은 자치경찰제 도입과 함께 국가직 일부를 지방직으로 전환하는 방안을 추진 중입니다. 경찰의 지방직 전환에 대해 어떻게 생각합니까?

Guide ▶ 경찰의 지방직 전환은 중앙집권화된 경찰권을 지방으로 분산함으로써 권력 집중화를 막는 한편 지방 실정에 맞게 경찰 조직을 운영해 치안의 효율성을 높이기 위한 차원에서 추진됩니다.

그러나 소방공무원의 국가직 전환이 추진된 배경에서도 알 수 있듯 경찰이 지방직 공무원으로 전환될 경우 지방자치단체의 재정 여건에 따라 경찰력이 달라져 치안의 빈부 격차가 발생할 우려가 있습니다. 경찰이 특정 정당의 소속일 수밖에 없는 지방자치단체장의 권한 아래 놓임으로써 발생할 수 있는 문제도 있지요.

이러한 문제를 방지하려면 미국의 체제, 즉 연방수사국(FBI), 경찰, 보안관 제도처럼 사안과 지역에 따라 역할이 명확하게 나눠질 필요가 있습니다. 또한 사법경찰과 행정경찰의 역할 구분도 분명해야 할 겁니다.

15
그물망, 의료망 그리고 사회 안전망

> **생각 열기** 우리나라는 전 국민을 포괄하는 공공 의료보험이 존재해 국민의 의료 접근성이 높고, 의료진의 역량과 의료 기술, 인프라도 잘 갖춰진 나라로 손꼽힙니다. 의료 역량과 체계 모두 세계적 수준인데도 중증외상환자의 사망률은 다른 선진국에 비해 여전히 높습니다. 무엇이 문제일까요?

[사설] '외상센터 상징' 이국종마저 두 손 들게 한 부실 응급의료 시스템
(2020년 1월 21일자)

대한민국 '응급의료'의 상징으로 불리는 이국종 아주대병원 교수가 *권역외상센터를 떠나겠다고 선언했다. 이 교수는 어제 보도된 동아일보와의 인터뷰에서 "다음 달 센터장직을 내려놓겠다. 앞으로 센터 운영에도 관여하지 않겠다"고 말했다. 그가 중증외상환자 치료와 권역외상센터 체계화에 미친 영향과 상징성을 감안할 때 그 파장은 간단치 않을 것으로 전망된다.

이 교수가 사임 결심을 한 배경에는 최근 유희석 아주대의료원장 욕설 파문에서 드러났듯 병원 고위층과의 갈등, 그리고 개선되지 않는 응급의료 시스템에 대한 절망이 있다. 이 교수는 병원 측과 정부를 향해 기회 있을 때마다 외상센터 인력 부족과 병상 부족, 닥터헬기 운용과 예산 지원의 문제점을 주장해왔다. 특히 병원 측과는 병상 배정 문제로 갈등이 컸고, 센터장으로서 인력 증원 약속을 지키지 못하고 동료 의료진을 위험하고 힘든 업무로 내몬다는 자책감도 적지 않았다고 한다.

하지만 보다 근본에는 외상센터의 고질적인 적자 문제가 도사리고 있다. 한국보건산업진흥원의 2018년 조사에 따르면 외상센터들은 환자 1인당 평균 145만여 원의 손해를 본 것으로 나타났다. 복지부가 병상 확충이나 전담 전문의 충원 등에 매년 수십억 원을 지원한다지만 턱없이 부족하다고 한다. 의료계에서는 애초에 '사람은 살리지만 돈은 안 되는' 권역외상센터를 수익성을 중시하는 민간병원에 맡긴 것이 무리였다는 지적이 적지 않다. 차제에 응급의료를 민간이 아닌 공공의료 영역으로 가져오는 방안을 적극 검토해야 할 것이다.

  이 교수는 이직설이나 정계 진출설을 강하게 부인하면서 "평교수로 조용히 지낼 것"이라고 했다. 오랜 세월 '목숨' 바쳐 환자 살리는 데 매진했던 그에게 어느 정도의 휴식은 허용돼야 마땅할 것이다. 그러나 이 교수는 한국 외상센터의 상징이자 국민 영웅이다. 당초 그가 품었던 응급의료에 대한 초심, 의사로서의 소명감을 다시 살려 닥터헬기는 날아야 하고 외상센터는 24시간 불빛이 환히 밝혀져야 할 것이다.

용어노트

*권역외상센터 : 일반 응급의료센터의 상위 개념으로 전국을 권역별로 나눠 해당 권역에서 발생하는 중증외상환자(다발성 골절, 출혈 등)의 즉각적인 소생, 응급수술 및 치료가 가능하도록 시설과 장비, 인력을 갖춘 외상 전문 응급의료센터. 2012년 전국 권역별로 모두 17곳이 지정되었으며 2020년 1월 기준 14곳이 운영 중이다.

생각정리퀴즈

① 응급의료의 상징으로 불리는 이국종 교수가 권역외상센터장직 사임을 선언했다.

② 인력, 병상, 예산 지원 부족 등에 시달려 온 외상센터 운영을 두고 빚어진 병원과의 갈등이 사임 배경이다.

③ 정부 지원에도 적자가 불가피한 외상센터를 [　　　]을 중시하는 민간병원에 맡긴 것이 문제다.

④ 응급의료를 [　　　] 영역으로 가져오는 것을 비롯해 외상센터 정상화를 위한 방안을 찾아야 한다.

정답 : ③ 수익성 ④ 공공의료

생각 키우기

■ **의료전달체계**

  종합병원의 환자 집중 현상을 막기 위해 병·의원을 거친 다음 종합병원으로 가도록 하는 제도. 경증환자와 중증환자가 모두 안전하고 적정한 진료를 보장받도록 의료 자원을 효율적으로 활용하기 위해 도입되었습니다. 우리나라 의료전달체계에서 환자는 원칙적으로 1차(의원), 2차(병원, 종합병원) 의료기관을 거쳐 3차(상급종합병원) 의료기관으로 가야 합니다. 3차 의료기관은 외래 환자를 바로 진료할 수 없고 1, 2차 의료기관에서 의뢰되어 온 환자를 맡아야 합니다.

　1~3차 의료기관은 병상 규모에 따라 나뉘는데, 1차 병원은 병상 30개 미만의 의원급 의료기관으로, 동네에서 흔히 볼 수 있는 개인 의원과 보건소 등이 해당됩니다. 2차 병원은 100개 이상의 병상과 7개 또는 9개 이상의 진료과목을 갖추고 진료과목별로 전속 전문의를 둔 의료기관을 말합니다. 종합병원, 전문병원, 요양병원 등이 해당되며 종합병원 가운데 일정 요건을 갖추면 3차 의료기관으로 지정될 수 있습니다. 3차 병원은 병상 수가 500개 이상인 상급종합병원을 말하며, 20개 이상의 진료과목과 진료과목별 전속 전문의를 두고 중증질환에 대하여 난이도가 높은 의료 행위를 전문적으로 하는 병원을 말합니다. 권역응급의료센터와 마찬가지로 권역별로 지정되며, 보건복지부 장관이 3년마다 지정하는데, 주로 의과대학 부속병원이나 민간 대형병원이 이에 해당됩니다.

■ 수가제

　환자는 의사로부터 진찰, 처치, 수술 등의 의료 서비스를 제공받은 후 대가를 지불합니다. 우리나라는 전 국민을 대상으로 한 의료보험(국민건강보험)이 존재하므로 국민 대부분이 의료 서비스 비용을 건강보험공단과 나누어 지불하지요. 이때 의료기관이 건강보험이 적용되는 의료 서비스를 제공하고 환자와 건강보험공단으로부터 받는 총액을 수가라고 합니다.

　수가 책정 방식은 여러 가지가 있습니다. 우리나라는 의료보험 시행 당시부터 행위별 수가제를 채택하고 있습니다. 의료기관에서 의료인이 제공한 의료 서비스(행위, 약제, 치료재료 등)에 대해 서비스별로 수가를 정해둔 것으로, 행위별 수가제에서는 환자가 받은 의료 서비스의 종류와 양에 따라 진료비가 결정됩니다.

　그런데 행위별 수가제는 여러 진료를 받을수록 비용도 함께 커지는 구조이기 때문에 불필요한 과잉 진료가 발생할 수 있습니다. 이러한 문제를 보완하기 위해 도입된 것이 일종의 '진료비 정찰제'인 포괄수가제입니다. 포괄수가제는 환자가 입원해서 퇴원할 때까지 발생하는 진료에 대하여 의료 서비스의 종류나 양에 상관없이 질병마다 미리 정해진 진료비를 지급하는 것을 말합니다. 2013년 7월부터 모든 의료기관에서 시행되었으며, 안과의 백내장 수술, 이비인후과의 편도 수술 및 아데노이드 수술 등 4개 진료과, 7개 질병군을 대상으로 합니다.

　최근에는 기존의 포괄수가제가 적용되던 7개 질병군에 더해 4대 중증질환과 같이 복잡한 질환을 앓는 입원 환자를 대상으로 신포괄수가제가 시행 중입니다. 신포괄수가제는 기존의 포괄수가제와 행위별 수가제를 혼합한 것으로, 입원 기간 동안 발생한 입원료, 처치 등 진료에 필요한 기본적인 서비스는 포괄수가로 묶고, 의사의 수술, 시술 등은 행위별 수가로 별도 보상하는 제도입니다. 신포괄수가제는 전국 98개 기관에서 567개 질병군 입원 환자를 대상으로 시행되고 있습니다.

생각 넓히기

Q. 코로나19 팬데믹으로 의료 체계가 붕괴된 일부 국가에선 의사가 살릴 수 있는 환자와 그럴 수 없는 환자를 구분해 선택적 진료를 해야 하는 상황이 벌어지고 있습니다. 당신이 의사라면 이 상황에서 선택적 치료에 동의하겠습니까?

Guide ▶ 여기서 대립되는 가치는 의사 윤리와 효율성입니다. 의사 윤리에 따르면 모든 환자는 존중받아야 하고 치료를 받을 권리가 있으므로 누구에게나 의료 서비스를 제공해야 합니다. 모든 생명의 무게나 가치는 같기 때문에 환자를 선별하는 것 자체가 비윤리적 행위입니다.

그러나 전염병 확산으로 사태가 매우 급박하고 엄중한 데다 국가의 의료 역량이 절대적으로 부족한 상황이라면 어쩔 수 없이 선택해야 할 수도 있습니다. 생명을 구하는 것이 목적인지, 전염병 확산 방지가 목적인지에 따라 선택할 수 있는 환자 범위가 달라지겠지요. 물론 이러한 선택의 기준은 공익, 즉 최대 다수의 최대 행복이 되어야 할 겁니다.

어떤 선택을 내리느냐에 따라 의사의 손에 의해 생명권이 박탈될 수 있습니다. 따라서 이러한 판단이나 고민, 책임을 의사 개인에게 맡길 것이 아니라 사회적 차원에서 원칙을 정해 제시하는 시스템이 구축되어야 합니다. 전염병은 의사가 아닌 사회 전체가 함께 해결해야 하기 때문입니다.

16
병, 균, 편견

> **생각 열기**
> 세계화로 국가 간 이동이 쉬워지면서 감염병이 인류 전체를 위협하는 상황으로 발전하기도 합니다. 전염병마저 세계화된 시대, 세계 각국은 상대에 대한 편견과 무지로 벽을 세웁니다.

[송평인 칼럼] 은유로서의 질병 '우한 폐렴' (2020년 2월 12일자)

질병은 과학의 대상이다. 과학적으로 진단하고 과학적으로 치료할 대상이다. 그러나 인류는 흔히 질병을 종교나 문학의 용어로 표현해 왔다. 고대 그리스인들은 질병을 신의 진노로 여겼다. 14세기 흑사병이 유럽을 휩쓸 때 유럽의 기독교인들도 그렇게 여겼다. 20세기의 암에 비견될 수 있는 19세기 결핵은 낭만주의의 영향으로 사랑의 질병으로 미화되기도 했다. 문학 속 비련의 주인공은 종종 결핵환자로 등장했던 것이다.

19세기 세계를 공포로 몰아넣은 역병이 있었으니 콜레라다. 콜레라는 1800년 이전까지는 인도 벵골 지방의 풍토병에 불과했으나 인도를 식민지배한 영국이 중국 광둥에 그 병원균을 실어왔고 결국 조선에까지 전파됐다. 1821년 조선에 처음 콜레라가 창궐했을 때 죽은 사람이 도성에서만 20만 명이 넘었다는 기록이 있고 시골은 그 수도 제대로 파악할 수 없었다고 한다. 조선 왕조는 사악한 기운 때문에 콜레라가 발생한다고 여겨 콜레라가 발병하면 죄수를 석방하는 등의 방법으로 하늘의 노여움을 풀려고 했다. 천주교와 동학 같은 종교가 민중 사이에 파고드는 데는 그 앞에서 인간이 완전한 무력감을 느낀 콜레라에 대한 공포도 큰 역할을 했다.

콜레라의 원인이 세균으로 밝혀진 것은 1880년대다. 이때부터 인류를 괴롭힌 병원균이 하나씩 과학적으로 밝혀지기 시작했다. 구한말 지석영이 일본에서 배운 종두법으로 천연두를 치료하기 시작한 것도 1880년대다. 그럼에도 질병을 은유적으로 다루는 오랜 습관은 끈질기게 살아남았다.

1980년대 에이즈가 확산되자 서구의 보수주의자들은 '성의 쾌락을 도착적으로 추구하다 신의 진노를 산 것'으로 여겼다. 에이즈가 동성애를 통해 많이 확산됐기 때문에 그런 은유가 가능하다고 할지 모르겠다. 그러나 에이즈 치료의 길을 연 것은 도덕적 방종에 대한 반성이 아니라 과학적 진단에 의한 에이즈 치료제의 개발이다. 에이즈가 소멸하는 질병이 되고 있는 지금 그들은 무슨 말을 할지 궁금하다.

중국이 개혁개방으로 돌아선 것은 1978년이다. 2000년대 들어 중국의 굴기(崛起)는 중국발 전염병의 굴기이기도 하다. 사스는 2002년 대유행을 했고 지금 우한 폐렴이 그 이상의 대유행 조짐을 보이고 있다. 사스는 닭을 사육하는 더러운 환경에서 인간에게 전파된 것으로 여겨진다. 우한 폐렴은 가축이 아닌 야생동물을 함부로 먹는 식습관에서 비롯됐다는 추정이 있다.

우한 폐렴 사태를 두고 프랑스의 어느 신문은 'Alerte jaune(황색 경보)'이라고 칭했다. 서양에서 *황화(黃禍)론이 다시 고개를 들고 있다. '죄와 벌'의 마지막 부분에서 주인공 라스콜리니코프는 전 세계가 아시아에서 유럽으로 번지는 어떤 무시무시한 역병의 희생물이 될 운명에 놓이는 꿈을 꾼다. 도스토옙스키가 염두에 둔 것은 콜레라였다. 에이즈 때는 아프리카 기원을 문제 삼으며 흑화(黑禍)론이 일었다. 황화론이나 흑화론은 서양인의 나쁜 버릇 같은 것이다.

서양인의 눈에는 한국인 일본인 중국인이 모두 비슷하게 보인다. 한국인과 일본인은 묘한 입장에 빠져 있다. 그들은 중국인들처럼 바이러스 숙주 취급을 당하는 데 기분 나빠하면서도 그들 스스로는 또 중국인들을 바이러스 숙주 취급하는 모순에 빠져 있다.

중국인이 세계 시민이 될 만한 위생관념을 갖고 있는지 의문을 제기할 수 있다. 그러나 영국조차도 19세기에 시궁창이 만연한 도시 환경이 콜레라의 온상이 됐다. 나라가 발전하면서 위생관념도 발전한다. 어느 나라나 그런 과정을 거치면서 근대화한다. 콜레라를 세계화시킨 것은 다름 아닌 영국 자신이다. 중국발 전염병도 중국이 세계의 물가를 낮춰준 긍정적 앞면과 떼려야 뗄 수 없는 부정적 뒷면이다.

마오쩌둥은 *대약진운동과 *문화혁명을 통해 수천만 명의 목숨을 앗아갔다. 시진핑은 중국을 마오의 1인 독재 시대로 되돌리려 한다. 우한 폐렴은 그 과정에서 공안통치의 강화로 확산된 측면이 있다. 그럼에도, 아니 그렇기 때문에 봉쇄된 도시에서 사투를 벌이는 중국 인민의 치열한 노력에 인류애적 차원의 성원을 보내지 않을 수 없다. 질병은 질병일 뿐이다. 중국인을 도와서 하루라도 빨리 전염병을 극복하는 것이 모두가 황화의 잘못된 은유로부터 자유로워지는 길이다.

용어 노트

***황화(黃禍)론**: 1895년 청일전쟁 당시 독일 황제 빌헬름 2세가 황인종이 유럽 문명에 큰 위협이 될 것이라고 주장한 황색인종 억압론.

***대약진운동**: 1958~1960년 중국 최고지도자 마오쩌둥의 주도로 일어난 노동력 집중 산업을 통한 경제성장 운동.

***문화혁명**: 문화대혁명. 1966~1976년 마오쩌둥이 주도한 사회주의 운동. 대약진운동 실패 후 주도한 운동으로, '자본주의적 사상·문화·습관을 몰아내자'는 것이 핵심.

생각 정리 퀴즈

① 질병은 [ ]으로 접근해야 할 대상임에도 불구하고 인류는 질병에 대해 비과학적 시선을 보이곤 했다.

② 중국 우한에서 시작된 폐렴 사태를 두고 일부 서양 언론이 혐오적 시선을 담은 은유를 내보이고 있다.

③ 한국인과 일본인은 중국인과 한데 묶여 바이러스 숙주 취급을 당하는 것을 기분 나빠하면서도 한편으론 본인들도 [ ]을 바이러스 숙주 취급하는 모순에 빠져 있다.

④ 중국의 정치적 요인이 사태를 악화시킨 측면이 있다 하더라도 그러한 배경과 과학적 대상으로서 전염병의 퇴치는 분리할 필요가 있다.

정답: ① 과학적 ② 중국인

생각 키우기

■ **총, 균, 쇠**

진화생물학자 재러드 다이아몬드는 《총, 균, 쇠》에서 '어떤 민족은 다른 민족을 지배하고, 어떤 민족은 지배 받는가'라는 의문을 지리학적, 문화 인류학적 관점에서 풀어갑니다. 결론은 인류는 어떤 사물이나 현상을 발견했을 때 그것을 활용하려는 의지와 능력이 있지만 자연 및 문화적, 역사적 환경에 의해 그 결과물에서 차이가 나기 시작한다는 것. 특히 민족 간 이동 과정에서 병균의 무기화를 논하면서 전염병이 인류 사회의 흥망성쇠에 막대한 영향을 끼칠 수 있음을 역설합니다. 병균에 대한 면역력이 강한 인류가 살아남아 결국 다른 민족을 정복한다는 것이지요. 히틀러와 같은 우성학적 우월성의 관점에서가 아니라 현재 인간 문명의 다양성과 불균형을 가져온 원인 변수로서 병균 등에 대항하는 인류의 생존력이 중요하다고 보았습니다.

> **생각 넓히기**
>
> **Q. 코로나19가 국내에 빠르게 확산되던 초기, 국외 유입에 의한 확산을 막아야 한다는 취지로 '중국인 입국 금지'를 요청한 국민청원에 80만 명 가까이 동의를 표한 바 있습니다. 코로나19 확산 방지를 위해 중국인 입국 금지 조치가 조기에 필요했다고 생각하나요?**
>
> Guide ▶ 메르스(MERS·중동호흡기증후군)로 인해 피해를 본 기억이 선명한 우리나라에서 신종 감염병인 코로나19가 크게 확산하자 국민들은 정부에 확실한 방역 대책을 촉구했습니다. 중국인에 대한 입국 금지도 초기 방역 대책의 하나로 거론되었지요. 입국 금지를 찬성하는 입장에서는 전염병의 근원 자체를 막는다는 것에 초점을 둡니다. 바이러스 보균자를 막으면 전염병을 막을 수 있다는 기본적인 방역 원칙을 내세운 것이지요. 또 이러한 조치를 통해 추후 비슷한 전염병 문제가 생길 경우 우리는 봉쇄 정책을 사용한다는 대응 전략을 국민들과 다른 나라에 알리는 효과도 있습니다.
>
> 반면 반대하는 입장은 세계화 시대에 아무리 해상과 영공을 막아도 결국 전염병이 들어올 수밖에 없다고 봅니다. 다른 나라와의 무역이나 왕래를 완전히 끊지 않는 한 외부 유입에 의한 전염병 확산을 막을 수는 없기에 입국 금지의 실익이 크지 않다는 주장이었습니다. 실제로 코로나19 확산 상황에도 국가 간 인적·물적 교류는 축소되었을지언정 이어졌습니다. 우리가 먼저 입국을 제한하면 상호주의 원칙에 따라 우리 국민이 상대 국가에 입국을 할 수 없게 될 수 있다는 점, 중국뿐 아니라 다른 나라에서도 코로나19가 크게 확산할 경우 해당 국가 전부를 입국 금지해야 할 수 있다는 점도 문제로 지적되었습니다.

17 공포 팬데믹(pandemic)

생각 열기 코로나19에 대해 세계보건기구(WHO)는 전염병의 세계적인 대유행을 뜻하는 '팬데믹(Pandemic)'을 선언했습니다. 그러나 세계가 싸워야 할 것은 바이러스뿐만이 아니었습니다. 바이러스와 함께 확산되는 공포는 이성적 판단을 마비시킵니다. 공포를 이기고 전염병을 극복하기 위해 할 일은 무엇일까요?

[사설] 마스크·생필품조차 구하기 힘든 생활 인프라 위기 방치 말라
(2020년 2월 26일자)

　코로나19(우한 폐렴) 확산이 장기화되면서 마스크 확보에 비상이 걸렸다. 최전선에서 바이러스와 싸우는 병원조차 *품귀현상으로 의료진에만 우선 공급하고, 행정직은 개인적으로 구입해 사용하고 있다고 한다. 동네 의원과 약국에서는 의사, 약사조차 한 장으로 며칠을 버티는 곳도 있다. 구하기도 쉽지 않지만 파는 곳을 찾아내도 가격이 너무 올라 발을 돌리는 서민들도 많다. 이런 현상은 대구 등 집단감염 발생 지역에서는 생수, 라면 등 생필품으로 옮겨가고 있다.

　국내에서 생산되는 마스크가 하루 평균 1200만 개나 되는데 의료진조차 구하기 어렵다면 국민 각자의 구입 증가 때문으로만 보기는 어렵다. 마스크 중국 수출은 지난해 12월 60만 달러에서 올 1월 6100만 달러로 100배가량 급증했고, 이달 들어서는 20일까지 1억1800만 달러어치가 빠져나갔다. 일부 업자들이 수백만 장을 *매점매석하고, 밀반출이 속출하는 것을 뻔히 보면서도 정부는 제대로 막지 못하고 있다.

　정부는 어제 마스크 생산업자가 하루 생산량의 절반 이상을 공적 기관에 의무적으로 출고하도록 했다. 하지만 정부와 각 지자체가 대량으로 구매한 마스크를 적재적소에 나눠주지 못해 품귀현상을 부채질하고 있다. 서울시는 지하철역에 무료 마스크를 비치했다가 닷새 만에 70만 장이 사라지자 역무원이 하나씩 나눠주는 방식으로 변경했다.

　감염병은 질병 자체보다 심리적 불안이 더 큰 공포를 가져오는 경우가 많다. 따라서 방역 대책은 의료적 대응은 물론이고 부족할 경우 사회적 불안을 야기할 수 있는 생필품 대책까지 함께 마련돼야 한다. 생필품 품귀현상이 확산되면 일반 시민은 물론이고 노인, 장애인 등 취약계층의 어려움은 더 가중될 수밖에 없다.

　감염병 퇴치에는 국민의 신뢰와 협조가 필수적이다. 정부가 아무리 이동 자제와 자가격리를 당부해도 당장 생필품을 구할 수 없어 수십 곳을 돌아다녀야 하는 상황이라면 방역대책은 무용지물이 될 수밖에 없다. 과도한 불안은 금물이지만, 작은 실수나 부주의가 큰 사회적 혼란으로 이어질 수 있는 상황이다. 방역은 물론 사회경제적인 인프라의 붕괴를 막기 위한 전방위적 대책 마련에 나서야 한다.

용어 노트

*품귀현상 : 물품이나 상품 등을 구하는 것이 어려워지는 현상.

*매점매석 : 특정 물건의 값이 오르기를 기대하고 물건을 한꺼번에 많이 사두고 되팔지 않고 보관하는 행위.

생각 정리 퀴즈

① [　　　] 확산이 장기화되면서 의료계조차 마스크 품귀현상에 시달리고 있다.

② 국내 마스크 생산량을 고려할 때, 마스크 품귀는 일반적인 구매 수요 증가보다 매점매석이나 [　　　]로 인한 것이다.

③ 정부 조치가 마스크 품귀현상을 심화시키고 있다.

④ 감염병은 [　　　]에 따른 공포가 큰 만큼 의료적 대응뿐 아니라 사회적 불안을 잠재울 수 있는 생필품 대책까지 방역 대책으로 마련되어야 한다.

⑤ 국민의 신뢰와 협조를 구하려면 사회적 혼란을 막기 위한 대책까지 함께 강구되어야 한다.

정답 : ① 코로나19 ② 사재기 ④ 감염병 확산

생각 키우기

■ 팬데믹(Pandemic)

세계보건기구(WHO)는 감염병 경보단계를 1~6단계로 나누는데, 감염병의 세계적 대유행을 의미하는 '팬데믹(Pandemic)'은 최고 위험 등급인 6단계를 의미합니다. WHO가 팬데믹을 선언한 건 2009년 세계적으로 1만 4000여 명의 사망자를 낸 신종플루(H1N1) 이후 11년 만입니다. 유행성출혈열 증세로 치사율이 50%에 달하던 에볼라 바이러스 때도 경보단계가 5단계였으니 코로나19로 인한 상황은 그보다 더 심각한 것으로 볼 수 있겠지요. 코로나19는 다른 바이러스 감염병에 비해 치사율은 다소 낮지만 전파력이 매우 높아 전 세계로 급속히 확산되었습니다.

이전에는 흑사병 같은 치명적 전염병이 발병하더라도 그 피해가 일부 대륙에 국한됐지만, 세계화로 지구가 하나의 마을처럼 긴밀하게 연결된 지구촌 시대에선 감염병 피해가 발병국뿐만 아니라 전 세계로 크게 확산되는 모습을 보입니다. 코로나19 팬데믹과 함께 세계의 경제, 사회, 문화적 교류가 함께 멈춰 버린 모습이 그렇지요. 자유로운 자본 및 인적 교류가 멈추면서 전염병으로 인한 직접적 피해뿐 아니라 연쇄적인 경제 불황과 대공황 우려까지 나왔습니다.

■ 마스크 5부제

코로나19 확산으로 마스크 품귀현상이 극심해지자 정부가 내놓은 '마스크 수급 안정화 대책' 중 하나입니다. 출생연도 끝자리에 따라 일주일에 한 번씩 지정된 날에만 공적 마스크를 구입할 수 있도록 한 것으로 2020년 3월 9일부터 시행됐습니다. 의사의 처방이 필요한 약품의 중복 조제 등을 막기 위한 시스템인 의약품안전사용서비스(DUR)를 활용해 개인별로 일주일에 1회, 2장씩만 마스크를 구매할 수 있도록 제한했습니다. 우리보다 앞서 마스크 실명제를 실시한 대만의 사례를 참고한 것으로 알려집니다.

마스크 5부제 시행으로 마스크 수급이 안정되면서 현재(2020년 5월 기준)는 구매 가능 수량이 확대되고, 가족의 대리구매가 전면 허용되는 등 구매 규정이 다소 완화되었습니다. 이에 정부는 마스크 생산량 및 수요량을 지켜보고 5부제 유지 및 개선 방안을 검토한다는 입장입니다. 식품의약품안전처가 당초 고시한 마스크 5부제 시행 기간은 6월 30일까지입니다.

> **생각 넓히기**
>
> **Q.** 코로나19로 우리나라의 진단 키트 및 마스크를 구매하겠다는 국가들이 급증했습니다. 국내 마스크 공급이 여유로워지는 상황에서도 만일을 대비해 해외 수출을 금지해야 한다는 의견도 있습니다. 마스크 해외 수출을 허가해야 할까요, 하지 말아야 할까요?

Guide ▶ 코로나19 발생 초기에는 우리나라도 대란 수준의 마스크 품귀현상을 겪었습니다. 그러나 정부가 물량 확보를 위해 마스크 생산, 유통 등 단계별로 조치를 취하고 마스크 5부제를 실시한 덕분에 국내 마스크 수급은 안정세를 되찾았습니다. 여기에 국내 코로나19 확산세마저 다소 수그러드는 모습을 보이면서 일각에선 마스크 수요가 폭증하는 해외로의 수출도 고려하자는 의견이 나왔습니다. 특히나 우리나라 식약처의 인증을 받은 'KF' 마스크는 여러 국가에서 고품질 마스크로 인정받고 있어 수출이 이뤄질 경우 해외 시장에서 더욱 각광받을 것으로 예상됩니다.

하지만 마스크 생산량이 한정되어 있는 만큼 수출이 이뤄질 경우 국내에 공급되는 양은 줄어들 수밖에 없습니다. 코로나19가 종식되지 않은 상황에서는 마스크 수출보다는 비축이 필요하다는 신중론도 나옵니다.

마스크 수출을 제한하는 정부 또한 국내 수급이 확실하게 안정되어야 외국에 대한 마스크 지원이 가능하다는 입장입니다. 다만, 본격적인 마스크 수출과는 별개로 6·25전쟁 참전국에 대해서는 마스크 등 의료물자 지원이 선제적으로 이뤄졌습니다.

18 두레의 유산

> **생각 열기**
> 지방분권 시대라 해도 지역의 고통은 국가 전체의 아픔입니다. 국민이 한마음으로 문제를 해결해 나가는 것도 자치입니다. 서로의 고통을 분담하는 성숙한 시민의 자세가 빛을 발하는 시대입니다.

[사설] 대구 위한 병상 지원 쇄도, 위기에 더 빛나는 '환난상휼' 〈患難相恤〉
(2020년 3월 3일자)

 어제 대구 지역 코로나19 확진 환자가 3000명을 넘어섰지만 이들을 치료할 병상은 크게 부족한 실정이다. 대구시는 어제 *긴급명령권을 발동해서라도 경증환자를 위한 생활치료시설과 중증환자 병상을 확보해 달라고 정부에 공식 요청했다.

 다행스럽게도 각 시도에서 대구 지역 코로나19 확진 환자를 이송받겠다는 자발적 움직임이 확산되고 있다. 이용섭 광주시장은 1일 대구 지역 경증환자를 위해 관내 감염병 전담병원 108병상 중 절반 이상을 제공하겠다고 밝혔다. 오거돈 부산시장은 "코로나19 대응을 위해서는 경계를 넘어서는 연대와 협력이 중요하다"며 병상 지원 방침을 밝혔다. 앞서 박원순 서울시장과 이재명 경기도지사가 중증환자 위주로 수용하겠다는 뜻을 밝혔고, 이미 경북·경남도와 전북도, 대전·충주시가 대구 지역 환자들에게 병상을 제공했다. 기업도 힘을 보태고 있다. 삼성이 경북 영덕군에 있는 300실 규모 연수원을 생활치료센터로 지원하기로 했다.

 확진 환자가 대구에서 집중 발생하고 있지만 이는 대구의 위기가 아닌 국가적 위기다. 어제 정부는 "중증환자를 치료할 수 있는 전국의 병상은 국가적 자산"이라며 중증환자를 다른 지역 병상으로 이송할 때는 시도와의 협의 절차를 생략하고 국립중앙의료원 판단에 따르도록 했다. 늦었지만 당연한 결정이다. 시도가 세운 지방의료원은 공공의료법에 따라 국민의 보편적인 의료 이용을 보장하는 역할을 담당하도록 되어 있다.

 각 지자체가 십시일반으로 병상이 부족한 대구를 돕는다면 코로나19 위기도 극복할 수 있다. 지역주민도 이를 반대하지 않을 것이다. 대구를 향한 기부와 자원봉사 행렬이 보여주듯 우리의 시민의식은 충분히 성숙하다.

> **용어 노트**
>
> *긴급명령권 : 대통령이 국가 안위와 관련해 긴급한 조치가 필요하다고 판단되면 국회 의결 없이 내릴 수 있는 권한. 법률과 같은 효력을 지니며 명령 후 국회에 즉각 보고, 승인을 얻어야 한다.

> **생각 정리 퀴즈**
>
> ① 대구시가 지역 내 [   ] 확진자 폭증으로 치료 병상 확보에 어려움을 겪고 있다.
>
> ② 여러 지방자치단체와 기업이 치료 병상을 제공하거나 생활치료센터를 제공하는 등 도움을 주고 있다.
>
> ③ 대구의 상황은 지역의 위기가 아닌 [   ]인 만큼 중앙 차원의 조정과 도움이 필요하다.
>
> ④ 서로 도우면 얼마든지 코로나19 위기를 극복할 수 있다.
>
> 정답 : ① 코로나19 ② 국가적 위기

생각 키우기

■ 지역사회 감염

감염자가 언제, 어디서 감염됐는지 역학적 연관성이 확인되지 않은 감염. 보통 거주 지역에서 일상생활 중 감염이 일어난 것을 말하며, 원내 감염과 대비되는 개념으로 사용되기도 합니다.

지역사회 감염 단계를 위험하다고 보는 이유는 감염 경로가 불분명한 환자들이 오랜 기간 무방비 상태로 지내며 일상생활을 계속해왔다는 것을 의미하기 때문입니다. 지역사회 전파를 조기에 차단하지 못하면 확인되거나 인지되지 않은 감염원으로 지역사회에 감염이 만연할 수 있고, 그만큼 감염병 통제가 어려워질 수 있습니다.

지역사회 감염 단계에서는 감염원을 파악해 격리하는 식의 방역 대책이 물리적으로 불가능하므로 방역 전략의 전환이 필요합니다. 그래서 스웨덴 등 일부 국가에서 논의된 방식이 바로 '집단 면역'인데, 집단 구성원의 일정 비율 이상이 감염되면 집단 전체가 감염병에 저항력을 갖는 단계에 도달한다는 개념입니다.

한편, 코로나19 사태에서 지역사회 감염이란 표현이 빈번하게 사용되고 있지만 혼선을 막기 위해서는 정확하게 용어를 구분해서 사용해야 한다는 지적도 나옵니다. 감염학계에서 통용되는 '지역사회 감염'이란 정확하게는 '지역사회 획득 감염(Community acquired infection)'을 지칭하는 것으로, 바이러스나 세균 같은 병원체가 인체에 들어가 감염증을 일으키는 것을 의미하는 환자 입장의 용어입니다. 반면 1차 감염원에 의해 2, 3차 감염이 이어지는 경우를 제3자 입장에서 지칭할 때는 '지역사회 전파(Transmission)'라는 표현을 사용해야 한다는 것이지요. 이렇게 본다면 '병원 내 감염 혹은 전파(Nosocomial infection or transmission)'에 대비되는 개념은 '지역사회 감염'이 아닌 '지역사회 전파'가 됩니다.

■ 국가지정 입원치료병상과 권역 감염병 전문병원

이번 코로나19 사태를 계기로 중증환자 치료 등에 쓰이는 음압병실의 필요성이 또다시 부각됐습니다. 음압병실이란 특수한 설비를 통해 실내 공기가 항상 병실 내부를 향해 흐르도록 설계돼 바이러스의 외부 유출을 막는 특수 격리 병실을 말합니다.

사실 우리나라에선 2015년 메르스(MERS·중동호흡기증후군) 사태를 계기로 국가지정 입원치료병상 등을 중심으로 음압병실 확충이 일부 이뤄졌습니다. 국가지정 입원치료병상은 평시나 국가 공중보건 위기 시 신종 감염병 환자 등에 대한 격리 입원 치료를 위해 운영하는 감염병 관리 시설을 말합니다. 신종 감염병 환자의 신속한 격리 치료를 위해 2006년부터 추진해 왔으며 2020년 4월 기준 전국에 총 29곳, 161개 병실이 운영 중입니다. 하지만 코로나19 국면에서 음압병실은 여전히 부족했고, 특히 지역별로 양극화가 심한 것이 문제로 지적되었습니다.

국가지정 입원치료병상 외에 감염병을 전문적으로 다루는 의료기관도 지정·운영되고 있습니다. 권역 감염병 전문병원은 신종 감염병 등 확산 시 권역 내 환자의 일시 격리 및 치료를 위한 전문 의료기관으로, 재난 수준의 감염병 위기에 적극 대응하기 위한 것. 평시에는 결핵 등 호흡기환자 등에 대한 입원 치료를 진행하고, 권역 내 감염병 대응 능력 제고를 위한 교육 및 연구 기능도 맡을 수 있습니다. 현재 권역 감염병 전문병원으로는 조선대학교병원이 호남권역 감염병 전문병원으로 지정되어 있으며, 질병관리본부는 2020년도 추경예산 사업으로 중부권역과 영남권역에도 종합병원급 이상의 의료기관을 대상으로 감염병 전문병원을 추가 지정할 예정입니다.

> **생각 넓히기**

Q. 코로나19로 강력한 사회적 거리 두기를 시행하는 도중 일부에서 예배, 집회 등을 지속해 사회적 논란이 되었습니다. 이들은 예배나 집회를 금지하는 조치가 헌법이 보장하는 종교나 집회의 자유를 침해한다고 주장했습니다. 이에 사회적 거리 두기 지침을 어긴 단체를 중심으로 코로나19가 전파될 경우 해당 단체에 구상권을 청구해야 한다는 주장이 맞섰습니다. 당신이 지방자치단체장이라면 감염 발생 시 구상권 청구를 할 것인지 생각해 보세요.

Guide ▶ 개인의 자유와 권리는 중요합니다. 특히 종교의 자유나 집회의 자유는 헌법이 보장하는 개인의 기본권입니다. 종교와 집회 모두 개인의 신념과 관련된 것으로 사회적 잣대를 함부로 들이대기 어려운 영역이지요.

하지만 종교도 사회의 한 제도이며, 사회 유지를 위해 구성원이 노력해야 한다는 점에서 보면 코로나19 같은 위기 상황 시 공공의 이익을 위해 자제되어야 할 필요도 있습니다. 개인의 기본권을 보장하는 헌법에는 '질서 유지와 공공복리를 위해 법률로써 기본권을 제한할 수 있다'는 조항도 있습니다. 이러한 측면에서 보면 구상권 청구도 고려할 수 있습니다. 자기 결정에 의해 전염병을 확산시켜 사회적 비용(검사비, 치료비 등)을 발생시켰다면 자기 책임 원칙에 따라 그 비용을 지불해야 합니다.

다만, 사회적 거리 두기는 조례나 법이 아니라 자발적 참여를 전제로 한 권고사항이며, 이를 지키지 않는다고 해서 불법행위를 한 것은 아니기 때문에 법적 다툼의 여지가 있습니다.

[메모] 구상권

타인의 채무를 갚아준 사람이 그 사람에 대하여 갖는 반환 청구의 권리입니다. 2007년 아프가니스탄으로 선교활동을 떠난 한국인들이 무장테러단체에 인질로 잡힌 사건이 발생했을 때 정부가 피랍자들을 안전하게 귀국시키기 위해 지출한 비용을 피랍자와 교회 측에 청구할 것인지 고민했습니다. 국가의 경고를 무시하고 위험 지역으로 떠난 이들의 잘못을 물어야 한다는 취지에서 나온 것인데, 결국 그러한 국민도 지키고 구출하는 것이 국가의 의무라고 보아 구상권 청구를 포기했습니다.

19 격차 줄이기

생각 열기 코로나19로 초중고 개학이 연기되는 초유의 사태가 벌어졌습니다. 감염 확산을 막기 위한 사회적 거리 두기의 일환으로서는 적절한 정책이었지만, 교육 대책 미비로 새로운 교육 격차가 생겨나는 것에 대한 우려도 커졌습니다.

[광화문에서/김희균] 대책 없는 개학 연기… 답 없는 교육 격차 (2020년 3월 6일자)

같은 대한민국 하늘 아래 올해 중학생이 되는 두 아이가 있다. 예정대로라면 벌써 교복을 입고 학교에 갔겠지만 사상 초유의 개학 연기로 둘은 전혀 다른 3주를 보내게 됐다.

A의 학교에서 온 연락은 문자메시지 단 두 건. 하나는 '외출 시 마스크를 끼고, PC방에 가지 말라'는 것. 다른 하나는 '권장도서를 읽고, 분수 사칙연산을 공부하라'는 것. 권장도서를 빌리려 해도 인근 도서관이 모두 문을 닫았다. 분수는 아무래도 '초딩용'을 잘못 내준 것 같아 의아할 뿐이다. 담임교사가 누군지 몰라 물어볼 수도 없다. 학원도 다 쉬어서 친구들과 온라인 게임에서 채팅을 하며 하루를 보낸다.

B는 학교 홈페이지에 공지된 시간표에 따라 온라인 방송으로 공부하고 있다. 이 학교는 그냥 '온라인으로 공부하라'고만 하면 안 하는 아이들이 있다며 과목별 과제도 준비했다. 2일부터 담임교사가 전화로 상담도 한다.

둘 다 공립중인데, 어느 학교에 배정받느냐에 따라 첫걸음이 이리 다르다. 물론 개학 연기 전례가 없으니 일선 학교도 막막할 법하다. 아무리 그래도 중학생에게 분수 숙제는 이해가 안 돼 해당 학교에 취지를 물어봤다. 전화를 받은 두 명 모두 "교육부나 교육청에서 어떻게 하라고 알려준 게 없다" "과제는 나도 모른다"고 했다.

이번엔 고교생 이야기다. 서울에 사는 C는 이번 주 학원 3곳이 수업을 재개했다. 3월 전국연합학력평가가 미뤄지자 한 학원은 자체적으로 모의평가를 치르기로 했다. 다른 학원은 입구에 발열감지기와 간호조무사를 배치하고 홍삼액을 나눠 준다. 개학 연기로 2일과 3일 전국 학교 홈페이지와 학교알리미 서비스는 거의 접속 불가였다. C가 다니는 *특수목적고는 발 빠르게 유튜브 채널로 교육 과정을 안내했다. 1학기에 수행평가 시간이 부족할까봐 미리 과제를 내주고 담임교사가 온라인으로 확인할 방침이다.

지방 소도시에 사는 D는 올해 고3이지만 입시 일정을 종잡을 수 없다. 1학기 중간고사는 어떻게 되는지, 수시모집 날짜는 그대로인지 궁금하지만 학교도 감감무소식이다. 그나마 위안이 되는 건 온라인 사교육 업체가 신종 코로나바이러스 감염증(코로나19)에 맞춰 한동안 인강을 무료로 제공하는 것뿐.

교육부가 코로나19 확산을 막기 위해 개학을 연기한 건 방역 측면에선 적절하다. 하지만 지난달부터 개학 연기를 공지해놓고 아무런 대비를 하지 않은 건 부적절하다.

교육부는 각 대학에 중국인 유학생도 일일이 관리하고, 코로나19가 잠잠해질 때까지 온라인 강의도 활성화하라고 지시했다. 정작 교육부는 초중고교에 학사 관리 매뉴얼이나 학습 결손 대책도 제시하지 못했다. 온라인 콘텐츠를 제공한다더니 이미 교과서를 다 나눠준 마당에 디지털 교과서 사이트를 안내하거나, EBS 강의를 소개하면서 '겨울방학 생활' 교재를 안내하는 식이다. 입으로 일하는 건 쉽다. "마스크 공급에 만전을 기하라" "학습 지원 방안을 마련했다"처럼 말이다. 진심으로 일하지 않으면 현장은 달라지지 않는다. 꼭두새벽부터 줄을 서도 마스크 한 장 구할 수 없는 것처럼, 어느 학교 어느 동네냐에 따라 공교육마저 격차를 겪어야 하는 것처럼 말이다.

용어
노트

*특수목적고 : 특정 분야에 소질이 있는 학생을 선발해 특화된 교육과정을 운영하는 고등학교. 과학고와 외국어고, 국제고, 예술고, 체육고, 마이스터고 등이 해당.

생각
정리
퀴즈

① 코로나19로 인한 개학 연기에 대처하는 학교별, 학생별 대응이 제각각이라 교육 격차가 우려된다.

② 개학 연기가 [   ] 측면에서 적절한 대책이었다고는 하나 개학 연기에 따른 대비가 미비한 점은 문제다.

③ 교육부가 [   ]에 따른 대책을 개별 대학과 초중고교에 떠넘기고 있다.

④ 개학 연기에 따른 실효성 있는 대책이 마련되어야 한다.

생각 키우기

■ **학습권**

원하는 것을 학습할 권리 또는 학습을 위하여 필요한 교육을 요구할 권리. 인간이 태어나면서부터 얻는 자연법적 권리이자 헌법이 보장하는 기본권입니다. 우리나라 헌법 제31조 제1항은 '국민은 능력에 따라 균등하게 교육받을 권리를 가진다'고 명시하고 있으며 학습권은 어떤 이유와 명분으로도 침해할 수 없는 불가침의 권리입니다.

코로나19로 초중고 개학이 연기되고 대학 개강이 늦춰지면서 학생의 학습권이 침해된다는 비판이 제기되었습니다. 교육 당국은 EBS 등을 활용해 가정에서 활용할 학습 콘텐츠를 제공하고 원격수업 등을 실시하는 방법으로 학생들의 학습 결손 최소화 대책을 내놨습니다. 또한 온라인 개학·개강이 결정된 후에도 원격수업 환경을 갖추지 못한 학생을 위해 태블릿PC 등 스마트기기 대여, 인터넷 설치 및 데이터 사용료 지원 등에 나섰는데, 이 역시 국민의 교육받을 권리를 위한 조치로 볼 수 있습니다.

■ **9월 학기제**

코로나19로 초중고 개학이 두 달 이상 미뤄지면서 정상적인 학사 운영이 힘들어졌습니다. 초중등교육법에 따라 각급 학교는 법정 수업일수 190일을 지켜야 합니다. 개학 연기로 학기가 짧아져도 관련법 개정 없이는 정해진 수업일수 및 수업시수를 소화해야 합니다. 교육부가 법정 수업일수를 지키기 위한 고육지책으로 온라인 개학을 시작했지만 이 또한 온전한 수업과 평가가 어려운 형태여서 학기를 제대로 마칠 수 있을지 우려가 큽니다.

교육계 일각에선 '이참에 9월 학기제를 도입하자'는 주장이 나옵니다. 학기의 정상적 운영이 어렵다면 차라리 1학기를 포기하고, 글로벌 스탠더드에 맞게 9월부터 새 학기를 시작하자는 것. 현재 OECD 회원국 중 9월 학기제를 도입하지 않은 국가는 한국과 호주, 일본뿐입니다. 미국 영국 등 대부분의 국가가 9월 학기제를 채택하는데, 이로 인해 우리나라 학생이 해외 유학을 가거나 해외 학생이 국내로 유학을 때 공백이 발생했지요.

9월 학기제 도입을 위해서는 넘어야 할 산이 많습니다. 한국교육개발원(KEDI)은 2015년 관련 연구 보고서에서 9월 신학기제를 도입할 경우 들어갈 사회적 비용을 10조 원 이상으로 추산했습니다. 초중고교의 학사 일정뿐 아니라 대학 입시와 학사 일정, 각종 국가고시, 기업 채용 일정 등 학기제와 맞물려 바꿔야 하는 것들이 워낙 많기 때문입니다. 하지만 그렇기 때문에 오히려 코로나19로 분위기가 조성된 지금 논의해야 한다는 주장도 나옵니다.

> **생각 넓히기**
>
> **Q. 개학 연기로 휴업 상태가 장기화되자 교육부는 학습권 및 법정 수업일수 보장을 위해 온라인 개학을 실시하였습니다. 하지만 원격수업은 지역, 학교, 계층 간 정보 격차가 존재합니다. 이를 해소할 방법은 무엇이 있을까요?**
>
> Guide ▶ 다자녀 가구의 경우 원격수업을 위한 기기 부족으로 실시간 온라인 수업이 어려울 수 있습니다. 기기뿐 아니라 인터넷 환경 자체가 제대로 갖춰지지 못한 저소득층도 온라인 수업에서 소외될 수 있습니다. 이처럼 모두가 동일한 환경에서 의무교육을 받는 학교와 달리 온라인 수업은 가정환경에 따라 교육의 질이나 접근성이 크게 달라질 수 있습니다. 이러한 환경적 격차는 실제 학습 결과의 차이로도 이어질 수 있습니다.
>
> 가장 좋은 해결책은 모든 학생이 적절한 원격수업을 받도록 정보화 지원을 하는 것입니다. 태블릿PC 대여, 인터넷 설치비 지원, 온라인 수업을 위한 데이터 사용료 감면, 온라인 수업을 위한 원격 컨설팅 등이 그런 조치에 해당됩니다.
>
> 그 밖에 각종 교육시설·자원을 적절히 활용하는 것도 방안입니다. 예를 들어 사회적 거리를 유지한 상태에서 쉬고 있는 학교의 시설을 활용하게 하거나 공공기관 등에서 온라인 기기를 대여하는 방법이 있습니다. EBS 및 다양한 방송을 활용해 학년별, 과목별 수업을 제공하는 방법도 있습니다.

CHAPTER 5

우리 삶의 '단짠'
- 문화

1. 믿는 도끼에 찍힌 발등은 더 아프다
2. 진실을 왜곡하지 않는 길을 가겠다
3. 도돌이표 악순환
4. 욕심이 지나치면 모자람만 못하다
5. 말, 그 무거움에 대해
6. 혁신, 소통, 공감
7. 콩 심은 데 콩 나고, 팥 심은 데 팥 난다
8. 불모지에서 핀 꽃

1
믿는 도끼에 찍힌 발등은 더 아프다

생각 열기 무슨 일을 시작할 때 처음 가슴에 품은 다짐을 단단히 잡아본다는 의미의 '귀어초심'이라는 한자성어가 있습니다. 국민의 선택을 받아 새롭게 출범하는 정권에도 이러한 초심이 있을 겁니다. 시간이 지나도 변치 않는 초심을 기대해 봅니다.

[고미석 칼럼] 점점 멀어져 간다 (2019년 4월 3일자)

상대를 돕자는 의도였는데 되레 씻기 힘든 상처를 남겼다. 분명 제대로 과녁을 겨냥했다 믿었는데 저 멀리 빗나간 화살만 쌓여간다. 하지만 어쩌랴. 모든 일이 꼬인 원인은 현실을 있는 그대로 보지 않고 제멋대로 성급하게 판단한 자신의 탓인걸. *자업자득이다.

국내 개봉된 덴마크 영화 '더 길티'에서 수렁에 빠진 주인공의 심경을 대변한다면 아마도 이렇게 정리할 수도 있다. 거의 1인극에 가까운 이 영화는 인간 심리에 대한 이해를 돕는다. 주인공은 정의에 대한 과도한 신념에 갇힌 경찰관. 긴급신고 접수부서에서 울먹이는 여성으로부터 의문의 전화를 받고 직감적으로 납치사건을 떠올린다. 가정폭력의 피해자와 폭력전과의 전남편, 단숨에 사건 구도를 그렇게 정리한 뒤 선의와 정의 구현을 위해 물불 안 가리고 싸운다. 그 *악전고투 과정에서 잘못된 선택이 반복되고 상황은 악화된다.

이 영화는 인간의 예단과 속단이 얼마나 위험한지, 그리고 스스로의 어리석음을 과소평가해서는 큰일 난다는 경고를 남긴다. 공권력의 말단세포 중 하나인 경찰관의 사례가 이럴진대, 국가 공권력 총사령탑의 경우라면 그 위험과 파장의 규모는 상상 이상의 것일 터이다. 그런 맥락에서 보면 이 영화는 현 국정 운영의 허실을 진단하는 데 착실한 실마리를 주기도 한다. '기회는 평등, 과정은 공정, 결과는 정의로울 것'이라고 장담한 정부 출범 때의 과녁에서 갈수록 멀어지는 실상 말이다. *흑백논리에 집착해 현장을 무시하고 뒷감당 못 할 사태를 만든 사람들. 이미 정해놓은 결론에 현실을 끼워 맞춰 빚어진 문제들이 한데 뒤엉킨 상황이다.

인사 참사와 더불어 부동산 투기 논란으로 물러난 청와대 대변인을 둘러싼 막장 드라마 같은 현실로 시끌벅적하다. 진보를 자처한 매체조차 '도덕성 자질 흠결로부터 자유로운 후보자를 찾기 어려울 정도'라 개탄할 만큼 '품행제로' 후보자들. 그럼에도 청와대는 '사전에 파악된 내용'이라고 막무가내로 둘러대다가 어쩔 수 없이 2명을 낙마시킨 뒤에는 '국민 눈높이에 미흡했다'는 상투적 핑계를 댔다. 후보자들 문제가 규정상 위법은 아니라는 식의 억지는 국민의 매를 버는 행태라는 것을 역대 정권의 사례를 보아 뻔히 알면서도 그런다.

그뿐인가. 올 공직자 재산공개를 통해 '진보' 명찰을 단 정권의 윤리적 수준이 형편없이 낮다는 것, 입만 열면 욕했던 과거 정권과 별반 다르지 않다는 것을 만천하에 자백한 꼴이 됐다. 잠시 고개를 수그렸던 청와대는 금세 원기회복을 한 듯 강변을 쏟아냈다. 인사 검증에 대해 '뭐가 문제인가'라고 반박한 국민소통수석은 '포르셰를 타면 왜 문제냐' '무 자르듯 집이 세 채면 된다, 안 된다 기준을 정하기는 어려운 일'이라고 대담하게 속내를 밝혔다.

공정과 정의에 대한 국민 갈증을 방패 삼아 정권 쟁취의 꿈을 이룬 분들이 막상 스스로의 공정성과 정의로움을 측량하는 저울에 심각한 오작동이 발생했는데 도무지 상황 파악을 못 하는 듯하다. 일찍이 맹자는 수오지심, 자기의 옳지 못함을 부끄러워하고 남의 옳지 못함을 미워하는 마음을 강조했다. 어떤 쇄신보다 수치심을 느끼는 감각의 쇄신이 시급하다. 이 같은 감각장애는 일상생활은 물론 공적 업무의 수행에 위험을 초래할 수도 있는 요인이다.

청와대가 당장 해야 할 일은 '당신들이 그럴 줄 알았다'는 비웃음에 대드는 게 아니라 '당신들이 그럴 줄 몰랐다'는 배신감에 성실히 응답하는 자세다. 평판은 유리그릇처럼 쉽게 깨지며 한번 깨지면 결코 제대로 복원되지 않는다는 옛말을 새겨야 할 때다. 진보는 좀 다른가 싶어 그 윤리의식에 일말의 기대를 걸었던 사람들의 신뢰를 저버린 죄, 진짜 진보들이 오랜 세월 쌓아온 평판을 한꺼번에 까먹은 죄가 오늘도 차곡차곡 쌓여간다.

그래도 부끄럽기는커녕 여전히 억울하다면 이런 오해를 받을 수도 있다. 이념전쟁에 매달리면서 선의의 개념을 오해하고, 정의라는 용어를 편협하게 학습한 것이라는 추정이다. 불순한 선의, 불온한 정의를 감춘 선동전략으로 어쩌다 전투에서 이길지는 몰라도 종국적으론 전쟁에서 패배자가 될 수 있다. 살아있는 권력이라고 마냥 으스대느라 역사의 교훈을 외면하다 보면 가까운 미래에 가혹한 실패의 수렁에 빠질 수도 있다. 어쩌다

운이 좋을 때도 있지만 항상 운에 기댈 수는 없는 일이다. 더구나 나라 살림을 맡겠다는 사람들이라면.

용어 노트

*자업자득 : 자신이 저지른 일의 결과를 스스로가 돌려받음.

*악전고투 : 매우 어려운 조건 속에서 힘을 다하여 고생스럽게 싸우거나 애씀.

*흑백논리 : 모든 문제를 흑과 백, 선과 악, 득과 실이라는 양극단의 방식으로만 구분하려는 논리.

생각 정리 퀴즈

① 현 정부가 '기회는 평등, 과정은 공정, 결과는 정의로울 것'이란 슬로건과는 점점 멀어지는 모습을 보이고 있다.

② 진보 매체조차 문제로 지적한 [   ] 참사에도 청와대는 상투적 핑계를 대며 유야무야 넘어갔다.

③ 공정과 [   ]를 내세워 정권을 잡았음에도 스스로의 공정성과 정의로움에는 다른 잣대를 들이대면서 문제를 제대로 인식하지 못한다.

④ 진보 정권에 기대를 건 시민들의 신뢰를 저버리면서 까먹은 [   ]은 쉽게 복원되기 어렵다.

정답 : ② 인사 ③ 정의 ④ 신뢰

생각 키우기

■ 문재인 정부의 인사 검증 7대 기준

문재인 대통령은 후보 시절 고위공직자 임명 시 5대 비위(△위장전입 △논문 표절 △세금 탈루 △병역 면탈 △부동산 투기)를 저지른 자는 배제하겠다는 원칙을 대선 공약으로 내세웠고, 2017년 11월 기존의 5대 비위에 음주운전 및 성범죄 전력을 추가한 '인사 검증 7대 기준'을 마련해 고위공직자 임명 시 검증 기준으로 활용하기로 했습니다.

이 기준에 따르면 병역 면탈과 세금 탈루, 부동산 투기를 저지른 자는 부정행위 시점과 무관하게 고위공직 인사에서 배제됩니다. 음주운전은 최근 10년 이내에 2회 이상 했거나 1회라 해도 신분을 허위로 진술한 경우 무조건 후보군에서 배제하고, 1996년 7월 이후 성 관련 범죄로 처벌받은 사실이 있거나 중대한 성 비위 사실이 확인된 경우에도 원천 배제하기로 하였습니다.

다만, 사회적 환경 변화로 범죄로 인식된 위장전입과 논문 표절은 특정한 시점 이후에 대해서만 적용하기로 했습니다. 위장전입의 경우 인사청문 제도가 장관급까지 확대된 2005년 7월 이후 자녀의 선호 학교 배정 등을 위한 목적으로 2회 이상 위장전입을 한 경우에 한하며, 논문 표절은 연구윤리 확보를 위한 지침이 제정된 2007년 2월 이후 박사학위 논문이나 주요 학술지 논문 등에 대한 표절, 중복 게재 등 부정행위가 있었다고 판정한 경우에 한해 임용을 배제하기로 했습니다.

> **생각 넓히기**
>
> **Q.** 고위공직자 임명 시 도덕적 잣대와 정책 역량 중 어떤 부분이 더욱 부각되어야 할까요?

Guide ▶ 고위공직자 인사 검증에서 도덕적 흠결을 따지는 것은 도덕성이 그 사람의 품성과 신념, 소신 등의 진정성을 판단하는 기준이 되기 때문입니다. 그래서 후보자들의 경력이나 그가 걸어온 길을 검증하고 더 나아가 공과 사를 구분할 줄 아는 자기 통제적인 모습을 중요하게 봅니다.

그러나 국민을 위해 다양한 정책을 기획하고 집행해야 하는 고위공직자라면 국민이 원하는 법과 정책을 통해 국민이 실질적인 혜택을 받을 수 있도록 하는 능력도 중요합니다. 잘 짜인 법과 제도로 공익을 실현하고 국가 전체에 꼭 필요한 개혁이나 정책을 통해 국가와 사회를 발전시킬 수 있어야 하지요.

문제는 모든 고위공직 후보자가 도덕성과 능력을 함께 갖추고 있진 못하단 겁니다. 정책적 역량이 뛰어난 인물이 반드시 도덕적인 것은 아니며, 그렇다고 도덕성만 보고 실무 능력이 검증되지 않은 사람에게 공직을 주기도 어렵습니다.

결국 해당 공직자가 임명될 자리의 특성과 도덕적 흠결, 실무 능력 간 경중을 따져 적정한 선에서 타협을 해야 하는 경우가 생깁니다. 청와대가 7대 인사 기준을 마련한 것 또한 국민이 납득할 수 있도록 인사 기준을 명확히 한 다음 그 범위 안에서 최적의 인물을 찾기 위한 노력으로 볼 수 있습니다.

진실을 왜곡하지 않는 길을 가겠다

생각 열기 공자는 제자에게 평생을 통해 '용서하라'를 지키라 했고, 예수는 '일곱 번뿐만 아니라 일흔 번씩 일곱 번이라도 용서하라'고 했습니다. 엉뚱한 트집을 잡아 경제 보복 조치를 꺼내든 일본을 우리는 용서해야 할까요?

[고미석 칼럼] 역사가 우리를 망쳐놨지만 그래도 상관없다 (2019년 7월 10일자)

미국의 버락 오바마 전 대통령이 강력 추천한 소설이 있다. "첫 문장부터 사로잡는다"고 자신의 페이스북에서 극찬한 이 작품의 제목은 '파친코'. 재미교포 1.5세 작가인 이민진이 2017년 발표해 그해 뉴욕타임스와 BBC '올해의 책'으로 선정된 이 소설은 미 애플이 드라마로도 제작한다. '역사가 우리를 망쳐놨지만 그래도 상관없다'로 시작하는 이 작품은 일제강점기 오사카로 건너간 재일조선인 4대의 부침을 재구성한 책이다. 강렬한 스토리텔링의 매력으로 서구권 독자에게 한일관계와 과거사를 설득력 있게 전달한 '값진 텍스트'로 통한다.

올해 베니스비엔날레 한국관의 주제로도 등장한 '파친코'의 이 첫 문장은 소설의 지향점을 보여준다. 근현대사의 격랑에 휘말린 가족이 '역사의 실패'로 인한 가혹한 대가를 개인적으로 치르면서도 끝내 인간으로서의 존엄을 지키는 모습이 거기 있다. 뒤틀린 삶에 좌절하지 않고 기어코 제 발로 다시 일어선 사람들의 이야기는 인류 보편의 공감을 이끌어내는 데 손색이 없다. 이는 모든 억압에 맞서는 인간 실존, 그리고 과거 아닌 현재진행형으로 확대될 수 있어서다.

작가는 일본의 부정적 측면을 일반화하기보다 양 국민의 특질을 통찰력 있게 묘사해 묵직한 울림을 전한다. '너를 한 인간으로 인정해주지 않는 사람들과 부대끼며 살아간다는 건 아주 용감한 일'이라거나 '기댈 건 우리 자신뿐이다'는 말이 그러하다. '조선인들은 서로 싸우고 있죠. 모두들 자기가 남보다 더 똑똑하다고 생각해요. 누가 권력을 쥐든 그 권력을 유지하려고 아주 독하게 싸울 겁니다'라는 구절은 시공을 초월하는 말로 다가온다. 나라 잃은 이들의 파란만장 여정은 인종 종교 등 이유를 끌어댄 차별 앞에 늘 속수

무책으로 내던져진 사람들에게 필요한 품격과 용기를 일깨운다. 오바마 역시 자신이 겪어온 정체성의 위기와 편견 어린 시선을 되돌아보며 마음 깊이 이해하고 공감했을지 모른다.

일본의 경제 보복 조치로 양국 분위기가 급전직하 험악해지고 있다. '대북제재 훼손'이란 근거불명 의혹을 들고나온 이웃 나라에 한국 사회는 또 한번 *분기탱천한다. 막장으로 치닫는 현실에 제동 거는 역할은 양쪽 시민사회의 몫이 되고 만다. 하지만 NHK 여론조사에 따르면 '정부 방침이 적절했다'(45%)는 일본 내 의견이 압도적 1위다. 그런 저쪽에 맞서 이쪽도 일사불란한 반일 대열에서 어긋난 발언이 나오면 간단히 '친일파' 낙인이 찍히기 십상이다. 그럴 때마다 선택지는 그만큼 더 줄어들어 가고.

사정이 그렇다 해도 이젠 국제사회에서 한국은 좀 다르다는 소리를 들으면 좋겠다. 다시 '파친코'로 돌아가 해답의 실마리를 찾을 수도 있다. 소설 말미에 죽음을 앞둔 일본인이 재일교포 4세인 솔로몬에게 이렇게 단언한다. '일본은 절대 변하지 않는다'고. 하지만 솔로몬은 철석같이 믿은 일본 상사에게 배신당하고도 증오의 포로가 되지 않는다. '나쁜 일본인이 수백 명 있고 좋은 일본인이 한 명 있다 해도' 진실을 왜곡하지 않는 길을 가겠다고 선택한 것이다.

그의 결기는 2016년 미셸 오바마의 연설을 떠올리게 한다. '저들이 저열하게 갈 때 우리는 품위 있게 가자'고 말했던 그는 지난해 한 인터뷰에서 이렇게 부연설명 했다. "만약 그들 방식대로 경기를 하게 놔둔다면 결국 그들이 이기게 된다. 그게 그들이 원하는 바다." 누군가 당신 욕을 할 때, 참는 것보다야 대놓고 똑같이 욕을 퍼붓는 건 참 쉽다. 그런 식으로 상대 농간에 말려든다면 이겨봐야 본전이고 상대와 똑같은 꼴 되고 마는 격인데, 그 결과로 다음 세대에 무엇을 남길 수 있을까를 길게 보고 숙고하라는 의미다.

뭐든 국민 감정을 활용하면 득이 된다는 학습효과를 본 이들에게 더 이상 기대는 접는 것이 좋을 듯하다. 누구나 아는 사실이지만 이대로 시민사회의 합리적 이성마저 점점 마비되면 그 연쇄반응과 파급효과는 두 나라 모두에 치명적일 터다. 그렇게 되면 누가 덕을 보게 되는가. 일본의 억지에 화나는 것은 잘못된 감정이 아니다. 다만 어떤 식으로 반응할 것인가, 과연 미래 세대에 어떤 유산을 남길 것인가. 그런 숙고가 모두에게 필요한 시점 아닐까.

혐한-반일의 장군명군식 감정 투석전이 재발하는 악순환 속에 누구보다 좌불안석일 존재는 재일교포일 터다. 역사의 무게를 겹겹이 짊어지고 마치 지진의 단층지대와 같은 지점에 존재하는 그들이 이번에도 강한 의지로 결의를 다져주길 바랄 뿐이다. '그래도 상관없다'고.

용어 노트

*분기탱천 : 분한 마음이 하늘을 찌를 듯이 격렬하게 솟구쳐 오름.

생각 정리 퀴즈

① 대북제재 훼손이라는 엉뚱한 근거로 [　　　] 조치를 들고나온 일본 때문에 한일 양국 분위기가 험악해지고 있다.

② 험악해지는 현실에 제동을 걸어주어야 할 것은 [　　　]지만 오히려 양국 모두에서 혐한-반일 여론이 공고해지고 있다.

③ 소설 '파친코'에서 차별당하고 배신당할지라도 증오에 사로잡히진 않았던 솔로몬처럼 [　　　]이 일본과 다른 길을 가길 바란다.

④ 미셸 오바마는 상대의 농간에 말려 상대와 똑같은 꼴이 되는 것은 쉽지만 남는 것이 없다며 생산적 미래를 그려야 한다고 주장했다.

⑤ 일본에 화가 날 순 있어도 미래 세대에게 남길 여파를 고려해 [　　　]으로 대응해야 한다.

정답 : ① 수출 규제 ② 시민사회 ③ 한국 ⑤ 슬기롭게

생각 키우기

■ 영화 '용길이네 곱창집'으로 본 용서와 화해

1969년 고도성장기 일본을 배경으로 재일교포 가족 이야기를 다룬 영화 '용길이네 곱창집'은 재일교포 정의신 감독이 연출과 각본을 맡아 동명의 일본 희곡(야키니쿠 드래건)을 영화화한 작품입니다. 학교에서 이유 없이 멸시와 조롱, 폭력의 대상이 된 도키오가 어떻게든 운명에 맞서 살아가는 모습을 보여줌으로써 "설령, 어제가 어떤 날이든 내일은 분명 좋은 날이 올 것이다"라는 희망의 메시지와 함께 가해자들을 용서하고 차별을 이겨 나가는 재일 조선인의 모습을 보여 줍니다.

2018년 일본 영화 비평가 대상 작품상을 수상한 이 영화는 2019년 전주국제영화제

개막작으로도 선정됐습니다. 이충직 전주국제영화제 집행위원장은 "1970년대 재일동포 사회뿐 아니라 지금의 한국·일본 사회의 모든 갈등과 화해를 다룬 작품"이라고 평가하기도 했습니다. 이 영화의 내용처럼 용서는 결국 하는 자가 아닌 받아들이는 자의 문제일지도 모릅니다.

> **생각 넓히기**
>
> **Q.** 'No Japan' 운동이 시민운동으로 확대되는 국면에서 일본 취업박람회가 취소되는 등 구직자들이 새로운 어려움을 겪었습니다. 만약 당신이 일본에서 취업하길 바라는 구직자라면 'No Japan' 운동에 참여하겠습니까?

Guide ▶ 'No Japan' 운동은 일본의 일방적인 경제 보복에 대응하는 차원에서 시작된 시민운동입니다. 일본이 우리나라 대법원의 강제징용 배상 판결에 대한 불만으로 경제 보복 조치를 취하자 이에 대한 반발 차원에서 시민들의 정보 공유와 자발적 참여로 시작된 것이지요. 자발적 시민운동인 만큼 'No Japan' 참여 여부 또한 개인이 판단할 문제입니다.

다만, 운동 초기와 달라진 양상에 대해서는 한번쯤 생각해 볼 필요가 있습니다. 'No Japan' 운동은 초기에는 강제징용과 관련된 기업, 한국 소비자를 비하하는 기업, 일본 우익 기업의 제품에 국한해 진행되었습니다. 그러나 점차 일본 전체 기업을 대상으로 광범위하게 확산되었지요.

'No Japan' 운동은 소비자의 선택권을 무기로 일본 기업을 압박하고 이를 통해 결국 일본 정부가 정책을 바꾸도록 하기 위한 것이지, 일본이라는 국가 혹은 민족, 개인에 대한 혐오에 기반을 둔 운동이 아닙니다. 실제로 일본의 경제 보복 조치도 결국은 정치인들의 정치 공학적 계산에 따른 전략일 뿐 대다수의 일본 국민과는 상관이 없으며, 이는 일본의 대다수 기업과도 관계가 없긴 마찬가지입니다.

만약 앞으로 일본에서 취업을 하려는 구직자라면 무조건적인 일본 배척이 갖는 의미에 대해 진지하게 생각해 보고 스스로 판단을 내려야 할 것입니다.

도돌이표 악순환

생각 열기 영국의 역사학자 에드워드 카는 "역사는 현재와 과거 사이의 끊임없는 대화이며, 역사는 반복된다"고 주장했습니다. 정치 생명을 연장하기 위해 어떤 변신도 서슴지 않는 아르헨티나의 정권과 같은 모습은 지구촌 곳곳에서 발견됩니다. 시간과 공간만 다를 뿐 역사는 반복됩니다.

[고미석 칼럼] 그의 본색, 우리의 본성 (2019년 8월 21일자)

이 나라의 시련은 끝이 없나 보다. 걸핏하면 국가 부도 소리가 나오는 아르헨티나의 이야기다. 최신판 위기는 10월 대선을 앞둔 예비선거에서 좌파 후보가 압승을 거두면서 시작됐다. 좌파 포퓰리즘의 부활 기미에 자국 화폐와 주가가 급락했다. 연임 실패의 위기를 감지한 우파 성향 현직 대통령이라고 가만있을 수 없다. 긴축정책의 소신을 팽개치고 감세, 최저임금 인상, 복지보조금 확대 같은 당근을 내밀었다. 정치생명을 위해서는 어떤 변신도 가능한 모양이다. 나라가 휘청거려도 선거 승리를 위해 물불 안 가리는 정치인, 포퓰리즘의 치명적 유혹에 취한 국민. 모두 눈앞의 잇속에만 눈먼 듯 보인다. 이러니 좌든 우든 어떤 정권이 들어서도 리더의 얼굴만 바뀔 뿐 사회는 아무것도 바뀌지 않고 도돌이표처럼 악순환이 반복된다. 좌우지간 팔면 된다는 상술로 포장만 바꾸어 출시되는 구제품처럼.

어쩌면 지금 아르헨티나에 필요한 것은 현역 직업정치인이 아니라 고대 아테네 민주정치를 이끈 페리클레스의 리더십일지 모른다. 그는 탐욕 자만심 이기심 포퓰리즘에 휘둘리는 아테네인의 본색을 직시하면서, 이들의 단합과 국가의 평화를 이끌어냈다. 이런 일이 가능했던 것은 모든 정치적 의사 결정의 기준을 사적 파벌적 영달이 아니라 '무엇이 진정 아테네를 위해 이익인가'로 통합한 덕이었다. '정치는 곧 덕(德)'이라는 동양의 옛 명제가 다 이런 뜻과 통하는 것이다. 페리클레스같이 탁월한 성취를 이룬 이들의 공통점은 자기 자신과 약점을 정직하게 평가하고, 현실에 집중하며, 사람들에게 관대했고, 자신이 설정한 목표에 도달하는 능력을 갖추었다는 점이다. 이성은 타고난 것이 아니라 학습 가능한 능력인데, 그 첫걸음은 자신에게 더 엄격하고, 타인에게 보다 너그러워지는 것이라는 인식이 깔려 있다.

지도자 운이 없는 곳이 어디 아르헨티나뿐인가. 총체적 기능 부전에 빠진 사회에 대한 근원적 치료보다 단기적 사익 추구에 급급한 정치인들이 지구촌 곳곳에서 기염을 토하는 중이다. 그럴 만한 이유가 있다. 상황이 다르니 정도 차이가 있을 뿐 인간이란 특정한 종에게는 닮은 점이 무척 많기 때문이다. 현대판 *군주론으로 알려진 '권력의 법칙'을 쓴 로버트 그린은 신간 '인간 본성의 법칙'에서 첨단기술의 시대에도 우리는 여전히 태곳적 본성의 노예로 살아간다고 단언한다. 인간 뇌 구조가 생존을 위한 진화 과정에 유리하게 만들어진 결과 사회적 동물로 발전해 지구를 지배할 수 있었는데, 그 디딤돌이 여러모로 인류의 발목을 잡는 장애물이 됐다는 것. 인간 본성에 자리한 비이성적 행동, 근시안, 자아도취, 과대망상, 가면의 욕구 등이 분출하며 활개를 치면서부터다. 자신이 동일시할 집단을 찾아 우리 편 아니면 적으로 단순화하는 부족 본능도 그 원시적 사고의 유전적 패턴이다. 말하자면 수렵시대의 원초적 욕망의 본능 구조가 현대문명의 유형에 맞춰 유통되는 모양새다.

'인간은 과연 이성적인가'를 되묻게 하는 이 같은 의문과, '인간은 본인이 상상하거나 바라는 것만큼 훌륭하지 못하다는 데 의심의 여지가 없다'는 심리학자 카를 융의 통찰력을 참조한다면 우리는 천성적으로 사람을 오판할 수밖에 없음을 인정하게 된다. 인간 본성의 측면에서 보자면 우리가 이상화한 리더와 혐오하는 사람의 거리가 생각보다 멀지 않을 수 있다.

좌우 정권 막론하고 인사청문회에서 제기되는 풍성한 의혹은 이제 놀랍지도 않을 지경이다. '인간 본성의 법칙'에 의하면 사람들은 달과 같다. 일반 동물과 달리 대외 이미지, 즉 가면을 만드는 재주를 타고났기에 늘 한쪽 면밖에 보여주지 않는다. 특히 공적 인물이 된다는 것은 가면을 적극 작동한다는 것과 동의어다. 진정성이 있다고 여겨지는 정치인이나 유명인의 경우 진정성을 '보여주는' 능력이 남보다 뛰어날 뿐이란다. 그래서 '권력의 법칙'의 저자가 내린 결론은 이렇다. '우리가 서로 다르다고 느끼는 것은 대부분 착각이다. 상상으로 차이를 만들어내는 것은 집단이 가진 광기의 일부다.' 이념의 이름으로 빚어졌고 또 진행 중인 그 숱한 아수라장이 쉽게 이해되는 대목이다.

자고 나면 의혹이 넝쿨처럼 쏟아지는 공직 후보자가 청문회를 앞두고 있다. 그 자리는 인간의 원시적 본성이 작동하는 방식을 관찰하는 국민적 학습 기회가 될 터이다. 여당은 '신상 털기', 야당은 '가족사기단'으로 맞서고 벼르는 빅 이벤트, 인간 본성의 측면에서 무엇을 상상하든 그 이상을 보여줄 것 같은 예감이 든다. 현실은 드라마보다 더 극적이므로.

> **용어 노트**
>
> *군주론: 1513년 이탈리아의 마키아벨리가 지은 책. 군주는 강한 결단력을 가져야 함을 주장한 이 책은 근대 정치학의 고전이다.

> **생각 정리 퀴즈**
>
> ① 아르헨티나 대선 예비선거에서 [　　　]을 내세운 좌파 후보가 압승하자 현직 대통령마저 긴축정책의 소신을 버리고 감세와 복지 정책을 내놨다.
> ② 아르헨티나에 필요한 것은 개인적 영달보다 오직 나라만 생각해 정치적 의사결정을 내렸던 [　　　]의 이성적 리더십이다.
> ③ 단기적 사익 추구에 급급한 정치인이 지구촌 곳곳에 만연한 것은 인간 종에게서 공통적으로 나타나는 [　　　] 본성 때문이다.
> ④ 좌우 정권을 막론하고 인사청문회에서 터져 나오는 의혹은 결국 어느 진영이나 그 실체는 크게 다르지 않다는 것을 보여준다.
>
> 정답: ① 포퓰리즘 ② 페리클레스 ③ 이기심

생각 키우기

■ 인간의 본성과 국가가 필요한 이유

영국 철학자 토머스 홉스는 '인간에 관하여'라는 책에서 인간을 자연체와 정치체로 구분합니다. 자연체인 인간은 수많은 세포들이 기계론적 인과 법칙에 따라 움직이는 것을 말하며, 자기 보존, 욕망 실현을 목적으로 삼습니다. 반면 정치체로의 인간은 사회 규범에 따른 개인의 고유한 권리와 사회적 책임이 따르는 사회 권리를 지닌 존재를 말합니다. 이처럼 많은 철학자들이 인간을 본능과 이성이 혼재된 존재로 표현합니다.

그런데 자연 상태에서는 이기적 본성을 가진 인간이 결국 다른 사람들의 권리(자연권)를 뺏고 침해하기 위한 투쟁을 벌입니다. 따라서 자연권을 보호받기 위해 개인들은 사회나 국가와 계약을 맺는데 이것이 바로 사회계약설입니다. 홉스는 인간 본성이 이기적이고 악하며 무한한 권리를 추구하려고 하는 점, 그 과정에서 다른 사람들에게 피해를 주는 것을 합리화하는 특성을 지적합니다. 그렇기에 이성을 바탕으로 국가와 계약을 맺고 통제를 받아야 비로소 개인 간 권리를 보장할 수 있다고 주장했습니다.

반면 로크와 루소는 자연 상태에서도 평화로운 상태가 유지된다고 봤습니다. 다만 로크는 개인의 권리가 안전하게 보장되지는 못하기 때문에, 루소는 사회 내 신분이나 재산에 따라 불평등한 관계에 놓일 수도 있기 때문에 확실한 사회계약을 통해 개인의 권리를 보장해야 한다고 봤습니다.

> **생각 넓히기**
>
> **Q.** 리더는 조직의 방향성, 가치, 우선순위 등을 정하는 인물로, 그 조직의 흥망성쇠에 매우 큰 영향을 줍니다. 리더에게 필요한 덕목은 무엇일지 우리 역사 속 대표적 리더로 꼽히는 이순신을 예로 들어 설명해 보세요.
>
> **Guide ▶** 이순신 장군이 가진 리더로서의 중요한 덕목은 철저한 원칙주의자였단 점입니다. 이순신은 군율을 어긴 자는 지위를 막론하고 처벌했습니다. 그는 또한 현실을 받아들이고 있는 그대로를 부하에게 알렸습니다. 12척의 배가 전력의 전부란 점도, 수군의 추가 지원을 받기 어려운 점도 그대로 알렸습니다. 그 대신 그에 걸맞은 대비와 전략을 제시해 불안해하는 부하들을 다잡았지요. 이러한 모습을 통해 그는 높은 신망을 받았습니다.
>
> 하지만 리더는 단순히 신망을 얻고 조직을 잘 관리하는 것을 넘어 위기 대처 능력도 갖춰야 합니다. 이순신은 최악을 예상하고 대비하는 모습을 보였습니다. 임진왜란 전, 이순신이 직접 거북선과 화포 개량을 한 사실은 널리 알려져 있습니다. 그는 또 전투식량 및 무기를 비축해 항상 최악에 대비했지요. 이처럼 원칙(공정성)과 겸손, 준비된 리더십이 이순신을 역사 속 최고 리더로 남긴 것 아닐까요?

4 욕심이 지나치면 모자람만 못하다

생각 열기 민주주의의 핵심은 선거이고, 그 과정에 투표가 있습니다. 그래서 우리에겐 투표란 항상 옳고 바람직한 결과를 제시한다는 믿음이 있습니다. 그런데 투표 조작 문제가 공개 오디션 프로그램에서 나왔습니다. 아무리 예능 프로그램이라도 투표에 대한 신뢰를 무너뜨려선 안 될 것입니다.

[사설] '프듀X' 투표 조작 의혹… CJ ENM, 아이들의 열정 농락했나
(2019년 10월 3일자)

케이블채널 엠넷의 오디션 프로그램 투표 조작 의혹을 수사 중인 경찰이 '프로듀스X101'을 통해 데뷔한 그룹 '엑스원' 멤버들이 소속된 연예기획사를 1일 압수수색했다. CJ ENM이 제작하고, 이 회사가 보유한 채널 엠넷에서 방송된 '프듀X'는 오디션에 참여한 아이돌 연습생 101명 중 11명을 시청자 투표로 선발해 그룹으로 데뷔할 기회를 준다. 이날 압수수색을 당한 연예기획사는 7월 '프듀X'의 마지막 방송 당시 문자 투표보다 높은 순위에 오른 정황이 있는 멤버들이 속한 5곳이다.

'프듀X'는 아이돌 연습생들이 오직 실력으로 시청자의 선택을 받는 공정한 경쟁의 장을 펼쳐 보이며 인기를 얻었다. 그런데 경찰 수사 내용만 보면 연예인을 꿈꾸는 청소년들의 순수한 도전을 농락하는 투표 조작이 이뤄졌을 *개연성이 충분하다. 투표 조작에 관여한 것으로 의심되는 '프듀X' 제작진 한 명이 피의자로 입건됐고, 제작진과 연예기획사 사이에 뒷돈이 오간 정황도 수사 중이다. 이를 제작한 CJ ENM과 연예기획사 간 유착도 의심된다. CJ ENM 전직 임원이 대표로 있는 자회사를 둔 연예기획사와 CJ 계열사 임원으로 근무했던 총괄 프로듀서가 있는 연예기획사가 압수수색 대상에 포함됐다. 경찰은 2017년 엠넷의 다른 오디션 프로그램 '아이돌 학교'로 수사를 확대했다. CJ ENM과 엠넷 경영진의 관련 여부도 밝혀내야 한다.

이번 '프듀X' 투표 조작 의혹이 사실로 드러나면 이만큼 부끄러운 일이 없다. 연예인을 꿈꾸는 많은 청소년들이 '프듀X'를 보며 대형 기획사 지원이 없어도, 특별한 인맥이 없어도 데뷔할 수 있다는 희망을 가졌다. 밤샘 연습을 하며 가혹한 평가를 감내했으나 탈락한 청소년들, 이를 시청하며 투표로 응원했던 청소년들은 이제 우리 사회의 공정성을 의심한다. 시청률과 돈벌이를 위해 조작을 서슴지 않은 어른들은 이들을 대상으로 '채용 사기극'을 벌인 것이나 마찬가지다. 철저한 수사를 통해 우리 사회의 불공정한 관행을 끊어내야 한다.

용어 노트

*개연성 : 절대적으로 확실하지 않으나 아마 그럴 것이라고 생각되는 성질.

생각 정리 퀴즈

① 케이블채널 엠넷의 오디션 프로그램 '프듀X'에서 [　　　] 조작 정황이 포착된 멤버들의 연예기획사에 대한 압수수색이 진행됐다.

② '프듀X'는 연습생들이 실력만으로 시청자의 선택을 받는 [　　　]을 내세워 인기를 얻었다.

③ 경찰은 제작진과 연예기획사 사이에 뒷돈이 오간 정황, 제작사와 연예기획사 간 유착을 수사 중이며, 수사 내용으론 투표 조작의 개연성이 높다.

④ 연예인을 꿈꾸고 응원했던 청소년들은 이제 우리 사회의 [　　　]을 의심한다.

⑤ 철저한 수사를 통해 우리 사회의 [　　　]을 끊어내야 한다.

정답 : ① 문자 투표 ② 공정성 ④ 공정성 ⑤ 불공정한 관행

생각 키우기

■ 오디션 열풍이 광풍으로… 그 후폭풍은?

　2009년 케이블채널에서 '슈퍼스타K1'이란 이름으로 시작된 공개 오디션 프로그램의 인기는 현재까지도 이어집니다. 최근 화제가 된 트로트 오디션 프로그램의 결승전 시청률은 무려 37.5%(닐슨코리아)에 달해 역대 예능 프로그램 2위를 기록하기도 했습니다. 무엇이 사람들로 하여금 공개 오디션 프로그램에 열광하게 하는 것일까요?

　일단 머나먼 세계의 인물처럼 느껴지는 스타들과 달리 출연자 개인의 진솔한 매력을 엿볼 수 있다는 점이 꼽힙니다. 개인의 부단한 노력과 인간적인 모습을 지켜보며 출연자의 성장 과정을 함께할 수 있는 것이지요. 또한 노력한 과정에 대한 정당한 평가와 결과가 바로 보인다는 점도 대리 만족과 공감을 이끌어내는 인기 요인입니다. 특히 취업난을 겪는 젊은 세대는 '깜깜이' 취업 과정에서 갈망했던 투명한 평가와 경쟁 과정, 성공과 실패의 이유에 대한 설명 등을 통해 사회의 공정성을 간절히 바라기도 합니다.

　반면 이런 오디션 광풍에 부정적인 시선도 존재합니다. 오디션의 특성상 노력과 실력만 갖추면 된다는 점이 극한의 동기부여를 이끌어 내기도 하지만, 지나치게 경쟁적으로 흐르는 분위기와 고액의 상금을 둘러싼 과열 경쟁이 마치 로또처럼 일확천금을 노리는 풍조를 확대, 재생산한다는 지적도 있습니다. 지나친 경쟁과 성공에 대한 이분법적 사고를 양산한다는 것이지요.

생각 넓히기

Q. 일부 연예인 및 기획사에 의한 음반 사재기 의혹이 선거철 이슈로까지 등장했습니다. 음반 사재기는 코로나19로 인한 마스크 사재기처럼 다른 사람에게 직접적 피해를 주는 것은 아닙니다. 그런데도 음반 사재기가 발생하는 이유는 무엇이고, 이로 인한 문제점은 무엇인지 설명해 보세요.

Guide ▶ 기획사들이 음반(음원) 사재기를 하는 이유는 변화된 음악 소비 행태에 기인합니다. 언제 어디서든 음악을 들을 수 있는 스트리밍 서비스가 활성화되고 이를 이용하는 이용자가 늘면서 음악을 소비하는 형태도 과거와 달라졌습니다. 소비자들이 원하는 음악을 골라 찾아 듣는 문화에서 간편하게 인기 차트에 오른 음악을 따라 듣는 경우가 많아진 것입니다. 문제는 이로 인해 차트에 오른 음악들만 계속해서 소비되는 구조가 공고화된다는 것입니다.

가수와 기획사 입장에서는 일단 차트에 올라야 더 많은 소비자에게 닿을 수 있는 기회가 생기기 때문에 재생 수 등이 반영되는 차트에서 상위 순위를 차지하기 위해 비정상적인 스트리밍 방법을 동원하게 됩니다. 이것이 바로 음반 사재기가 되는 것이지요. 이러한 비정상적 방법을 통해 만들어진 차트의 순위는 곧 인기의 지표가 되어 행사 및 광고 수익을 올릴 수 있는 발판이 되기도 합니다. 결국 음악의 유통 구조가 순위 조작이라는 방법을 사용하게 만든 것입니다.

음반 사재기의 가장 큰 문제는 공정한 경쟁을 해친다는 점입니다. 사재기는 시장을 왜곡함으로써 다른 가수들의 기회를 빼앗고 수익을 강탈하는 것이나 다름없습니다. 일종의 독과점이 형성되어 공정한 경쟁이 무너진 시장에선 많은 가수들이 대중으로부터 판단을 받을 기회조차 갖지 못하기 때문입니다. 이러한 구조가 장기화될수록 대중문화는 퇴보합니다. 높은 순위를 얻기 위해 개성 없는 음악, 천편일률적인 음악만 남게 될 것이기 때문입니다. 문화 독점으로 인한 직접적인 피해가 가수뿐 아니라 소비자에게도 돌아오는 겁니다.

5 말, 그 무거움에 대해

생각 열기 과거엔 왕이 "죽여라" 명령하면 누구든 목숨을 부지할 수 없었습니다. 시대가 바뀌면서 말 한마디로 사람을 죽일 수 있는 절대 권력은 거의 사라졌습니다. 하지만 아직도 누군가의 말 한마디에 목숨을 잃는 사람들이 나옵니다. 악플도 진정 관심입니까?

[사설] 카카오 연예뉴스 댓글 폐지, 총체적 포털 개혁 시발점 돼야 (2019년 10월 28일자)

　카카오가 모바일 메신저 카카오톡과 포털사이트 다음의 연예뉴스에서 댓글 기능을 이 달 안에 없애고, 인물을 검색할 때 자동으로 뜨는 관련 검색어 제공과 검색어 제안 서비스도 중단하기로 했다. 실시간 검색어(실검) 순위 서비스도 검색량 증가율이 높은 키워드를 보여주는 현행 방식에서 벗어나 재난이나 대형사건, 사고 등 *시의성 높은 이슈를 반영하는 서비스로 내년 상반기 중 개편하기로 했다. 가수 겸 배우 설리(본명 최진리)의 죽음을 계기로 악성 댓글의 폐해를 비난하는 목소리가 커지자 뒤늦게 대책을 내놓은 것이다.

　네이버가 2004년 처음 댓글 서비스를 시작했을 때, 누리꾼 사이에서는 댓글이 여론의 다양성을 키우는 건전한 공론의 장이 될 것이라는 기대가 컸다. 그러나 대형 포털의 뉴스 댓글은 누리꾼들이 쏟아내는 혐오스러운 감정의 배설물로 심각하게 오염된 지 오래다. 찬반이나 우호·비우호의 차원을 넘어선 비방과 험담 등 인신 모독적 내용을 담은 '악성 댓글'은 피해자의 정신을 망가뜨려 죽음에 이르게 하는 폭력이다.

　악성 댓글이 심각한 사회적 문제가 된 데에는 플랫폼 관리를 소홀히 한 포털의 책임이 가장 크다. 포털은 뉴스 댓글의 해악이 문제가 될 때마다 로그인 후 이용하기, 신고하기 등 땜질식 대책을 내놓거나 뉴스를 공급하는 언론사에 책임을 넘기는 데 급급했다. 국내 최대 포털 업체 네이버가 설리의 죽음 이후 "뉴스 댓글에 대해 언론사에 자율성을 부여하는 등 조치를 취하고 있다"며 무대책으로 버티는 것은 비근한 예다. '표현의 자유'를 핑계로 누리꾼들이 익명성 뒤에 숨어 댓글을 달도록 허용하고, 이를 통해 *트래픽 증가라는 상업적 이득을 누린 것이다.

카카오가 연예기사 댓글만 우선 폐지하기로 한 점도 매우 아쉽다. 조국 전 법무부 장관의 거취를 두고 벌어진 '실검 전쟁'이나 '드루킹 여론 조작' 사건에서 보듯이 포털과 소셜네트워크서비스(SNS)상의 정치적 여론 조작은 연예기사의 악성 댓글처럼 더 이상 방치해선 안 될 문제다. 포털과 SNS 업계는 거짓정보 확산 등을 방지할 실효성 있는 대책을 서둘러 제시해야 한다.

> **용어 노트**
> *시의성 : 당시 상황에 딱 들어맞는 성질.
> *트래픽 : 서버에 전송되는 모든 통신, 데이터의 양. 전신, 전화 등의 통신시설에서 통신의 흐름을 지칭한다.

> **생각 정리 퀴즈**
> ① 가수 겸 배우 설리의 죽음을 계기로 카카오톡과 다음이 [   ] 뉴스의 댓글 기능을 없애고 연관 검색어 및 검색어 제안 서비스도 중단하기로 했다.
> ② 네이버가 처음 시작한 댓글 서비스는 시행 초기, 여론의 다양성을 보여주는 [   ]이 될 것으로 기대를 모았으나 현재는 악성 댓글만 난무하는 사이버 폭력의 장이 되고 있다.
> ③ 포털은 플랫폼 관리를 소홀히 하면서 악성 댓글 문제를 방치했고, 한편으론 [   ] 증가라는 상업적 이득까지 누렸다.
> ④ 정치적 [   ] 조작이 버젓이 이뤄지는데도 포털이 연예기사 댓글만 폐지한 것은 아쉽다.
> ⑤ 포털과 SNS 업계는 가짜 뉴스 방지를 위한 실효성 있는 대책을 제시해야 한다.
>
> 정답 : ① 연예 ② 공론의 장 ③ 트래픽 ④ 여론

생각 키우기

■ 포털사이트는 그저 'Potal'일 뿐?

포털은 '현관문'이라는 의미. '포털사이트'는 인터넷 사용자들이 인터넷에 접속할 때 기본적으로 거쳐 가도록 만들어진 사이트를 말합니다. 정보 검색 외에 메일, 웹하드 등의 서비스를 제공하고 최근에는 커뮤니티, 쇼핑, 방송, 게임 등으로 서비스 영역을 다각

화하고 있지요. 단방향성 정보 제공 방식을 탈피해 쌍방향 커뮤니케이션 채널로 거듭나고 있습니다.

그러나 포털은 기본적으로 '플랫폼'입니다. 포털은 이용자에게 공간을 제공할 뿐이지, 공간을 어떻게 활용할지는 포털 이용자의 몫입니다. 포털을 이용하는 개인은 정보를 수집할 수도, 만들 수도, 그것을 퍼뜨리거나 재가공할 수도 있습니다. 이로 인해 개인의 생각이나 검증되지 않은 정보가 여과 없이 공유되고 교환되기도 합니다.

특히 우리나라 포털이 외국 포털과 다른 점은 '뉴스'를 제공한다는 점입니다. 언론사와 같이 직접 취재해 뉴스를 생산하진 않지만, 일간지나 방송사의 뉴스를 제공받아 포털 화면에 노출시킵니다. 이 때문에 포털에 노출될 뉴스를 선정하고 배치하는 과정에서 의도적인 편집권이 개입된다는 논란이 제기되었습니다. 여기에 더해 최근 뉴스 댓글을 통한 여론 조작 시도까지 포착되면서 사회는 포털에 더욱 막중한 책임을 요구합니다. 단순 정보 제공의 역할을 넘어 뉴스의 선정 및 배치와 댓글 게시 과정을 투명하게 관리해야 한다는 것이지요.

■ 네이버의 '댓글 본인확인제' 실험

포털사이트 네이버는 제21대 국회의원 선거를 앞두고 '댓글 본인확인제'를 도입했습니다. 휴대전화 인증 등을 거쳐 아이디 사용자가 본인임을 확인한 후에만 댓글을 쓸 수 있도록 제한한 것. 이 조치를 두고 최근 검찰 수사에서 뉴스 기사 댓글을 통한 조직적인 여론 조작 정황이 확인된 것이 영향을 미쳤을 것이란 분석이 나옵니다. 조직적으로 긍정적 혹은 부정적 댓글을 달아 여론 형성에 영향을 미치려는 시도가 확인되고, 이러한 시도가 결국은 인터넷의 익명성에 기반을 둔 것이란 판단이지요.

이후 네이버는 총선 기간에 한해 운영하던 댓글 본인확인제를 잠정 유지하기로 결정합니다. 이와 함께 사용자가 뉴스 기사에 단 댓글 이력을 전면 공개하는 조치도 유지합니다. 그동안은 댓글 공개 결정권을 사용자에게 줬지만, 앞으로는 사용자의 의지와 상관없이 과거에 쓴 댓글이 모두 드러나는 겁니다. 이에 따라 댓글 작성자의 정보를 누르면, 해당 작성자가 다른 기사에 게시한 모든 댓글과 댓글 수, 다른 사람으로부터 받은 공감 수와 작성자 스스로 삭제한 댓글 비율 등 그간의 댓글 작성 정보를 확인할 수 있습니다.

네이버의 이런 조치에 대한 반발도 적지 않습니다. 헌법이 보장하는 표현의 자유를 침해한다는 비판이 큽니다. 실제로 과거에도 악플이 사회적 문제가 되면서 포털사이트에 게시자 실명 확인을 의무화한 본인확인제가 시행된 적이 있으나, 2012년 헌법재판소로부터 위헌 판결을 받아 폐지되었습니다.

> **생각 넓히기**
>
> **Q.** 각 정당의 열성 지지자들은 본인이 지지하는 정당이나 반대 입장의 정당과 관련된 뉴스 기사에 적극적으로 긍정적, 부정적 댓글을 남깁니다. 이 경우 자발적 의지에 의한 댓글 활동도 조직적인 여론 조작으로 봐야 할까요, 의사 표현의 자유로 인정해야 할까요?

Guide▶ 여론 조작이 무서운 이유는 민의가 왜곡되어 전해졌을 때 특정 사람이나 집단만이 이익을 보기 때문입니다. 또 정부의 정책 결정 과정에 잘못된 신호를 보낼 수도 있습니다. 과거 권력자들은 듣고 싶은 말만 골라 들으며 많은 국민이 원하지 않는 정책, 반대하는 정책을 추진하곤 했습니다. 동시에 정책에 반대하는 의견을 공격해 건전한 토론 문화와 민주적 절차를 무너뜨리기도 했지요. 그 결과로 국민이 잘못된 정책에 피해를 입거나 희생되기도 했습니다.

여론 정치가 중요한 이유는 여러 정책에 대한 쟁점과 다양한 의견, 보완책을 두루 듣고 정책을 결정함으로써 구성원들이 원하는 방향으로 사회를 이끌 수 있기 때문입니다. 물론 정치가 여론에만 의지할 경우 한계도 있습니다. 여론 조사 및 결과의 신뢰성 문제, 찬반의 대립, 여론의 유동적 변동 같은 문제가 있지요. 그래서 국민 의견을 폭넓게 청취하고, 특히 소수자의 의견을 반영하기 위해 노력해야 합니다.

정치적 이득 혹은 진영 논리에 입각해 여론을 왜곡하거나 조작한다면 정부는 국민이 정말 원하는 것이 무엇인지를 파악할 수 없습니다. 정책을 결정하고 실행하는 데 실책을 하게 되고 결국 공익도 감소합니다. 표현의 자유는 중요합니다만, 개인의 의사 표현을 넘어 조직적으로 여론을 자신이 원하는 방향으로 만들어가는 것은 의사 표현의 자유보다는 민주질서를 파괴하는 행위로 봐야 합니다.

혁신, 소통, 공감

생각 열기 사람보다 더 사람과 공감을 잘하는 펭귄이 있습니다. 거침없고 당당한 말로 20, 30대에게 대리만족을 느끼게 하는 펭수의 시원한 돌직구에 많은 사람이 열광하지요. 펭수 현상은 우리 주변에 그만큼 공감과 위로를 주는 이가 없다는 점을 보여주는 것 아닐까요?

[오늘과 내일/서정보] 펭수와 동백이 전하는 위로 (2019년 12월 6일자)

"내가 힘든데, 힘내라고 하면 힘이 납니까? 그러니까 힘내라는 말보다 저는 '사랑해'라고 해주고 싶습니다. 여러분들 사랑합니다."(펭수)

"엄마는 무슨 행복을 하자고 그렇게 기를 쓰고 살아? 행복은 좇는 게 아니라 음미하는 거야, 음미!"(동백)

올 하반기 최고로 인기를 끈 캐릭터는 단연 EBS '자이언트 펭TV'의 펭수와 KBS 드라마 '동백꽃 필 무렵'의 동백이다.

펭수 캐릭터와 어록을 담은 '펭수다이어리'는 발매 3시간 만에 1만 부가 모두 팔려나갔고, '동백꽃…'의 마지막 회는 최근 보기 드물게 23.8%의 높은 시청률을 기록했다.

사뭇 분위기가 다른 펭수와 동백이 '최애'(가장 좋아함) 캐릭터가 된 이유는 무엇일까.

펭수의 '속 시원한 사이다' 어록은 인터넷에 널리 회자된다. '사장님이 친구 같아야 회사도 잘된다' '나이가 중요한 게 아니고 어른이고 어린이고 중요한 게 아닙니다. 이해하고 배려하고 존중하면 되는 거예요' '취향은 사람마다 다른 거니까 취향은 존중해 주길 부탁해' '부정적인 사람들은 도움 안 되니 긍정적인 사람들과 얘기하세요' '눈치 보지 말고 원하는 대로 살아라. 눈치 챙겨' 등 어록은 재미도 있고 카타르시스도 있다.

물론 펭수의 인기는 어디선가 한번 들어봤을 법한 명언 때문만은 아니다. 그의 자유로운 영혼에서 나오는 화법도 한몫한다. 강경화 외교부 장관을 마주친 자리에서 "여기 외교부 '대빵'이 누구죠"라고 묻고, "EBS에서 잘리면 KBS 간다"고 말하는 등 주눅 들지 않는 당당함을 보여준다.

시원한 사이다 발언+당당한 자신감+자유로운 영혼에 솔직함까지 곁들인 펭수는 가장 중요한 역할로 펭성(펭귄+인성)을 완성한다. 바로 힘들고 지친 이를 위한 위로다. 박사 과정 학생이 '공부하느라 우울했는데 펭수를 보고 행복해졌다. 하지만 펭수 보느라 공부에 소홀해져서 고민'이라고 상담을 요청하자 '행복해졌다면서요. 공부보다 행복해지는 게 중요합니다'라고 얘기한다. 그의 위로는 단순한데 *정곡을 찌른다.

유쾌하고 당당한 펭수와 달리 동백은 매사 소극적인 '*쫄보' 캐릭터다. 어릴 적 어머니에게 버림받고, 사귀던 남자한테 버림받고, 여덟 살 어린 아들을 데리고 *생면부지의 낯선 곳에서 술장사를 하며 살아가는 동백은 인생의 어려움이 모두 자신 탓이라고 자책한다.

하지만 용식의 무한한 사랑과 옹산시장 이웃 아주머니들의 은근한 보살핌 덕에 그는 점차 마음을 열고 성장하다 마침내 "이젠 착한 척, 굳센 척하지 않을 거야"라며 알을 깨고 나온다. 위로를 흠뻑 받은 그는 이제 위로를 주는 사람이 된다. 어린 동백을 버린 죄책감에 시달리던 엄마에게 동백은 "행복은 음미하는 것"이라고 말한 뒤 "봐봐, 서 있는 데서 발을 딱 붙이고 찬찬히 둘러보면 천지가 꽃밭이지"라며 활짝 웃는다.

펭수와 동백은 예의 없거나 꼰대 노릇을 하는 상대에게는 까칠하게 굴어 자존심을 지키면서, 동시에 '선한 이웃들'에겐 따뜻한 위로와 사랑을 보낸다.

먹고사는 것 자체가 힘든 시절엔 위로를 할 여유도, 위로를 받을 자세도 안 돼 있었다. '힐링'이란 이름으로 위로가 화두가 된 것도 꽤 됐지만 '앞으로 잘될 거야'라는 막연한 위로는 실질적 도움을 주지 못했다. 펭수와 동백이 보여준 위로는 솔직담백한 그들의 캐릭터와 어우러지면서 디테일하고 손에 잡힌다. 수동적으로 위로를 받는 것을 넘어서 적극적으로 위로를 누리고 싶은 마음을 어루만져 준 펭수와 동백이 시대의 아이콘이 된 이유다.

용어 노트

*정곡 : 사물의 가장 중요한 요점 또는 핵심.

*쫄보 : '졸보(재주가 없고 옹졸한 사람을 얕잡아 이르는 말)'를 구어적으로 속되게 이르는 말.

*생면부지 : 한 번도 만나 본 일 없어 서로 알지 못함.

> **생각 정리 퀴즈**
> ① 시원한 솔직 발언, 당당하고 거침없는 태도로 화제를 모은 펭수의 진정한 인기 비결은 지친 이들을 향해 건네는 [　　　]다.
> ② 펭수와 달리 매사 소극적인 [　　　] 또한 따뜻한 위로의 메시지를 전하는 인물이다.
> ③ 펭수와 동백 모두 예의 없는 상대에게는 [　　　]을 지키면서 선한 이웃에게는 따뜻한 위로와 사랑을 보낸다는 공통점이 있다.
> ④ 펭수와 동백은 적극적으로 위로받고 싶어하는 이들의 마음을 사로잡아 [　　　]이 되었다.
>
> 정답 : ① 위로 ② 동백 ③ 자존심 ④ 시대의 아이콘

생각 키우기

■ 펭수의 연봉은 얼마일까? 펭수 신드롬

기획사에 소속된 아이돌 연습생처럼 한국교육방송공사(EBS) 소속의 연습생 콘셉트로 인기를 얻은 펭수는 215만 명의 구독자(2020년 5월 기준)를 확보한 크리에이터이자 유튜버입니다. 펭수의 유튜브 채널인 '자이언트 펭TV'의 월 수익만 평균 1억 원 이상일 것으로 추정되고, 여러 광고 모델로 활동하면서 얻는 수입과 자체 캐릭터 상품 판매 수익, 이미지 사용료도 막대할 것으로 보입니다.

EBS로서는 잘 만든 캐릭터와 콘텐츠 하나로 수많은 수익과 파생 이익, 광고 효과를 누리는 것이지요. 이러한 캐릭터 산업의 부가가치는 미국의 디즈니 캐릭터, 일본의 키티, 프랑스의 아스테릭스 등의 사례로도 잘 알려져 있습니다.

하지만 펭수의 인기가 높아지면서 문제도 잇따르고 있습니다. 21대 총선에서는 국회의원 후보자들이 사전 협의 없이 유세와 홍보에 펭수를 활용해 논란에 휩싸였고, 인사혁신처는 '펑수'라는 유사 캐릭터를 만들어 저작권 보호에 앞장서야 할 정부 기관이 저작권을 침해한다는 비판을 듣기도 했습니다. 이에 EBS는 펭수 저작권 침해 방지 및 브랜드 보호를 위해 전문 로펌과 저작권 침해 단속 계약을 체결하고 법적 대응에 나서고 있습니다.

■ 유튜브, 동영상 공유 서비스를 넘어서다

2005년 서비스를 개시한 유튜브는 2006년 구글에 인수된 후 폭발적인 성장을 거듭했습니다. 간단하게 동영상을 올리고 공유하던 서비스에서 시작해 현재는 누구나 콘텐

츠를 통해 광고 수입을 얻을 수 있는 플랫폼으로 발전했습니다.

유튜브 콘텐츠 또한 초기에는 키즈, 게임, 뷰티, 브이로그 등 주로 문화나 라이프 같은 특정 영역에 국한됐으나 최근에는 정치·시사 관련 이슈까지 포괄하며 그 범주가 크게 확장되었습니다. 코로나19 팬데믹 국면에선 세계 각국의 코로나19 사태를 다룬 유튜브 콘텐츠의 누적 시청자 수가 폭발적으로 늘기도 했습니다.

유튜브는 조직화되지 않은 개인들의 다양한 목소리를 가감 없이 담아낸다는 점에서 기존 언론의 부족한 부분을 보완하기도 합니다. 하지만 이른바 '…카더라' 식의 확인되지 않은 자극적이고 감정적인 내용이 유통돼, 가짜 뉴스의 근원으로 지목되기도 합니다.

생각 넓히기

Q. 정형화된 형식에서 벗어난 비주류의 모습, 예기치 못한 웃음 코드, 완벽하지 못한 것의 자연스러움에서 묻어나는 매력을 이른바 'B급 감성'이라 부릅니다. 이런 B급 감성이 인기를 끌자 지난 총선에선 국회의원 후보자들이 유세와 홍보에 B급 감성을 녹여내기도 했습니다. 이처럼 정치 영역에서 'B급 감성'이 활용되는 것에 대해 어떻게 생각합니까?

Guide ▶ B급 감성은 엉뚱하면서도 익숙하고, 친근하면서도 허를 찌르는 문화 코드를 말합니다. 정형화되고 형식적인 관계를 살아가는 현대인에게 인간적인 매력을 느끼게 하는 정서로, 다른 사람도 나와 비슷하다는 안도감을 주고 공식적인 관계에서 할 수 없는 것들을 시도함으로써 대리 만족을 얻게 합니다.

정치 영역에 등장한 B급 감성은 무겁고 딱딱하게만 느껴지는 정치의 높은 장벽을 허무는 효과를 가집니다. 가벼운 방식으로 정치적 현안에 대한 문제의식을 공유하고, 또 이를 희화화해 쉽게 비판할 수 있도록 한다는 점에서 긍정적입니다. 하지만 자칫 정치적 문제의 중요성을 축소하거나 폄하할 수 있고, 감정적 호소에만 그칠 수 있다는 우려도 있습니다.

콩 심은 데 콩 나고, 팥 심은 데 팥 난다

생각 열기 봉준호 감독은 기생충으로 아카데미 시상식에서 감독상을 받은 후 "가장 개인적인 것이 가장 창의적인 것이다"라는 마틴 스코세이지 감독의 말을 인용해 수상 소감을 남겼습니다. 개인적인 것은 각자의 다름에서 비롯된 창의의 시작입니다.

[사설] 92년 오스카 역사의 새 章… '기생' 벗어나 '자생'으로 이룬 쾌거
(2020년 2월 11일자)

봉준호 감독(51)이 영화 '기생충'으로 세계 영화사를 새로 썼다. 기생충은 어제 제92회 미국 아카데미 시상식에서 최고 영예인 작품상에 감독상 각본상 국제영화상까지 4개의 트로피를 들어올리며 세계를 놀라게 했다. 아카데미 역사상 '자막 달린(비영어권) 영화'가 작품상을 받은 것은 처음으로 세계 대중문화 중심지에서 한국의 콘텐츠 파워를 과시한 쾌거다.

한국 영화는 그동안 유럽의 3대 영화제에서는 10여 차례 수상한 적이 있다. 하지만 할리우드의 벽은 높았다. 비영어권인 아시아계 작가가 각본상을 받은 것도 기생충이 처음이다. 감독상은 대만 출신 리안 감독이 두 차례 수상한 적이 있지만 할리우드 자본과 배우들로 찍은 할리우드 영화였다. 기생충은 지난해 한국 영화로는 처음으로 칸 영화제 황금종려상을 받았는데 칸과 아카데미에서 최고상을 동시에 수상한 것도 1956년 미국 델버트 만 감독의 '마티' 이후 64년 만이며 역대 두 번째 기록이다.

봉 감독은 그동안 사회적인 메시지를 장르의 경계를 뛰어넘는 영화적 상상력으로 풀어내 평단의 호평과 흥행을 아우르는 감독으로 주목받아 왔다. 기생충도 모든 나라가 안고 있는 빈부격차 문제를 신랄한 풍자와 어두운 스릴러로 영상화해 세계 곳곳에서 신드롬을 일으켰다. 지금까지 해외 영화제 57곳의 초청을 받아 주요 영화상 55개를 수확했다.

봉 감독은 "내 앞에는 수많은 영화 선배님들이 계시다"며 기생충의 성공 배경에는 101년 한국 영화의 전통이 있음을 강조했다. 한때 할리우드 영화에 의지해 연명해온 한국 영화산업이 자생력을 갖게 된 것은 역설적이게도 보호막이 사라진 후였다. 1988년

외화 직배의 빗장이 풀렸을 때, 2006년 *스크린쿼터(한국 영화 의무상영 일수) 축소를 결정했을 때 '한국 영화의 죽음' '문화주권의 상실'이라는 격렬한 반발이 나왔다. 하지만 치열한 경쟁과 도전 끝에 전성기를 맞았다. 임권택 이창동 김기덕 박찬욱 감독이 세계 3대 영화제에서 잇달아 낭보를 전해왔고 국내 상영관의 한국 영화 점유율은 2000년 35.1%에서 지난해에는 51%로 뛰었다.

　아시아는 물론이고 문화 상품 수출국이던 미국과 유럽에서도 이제는 한국 영화와 드라마, 케이팝을 즐겨 듣고 본다. 정부의 보호 정책 덕분이 아니다. 자유롭게 경쟁하도록 내버려뒀더니 놀라운 자생력을 갖고 세계적 수준으로 성장한 것이다. 그것이 한국문화의 저력이다. 봉 감독은 "가장 모험적인 시도를 했을 때, 그것이 사람들에게 어필됐을 때 가장 큰 파괴력을 가진다"고 했다. 창의력과 도전 정신으로 한국의 소프트파워를 키워가는 시도가 이어지길 기대한다.

용어 노트

*스크린쿼터 : 국산 영화 의무 상영 제도. 국내 영화산업 보호를 목적으로 1년에 일정 일수(일정 비율) 이상 국산 영화를 의무 상영하도록 한 것. 현재 우리나라의 국산 영화 의무 상영 일수는 73일이다.

생각 정리 퀴즈

① 영화 '기생충'이 [　　　] 영화로는 사상 처음으로 아카데미 작품상을 수상하면서 한국 영화의 힘을 보여줬다.

② 칸 [　　　], 아카데미 최고상 동시 수상은 세계 영화사에서도 손에 꼽는 기록이다.

③ 기생충은 모든 나라가 겪는 [　　　] 문제를 풍자해 세계적 신드롬을 일으켰다.

④ 한국 영화는 역설적으로 [　　　] 이후 치열한 경쟁을 거치면서 자생력을 키워왔다.

⑤ 세계가 주목하는 한국 문화의 저력은 보호 정책 덕분이 아니라 자유로운 경쟁의 결과로 길러진 것이다.

정답 : ① 비영어권 ② 황금종려상 ③ 빈부 격차 ④ 스크린쿼터 축소

> **생각 키우기**

■ 양날의 검, 스크린쿼터(Screen Quota)

한국 영화산업의 보호를 위해 도입된 스크린쿼터에 따라 초기 국산 영화의 의무 상영 일수는 무려 146일에 달했습니다. 그러다 극장업자들의 완화 요구에 따라 106일로 줄었고 한미 자유무역협정(FTA)을 앞두고 미국의 요구로 2006년 다시 한번 73일로 줄었습니다.

하지만 매번 찬반 논란이 거셌습니다. 스크린쿼터 축소나 폐지를 주장하는 쪽은 스크린쿼터로 인해 관객의 영화 선택권이 제한되고, 극장의 자유로운 영업권이 침해된다는 점을 문제 삼습니다. 또 제도적 보호가 아닌 자유로운 경쟁이 이뤄져야 한국 영화가 자생력을 키울 수 있다고 주장합니다. 일각에선 우리나라가 스크린쿼터를 73일로 축소한 후 1000만 관객을 넘어서는 흥행작이 나오기 시작했다고 평가하기도 합니다.

그러나 스크린쿼터가 필요하다는 쪽은 막강한 자본력을 가진 할리우드 영화에 대항해 자국 영화를 지킬 수 있는 수단이 필요하다고 주장합니다. 특히 '어벤져스' 같은 대형 할리우드 영화의 스크린 독점 사례가 벌어질 때마다 적절한 규제가 필요하다는 목소리가 나오지요. 이와 함께 정체성과 문화의 보존도 이유로 꼽힙니다. 실제로 미국 할리우드에 대항하던 프랑스 영화산업이 스크린쿼터 폐지 후 크게 침체되었다는 분석도 나옵니다.

■ 독립 영화

독립 영화란 제작사나 투자자 등 상업적 자본의 지원을 받지 않고 만드는 영화를 말합니다. 대개 적은 재정을 바탕으로 아이디어나 영화 기법 등으로 승부를 보는 경우가 많습니다. 자본의 영향을 받지 않기 때문에 사회 비판적인 내용이나 소외 계층을 주제로 한 내용을 담기도 하고, 새로운 시도가 다양하게 나타나기도 합니다.

우리나라 독립 영화는 독재 정권의 검열을 피하기 위한 것에서 시작되었다가 현재는 표현의 자유와 새로운 시도를 위한 예술의 영역으로 자리 잡아가고 있습니다. 이러한 시도가 대중의 관심을 모아 종종 흥행에 성공한 작품이 나오기도 합니다. '똥파리', '워낭소리', '님아 그 강을 건너지 마오' 등이 대표적인 독립 영화 흥행작입니다.

> **생각 넓히기**
>
> **Q.** 영화 '기생충'이 아카데미 4관왕에 오르자, 봉준호 감독이 이전 정권에서 문화계 블랙리스트에 올랐던 사실이 새삼 화제가 되었습니다. 문화계 블랙리스트 혹은 화이트리스트로 인한 폐해는 무엇일지 생각해 보세요.
>
> **Guide ▶** '문화계 블랙리스트' 사태는 박근혜 정부가 정권을 비판하거나 정부에 부담이 가는 의견을 공개적으로 표명한 문화 예술인을 대상으로 정부 지원을 끊거나 불이익을 주려고 한 사건을 말합니다. 블랙리스트와 함께 정부를 지지하거나 호의적인 문화 예술인을 적극적으로 지원하기 위한 화이트리스트의 존재도 드러나 논란이 되었습니다.
>
> 예술의 본질은 표현의 자유입니다. 예술은 아름다움을 추구하고 본질을 탐닉하는 한편 사회의 거울로서 우리를 되돌아보게 하는 역할을 합니다. 그런데 정부가 정권의 입맛에 맞거나 맞지 않는 인물을 구분해 지원한다면 문화 예술인의 자유로운 표현은 억압될 수밖에 없습니다. 더 나아가 새로운 것을 창작할 때마다 정권의 눈치를 보거나 자기 검열을 하게 될 겁니다.
>
> 이처럼 다양한 생각과 의견은 사라지고 사상과 표현의 통제만 남게 되면 문화는 지나친 상업화나 인간의 본능만 자극하는 형태로 퇴보할 수밖에 없습니다. 이러한 문화로 점철된 사회 또한 무비판적이고 수동적으로 바뀌게 되겠지요.
>
> 미국에선 도널드 트럼프 대통령의 정책에 대해 자유롭게 비판하고, 때로는 트위터로 대통령과 설전을 벌이는 유명 할리우드 배우들이 있습니다. 그러나 정부가 이들에 대해 제재를 가하진 않습니다. 이러한 비판과 대화는 사람들의 자유로운 의견 표출이자 민주주의 사회에서 의견을 조정해 나가는 과정이기 때문입니다.
>
> 예술을 그 자체로 보는 것, 표현의 자유를 보장해 주는 것은 우리 헌법 제9조에 명시된 문화 국가의 원리를 보장하는 것이자 헌법 제4조에 따른 자유민주주의의 원리를 실현하는 것입니다.

8 불모지에서 핀 꽃

생각 열기 우리나라 그림책 작가들이 거둔 성과에 대해 '기적'이라는 말을 합니다. 척박한 사막 같은 불모지에서 세계적으로 인정받았다는 것이지요. 사막에서 꽃이 피어났다면 이제 그곳에서 보다 예쁜 꽃이 더 많이 피어나도록 땅을 가꾸어줘야 하지 않을까요?

[광화문에서/손효림] 세계적인 K컬처, 그림책… 불모지에서 꽃피운 기적
(2020년 2월 20일자)

　영화 '기생충'으로 K컬처에 대한 관심이 더 뜨거워지고 있다. 세계인을 사로잡은 K컬처에는 그림책도 있다. 이억배 작가의 그림책 '*비무장지대에 봄이 오면'은 지난달 미국 배첼더 어워드 아너리스트에 선정됐다. 배첼더 어워드를 주관하는 전미도서관협회(ALA)는 미국 내 최고 어린이책에 수여하는 칼데콧상, 뉴베리상을 주관한다. 아카데미 시상식에 비유하자면 국제영화상을 받은 셈이다. 한국 작가가 배첼더 어워드에서 수상한 건 이번이 처음이다.

　철조망에 가로막힌 비무장지대를 보며 고향을 그리워하는 할아버지의 이야기를 담은 이 책은 배첼더 어워드 아너리스트 4권 중 한 권으로 이름을 올렸다. 심사위원들은 "야생동물의 피난처인 동시에 군대가 맞서고 있는 곳, 평화로워 보이지만 실은 깊은 슬픔을 안고 있는 가족. 이들이 나란히 배치되어 흘러가며 잊을 수 없는 감동을 안긴다"고 평했다.

　해외에서 큰 상을 탄 한국 그림책 작가는 일일이 꼽기 힘들다. 세계 3대 그림책상인 '한스 크리스티안 안데르센상' '볼로냐 라가치상' 'BIB상' 가운데 볼로냐 라가치상을 받은 작가로는 정유미 배유정 정진호 조원희 김장성 안영은 지경애 박연철 씨 등이 있다. 2015년에는 볼로냐 라가치상 전 부문에서 한국 작가가 상을 휩쓸어 세계 출판계를 깜짝 놀라게 만들었다. 국제아동청소년도서협의회(IBBY)가 슬로바키아의 수도 브라티슬라바에서 2년에 한 번씩 그림책 축제를 열고 수여하는 BIB상은 조은영 유주연 한병호 작가가 받았다. 해외에서는 "한국 그림책은 매우 독특하고 역동적이다. 분위기는 동양적이고 기법은 서구적이면서도 실험적이다"고 평가한다.

시선을 국내로 돌리면 분위기는 사뭇 달라진다. 그림책 작가들이 제대로 조명 받지 못하고 있기 때문이다. 그림책은 독립된 장르가 아니라 아동책의 일부로 분류돼 지원을 받기가 쉽지 않다. 그림책 작가를 키워내는 학과도, 그림책을 대상으로 한 국내 상도 별로 없다. 권윤덕 작가는 "하나의 예술 장르로 인정받는 건 창작의 중요한 동력이 된다. 그래야 좋은 작품도 나올 수 있다"고 했다.

그림책은 판매할 때도 고민해야 한다. 한 출판사 팀장은 "그림책 독자가 성인으로 확대됐지만 별도 서가가 없어 성인용은 에세이 서가에 배치할 때도 있다. 그나마 논픽션 그림책은 에세이로 분류할 수 있지만 픽션 그림책은 그럴 수도 없어 어디에 놓을지 매번 고민한다"고 말했다. 독립서점을 중심으로 그림책 코너를 마련해 적극적으로 소개하는 점이 그나마 고무적이다.

이런 척박한 환경에서 한국 작가들이 거둔 눈부신 성과에 대해 출판계에서는 "기적이다"고 말한다. 작가 개개인의 역량으로 여기까지 왔다는 의미다. 하지만 언제까지 기적만을 바랄 수 있을까. 작가들은 사막 같은 땅에 뿌리를 내리고도 멋스러운 꽃을 힘겹게 피워내고 있다. 이들에게 조금만 관심을 갖고 지원한다면 근사한 꽃이 연이어 피어날 수 있다. K컬처 역시 더욱 풍성해질 수 있음은 물론이다.

> **용어 노트**
>
> *비무장지대에 봄이 오면 : 2019년 미국에서 출간된 이억배 작가의 그림책. '2020년 미국 배첼더 어워드 아너리스트' 선정 외에도 미국 아시아교육협회가 주관하는 '2019 프리먼 북 어워드 멘션'에 선정되었으며, 미국의 대표적 전문 서평지 '커커스(Kirkus) 리뷰'에서 '2019년 올해의 그림책'으로 뽑혀 주목을 받았다.

생각 정리 퀴즈

① [ ] 작가의 그림책 '비무장지대에 봄이 오면'이 한국 작가의 작품 중에선 처음으로 미국 배첼더 어워드 아너리스트에 선정됐다.

② 한국 작가들이 세계 3대 그림책 상을 잇달아 수상하며 세계 출판계를 놀라게 하고 있다.

③ 정작 국내에선 그림책이 독립된 [ ]로 인정받지 못하면서 제대로 된 지원도, 조명도 받지 못하고 있다.

④ 분류가 애매한 탓에 그림책은 판매에서도 고충을 겪는다.

⑤ 그림책 작가들의 개인적 역량에만 기대지 말고, 그림책에 대한 관심과 지원으로 K컬처를 꽃피워야 한다.

정답: ① 이억배 ② 장르

생각 키우기

■ **K컬처의 힘**

우리나라는 국가의 최고 법인 헌법 조문에 국가의 의무로 문화 국가의 실현을 명시하고 있습니다. 헌법 제9조는 '국가는 전통문화의 계승·발전과 민족문화의 창달에 노력하여야 한다'고 규정하고 있습니다.

이런 덕분일까요? 과거 드라마나 K팝에 한정돼 일부 아시아 지역에서 확산됐던 한류가 최근에는 다양한 분야, 더 많은 국가로 확산하고 있습니다. K컬처는 '대한민국의 문화(Korean+culture)'를 통칭하는 조어로, 한국의 문화 콘텐츠가 전 세계적으로 인기를 얻으면서 생긴 표현입니다.

K컬처의 하나로, 한국 문화 콘텐츠의 성장과 함께 각광받는 K뷰티를 꼽을 수 있습니다. 한국식 화장법, 미용법이 유튜브를 비롯한 각종 매체를 통해 세계에 소개되고 있으며, 한국의 미용사, 메이크업 아티스트들이 세계 각지에 진출해 우수한 실력을 인정받습니다. 한국식 화장법의 확산으로 화장품 회사들의 수출도 증가하고 있지요. 또한 K푸드도 세계가 주목하는 K컬처의 신흥 주자입니다. 세계화에 따른 입맛의 변화와 건강한 음식을 찾는 수요가 늘면서 동남아뿐 아니라 유럽, 미국 등에서도 한식이 큰 인기를 끌고 있습니다. 물론 여기에는 '한국의 맛'을 알리기 위한 민·관의 지속적인 노력도 한몫했지요.

이처럼 세계화 추세와 유튜브 등 소셜네트워크서비스(SNS)의 발달, BTS 같은 가수들의 활약에 힘입어 한국 문화는 세계 속에서 날로 성장하고 있습니다. 한국어를 자발적으로 배우는 외국인이 늘고, 한국 문화의 높아진 인기와 함께 한국산 제품 및 콘텐츠의 수출도 늘고 있지요. 문화 콘텐츠 산업은 세계에 한국을 알리는 강력한 무기가 되고 있습니다. 대한민국 임시정부의 주석이었던 백범 김구 선생이 일찍이 '나의 소원'을 통해 "오직 한없이 가지고 싶은 것은 높은 문화의 힘"이라며 강조했던 문화 국가가 바로 이런 모습 아닐까요?

생각 넓히기

Q. K팝, K드라마, K뷰티 등 이미 세계화에 성공한 콘텐츠 외에 또 어떤 문화 콘텐츠가 K컬처를 이끌 수 있을지 생각해 보세요.

Guide ▶ 정보통신기술과 다양한 스마트기기의 발달로 전자책(e-book)의 활용성과 시장성이 더욱 넓어질 것으로 전망됩니다. 책이 전자책으로 바뀌는 과정에서 기존의 만화책은 웹툰으로 바뀌어 큰 인기를 끌고 있습니다.

세계적으로 만화 산업의 규모는 줄고 있지만, 애플리케이션 기반의 웹툰 플랫폼이 주도하는 디지털 만화 시장은 성장 잠재력이 큰 산업입니다. 디지털 만화 시장이 전체 만화 시장에서 차지하는 비중은 2012년 6% 수준에서 2021년 18% 수준까지 크게 확대될 것으로 예상되지요. 특히 웹툰은 만화라는 하나의 소스를 기반으로 드라마, 영화, 캐릭터 산업 등 다양한 콘텐츠 산업으로 파생·확장이 가능하기 때문에 부가가치가 큽니다.

이런 가운데 한국의 웹툰은 세계 시장을 공략할 경쟁력이 충분한 콘텐츠로 평가됩니다. 한국콘텐츠진흥원에 따르면 이미 아시아뿐 아니라 유럽, 미국, 중동 등에서 레진코믹스와 라인웹툰 등 한국의 웹툰 플랫폼들이 앱스토어 만화 부문 다운로드 및 수익 순위 1, 2위를 기록(2016년 기준)한 바 있지요. 여기에 전반적인 K컬처의 강세가 더해져 이른바 'K툰'에 대한 관심은 더욱 높아질 것으로 전망됩니다.

CHAPTER 6

미래로 향하는 작지만 큰 변화
- 과학·스포츠

1. 숨 쉴 권리를 되찾는 법
2. 화려함보단 내실을
3. 환경도 경제재(經濟財)
4. 바이오헬스산업의 고속도로에
5. 지피지기는 성공의 길
6. 별이 되어 버린 스타

1
숨 쉴 권리를 되찾는 법

생각 열기 미세먼지로 숨쉬기 힘든 날이 점점 늘어납니다. 기승을 부리는 미세먼지로 야외 활동이 제한되면서 우울감을 호소하는 시민도 많습니다. 시민들의 신체적 건강뿐 아니라 정신적 건강에도 영향을 미치는 미세먼지 문제. 어떻게 해결해야 할까요?

[사설] 미세먼지, 범국가적으로 과학적 근거 축적과 외교전 나서야
(2019년 3월 14일자)

국회는 어제 올해 첫 본회의를 열고 미세먼지를 사회적 재난으로 규정하는 법안을 통과시켰다. 학교에 미세먼지 측정기와 공기청정기 설치를 의무화하고 액화석유가스(LPG) 차량을 누구나 살 수 있게 하는 등 8개 법안이 처리됐다. 앞서 12일 문재인 대통령은 손학규 바른미래당 대표가 제안한 '미세먼지 해결을 위한 범국가 기구' 구성을 적극 수용하라고 지시했다. 손 대표는 반기문 전 유엔총장을 위원장으로 추천했다.

이런 움직임은 미세먼지 해결이 여야나 정파 구분 없는 범국가적 사안이고 해결을 위해서는 외교력이 중요하다는 점에서 늦었지만 바람직한 방향이다. 그간 "중국에 할 말을 해야 한다"는 목소리가 컸지만 정부는 미온적이었고 중국은 "과학적 근거가 있느냐"며 *오불관언하는 태도로 일관했다. 물론 국내에서도 노후 경유차나 화석연료의 배출량을 줄이는 조치들을 강구해야 한다. 그러나 이런 노력만으로는 한계가 분명한 게 사실이다.

국가 간 공해 문제는 꾸준한 데이터 수집과 국제 여론전을 병행해야 한다. 영국 독일의 공업지대에서 날아온 오염물질로 산성비 피해를 입은 스웨덴은 1979년 11월 31개국이 '*월경성 장거리 이동 대기오염에 관한 협약'에 서명하기까지 10여 년간 끈질기게 국제 여론전을 벌였다. 싱가포르는 인도네시아에서 날아오는 연무에 대해 2014년 '초(超)국경 미세먼지법'을 제정한 뒤 2015년 유엔 지속개발정상회의 의제로 채택시켜 해결해냈다.

우선 중국발 미세먼지에 대해 과학적 입증을 하는 것에서 출발해야 한다. 항공기와 위성을 통해 과학적 데이터를 축적하고 국제사회에 알려야 한다. 규슈지역에서 미세먼지

피해를 본 일본이나 미세먼지 탓에 관광산업이 흔들리는 태국 등 다른 피해국들과 공동 대응도 추진할 만하다. 며칠 바람 불어 먼지가 사라지면 후순위로 밀리는 즉흥적 대증적 대책이 아니라 장기적 종합적 계획을 일관되게 추진해야 맑은 하늘, 숨 쉴 권리를 되찾는 날이 올 것이다.

용어노트

*오불관언 : 나는 그 일에 관여하지 않는다는 뜻. 어떤 일에 상관하지 않고 모른 체하는 모습을 가리키는 표현이다.

*월경성 장거리 이동 대기오염에 관한 협약 : 1979년 국제연합(UN) 유럽경제위원회에서 채택된 조약. 오염물질과 그 이동 및 확산에 대한 자료 수집, 국가별 오염물질 감축 기술 및 전략에 대한 정보 공유 등을 목적으로 가입국에 대기오염 방지 대책 의무를 부과한다.

생각정리퀴즈

① 국회가 올해 첫 본회의에서 미세먼지를 [   ]으로 규정하는 법안을 통과시켰다.

② 특히 '미세먼지 해결을 위한 범국가 기구' 구성 추진 등은 미세먼지 해결이 여야나 정파 구분 없는 범국가적 사안이고, 해결을 위해서는 [   ]이 중요하다는 점에서 바람직하다.

③ 미세먼지에 대해 중국은 오불관언의 태도로 일관하고 있다.

④ 국가 간 공해 문제는 꾸준한 데이터 수집과 국제 [   ]을 병행해야 한다.

⑤ 항공기와 위성을 통해 과학적 데이터를 축적하고, 다른 피해국들과의 공동 대응도 추진해 중국발 미세먼지에 대한 과학적 입증을 해야 한다.

정답 : ① 사회재난 ② 협치력 ③ 이공조

생각 키우기

■ 미세먼지와 초미세먼지는 어떤 차이?

먼지는 입자의 크기에 따라 총먼지, 미세먼지, 초미세먼지 등으로 나뉩니다. 지름이 10㎛ 이하이면 미세먼지인데, 초미세먼지는 지름 2.5㎛ 이하의 먼지로 'PM 2.5'로 표기하기도 합니다. 여기서 ㎛는 마이크로미터를 의미합니다(1㎛는 1000분의 1㎜).

초미세먼지는 건강에 치명적입니다. 초미세먼지 입자는 황산염, 질산염, 암모니아 등의 이온 성분과 금속화합물, 탄소화합물 등 유해물질로 이뤄져 있기 때문이지요. 주로 자동차 배기가스 등에서 발생하는 초미세먼지는 호흡기 깊숙이 침투해 폐 조직에 붙어 호흡기 질환을 일으키며, 혈관으로 흡수돼 뇌졸중이나 심장질환의 원인이 될 수도 있습니다.

■ 물과 공기, 자유재에서 경제재로

1980년대를 배경으로 하는 영화 '써니'에는 "물을 사 먹는다는 것은 말도 안 된다"는 대사가 등장합니다. 당시 물과 공기는 무한하다 생각해 언제 어디서나 공짜로 쓸 수 있는 자유재(自由財), 즉 경제적 가치가 없는 재화였습니다. 그런데 요즘은 물도 사서 마시지요. 즉, 깨끗하고 맑은 물은 주변에 있는 것이 아니라 생수 공장을 통해, 수돗물 생산을 통해 비용을 지불하고 마셔야 하는 경제재(經濟財)로 바뀌었습니다.

요즘에는 미세먼지로 인해 집이나 학교, 사무실에서 공기청정기가 상시 가동되고 있습니다. 공기를 정화하고 사용하는 데 있어서 비용을 지불해야 하기에 깨끗한 공기 역시 경제재로 바뀌고 있는 것입니다.

물과 공기가 경제재가 된다면 이를 사는 활동도 경제활동이기에 국내총생산(GDP)이 증가할지도 모르겠습니다. 그런데 과연 그런 환경에서 GDP 증가가 의미가 있을까요? 모두가 '인간답게 살 권리'를 위해 깨끗하고 맑은 물과 공기를 자유롭게, 자유재로 이용할 수 있어야 합니다. 그러려면 비용 투자가 필수인데, 비용을 우리나라가 부담해야 하는가, 국제사회가 함께 부담해야 하는가 하는 난제도 남아 있지요. 문제 해결을 위해 외교력을 발휘해야 할 때입니다.

> **생각 넓히기**

Q. 2019년 8월, 일본 정부가 일본 후쿠시마 원전 사고로 인한 방사능 오염수를 태평양에 방류할 것을 검토하고 있다는 의혹이 제기되면서 국제사회 안전에 비상이 걸렸습니다. 일본의 이러한 계획에 대해 어떻게 생각하나요?

Guide ▶ 2011년 동일본을 강타한 대지진으로 후쿠시마 제1원자력발전소가 침수되고, 핵연료 용융과 수소 폭발로 이어지며 다량의 방사성 물질이 누출된 바 있습니다. 이후 9년이 지난 지금도 외부에서 흘러들어 가는 지하수 등으로 원전에선 수많은 양의 방사성 오염수가 나오고 있지요. 일본 도쿄전력은 오염수를 정화한 뒤 대형 물탱크에 넣어 보관하고 있는데, 정화 작업을 거쳐도 오염수에 방사성 물질이 다수 남아 있고, 2022년경에는 오염수를 보관하는 물탱크도 포화 상태에 이를 것으로 전망됩니다.

이에 일본 정부는 방사능 처리 비용 및 보관 비용을 낮추기 위해 오염수를 바다에 방류하는 방안을 검토하고 있지요. 국제 환경단체 그린피스는 "일본 정부가 방사성 오염수 100만 t 이상을 태평양에 방류할 계획을 추진하고 있다"며 "한국을 비롯한 태평양 연안 국가들의 안전을 위협하는 범죄 행위이며 환경 재앙"이라고 비판했습니다. 오염수가 섞인 바닷물이 해류에 의해 다른 국가의 특정 지역으로 이동할 수 있을 뿐 아니라, 바다 생태계가 파괴되고 바다에서 잡아들인 어류를 섭취한 사람들의 건강에도 위협이 될 수 있는 중대 사안이므로 국제 환경단체가 비판의 수위를 높인 것이지요.

중국발 미세먼지, 후쿠시마 오염수 방류 문제에서 보듯 특정 국가와 그 주변국은 환경적으로도 밀접한 관계를 맺습니다. 독단적인 결정으로 주변국과 지구촌 전체를 위협에 빠뜨리는 상황을 만들지 말고 국제사회와 긴밀히 협력해 합리적인 해결책을 찾아야 합니다.

화려함보단 내실을

> **생각 열기** 우리나라가 세계 최초로 5세대(5G) 스마트폰 서비스를 시작했습니다. 최초라는 타이틀을 얻었지만 5G 서비스를 막는 규제 등 넘어야 할 산도 많지요. 세계 시장을 선점하고 경쟁력을 갖춰나가려면 무엇을 해야 할까요?

[사설] 세계 첫 5G 상용화, 타이틀보다 중요한 건 경쟁력 (2019년 4월 5일자)

국내 이동통신 3사가 그제 오후 11시 일부 가입자를 대상으로 5세대(5G) 스마트폰 서비스를 시작했다. 각 사의 1호 가입자들에게 세계 첫 5G 스마트폰인 삼성전자 '갤럭시 S10 5G'를 먼저 개통해 준 것이다. 이로써 한국은 지난해 12월 세계 첫 5G 주파수 송출에 성공한 데 이어 세계 최초의 5G 상용화 국가라는 타이틀을 거머쥐게 됐다.

빠른 전송, 방대한 데이터, 실시간 연결 등이 특징인 *5G 이동통신은 4차 산업혁명의 핵심 인프라이자 플랫폼 역할을 하면서 일상생활의 변화는 물론이고 산업 간 융합과 혁신을 촉발할 것으로 기대된다. 5G의 경제적 가치가 2035년 12조3000억 달러에 이른다는 분석도 있다. 한국이 최고 수준의 정보통신기술(ICT) 역량을 과시하고 관련 시장을 선점하는 계기를 마련했다는 점에서 '세계 최초'라는 상징성과 브랜드 가치는 무시할 수 없다.

하지만 최초 타이틀을 확보하기까지의 과정은 개운치 않다. 정부는 당초 3월 말로 5G 상용화를 추진했다. 그런데 요금제 인가와 전용 스마트폰 출시가 지연되면서 미국 통신사 *버라이즌이 먼저 상용화를 하겠다고 치고 나갔다. 다시 이달 5일을 D데이로 잡은 정부는 버라이즌이 4일로 일정을 앞당긴다는 소식이 들리자 부랴부랴 이통사를 불러 한밤중 기습 개통을 주문했다. 한 이통사는 수정 신고한 5G 요금제를 공개하기도 전에 1호 가입자를 개통해 앞뒤가 바뀐 모양새가 됐다. 정부의 요금 인하 압박과 밀어붙이기식 행정이 빚어낸 결과다.

일반 고객들은 예정대로 5일부터 5G폰을 개통할 수 있지만 아직 대도시 중심의 제한적 서비스다. 5G가 꽃피우려면 네트워크 단말기 장비뿐만 아니라 전용 콘텐츠와 서비스 개발이 뒷받침돼야 하는데 갈 길이 멀다. 2G 때부터 이어져 오는 통신·요금 규제, 빅데이터 산업에 걸림돌이 되는 개인정보 규제 등 5G 서비스를 막는 규제도 그대로다. 세계 최초 타이틀을 넘어 세계 시장을 선도할 수 있도록 전체 산업 측면에서 5G 생태계를 구축해야 한다. 정부는 관련 규제를 풀고 산업계는 과감한 투자로 플랫폼, 콘텐츠 등 다방면의 경쟁력을 높여야 한다.

용어 노트

*5G 이동통신 : 최대 속도가 20Gbps에 달하는 이동통신 기술. 4세대 이동통신인 LTE에 비해 속도는 20배가량 빠르고, 처리 용량은 100배 많다. 초저지연성과 초연결성을 통해 4차 산업혁명의 핵심 기술인 가상현실, 자율주행, 사물인터넷 등을 구현할 수 있다.

*버라이즌 : 미국 최대의 정보통신 회사인 버라이즌커뮤니케이션스. 2000년 전화 회사인 벨애틀랜틱(Bell Atlantic)과 장거리전화 전문 통신 회사인 GTE(General Telephone & Electronics Corporation)가 합병하면서 출범했다. 미국을 대표하는 통신 회사로 2000년대 들어 AT&T를 제치고 미국 1위의 통신 기업이 됐다.

생각 정리 퀴즈

① 국내 이동통신 3사가 [　　　] 스마트폰 서비스를 시작하면서 우리나라는 세계 최초의 5G 상용화 국가라는 타이틀을 거머쥐게 됐다.

② 5G 이동통신은 [　　　]의 핵심 인프라이자 플랫폼 역할을 하면서 일상생활의 변화 및 산업 간 융합과 혁신을 촉발할 것으로 기대된다.

③ 최초 타이틀을 확보하는 과정에서 정부는 요금 인하 압박과 [　　　] 행정을 보여 줬다.

④ 5G를 꽃피우기 위해 갈 길이 멀다. 정부는 관련 규제를 풀고 산업계는 과감한 투자로 경쟁력을 높여야 한다.

정답 : ① 5세대(5G) ② 4차 산업혁명 ③ 밀어붙이기식

생각 키우기

■ '세계 최초 5G'

최근 과학기술정보통신부가 내놓은 '무선통신서비스 가입회선 통계'에 따르면 2020년 2월 말 기준 국내 5G 이동통신 가입자는 536만여 명을 기록했습니다. 2019년 4월 5G를 상용화한 지 10개월 만에 5G 이동통신 가입자가 500만 명을 넘어선 것이지요.

4차 산업혁명이 화두인 시대. 5G 이동통신은 인공지능과 자율주행차, 가상현실 등으로 대표되는 4차 산업혁명을 구현할 핵심 인프라입니다. 이런 핵심 플랫폼이 전 세계에서 최초로 대한민국에 깔리기 시작했다는 것은 4차 산업혁명을 통한 새로운 성장 동력을 만들어낼 기반을 마련했다는 점에서 큰 의미가 있습니다.

세계 최초 5G 주파수 송출을 시작한 이래 우리 기업들은 세계 5G 스마트폰 시장에서 선두를 유지하고 있지만 극복할 과제들은 여전히 적지 않습니다. 정부는 보다 많은 사람이 5G 기술을 누리도록 유도하고, 5G 통신과 관련된 산업 분야를 중점 육성하는 한편 기업의 성장을 가로막는 규제에 대한 해결책을 마련해 나가야 합니다.

■ 규제를 타파하라

최첨단 산업인 정보통신기술(ICT)은 기술의 발전 속도가 매우 빠른 것이 특징입니다. 특히 우리나라는 ICT와 관련한 우수 인력들이 넘쳐나고 수준 높은 기술력도 보유하고 있는, 세계에서 몇 안 되는 국가이지요. 그런데 규제 개선 속도는 이런 외형에 걸맞지 않다는 지적이 많습니다. ICT 산업에 뛰어든 기업들이 혁신을 시도하려 해도 이를 가로막는 규제들로 성장이 정체되고, 결국 경쟁에서 밀려나는 일이 비일비재하지요.

이런 부작용을 막기 위해 정부는 새로운 제품이나 서비스가 출시될 때 일정 기간 기존 규제를 면제·유예시켜주는 '규제 샌드박스' 제도를 실시합니다. 신기술이나 서비스가 국민의 생명과 안전에 저해되지 않을 경우 심사를 거쳐 시장 출시를 임시로 허가할 수 있도록 지원하는 것이지요.

ICT 분야에서 규제 샌드박스 제도가 효과를 발휘하는 부분은 '모바일 고지 서비스'입니다. 2019년 2월 과학기술정보통신부는 KT와 카카오페이가 신청한 공공기관 모바일 고지 서비스를 규제 샌드박스 임시 허가 대상으로 결정했는데요. 과거에는 개인정보 사용에 대한 개별 동의를 받아야 해 잘 활용되지 않았지만, ICT 분야 규제 샌드박스 1호로 지정되고 나서는 공공기관의 종이 고지서가 모바일로 빠르게 대체되고 있습니다. 발송 비용이 줄고, 개인에게 도달되는 비율도 2배 가까이 높아져 규제 혁파로 효율성이 극대화된 사례입니다.

> **생각 넓히기**
>
> **Q. 규제 샌드박스 시행 1년이 넘었고 유의미한 성과도 나왔지만 여전히 스타트업 업계에선 그 효과를 체감하기 어렵다는 반응도 나옵니다. 그 이유는 무엇인지, 해결 방안은 무엇인지 생각해 보세요.**
>
> Guide ▶ 어떤 정책이든 겉으로 드러나는 것보다 내실을 갖추는 일이 중요합니다. 정부는 2020년 2월, 규제 샌드박스 시행 1년을 맞아 당초 목표 대비 2배에 가까운 양적 성과를 달성했다고 평가했지만 업계에선 직접적인 수혜를 받지 못하고 있다는 볼멘소리도 나옵니다. 여러 가지 이유가 있지만 규제 샌드박스를 위한 또 다른 규제가 발목을 잡고 있다는 분석이 많습니다. 규제 샌드박스 수혜를 누리기 위한 요건을 충족하느라 시간이 오래 걸리고, 승인을 받아도 '조건부 승인'이 많다는 것이지요. 규제 샌드박스 제도에서도 내실이 중요합니다.

환경도 경제재(經濟財)

생각 열기 인간과 자연이 별개의 것이 아니라는 생각으로 돌아오는 데 참 오랜 시간이 걸렸습니다. 자연이 없이는 인간도 존재할 수 없음을 깨닫는 데 그치지 말고, 자연이 인간에게 삶의 기회를 제공한다는 사실을 생각해봅시다.

[사설] 오늘 지구의 날, 환경은 생존이며 미래 성장동력 (2019년 4월 22일자)

　1970년 4월 22일 미국에서 열린 제1회 *지구의 날 행사에는 2000만 명 이상이 참가했다. 하지만 제2회 지구의 날 행사는 무려 20년 뒤인 1990년에야 열렸다. 환경 문제가 경제성장의 뒷전으로 밀려난 탓이 컸다. 이후 매년 세계 규모로 벌어지는 행사에는 한국도 '하나뿐인 지구'를 내걸고 동참하고 있다.

　이제 환경은 위기를 넘어 기회로 다가오고 있다. 세계적으로 환경시장은 2017년 기준 1조6000억 달러(약 1820조 원)에 달한다. 기업에는 경제적 가치 외에 친(親)환경 같은 사회적 가치 창출이 중요한 비즈니스 모델로 떠올랐다. 지난해 11월 미국 경제전문지 포브스에 따르면 '*밀레니얼 세대' 10명 중 7명이 최근 1년 동안 사회적, 환경적으로 긍정적 영향을 미칠 수 있는 제품을 구매했다. 소비를 주도하는 젊은 세대가 환경을 해치지 않고 생산된 제품에 다소 비싸더라도 선뜻 지갑을 여는 등 전통적인 소비와 다른 패턴을 보이는 것이다.

　국내에서도 2011년 가습기 살균제 사태, 2018년 라돈 침대 사건 등 환경 재앙을 경험했다. 갈수록 심해지는 미세먼지는 숨조차 마음껏 쉴 수 없는 세상이 올 수 있다는 공포를 안겨줬고 '환경이민'이란 단어마저 낳았다. 환경이 우리의 일상을 결정짓는 핵심 결정변수로 생활 깊숙이 스며든 것이다.

　동아일보가 이달 초부터 연재하는 '환경이 미래다' 시리즈는 환경 문제를 새로운 기회로 보고 도전하는 기업들을 소개하고 있다. '생산자 책임 원칙'을 내걸고 생산 제품의 *업사이클링 프로그램을 내놓는 기업, 제조 공정에서 발생하는 각종 부산물을 재활용하는 기업, 친환경 차량을 만드는 과정도 친환경적으로 갖추려는 기업 등 친환경에 대한 소비자의 욕구가 혁신성장의 씨앗이 되고 있다. 그 바탕에는 기꺼이 친환경 제품을 선택하고, 환경오염을 일으키는 기업은 외면하는 지구촌 소비자들의 변화가 깔려 있다. 환경적으로 올바르지 않은 기업은 퇴출까지 될 수 있지만 다른 한편으론 무궁무진한 기회 또한 열리는 것이다.

지구는 오늘도 자원 고갈, 쌓여 가는 쓰레기, 기상이변 등 한계에 이르렀다는 신호를 곳곳에서 보내고 있다. 환경은 우리의 미래생존 그 자체이며 기회이고 성장동력이다.

> **용어노트**
>
> *지구의 날 : 지구 환경오염 문제의 심각성을 알리기 위해서 자연보호자들이 제정한 지구 환경보호의 날. 매년 4월 22일이다.
>
> *밀레니얼 세대 : 1980년대 초반~2000년대 초반 출생한 세대. 정보기술(IT)에 능통하며 대학 진학률이 높다는 특징이 있다. 2008년 글로벌 금융위기 이후 사회에 진출해 고용 감소, 일자리 질 저하 등의 어려움을 겪은 세대이기도 하다.
>
> *업사이클링 : 재활용품에 디자인 또는 활용도를 더해 가치를 높인 제품으로 재탄생시키는 것.

생각정리퀴즈

① 환경 문제가 경제성장의 뒷전으로 밀려난 탓에 [   ] 행사는 제1회 행사 이후 20년 뒤에야 열렸다.

② 환경시장이 경제적으로 중요한 가치로 떠오르는 등 이제 환경은 위기를 넘어 기회로 다가오고 있다.

③ 미세먼지 등의 환경 재앙을 경험하며 환경은 우리의 일상을 결정짓는 핵심 [   ]로 생활 깊숙이 스며들었다.

④ 환경은 우리의 미래 생존 그 자체이며 기회이고 [   ]이다.

정답 : ① 지구의 날 ③ 일상용품 ④ 성장동력

생각 키우기

■ **인간중심주의 vs 생태중심주의**

　인간중심주의는 인간의 가치관과 경험에서 세상을 해석합니다. 인간만이 이성을 지닌 존재이며 다른 자연적 존재보다 우월한 존재라는 인식이지요. 자연을 인간의 욕구 충족을 위한 도구로 보는 '도구적 자연관'에 근거합니다. 도구적 자연관은 자연이 그 자체로 가치 있는 것이 아니라 인간의 욕구 충족과 생존 및 복지를 위한 도구에 불과하다고 보는 관점입니다. 도구적 자연관에 따라 인간의 자연 정복을 정당화하지요. 이에 따라 인간중심주의는 오늘날 우리가 겪는 생태적 위기와 환경 문제의 주범으로 비판받습니다.

　반면 생태중심주의는 자연을 중심에 두고 사고합니다. 인간이 자연으로부터 독립된 존재가 아니라 자연의 일부라는 관점입니다. 인간만의 이익보다는 인간을 포함한 자연 전체의 균형과 안정을 중시하지요. 자연 또는 생태계 전체를 사유 대상으로 한다는 점에서 '전일주의'라고도 합니다. 생태중심주의는 개별 생명체의 이익보다는 생태계 전체의 이익을 우선시하는 탓에 '환경 파시즘' 또는 '생태 파시즘'이라는 비판을 받기도 합니다. 인간을 모든 환경 및 생태계 위기의 원인으로 간주한다는 것이지요.

■ **'새활용'이 각광받는 시대**

　버려지는 제품을 단순히 재활용하는 차원을 넘어서 디자인을 가미하는 등 새로운 가치를 더해 새로운 제품으로 재탄생시키는 '업사이클링'. 우리말로는 '새활용'이라 하기도 합니다. 재활용 의류를 이용해 새로운 옷이나 가방을 만들거나, 버려진 현수막을 장바구니로 만드는 것 등이 새활용의 사례이지요. 최근 환경에 대한 관심이 늘면서 새활용 제품을 기꺼이 구매하는 소비자도 많아집니다. 버려지는 제품에 전문가의 손길이 더해져 한층 더 멋스러워지고 디자인 측면에서도 기성품과 차별화되면서 수요가 늘어나는 것이지요.

생각 넓히기

Q. 건강을 지키기 위해, 비윤리적으로 사육되고 도살되는 동물을 보호하기 위해 채식을 하는 사람들이 늘고 있습니다. 채식은 환경을 보호하는 도덕적이고, 친환경적인 소비 방식일까요? 의견을 말해 보세요.

Guide ▶ 채식주의는 고기류를 피하고 주로 채소, 과일, 해초 등 식물성 음식만을 먹는 태도를 말합니다. 채식주의는 동물에서 나오는 것 자체를 먹지 않는 '비건(vegan)'과 육식만 하지 않을 뿐 동물에서 나오는 계란이나 우유, 치즈 등은 섭취하는 경우처럼 먹는 음식과 그 단계에 따라 다양하게 구분됩니다.

육류 소비가 지구온난화의 주범이라는 연구는 많습니다. 소들은 사육되면서 소화 기관을 통해 주요 온실가스 중 하나인 메탄을 다량 만들어내지요. 유엔식량농업기구(FAO)에 따르면 세계 온실가스 배출량의 약 16.5%가 축산업에서 나온다고 합니다. 하지만 채식이 완벽히 환경을 보호할 수 있는 식생활인지는 고민할 대목입니다. 경작지를 만들려면 숲 같은 자연을 파괴해야 할 수 있고 농약이나 비료 등이 환경에 안 좋은 영향을 미칠 수도 있기 때문이지요.

바이오헬스산업의 고속도로에

> **생각 열기**
> 바이오헬스산업의 급등세가 심상치 않습니다. 대통령도 "지금이 우리나라가 바이오헬스 세계시장을 이끌 최적의 기회"라고 말했지요. 바이오헬스산업 성장으로 향하는 고속도로에 오르려면 어떤 문제가 해결되어야 할까요?

[사설] 바이오헬스산업의 '스티브 잡스'는 한국에서 나와야 (2019년 5월 23일자)

　문재인 대통령은 어제 충북 오송에서 열린 바이오헬스 국가비전 선포식에 참석해 "정부는 *바이오헬스산업을 시스템반도체, 미래형 자동차와 함께 3대 신산업으로 선정했다"고 밝혔다. 이를 위해 국가 차원의 100만 명 DNA 데이터를 포함해 5대 빅데이터를 구축하고 연구개발(R&D)에 매년 4조 원을 투자한다. 평균 18개월이 소요되던 신약 허가심사 기간도 1년으로 줄인다. 문 대통령은 앞서 지난달 삼성전자를 방문해 시스템반도체 비전을 발표했고 1월 울산을 방문해 수소차 등 미래형 자동차에 대해 강조했다.

　바이오헬스산업 분야의 투자는 최근 큰 폭으로 늘고 있다. 유가증권시장 실적만 봐도 의약품이나 의료정밀 업종의 성장률이 매년 상위권을 점하고 있다. 이런 산업의 급등세는 미국 등 해외에서도 확인된다. 스티브 잡스가 스마트폰을 들고 나온 것이 2007년이다. 스마트폰 시장은 이제 한계에 도달했다. 바이오산업에서 새로운 스티브 잡스가 나올 차례다. 문 대통령은 "지금은 우리에게 바이오헬스 세계시장을 이끌어갈 최적의 기회"라고 말했다. 우리나라는 한때 *줄기세포 연구에서 가장 앞섰으나 황우석 사건으로 크게 위축됐다. 이제 트라우마에서 벗어나 연구개발 속도를 높여야 한다.

　빅데이터는 바이오헬스산업에 고속도로나 다름없는 인프라다. 의료 정보 빅데이터 구축이 꼭 필요하다는 주장이 나온 지 10년도 넘었지만 일부 보건의료전문가, 시민단체, 인권변호사들은 개인정보 유출 우려를 내세워 반대해왔다. 여당은 눈치를 보며 개인정보보호법 등의 개정을 미루고 있다. 정부는 이들부터 설득하는 것으로 바이오헬스 육성 의지를 증명해야 한다. 개인정보 보호를 위한 보완책도 함께 세심히 마련하면 된다.

　바이오헬스는 의료기기를 집에서 TV처럼 사용하는 시대의 산업이다. 고령층은 늘고 의료보험 적용 분야는 확대되면서 급속한 의료비 상승이 예상된다. 질환이 발생하기 전 예방 단계에서부터 적극 개입해 의료비를 줄이는 것이 의료보험의 지속 가능성을 유지하는 길이기도 하다. 이것은 결국 원격진료와 연결될 수밖에 없다. "규제를 글로벌 스탠더드에 부합하게 합리화하겠다"는 말 이상으로 규제개혁을 실천해야 바이오산업의 선도자가 될 수 있다.

용어 노트

*바이오헬스산업 : 생명공학과 의학, 약학 지식에 기초하여 인체에 사용되는 제품을 생산하거나 서비스를 제공하는 산업.

*줄기세포 : 아직 분화가 되지 않아 특정 조직 세포로 분화할 수 있는 능력을 지닌 세포로, 신체 조직으로도 분화할 수 있는 세포.

생각 정리 퀴즈

① 정부는 [   ]을 3대 신산업 중 하나로 선정하고 매년 4조 원을 투자한다.

② 바이오헬스산업에 대한 투자는 최근 큰 폭으로 늘고 있고 이런 산업의 급등세는 미국 등 해외에서도 확인된다.

③ [   ]는 바이오헬스산업에 고속도로나 다름없는 인프라이지만 일각의 반대로 인해 의료 정보 빅데이터 구축에 난항을 겪고 있다.

④ 정부가 나서 바이오헬스 육성 의지를 증명하고 [   ] 보호를 위한 보완책도 함께 마련해야 한다.

⑤ 글로벌 스탠더드 이상으로 규제개혁을 실천해야 바이오산업의 선도자가 될 수 있다.

정답 : ① 바이오헬스산업 ③ 빅데이터 ④ 개인정보

> **생각 키우기**

■ 황우석 박사 논문 조작 사건

황우석 박사는 1999년 2월, 연구팀과 함께 국내 최초로 복제 젖소 '영롱이'를 탄생시켜 주목을 받았습니다. 이후 돼지 등 동물 복제에 잇따라 성공한 황 박사는 2004년 2월, 세계 최초로 복제된 인간의 배아에서 줄기세포를 얻는 데 성공했다는 논문을 발표했습니다. 이렇게 만들어진 줄기세포를 당뇨병, 파킨슨병, 관절염 같은 질환을 앓는 환자의 손상된 조직이나 기관에 이식하면 면역거부반응 없이 정상적인 세포로 자랄 수 있어 당시 큰 반향을 일으켰지요. 정부는 이 공로로 황 박사에게 과학기술인 최고 훈장인 '창조장'을 수여하기도 했습니다. 하지만 난자 채취 과정에서의 윤리 문제에 휩싸이고 논문 조작이 확인되면서 과학기술부(현 과학기술정보통신부)의 최고과학자 지위가 박탈됐고, 서울대 교수직에서도 파면됐습니다.

황 박사의 줄기세포 연구논문 조작 사건으로 우리는 연구윤리에 대한 귀중한 교훈을 얻었다고 볼 수 있습니다.

■ 원격의료

환자가 직접 의료기관을 방문하지 않아도 통신망이 연결된 모니터 등 의료장비를 통해 의사의 진료를 받는 서비스입니다. 산간 지대나 섬처럼 교통이 불편한 지역 주민이 질병에 걸릴 경우 활용도가 높을 것으로 전망되지요. 세계적으로 의료와 정보통신기술(ICT)의 융합이 이뤄지면서 새로운 성장산업으로 떠오르고 있습니다. 특히 5G 이동통신의 등장으로 초고속 인터넷 시대가 열리면서 활용도는 더욱 커질 것으로 보입니다.

우리나라의 경우 원격의료 관련 시범사업을 진행했지만 의료계의 반대로 본격 시행되고 있지는 않습니다. 한편 미국이나 일본, 유럽 등 선진국은 관련 산업을 확대해나가고 있습니다.

> **생각 넓히기**
>
> **Q. 코로나19로 인해 미국에선 원격진료가 활발합니다. 이에 우리나라도 원격진료를 허용해야 한다는 의견이 나오지요. 원격진료를 허용해야 할까요, 하지 말아야 할까요?**
>
> `Guide` ▶ 원격진료를 허용해야 한다는 입장은 '진료 편의성'을 이유로 듭니다. 환자가 꼭 병원에 가지 않아도 의사를 만날 수 있어 진료 편의성이 높아진다는 것이지요. 또한 환자가 자신이 원하는 의사를 선택해 진료를 받을 수 있어 '선택적 진료'가 활성화될 수 있습니다. 시간과 장소의 제한 없이 의료 서비스를 제공받을 수 있어 산간·도서 지역에 거주하는 주민들도 손쉽게 의료 서비스 혜택을 받는 장점도 있습니다.
>
> 원격진료를 반대하는 입장에선 진료의 정확성을 문제 삼습니다. 온라인으로 진료가 이뤄지므로 의사가 환자의 상태를 정확히 파악할 수 없어 오진이 나올 수 있다는 것입니다. 그리고 선택 진료 확대로 지방 병원들이 운영난에 처할 수 있다는 점도 우려합니다. 이는 지역 의료 체계의 붕괴를 의미하며, 응급상황에서 제때 의료 서비스를 받지 못해 생명이 위험해지는 상황이 자주 발생할 수 있다고 주장합니다.

지피지기는 성공의 길

생각 열기 누구나 성공을 원하지만 아무나 성공하진 못합니다. 자신을 객관화해 최고 자리에 오른 인물의 '성공 법칙'을 살펴봅니다.

[광화문에서/이헌재] 아메리칸 드림 류현진… 그에게 배우는 '성공 법칙'
(2020년 1월 16일자)

"메이저리그 클럽하우스를 가 봤는데요. 크기가 운동장만 하고요. 안에 식당도 있고요. 호텔처럼 최고급 음식이 나오고요. 아니, 월풀까지 있었다니까요." 8년 전 KBO리그 한화에서 뛰던 류현진(33·토론토)과 했던 인터뷰를 뒤져 보다 나도 모르게 피식, 웃음이 나왔다. 당시 그는 2009년 제2회 *월드베이스볼클래식(WBC)에 참가하면서 밟아 본 메이저리그 구장들을 눈을 반짝이며 묘사했다. 그저 선망의 대상인 줄만 알았던 그 무대에서 류현진은 '아메리칸 드림'을 이뤘다. LA 다저스에서 성공적인 7시즌을 치른 뒤 지난해 말 토론토와 4년 8000만 달러(약 927억 원)의 대형 계약을 했다. 지난해엔 한국 선수로는 처음으로 메이저리그 전체 평균자책점 1위(2.32)를 차지했고, *올스타전 선발 투수로도 나섰다. '부'와 '명예'를 다 가진 슈퍼스타가 된 것이다.

류현진의 성공을 어떻게 설명할 수 있을까. 토론토 입단 기자회견 등에서 그는 특유의 담담한 어투로 새 팀과 새 시즌에 대한 각오를 밝혔다. 그의 말을 듣다가 8년 전의 기억이 문득 떠올랐다. 그때나 지금이나 변함없이 그를 관통하고 있는 '성공 법칙'이 있었기 때문이다. "스피드는 저랑 안 맞는 것 같아요." 토론토 입단식에서 그가 무심한 듯 던진 말에 좌중엔 폭소가 터졌다. 메이저리그에서 그는 강속구 투수가 아니다. 지난해 그의 속구 평균 구속은 시속 146km였다. 최고 구속은 150km대 초반이다. 작년 메이저리그 투수들의 속구 평균은 150km였다. 160km는 물론이고 170km에 육박하는 빠른 공을 던지는 선수들도 있다.

그런데 자기 공이 느리다고 인정하는 선수는 많지 않다. 많은 투수들이 스피드를 곧 자존심이라고 생각한다. 요즘도 적지 않은 투수들이 공을 던진 뒤 전광판을 쳐다본다.

구속이 얼마나 나왔는지 궁금한 것이다. KBO리그에서 뛸 당시 강속구 투수였던 류현진은 스피드에 대한 집착을 버렸다. 지난해 한국 투수들의 직구 평균 구속은 시속 142km였다. 류현진은 여전히 한국에서는 강속구 투수인 셈이다. 하지만 새로운 환경에서 그는 스스로를 제대로 파악하고 있었다. 그걸 농담으로 승화시키기까지 하는 건 류현진 정도 되어야 할 수 있다. 8년 전에도 그는 이렇게 말했다. "미국 선수를 상대해 보니 실투 하나 나오면 공이 없어지겠더라고요. 스피드 대신 제구로 승부해야죠."

자신을 잘 알고 있으니 해답도 명확하다. "많은 것을 바꾸기보다 원래 가지고 있는 구종을 가지고 조금 더 정교하게 던져야 할 것 같다." 기자회견에서 말했듯 그는 욕심을 부리기보다 자신이 잘할 수 있는 것에 더 집중한다.

8년 전에도 그는 "불리한 볼카운트에서도 모든 구질로 스트라이크를 잡을 자신이 있다"고 했다. 원래 수준급이었던 4가지 구종(직구, 커브, 체인지업, 슬라이더)이 메이저리그에서는 한층 업그레이드됐다. 직구는 포심 패스트볼과 투심 패스트볼로 분화했고, 슬라이더는 더 빠른 슬라이더의 일종인 컷 패스트볼(커터)로 진화했다. 같은 변화구 안에서도 속도에 변화를 줬다. 한때 어리게만 보였던 류현진이 이제는 많은 이들에게 삶의 지혜를 주고 있다. 해마다 발전하는 그에게 올해도 한 수 배워야겠다는 생각이다.

용어 노트

*월드베이스볼클래식(WBC) : 2006년 시작돼 4년마다 열리는 국가 대항 야구 토너먼트 대회. 2006년 1회 대회 후 3년 뒤인 2009년 2회 대회가 열렸지만 이후 4년마다 열린다. 아마추어 선수들이 주로 출전하는 올림픽과 달리 메이저리그 등 프로 선수들이 참가한다.

*(MLB) 올스타전 : 메이저리그(MLB)의 양대 리그인 내셔널리그와 아메리칸리그의 우수 선수들 간 대항 경기. 팬들의 투표와 감독 추천 등으로 선발된 선수들이 드림팀을 이루어 치른다. '미드서머 클래식(Midsummer Classic·한여름의 고전)'이라고도 불린다.

생각 정리 퀴즈

① 류현진은 [　　　]에 진출한 지 7시즌 만에 토론토와 대형 계약을 체결하며 '아메리칸 드림'을 이뤘다.

② 류현진의 변함없는 [　　　]은 스스로를 객관적으로 파악하는 것이다.

③ 해마다 발전하는 류현진은 많은 이들에게 삶의 지혜를 주고 있다.

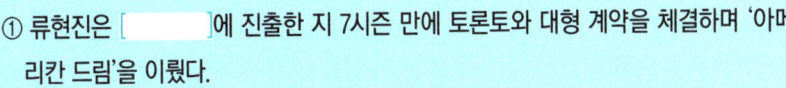
정답: ① 메이저리그 ② 승부 근성

> 생각
> 키우기

■ **류현진은 어떤 선수?**

　미국 프로야구 메이저리그(MLB) 토론토 블루제이스 소속 투수. 우리나라 프로야구(KBO)에서 MLB로 직행한 첫 번째 한국인 선수. 류현진 이전에는 박찬호, 김병현, 서재응, 최희섭, 추신수 등 KBO 데뷔를 하지 않고 고교 졸업 이후 곧바로 MLB 문을 두드리는 방식이 주를 이뤘다면, 류현진이 KBO에서 MLB로 간 이후 강정호, 박병호, 황재균, 김광현 등이 KBO에서 실력을 쌓아 MLB에 진출하는 방식으로 지형이 변화했지요.

　인천 동산고를 졸업하고 2006년 KBO 한화 이글스에 입단한 류현진은 데뷔 첫해 다승왕(18승), 최다 탈삼진, 평균자책점 부문 1위로 투수 3관왕에 오르고 신인왕과 최우수선수상을 받았습니다. KBO 사상 신인왕과 최우수선수상을 동시에 받은 선수는 류현진이 처음입니다.

　2013년 MLB의 LA 다저스에 입단해 승승장구하던 류현진은 2015년 이후 부상에 시달렸지만 재기에 성공했고, 2019년 전반기 평균자책점 1.73으로 동양인으로선 일본의 노모 히데오(1995년)에 이어 2번째, 한국인 최초로 MLB 올스타전 선발로 뽑혔지요. 후반기에도 활약하며 아시아 투수 최초로 MLB 평균자책점 1위를 차지했습니다.

■ **지피지기가 중요한 이유**

　지피지기(知彼知己)는 상대를 알고 나를 알아야 한다는 뜻. 스포츠 분야에선 자신을 철저하게 분석해 성공한 사례가 많습니다. 계속되는 신화를 쓰며 베트남 축구를 질적으로 한 단계 끌어올렸다는 평가를 받는 '쌀딩크' 박항서 감독이 대표적. 베트남 축구대표팀 감독으로 부임한 그가 가장 먼저 한 일은 베트남 축구의 약점을 파악하는 일이었습니다. 베트남 현지에선 '선수들의 체력이 약하다'고 평했지만, 선수들을 꼼꼼하게 분석한 그는 체격이 왜소한 것이지 체력이 약한 것은 아니라는 결론을 내렸지요. 선수들의 기술을 강화하는 전술 훈련을 하고 식단을 보완하는 방향으로 '선택과 집중' 전략을 취했습니다. 결국 2018년 아시아축구연맹(AFC) U-23 축구 선수권 대회에서 역사상 최초로 준우승을 거둔 것을 시작으로 2018 자카르타-팔렘방 아시아경기에서도 베트남을 56년 만에 4강에 올려놓았습니다.

> **생각 넓히기**
>
> **Q. 경영 전략을 논할 때 빠지지 않는 것이 '선택과 집중'. 자본과 인력이 제한적이라면 성과를 낼 부분을 선택하고 그것에 집중해야 경쟁에서 살아남지요. 선택과 집중으로 성공한 경영인을 꼽아보고 그 한계도 생각해 보세요.**
>
> **Guide ▶** 2020년 3월 85세로 세상을 떠난 잭 웰치 전 GE(제너럴일렉트릭) 회장이 생전 강조한 화두는 '선택과 집중'. 그는 1973년 GE의 전략기획실장, 1979년 부회장을 거쳐 1981년에는 46세에 GE 역사상 최연소 회장 겸 최고경영자(CEO)에 올라 20년간 GE를 이끌었지요.
>
> '경영학의 아버지'로 불리는 피터 드러커의 "세계 1등이나 2등이 될 사업만 하라"는 조언을 신봉했다고 알려진 그는 1위를 못 하는 부문은 흑자를 내더라도 무자비하게 정리했습니다. 실적 하위 10% 직원을 가차 없이 정리하는 구조조정을 하면서 "이들을 빨리 내보내는 게 더 인간적"이라고 말한 일은 유명하지요. 그의 재임 기간 GE의 매출은 연간 250억 달러에서 1300억 달러로 증가했고, 시가총액은 30배 이상 늘었으며, 1991년 GE는 IBM을 추월해 미국에서 가장 가치 있는 기업에 올랐습니다.
>
> 20세기를 대표하는 '세기의 경영자'라는 평가를 받았지만 비판도 따릅니다. 그의 성과가 창의적인 생산성 향상에 따른 것이라기보다는 정리해고 등 비용 절감을 바탕으로 이끌어낸 것이라는 비판이지요. 그는 2015년 낸 마지막 도서 '잭 웰치의 마지막 강의'에서 "첨단 기술이 등장하고 혁신하는 세계에서는 유능한 직원에게 자유를 줘야 한다"고 밝히며 자신이 추구했던 '불도저식 리더'와는 반대되는 '관대한 리더'를 강조했습니다.

별이 되어 버린 스타

생각 열기 하루 24시간을 허투루 쓰지 않겠다는 다짐. 누구나 한 번은 해봅니다. 나와 타인 모두를 위해 24시간을 허투루 쓰지 않았던 코비 브라이언트. 이제는 별이 되어버린 그의 삶을 알아 봅시다.

[오늘과 내일/김종석] 코비, 위대한 유산 (2020년 2월 1일자)

아빠의 왼팔에 폭 안긴 두 살배기 소녀의 표정은 해맑기만 했다. 10여 년 전 미국프로농구(NBA) LA 레이커스의 안방 스테이플스센터 지하 기자회견장에서 만난 코비 브라이언트와 딸 지아나였다. 정장에 보라색 넥타이를 맨 아빠와 흰색 원피스로 멋을 낸 딸은 파티라도 참석한 듯 보였다.

당시 브라이언트는 제2의 황금기를 맞이하고 있었다. 유산의 아픔 끝에 얻은 둘째 딸 지아나가 복덩이였다.

부녀 앞에는 수십 명의 취재진이 몰렸다. 어린 딸이 칭얼거리자 아빠는 자리를 박차고 일어났다. 체육관 밖에 대기 중이던 흰색 레인지로버에 딸을 태우고 직접 차를 몰고 떠나는 그의 뒷모습이 아직도 생생하다.

해묵은 기억을 소환한 것은 며칠 전 접한 이들 부녀의 비극이 믿어지지 않았기 때문이다. 함께 헬기를 타고 가다 추락 사고로 세상을 떠났다. 딸의 농구 경기를 보러 가던 길이었다. 아빠는 42세, 딸은 14세. 브라이언트는 자신의 뒤를 이어 농구공을 잡고 프로선수를 향해 가던 딸을 누구보다 아꼈다. 부녀의 짧은 동행은 예정된 목적지가 아닌 천상의 코트로 이어졌다.

20년 동안 LA 레이커스에서만 뛴 브라이언트는 지극한 가족 사랑으로 유명하다. 선수 시절 출퇴근 때 헬기를 타게 된 것도 LA의 극심한 교통지옥을 피해 자기 시간을 가지려는 간절함에서 비롯됐다. 그래야 아이 학예회도 가보고, 개인 운동도 더 할 수 있다던 가장이었다.

코비라는 이름은 농구 선수 출신 아버지가 즐기던 와규(쇠고기)로 유명한 일본 도시

고베에서 따왔다. 이탈리아에서 청소년기를 보내 유창한 이탈리아어 실력을 지녔다. 멕시코계인 부인 바네사의 영향으로 라틴계 이민자와도 각별한 관계를 유지했다. 전 세계를 돌며 글로벌 농구 전도사를 자처한 것도 이런 배경과 무관하지 않았다.

한국도 여러 번 찾은 브라이언트를 취재한 적이 있다. 고교생들의 어설픈 수비에 고함까지 칠 만큼 진지했다. 아이들 앞에서 스스로 왕복 달리기를 할 때는 전력을 다했다. 매일 바스켓에 1000개를 넣어야만 훈련을 마쳤다는 얘기에 참가자들은 경의를 표했다. 트위터 팔로어만 1500만 명인 브라이언트는 '남과 나누지 않는 위대함은 아무 의미가 없다'는 지론을 갖고 있다. 딸을 가르칠 때나 머나먼 한국의 꿈나무를 한 수 지도할 때나 한결같았다.

고졸 신화의 주인공인 그는 로스앤젤레스 캘리포니아대(UCLA) 계절학기 수업을 듣고, 저명인사들과 토론을 즐긴 학구파였다. 2016년 은퇴 후 2018년 아카데미 시상식에서 6분짜리 '*농구에게'의 제작자로서 단편 애니메이션 부문상까지 받았다. 스포츠뿐 아니라 문화, 경제 등 코트 밖 제2의 인생에서도 큰 기대를 모으고 있었다.

브라이언트는 좌절에 빠졌을 때 유명 방송인 오프라 윈프리의 도움을 받았다고 한다. 윈프리는 '새로운 날을 만나기 위해 매일 아침 커튼을 열 때마다 내 마음은 감사함으로 부푼다. 한 번 더 오늘을 살 기회를 얻은 것이 참으로 고맙다'고 했다.

오전 5시면 몸을 풀었던 브라이언트도 이 말을 깊이 새겼다. 자신의 분신과도 같은 등번호 '24'는 소중한 하루 24시간을 한순간도 허투루 쓰지 않겠다는 다짐이었다. 독실한 가톨릭 신자로 사고 당일에도 오전 7시 미사를 봤다. NBA 5회 우승, 올스타 18회, 올림픽 금메달 2개, 선수 시절 수입만 약 8000억 원…. 땀이 없었다면 불가능했을 결과물이다.

이제 브라이언트는 감사하며 기다렸던 아침을 맞이할 수 없다. 하지만 그 열정은 많은 사람을 깨우는 소중한 울림이 되고 있다. 1인자를 꿈꿨던 그가 눈을 감은 뒤 불멸의 전설이 됐다.

*농구에게 : 코비 브라이언트의 은퇴 편지를 단편 애니메이션으로 만든 것. 영어로는 'Dear Basketball'. 2018년 제90회 미국 아카데미상 단편 애니메이션 상을 수상.

> **생각 정리 퀴즈**
> ① 코비 브라이언트와 둘째 딸 지아나는 최근 헬기 추락 사고로 세상을 떠났다.
> ② 20년 동안 LA 레이커스에서만 뛴 브라이언트는 지극한 [   ]으로 유명하다.
> ③ 브라이언트는 '남과 나누지 않는 위대함은 아무 의미가 없다'는 [   ]을 갖고 있다.
> ④ 등번호 '24'는 소중한 하루 24시간을 한순간도 허투루 쓰지 않겠다는 다짐이었다.
> ⑤ 그 열정은 많은 사람을 깨우는 소중한 울림이 되고 이제 불멸의 [   ]이 됐다.
>
> 정답 : ② 충성 ③ 사상 ⑤ 기록

생각 키우기

■ 영원한 전설 '블랙 맘바'

1996년 LA 레이커스 소속으로 미국 프로농구(NBA)에 데뷔한 코비 브라이언트는 역대 NBA 최고의 선수 중 한 명으로 평가받습니다. NBA 2년차에 이미 평균 득점 15점을 넘어섰고, 해당 시즌엔 사상 최연소로 올스타전 주전으로 선발되었지요. 당대 최고의 센터였던 샤킬 오닐과 팀의 에이스로 활약하며 레이커스의 전성기를 열었습니다.

선수 시절 별명은 아프리카산 독사를 뜻하는 'Black Mamba'(블랙 맘바). 독사라는 별명에 걸맞게 그는 아킬레스건이 다쳐도, 손가락이 부러져도 연습을 멈추지 않고 코트에 서는 지독한 연습벌레였습니다. 그가 세상을 떠난 후 NBA 올스타전 MVP 상의 명칭이 '코비 브라이언트 어워드'로 정해졌습니다.

■ 숫자 이상의 의미, 등번호

프로 스포츠 초창기에 등번호는 선수를 구별하고 포지션을 알리려는 용도로 사용되었습니다. 등번호가 최초로 사용된 스포츠는 야구. 1929년 미국 프로야구 메이저리그(MLB) 뉴욕 양키스 선수들이 등번호를 유니폼에 새기고 나왔는데, 개막전 선발 라인업 순서대로 1번부터 9번까지 등번호를 달았지요. 축구에선 1933년 잉글랜드 프로축구 에버턴과 맨체스터시티의 FA컵 경기에서 처음으로 등번호가 등장했습니다. 1번은 골키퍼, 2~5번은 수비수, 6~8번은 미드필더, 9~11번은 공격수를 주로 의미했지요. 10번은 팀에서 실력이 가장 뛰어난 에이스를, 11번은 가장 빠른 선수를 상징합니다.

등번호 '24'에 남다른 의미를 부여한 코비 브라이언트처럼 등번호는 숫자 이상입니다. 선수의 정체성이나 개성을 상징하는 의미로 확장되지요. '농구 황제' 마이클 조던은 등번호 23번. 어린 시절 자신의 형인 래리 조던과의 일대일 대결에서 매번 졌던 그는 '형의 반만큼만 농구를 하자'는 생각으로 형의 등번호였던 45의 절반보다 조금 더 큰 수인 '23'을 등번호로 사용했습니다.

뛰어난 활약을 보인 선수를 기리기 위해 이들의 등번호를 다른 선수들이 사용할 수 없도록 영구결번으로 지정함으로써 구단과 팬은 선수에 대한 존중을 드러내기도 합니다. MLB 최초 흑인 선수로 브루클린 다저스에서 활약했던 재키 로빈슨의 등번호 42번은 MLB 전 구단의 영구결번으로 지정되기도 했습니다.

생각 넓히기

Q. 최고 자리에 오른 스포츠 스타에게 우리는 실력 외 다른 것을 요구하기도 합니다. 기부와 선행으로 사회에 모범을 보이길 바라고, 인성과 팬 서비스도 두루 갖추길 바라지요. 이런 현상에 대해 어떻게 생각하나요?

Guide ▶ 포르투갈 출신의 세계적인 축구 선수 크리스티아누 호날두가 방한 후 K리그 선수들과의 친선 경기에 출전하지 않은 이른바 '호날두 노쇼(no show·나타나지 않음)' 사태로 빈축을 샀습니다. 그는 경기 전 팬 사인회에도 모습을 드러내지 않았고 경기장에도 1시간 늦게 도착했지요. 팬들과의 약속을 저버리는 행동은 '공적 가치'를 훼손했다는 측면에서 비판받습니다. 하지만 스포츠 선수를 포함한 유명인들이 공익을 위해 한 행동에 대해 지나친 잣대를 들이미는 현상은 경계해야 합니다. 최근 할리우드 배우 귀네스 팰트로는 2000년 아카데미 시상식에서 입었던 드레스를 코로나19 자선 경매에 내놓고도 비난을 받았습니다. 과거 그녀가 해당 드레스에 대해 "괜찮은 드레스지만 오스카에서 입을 옷은 아니다"라고 말한 탓에 일부 팬들이 "자신이 싫어하는 드레스를 기부했다"고 비난했지요. 최근 국내 한 배우도 코로나19 사태 수습을 위해 써달라며 100만 원을 기부한 뒤 "겨우 100만 원?"이라는 조롱을 받았습니다. 스타가 사회 공익을 위해 하는 행동이 그 자체로 존중받아야 선한 영향력을 행사하는 스타들이 더 많이 나오지 않을까요.